人民法院民商事
指导案例与类案裁判依据丛书

合同纠纷
指导案例与类案裁判依据

中国法制出版社
CHINA LEGAL PUBLISHING HOUSE

图书在版编目（CIP）数据

合同纠纷指导案例与类案裁判依据 / 中国法制出版社编. —北京：中国法制出版社，2023. 8

（人民法院民商事指导案例与类案裁判依据丛书）

ISBN 978-7-5216-3636-9

Ⅰ. ①合… Ⅱ. ①中… Ⅲ. ①合同纠纷-案例-中国 Ⅳ. ①D923. 65

中国国家版本馆 CIP 数据核字（2023）第 108252 号

责任编辑：刘海龙　　　　封面设计：周黎明

合同纠纷指导案例与类案裁判依据

HETONG JIUFEN ZHIDAO ANLI YU LEI'AN CAIPAN YIJU

编者/中国法制出版社

经销/新华书店

印刷/保定市中画美凯印刷有限公司

开本/710 毫米×1000 毫米　16 开　　　　印张/25. 25　字数/300 千

版次/2023 年 8 月第 1 版　　　　2023 年 8 月第 1 次印刷

中国法制出版社出版

ISBN 978-7-5216-3636-9　　　　定价：78. 00 元

北京市西城区西便门西里甲 16 号西便门办公区

邮政编码：100053　　　　传真：010-63141600

网址：http：//www. zgfzs. com　　　　**编辑部电话：010-63141814**

市场营销部电话：010-63141612　　　　**印务部电话：010-63141606**

（如有印装质量问题，请与本社印务部联系。）

编写说明

Preface

2022年1月13日，最高人民法院召开全国法院案例指导工作推进会。会议强调，案例指导制度是中国特色社会主义司法制度的重要组成部分。做好案例指导工作，是深入贯彻习近平法治思想，加快建设公正高效权威的社会主义司法制度，更好发挥人民法院审判职能作用的必然要求，对于确保裁判尺度统一，促进法律正确实施，提高审判质效和司法公信力具有重要作用。会议还强调，要健全完善案例指导工作机制，确保裁判尺度统一，促进法律正确实施，努力让人民群众在每一个司法案件中感受到公平正义。要加强指导性案例应用，法官审判执行案件进行类案检索，应先行检索现行有效指导性案例，对指导性案例应当参照作出裁判。

为更好地发挥指导性案例在统一法律适用标准、规范司法行为、维护司法公正、提高审判质量等方面的重大作用，并通过典型案例引领，使当事人和社会公众对类似案件的裁判结果具有固定预期和明确参照，我们出版了“人民法院民商事指导案例与类案裁判依据丛书”。本丛书梳理并精心筛选了相关领域最高人民法院发布的指导案例、公报案例及典型案例以及部分地方人民法院发布的典型案例。“一个案例胜过一打文件”，相较于抽象的条文规定，这些案例是理论与实践相结合的重要载体，是法官审判经验和司法智慧的结晶，对于提高审判人员的司法能力，提升律师的执业水平，促进公民尊法学法用法、维护自身的合法权益具有重要意义，也可以为案例教学和运用法学研究提供鲜活样本和实务资源。

本丛书在内容和体例上具有以下特点：

第一，章节设置合理，内容全面。本丛书以《民事案件案由规定》为基础，结合实际情况，对类案进行合理划分、收录和编排，充分考虑了读者的实际需求和阅读习惯，力求做到条线清晰、重点突出。

第二，案例覆盖广泛，严格拣选。本丛书的案例分为三个层级，第一层级为最高人民法院指导案例；第二层级为最高人民法院公报案例及典型案例；第三层级为地方法院典型案例。通过汇总和分析前述经典案例，凝练裁判要点，帮助读者更好地把握法律精神、理解法律规定、适用裁判规则。

第三，裁判依据准确，检索便捷。本丛书精选类案处理的相关法律规定，收录了法律法规、部门规章、司法解释等规范性文件，这些规范性文件是当事人起诉、应诉和人民法院裁判的重要依据。

另需说明的是，为方便读者阅读，在确保内容准确的基础上，本书进行了必要的体例统一和编辑加工处理。

希望本丛书能在实现个案公正处理、提升公众法治素养、以合法理性的方式表达利益诉求、推动法律发展和完善等方面发挥积极影响，为推进案例指导工作高质量发展贡献力量。

由于编者水平有限，本丛书内容难免有疏漏之处和不妥之处，敬请广大读者批评指正。

中国法制出版社

目　录

Contents

一、缔约过失纠纷

二、预约合同纠纷

三、确认合同效力纠纷

四、违约责任纠纷

五、债权人代位权纠纷

六、债权人撤销权纠纷

七、债权转让合同纠纷

八、悬赏广告纠纷

九、买卖合同纠纷

十、拍卖合同纠纷

十一、探矿权转让合同纠纷、采矿权转让合同纠纷

十二、供用水合同纠纷

十三、房屋买卖合同纠纷

十四、供用热力合同纠纷

十五、赠与合同纠纷

十六、借款合同纠纷

十七、抵押合同纠纷

十八、质押合同纠纷

十九、银行卡纠纷

二十、租赁合同纠纷

二十一、承揽合同纠纷

二十二、建设工程合同纠纷

二十三、运输合同纠纷

二十四、中介合同纠纷

二十五、服务合同纠纷

二十六、劳务合同纠纷

二十七、不当得利纠纷

一、缔约过失纠纷

（一）地方法院典型案例

001. 用人单位擅自降低招录待遇，给劳动者造成信赖利益损失的，应承担缔约过失责任[①]

基本案情：2021年6月8日李某到某教育公司面试，应聘该公司建造师讲师岗位。2021年6月9日，李某询问某教育公司工作人员劳动报酬待遇是否为试用期每月9500元，转正后每月10500元，对方予以认可。2021年6月15日，李某向原用人单位提出离职。2021年6月17日，某教育公司向李某发送《入职邀请函》，载明工资待遇为试用期7200元，转正后为9000元。2021年6月18日，李某询问某教育公司工作人员《入职邀请函》上载明的工资与双方此前协商标准不同，工作人员称可能是《入职邀请函》记载错误。2021年6月21日，某教育公司工作人员联系李某，称工资待遇只能按照《入职邀请函》上的标准，双方因就工资待遇不能达成一致，李某未入职某教育公司。李某提起劳动仲裁，请求某教育公司赔偿损失。

裁判结果：法院生效判决认为，某教育公司在招聘面试及薪资待遇洽谈

① 《北京三中院发布服务保障“就业优先战略”劳动争议审判白皮书》（2023年5月16日发布），一、用人单位擅自降低招录待遇，给劳动者造成信赖利益损失的，应承担缔约过失责任——李某与某教育公司劳动争议案，载北京市第三中级人民法院微信公众号，https：//mp. weixin. qq. com/s/WC4torOkNWN4x3DHHpIyRw，最后访问日期：2023年6月30日。

过程中先是允诺了较高薪水，在李某从原单位离职准备入职时方才告知李某的真实工资待遇，且与面试沟通时承诺情况存在明显差异，使得李某对预期获得的工资标准的合理期待最终落空，导致双方最终未能缔结劳动合同。法院认为某教育公司的上述行为属于在劳动合同订立过程中违背诚信原则的行为，应当依法承担缔约过失责任。李某因信赖某教育公司而离职、预期落空未入职后不得不重新寻找工作，某教育公司应当赔偿李某在此过程中的合理信赖利益损失。

典型意义

与民事合同缔约相似，劳动合同缔约阶段亦需遵循合法、公平、平等自愿、协商一致、诚实信用等原则，《中华人民共和国劳动合同法》第三条规定："订立劳动合同，应当遵循合法、公平、平等自愿、协商一致、诚实信用的原则"。本案在劳动关系建立阶段引入信赖利益理论，劳动者和用人单位在入职前就工资待遇的协商属于订立劳动合同的必要过程，在此阶段，用人单位虽未与劳动者签订正式合同甚至未发出正式要约，但仍然应当诚信招工。擅自降低承诺的劳动报酬，损害了劳动者的合理信赖利益，违背了社会主义核心价值观的诚信原则，应当对其行为予以否定性评价。本案以点见面，明确劳动关系建立的前合同义务，引导劳资双方严肃审慎的推进录用程序。

002. 募集机构适当性义务的履行时点及缔约过失责任的承担①

基本案情：2015 年 4 月 1 日，董某某（投资者）与某投资管理有限公司（管理人）及基金托管人签署基金合同，并在风险揭示书、合格投资者承诺书、投资者告知书、基金账户申请与交易表、个人基金投资者风险承受能力调查问卷中签字。同日，董某某向该投资管理有限公司转款 101 万元。庭审中，双方当事人均明确认可基金合同及附件存在倒签情况，虽然上述文件落款日期均为 2015 年 4 月 1 日，但是实际上均为 2015 年 4 月 15 日与《补充协议》一并签署。

在证券协会备案的私募基金公示信息显示：案涉基金，成立时间 2015 年 3 月 31 日，备案时间 2015 年 4 月 1 日，基金备案阶段为暂行办法实施后成立的基金，基金类型为私募证券投资基金，管理类型为受托管理。4 月 3 日，某投资管理有限公司发布基金成立公告及通知，告知基金已于 2015 年 4 月 3 日全部募集完成，符合基金成立总规模并于当日宣告正式成立。

后因投资标的公司于 2017 年 12 月被全国股权系统强制终止挂牌，案涉基金无法通过新三板市场卖出所持标的公司股票，基金剩余存续份额尚未兑付。董某某遂提起本案诉讼，要求该投资管理公司赔偿其投资本金及收益损失。

董某某认为，在合同签订过程中，基金公司存在先打款后签合同的情况，未履行风险提示的适当性义务，亦未对投资人进行风险承受能力调查，导致他在未充分认识该基金风险的情况下购买基金产品。同时，推介材料中“新

---

① 《北京金融法院投资者保护十大典型案例》（2023 年 5 月 16 日发布），五、募集机构适当性义务的履行时点及缔约过失责任的承担——上诉人董某某与被上诉人某基金公司委托理财合同纠纷案，载北京金融法院微信公众号，https：//mp. weixin. qq. com/s/0YidqGy1sCu1czwjIlVY6g，最后访问日期：2023 年 6 月 30 日。

三板正处于历史投资机遇期”“A 公司是国内最优秀的私募基金管理与股权投资机构”等描述皆为夸大耸动内容。基于此，董某某在诉讼请求中要求基金公司支付其投资本金损失并赔偿相应的资金占用损失。如该请求未能得到支持，董某某请求判令基金公司对基金产品组织清算。

对于董某某的诉讼请求，基金公司辩称，公司在宣传阶段充分说明了基金产品的各类风险，对投资人的资金情况、风险识别和承受能力也进行了充分了解，宣传推介过程亦是合法合规，已经充分履行了适当性义务。另外，该公司认为，在基金运行、管理阶段，公司根据法律规定和基金合同的约定，勤勉尽责，积极履行管理职责。与此同时，受市场风险和政策因素叠加的影响，A 公司股价自 2015 年中大幅下跌并持续低迷，终又因不符合挂牌新规而被强制摘牌，该基金产品并非保本保收益的产品，公司在投前、投后勤勉尽责地履行了各项职责，已经“卖者尽责”。因其他与公司完全无关的内外部因素导致的风险，投资人应当“买者自负”。

一审法院审理后判决驳回了董某某的诉讼请求，董某某不服上诉至北京金融法院，请求改判支持其全部诉讼请求。

裁判结果：法院经审理认为：投资管理公司在销售基金产品的过程中履行适当性义务不及时不全面，未能及时评估投资者风险承受能力即接受投资者认购基金产品并在投资者认购基金产品前未能充分揭示投资风险，存在一定过错。适当性义务属于诚信义务在金融产品销售领域的具体化，是在基金合同订立前赋予卖方机构的义务范畴。违反适当性义务，应当根据合同法关于缔约过失的相关规定承担与其过错及投资者实际损失相适应的赔偿责任。

考虑到本案中补充进行风险评估的时间与基金成立时间相距较短，投资者风险承受能力在短期内发生明显变化的可能性并不大，后续评估显示董某某符合案涉基金产品的合格投资者要求，且投资者在其后补充签署了《基金合同》并对认购事宜予以确认，法院认为投资管理公司上述适当性义务的违反并未在实质上过度影响投资者在认购案涉基金方面的自主决定，但仍应对其上述不规范行为对投资者承担一定赔偿责任。综合考量本案情形，法院酌情确定投资管理公司按照投资者认购金额20%的标准对投资者予以适当赔偿。董某某提出，其实际损失即认购本金、认购费用及相应利息，但是法院认为其认购基金产品的份额并未全部损失，且该等损失并非全部可归责于投资管理公司对上述适当性义务的违反，故对于董某某超出上述标准的其他诉讼请求，法院依法予以驳回。

典型意义

本案属于募集机构违反适当性义务承担赔偿责任的典型案例，通过司法裁判明确了私募基金销售者适当性义务的内涵和审查标准，厘清了未履行适当性义务产生的法律责任的性质，有力保护了资本市场投资者的合法权益。在裁判理念上，该案件即引导了投资者理性投资，又对于私募基金公司规范运营和管理产生了良好的规范和指导意义，推动金融机构规范经营，将适当性义务落到实处，从而在金融投资市场更好地实现“卖者尽责、买者自负”。

（二）裁判依据

《中华人民共和国民法典》

第一百五十七条 民事法律行为无效、被撤销或者确定不发生效力后，行为人因该行为取得的财产，应当予以返还；不能返还或者没有必要返还的，应当折价补偿。有过错的一方应当赔偿对方由此所受到的损失；各方都有过错的，应当各自承担相应的责任。法律另有规定的，依照其规定。

第五百条 当事人在订立合同过程中有下列情形之一，造成对方损失的，应当承担赔偿责任：

（一）假借订立合同，恶意进行磋商；

（二）故意隐瞒与订立合同有关的重要事实或者提供虚假情况；

（三）有其他违背诚信原则的行为。

第五百零一条　当事人在订立合同过程中知悉的商业秘密或者其他应当保密的信息，无论合同是否成立，不得泄露或者不正当地使用；泄露、不正当地使用该商业秘密或者信息，造成对方损失的，应当承担赔偿责任。

《最高人民法院关于适用〈中华人民共和国民法典〉总则编若干问题的解释》

第十八条　当事人未采用书面形式或者口头形式，但是实施的行为本身表明已经作出相应意思表示，并符合民事法律行为成立条件的，人民法院可以认定为民法典第一百三十五条规定的采用其他形式实施的民事法律行为。

第十九条　行为人对行为的性质、对方当事人或者标的物的品种、质量、规格、价格、数量等产生错误认识，按照通常理解如果不发生该错误认识行为人就不会作出相应意思表示的，人民法院可以认定为民法典第一百四十七条规定的重大误解。

行为人能够证明自己实施民事法律行为时存在重大误解，并请求撤销该民事法律行为的，人民法院依法予以支持；但是，根据交易习惯等认定行为人无权请求撤销的除外。

第二十条　行为人以其意思表示存在第三人转达错误为由请求撤销民事法律行为的，适用本解释第十九条的规定。

第二十一条　故意告知虚假情况，或者负有告知义务的人故意隐瞒真实情况，致使当事人基于错误认识作出意思表示的，人民法院可以认定为民法典第一百四十八条、第一百四十九条规定的欺诈。

第二十二条　以给自然人及其近亲属等的人身权利、财产权利以及其他合法权益造成损害或者以给法人、非法人组织的名誉、荣誉、财产权益等造成损害为要挟，迫使其基于恐惧心理作出意思表示的，人民法院可以认定为民法典第一百五十条规定的胁迫。

第二十三条　民事法律行为不成立，当事人请求返还财产、折价补偿或者赔偿损失的，参照适用民法典第一百五十七条的规定。

第二十四条 民事法律行为所附条件不可能发生，当事人约定为生效条件的，人民法院应当认定民事法律行为不发生效力；当事人约定为解除条件的，应当认定未附条件，民事法律行为是否失效，依照民法典和相关法律、行政法规的规定认定。

二、预约合同纠纷

（一）最高人民法院公报案例及典型案例

003. 合同履行中，合同一方当事人能否以案外人违约为由主张行使不安抗辩权[①]

俞财新与福建华辰房地产有限公司、
魏传瑞商品房买卖（预约）合同纠纷案

裁判摘要

根据合同的相对性原则，涉案合同一方当事人以案外人违约为由，主张在涉案合同履行中行使不安抗辩权的，人民法院不予支持。

上诉人（原审原告）：俞财新，男，1968年2月4日出生，汉族，住福建省南平市延平区江滨中路219号1408室。

委托代理人：田岷，北京市惠中律师事务所律师。

委托代理人：罗辉勇，福建浩辰律师事务所律师。

上诉人（原审被告）：福建华辰房地产有限公司，住所地福建省福州市台江区台江路47号华联商厦10-12层。

① 参见《最高人民法院公报》2011年第8期。

法定代表人：蔡红，该公司总经理。

委托代理人：韩梅，北京市德恒律师事务所律师。

委托代理人：韩玮，女，汉族，1982年11月11日出生，住山东省章丘市明水白云路87号。

原审被告：魏传瑞，男，1959年10月28日出生，香港特别行政区居民，身份证号码为P018353（2），现住福建省福州市台江区台江路47号华联商厦12层。

委托代理人：韩梅，北京市德恒律师事务所律师。

委托代理人：王建宁，北京市德恒律师事务所律师。

上诉人俞财新与上诉人福建华辰房地产有限公司（以下简称华辰公司）、原审被告魏传瑞商品房买卖（预约）合同纠纷一案，福建省高级人民法院于2009年10月27日作出（2009）闽民初字第8号民事判决。俞财新、华辰公司均不服该判决，向本院提起上诉。本院依法组成合议庭，于2010年4月19日开庭审理了本案。俞财新的委托代理人田岷，华辰公司的委托代理人韩梅、韩玮，魏传瑞的委托代理人韩梅到庭参加了诉讼。本案现已审理终结。

福建省高级人民法院一审查明：2007年12月10日，甲方华辰公司与乙方俞财新、丙方魏传瑞签订的《商铺认购书》约定，俞财新向华辰公司认购“君临盛世茶亭”一号地块的一、二、三层店面，面积约2378平方米，每平方米价格72798元，总价款17275.0198万元。俞财新在签订本认购书后10日内支付给华辰公司订金6360万元；华辰公司应当在收到俞财新订金后30日内领取《商品房预售许可证》，并与俞财新签订《商品房买卖合同》，同时保证在签订《商品房买卖合同》后的10日内在房地产交易管理部门备案登记。如华辰公司不能在上述约定的期限内领取《商品房预售许可证》，俞财新即放弃认购，华辰公司必须于收到订金后的第31日起两个月内将俞财新支付的订金全部返还；逾期返还，其利息按月利率10%计（不足一个月的，按实际天数计算）。华辰公司收到订金后的第31日起两个月未全部返还订金的，视为逾期返还；逾期三个月未全部返还订金及其利息的，俞财新可采取“以房抵欠款”的方式实现债权，即将华辰公司尚欠的订金和利息转为购买华辰公司上述项目的房产（具体店面房号由俞财新选定），其店面售价按第一条约定的出售价的30%计价。如在“以房抵欠款”后，华辰公司仍欠俞财新余款，则华辰公司应提供其他地块的店面抵扣其余欠款（仍按售价30%计价），双方签订《商品房买卖合同》。俞财新不同意“以房抵欠款”的方式实现债权的，则华辰公司应以现金返还和支付。俞财新支付订金6360万元部分为现金，部分为汇款等。魏传瑞对华辰公司的债务承担连带保证责任，保证期间为两年。

上述《商铺认购书》签订后，俞财新或其指令有关单位通过银行账户向华辰公司支付八笔共计4900万元，具体为：2007年12月10日支付一笔2000万元，2007年12月11日支付两笔900万元及400万元，2007年12月20日支付两笔800万元及200万元，2007年12月21日支付两笔400万元及100万元，2008年1月7日支付一笔100万元。在上述八笔银行《付款凭证》的附加信息及用途或用途栏目中，2007年12月20日的800万元凭证的栏目上注明周转金，2007年12月21日的400万元凭证上此栏目为空白，其余六笔凭证的相应栏目均注明借款。相应地，华辰公司出具六张共计4900万元的《收款收据》，具体为：2007年12月10日的一张2000万元，2007年12月11日的一张1300万元，2007年12月21日的三张分别是1000万元、400万元及100万元计1500万元，2008年1月7日的一张100万元。另华辰公司还分别于2007年12月10日、2007年12月11日、2007年12月21日向俞财新出具400万元、260万元、300万元计960万元三张《收款收据》，即华辰公司先后共向俞财新出具九张计5860万元的《收款收据》，其在该九张《收款收据》的款项内容栏目内均写明“认购君临盛世茶亭一号地块1-3层店面订金（详见2007年12月10日协议书）”等内容。华辰公司在上述400万元、260万元、300万元计960万元三张《收款收据》的存根联中，除记载“认购君临盛世茶亭一号地块1-3层店面订金（详见2007年12月10日协议书）”内容外，还分别注明“回报率部分 2%另计”“回报率部分 20%另计”“100+1000+400=1500 万元回报率 20%”的内容。

一审法院另查明，华辰公司于 2008 年 6 月 26 日取得讼争商铺的《商品房预售许可证》。

俞财新向一审法院起诉称，2007 年 12 月 10 日，其作为乙方与甲方华辰公司、丙方魏传瑞签订《商铺认购书》，约定购买华辰公司开发的房地产项目“君临盛世茶亭”一号地块的一、二、三层店面，面积 2378 平方米，每平方米价格 72798 元，总价款 17275. 0198 万元。乙方在签订本认购书后 10 日内支付给甲方订金 6360 万元，甲方应当在收到乙方订金后 30 日内领取《商品房预售许可证》并与乙方签订《商品房买卖合同》，同时在签订《商品房买卖合同》后的 10 日内在房地产交易管理部门备案登记。如甲方不能在上述约定的期限内领取《商品房预售许可证》，乙方即放弃认购，甲方必须于收到订金后的第 31 日起两个月内将订金全部返还给乙方，逾期返还，甲方应按月利率 10%支付乙方本息。甲方收到订金后的第 31 日起两个月未全部返还订金的，视为逾期返还，逾期三个月未全部返还订金及其利息的，乙方可采取“以房抵欠款”的方式实现债权，店面售价按本认购书约定的出售价 30%计价。乙方不同意“以房抵欠款”的方式实现债权的，则甲方应以现金返还和支付。丙方对甲方的债务承担连带责任，保证期间为两年，认购书还对乙方付款方式等作了约定。合同签订后，俞财新分期向华辰公司支付购房款 5860 万元，华辰公司对此没有异议。在付款期间，俞财新了解到华辰公司无法按期办理《商品房预售许可证》，暂缓支付订金余款 500 万元，符合《中华人民共和国合同法》[①]（以下简称《合同法》）第六十八条的规定，经多次催告，华辰公司以各种理由拒不与俞财新签订《商品房买卖合同》，后将《商铺认购书》项下的商铺转卖他人，其已无履约的可能。综上，华辰公司的行为违反了《合同法》第六十条、《最高人民法院关于审理商品房买卖合同纠

① 本书案例适用的法律法规等条文均为案件裁判当时有效，下文不再对此进行提示。

纷案件适用法律若干问题的解释》第八条的规定，应当承担违约责任。魏传瑞的行为违反了最高人民法院《关于适用〈中华人民共和国担保法〉若干问题的解释》有关规定，其变更后的诉讼请求为：（一）解除双方签订的《商铺认购书》；（二）华辰公司返还购房订金5860万元；（三）华辰公司以俞财新已付购房订金每月10%的金额支付违约金，自2008年3月22日起计至还清款项之日止，暂计至2009年3月22日止为7032万元（5860万元×12个月×10%＝7032万元）；（四）魏传瑞对华辰公司的上述2、3项债务承担连带保证责任；（五）华辰公司、魏传瑞承担本案诉讼费用。

华辰公司一审答辩称，华辰公司与俞财新之间商铺认购一事并不存在，华辰公司向他人出售商铺与俞财新无关。双方实际为借贷关系，俞财新借出款项金额只是其通过银行转账的4900万元，其主张另行支付960万元现金并未实际支付，该960万元是借款4900万元的20%回报即利息，俞财新称向华辰公司支付5860万元不真实。双方签订的《商铺认购书》是以合法形式掩盖非法的高利贷目的，为无效合同。即便《商铺认购书》有效，俞财新未依据认购书约定在10日内支付6360万元，构成先行违约。华辰公司有权拒绝履行办理《商品房预售许可证》等相关义务，俞财新诉请华辰公司承担违约责任的理由不能成立。请求认定双方为借贷关系，且借款本金为4900万元。

魏传瑞一审答辩称，本案为借贷纠纷，当事人之间并未建立过商铺认购关系。2007年12月10日的《商铺认购书》是以合法形式掩盖高利贷的非法目的，应认定无效。担保合同是从合同，主合同无效，担保合同当然无效，魏传瑞依法不承担本案担保还款责任。请求驳回俞财新要求魏传瑞承担担保责任的诉讼请求。

2009年3月11日，一审法院根据俞财新的财产保全申请作出（2009）闽民初字第8号民事裁定，冻结华辰公司名下的“君临盛世茶亭”项目河东3、5、7、8地块（土地证号为榕国用32334400071、32334500073、32334600075、32434500076号四地块）土地使用权。后经两次变更为，依法冻结华辰公司名下的君临盛世茶亭地块七河东部分的二、三层商铺。

一审法院认为，双方当事人对华辰公司出具的《收款收据》中所记载的5860万元款项性质及华辰公司实际收款数额存在争议。俞财新认为，该5860万元款项系其为履行双方签订的《商铺认购书》所支付的订金，其中4900万元是通过银行账户支付，另960万元是分三次以现金支付的，即其分别于2007年12月10日、2007年12月11日、2007年12月21日向华辰公司支付400万元、260万元、300万元，该960万元是俞财新向亲戚及南平市融鑫物资回收有限公司筹集的，有相关银行转账、960万元现金来源凭证以及华辰公司出具的《收款收据》加以证实。华辰公司及魏传瑞则认为：（1）华辰公司实际只收到俞财新通过银行账户支付的4900万元，俞财新主张另有960万元分三次以现金方式支付是不真实的。事实上，华辰公司向俞财新开具的《收款收据》不仅是960万元这三张，还有一张20万元的，俞财新不予提供，四张《收款收据》计980万元是借期三个月4900万元借款的20%回报即利息。（2）华辰公司与俞财新间借贷关系还可以通过以下事实加以印证：《商铺认购书》第三条约定华辰公司在“收到订金后的第31日起两个月内”未返还全部订金应按10%支付利息，第四条约定逾期三个月未全部返还订金及利息，以30%价以房抵债；俞财新在部分银行转账凭证上记载款项用途为借款；华辰公司在960万元的《收款收据》存根、登账联上注明“回报率”或“借款回报率”；俞财新在变更诉讼请求前的起诉状中，请求华辰公司按同期银行贷款基准利率四倍支付违约利息等事实，均可证明双方当事人讼争的法律关系为借贷，且借款本金为4900万元并非5860万元。一审法院认为，华辰公司向俞财新出具九张《收款收据》，确认依据《商铺认购书》收取俞财新5860万元，款项性质应认定履行《商铺认购书》的订金。根据《商铺认购书》第五条约定，俞财新支付订金部分为现金，部分为银行转账，故俞财新主张上述5860万元中的4900万元为银行转账、960万元为现金支付，符合常理，应予采信。俞财新的部分银行转账凭证上记载款项用途为借款，华辰公司在960万元《收款收据》存根、登账联上注明“回报率”或“借款回报率”，俞财新在起诉状中以利息计算违约金等事实，不足以证明俞财新实际支付款项为4900万元，以及相关款项为借贷的性质。由上，应当认定俞财新向华辰公司支付《商铺认购书》项下的定金为5860万元。

根据《商品房销售管理办法》第十六条的规定，商品房销售时，房地产开发企业和买受人应当订立书面商品房买卖合同，明确交易的主要内容。本案中，双方当事人签订的《商铺认购书》对所出售商品房的坐落、面积、单价、总价款等商品房买卖核心条款作出约定，符合商品房买卖合同的基本特征。但因该《商铺认购书》同时又明确约定在华辰公司取得《商品房预售许可证》后，应另行签订商品房买卖合同，且约定内容与《商品房销售管理办法》第十六条规定相比有不少欠缺，故应当认定《商铺认购书》系双方当事人为将来签订商铺买卖合同而事先达成的合意，本案为商品房买卖预约合同纠纷。华辰公司主张本案为借贷纠纷，证据不足，不予采信。

涉案《商铺认购书》系双方当事人真实意思表示，内容不违反国家法律、行政法规的禁止性规定，应认定有效。从该认购书第二条及第三条约定的内容看，俞财新应在签订本认购书后10日内支付给华辰公司订金6360万元；华辰公司则应当在收到俞财新订金后30日内领取《商品房预售许可证》，否则必须于收到订金后的第31日起两个月内将订金全部返还俞财新，逾期返还的，应按月利率10%支付俞财新本息。据此，华辰公司领取《商品房预售许可证》的履行期限为俞财新付清6360万元后的30日内，因俞财新只支付5860万元订金，即便在其支付订金过程中，存在因华辰公司不能如期办理《商品房预售许可证》而依法行使不安抗辩权导致未全额支付订金的情形，华辰公司也不构成违约。因为俞财新在知道华辰公司于2008年6月26日取得《商品房预售许可证》后，无证据证明此后其向华辰公司要求继续支付订金余额，实际上也未支付。因此，应当认定俞财新至今没有依约付清6360万元订金，华辰公司取得《商品房预售许可证》时并未超过《商铺认购书》约定的履行期限。俞财新以华辰公司逾期领取《商品房预售许可证》及未在收取订金后的第31日起两个月内返还全部订金为由，请求华辰公司按俞财新已付订金5860万元每月10%承担违约金，缺乏事实依据，一审法院不予支持。

俞财新以讼争商铺已由华辰公司售予他人为由，提出请求解除《商铺认购书》，华辰公司及魏传瑞对商铺售予他人的事实亦不持异议，《商铺认购书》继续履行已不可能，依法应予解除。华辰公司依《商铺认购书》收取俞财新订金5860万元及其法定孳息应予返还。俞财新请求解除《商铺认购书》及华辰公司返还收取的5860万元订金，应予支持。华辰公司应向俞财新返还认购商铺订金5860万元及支付自收取相关款项之日起的利息。魏传瑞作为签订《商铺认购书》的当事人之一，愿为华辰公司履行该认购书的相关债务提供两年的连带保证责任担保，根据《中华人民共和国担保法》第十八条关于连带责任保证的规定，魏传瑞应对华辰公司返还俞财新5860万元及其利息的款项承担连带责任。一审法院依照《中华人民共和国民事诉讼法》第六十四条、《合同法》第九十四条、《中华人民共和国担保法》第十八条的规定，判决：（一）解除三方当事人签订的《商铺认购书》；（二）华辰公司应于本判决生效之日起十日内向俞财新支付5860万元及其利息（其中2400万元自2007年12月10日、1560万元自2007年12月11日、1800万元自2007年12月21日、100万元自2008年1月7日起至本判决确定的还款之日止按中国人民银行同期贷款利率计算）；（三）魏传瑞应对华辰公司的上述第二项债务承担连带偿还责任；（四）驳回俞财新的其他诉讼请求。案件受理费686400元，由俞财新负担356400元，华辰公司、魏传瑞负担330000元；诉讼保全费5000元，由俞财新负担3000元，华辰公司、魏传瑞负担2000元。

俞财新、华辰公司不服一审判决，分别向本院提起上诉。

俞财新上诉称，一审判决认定事实不清，适用法律不当，判决结果明显失衡，故请求：（一）撤销（2009）闽民初字第8号民事判决第二项、第四项；（二）判令华辰公司返还俞财新购房订金5860万元人民币，并以俞财新已付购房订金每月10%的金额支付违约金，自2008年3月22日起计至还清款项止（暂计至2009年3月22日止，计7032万元人民币）。主要事实和理由是：

（一）一审判决认定事实不清。1. 一审判决认定合同约定的华辰公司取得《商品房预售许可证》的时间不符合客观事实。根据涉案《商铺认购书》约定，俞财新在10日内付给华辰公司订金6360万元；华辰公司应当在收到俞财新支付订金后的30日内领取《商品房预售许可证》并与俞财新签订规范的《商品房买卖合同》，同时保证在签订《商品房买卖合同》后的10日内在房地产交易管理部门备案登记。《商铺认购书》签订于2007年12月10日，华辰公司取得《商品房预售许可证》的期限应当是2008年1月21日前，该事实在一审庭审中双方当事人均无异议，并非一审判决认定的履行期限，即“俞财新付清6360万元后的30日内”。2. 一审判决认定“俞财新明知华辰公司于2008年6月26日取得《商品房预售许可证》”与客观事实不符。俞财新在支付5860万元购房订金，履行了主要义务后，因华辰公司未能按合同于2008年1月21日前取得《商品房预售许可证》，加之由魏传瑞实际控制的福州华辰房地产有限公司（以下简称福州华辰公司）与俞财新在签订购买“君临天华B组团5#7#连幢2层23号店面”时存在欺诈行为，因此俞财新未继续支付余款500万元。而华辰公司在未按合同约定取得《商品房预售许可证》后，从未告知俞财新何时能取得《商品房预售许可证》，取得《商品房预售许可证》后也从未告知俞财新，在一审庭审中也未提供证据证明该事实。俞财新是在华辰公司已将《商铺认购书》中约定的商铺卖给他人后，在起诉前才在律师指导下于2009年1月7日从福州房地产信息网上查到华辰公司取得A区地块一商业综合楼预售许可的，批准日期为2008年6月26日。对于上述事实，俞财新在一审提供的证据11能够证明。因此，一审判决认定“俞财新明知华辰公司于2008年6月26日取得《商品房预售许可证》”与客观事实不符，据此认定俞财新没有依约付清6360万元及华辰公司没有违约，违背客观事实。

（二）一审判决适用法律不当。1. 俞财新有权行使不安抗辩权。因华辰公司未按合同约定的时间取得《商品房预售许可证》，俞财新据此暂缓支付尾款 500 万元，符合《合同法》第六十八条的规定。俞财新有证据证明华辰公司丧失了商业信誉，具有可能丧失履行债务能力的其他情形。俞财新与魏传瑞实际控制的福州华辰公司曾于 2007 年 8 月 3 日签订合同，约定购买其名下“君临天华 B 组团 5#7#连幢 2 层 23 号店面”，在俞财新依照合同约定以现金方式一次性付款后，福州华辰公司却违反合同第二十四条约定，未在合同生效之日起 30 日内，向福州市房地产交易登记中心申请登记备案。后俞财新通过福州房地产信息网及向福州市房地产交易登记中心了解，上述合同约定的商品房用于抵押贷款。据此，俞财新未将剩余购房款 500 万元支付华辰公司的行为，符合相关法律规定。2. 本案《商铺认购书》被解除的原因是华辰公司存在根本违约行为。俞财新已支付了购房款的 92. 14%，履行了合同约定的主要义务，华辰公司存在根本违约行为，一审判决显失公平。

华辰公司上诉称，一审判决认定事实不清，适用法律错误，故请求本院：（一）撤销本案一审判决第二项，改判华辰公司仅需返还俞财新购房订金 4900 万元；（二）判令俞财新承担本案的全部诉讼费用。主要事实和理由是：

（一）俞财新实际仅向华辰公司支付 4900 万元购房订金。根据涉案《商铺认购书》的约定，俞财新应在认购书签订后的 10 日内即 2007 年 12 月 21 日前向华辰公司支付购房订金 6360 万元。一审中俞财新提供了《收款收据》，以证明向华辰公司支付 5860 万元购房订金．但根据双方提供的银行转账回单，俞财新通过银行转账的形式向华辰公司共支付购房订金人民币 4900 万元。一审中俞财新称另以现金方式支付了 960 万元，但当华辰公司当庭多次要求俞财新讲清这 960 万元现金交付的时间、地点、接受人员时，俞财新及其代理人均无法正面回答。近千万元的巨额现金不通过转账，而又无法说明交付情节，显然不合常理，其实质是 4900 万元所生的利息。由此可见，俞财新自称以现金方式支付的960万元根本不存在。因其仅向华辰公司支付4900万元的购房订金，一审判决认定俞财新向华辰公司支付购房订金5860万元，并判令华辰公司返还购房订金5860万元是错误的，应当予以纠正。

（二）因俞财新的过错导致《商铺认购书》无法履行而解除，华辰公司仅需退还4900万元款项，无需支付利息。

本院二审查明的事实与一审法院查明的事实一致。

二审中，本院曾组织本案当事人进行调解，但因对事实和违约金的承担争议很大而调解未果。

本院认为，一审法院将本案案由定为商品房买卖（预售）合同纠纷，并根据俞财新的诉讼请求，判决解除合同，三方当事人未就此提起上诉，本院予以确认。华辰公司、魏传瑞对华辰公司收到俞财新通过转账支付的4900万元订金不持异议，本院予以确认。二审中本案当事人争议的焦点问题是：（一）俞财新是否已向华辰公司支付现金960万元购房订金；（二）俞财新少支付500万元订金是否属于行使不安抗辩权；（三）华辰公司是否应当承担违约责任。现分述如下：

（一）关于俞财新是否已向华辰公司支付现金960万元购房订金的问题。

本院认为，根据查明的事实，应认定俞财新已向华辰公司支付现金960万元购房订金。理由是：1.《商铺认购书》约定俞财新支付订金6360万元部分为现金，部分为汇款，故俞财新支付华辰公司现金960万元购房订金，符合合同约定。2.华辰公司在收到俞财新交付的960万元现金后，向俞财新出具了《收款收据》，其对收据本身的真实性没有异议，收据上载明的付款用途是购买涉案合同项下的房屋。俞财新向一、二审法院提交的《收款收据》上并无“回报率”的记载，而华辰公司出具的《收款收据》存根联上却载有“回报率”，说明这是华辰公司在收据存根联上后加的，应以俞财新提供的《收款收据》作为认定事实的依据。3.《收款收据》上添加的“回报率”相互矛盾，有的是2%，有的是20%，按上述两种比例计算，均不能得出借款

4900 万元产生 960 万元利息的结论。4. 华辰公司虽否认俞财新向其支付 960 万元现金，但无充分证据推翻其向俞财新出具的《收款收据》，俞财新所述的付款地点虽然不常见，但不能排除这种可能性。综上，华辰公司关于俞财新未向其支付现金 960 万元的主张，证据不足，本院不予支持。

（二）关于俞财新少支付 500 万元订金是否属于行使不安抗辩权的问题。

本院认为，俞财新主张不安抗辩权的理由是华辰公司丧失商业信誉，依据是其与福州华辰公司签订另一购房合同后，福州华辰公司将合同约定的房屋设定抵押。然而，福州华辰公司与华辰公司是两个不同的法人，以案外人违约为由在本案合同履行中行使不安抗辩权，不符合合同相对性原则。根据《合同法》第六十八条的规定，俞财新关于其行使不安抗辩权的主张，依据不足。《合同法》第六十九条规定了行使不安抗辩权的要件，即使俞财新有权行使不安抗辩权，也应当及时通知对方。但无证据证明俞财新履行过通知义务。因此，俞财新关于其行使不安抗辩权的主张，缺乏事实和法律依据，本院不予支持。

（三）关于华辰公司应否承担违约责任的问题。

本院认为，俞财新虽主张其已向华辰公司支付了大部分订金，履行了支付订金的主要义务，并享有不安抗辩权，但按照《商铺认购书》的约定，华辰公司应在收到俞财新订金后 30 日内领取《商品房预售许可证》并与俞财新签订购房合同。据此，应认定俞财新负有先履行义务，其应在 2007 年 10 月 20 日之前付清 6360 万元订金，但俞财新至今仅支付了 5860 万元订金，其主张行使不安抗辩权的理由不能成立。因此，应认定俞财新违约，故其无权向华辰公司主张违约金。由于俞财新违约在先，即使后来华辰公司没有及时领取《商品房预售许可证》并与俞财新签订购房合同，也不应向俞财新支付违约金。本案《商铺认购书》解除后，双方当事人的权利义务终止。因房屋交易尚未完成，应当返还一方占有另一方的财产。华辰公司占有俞财新的 5860 万元购房订金及所生利息，理应一并返还，故对华辰公司关于只应向俞财新返还4900万元订金的主张，本院不予支持。

综上，一审判决认定事实清楚，适用法律正确。涉案《商铺认购书》解除后，华辰公司、魏传瑞应当向俞财新返还订金及利息。因俞财新违约在先，对其关于华辰公司应向其支付违约金的请求，本院不予支持。华辰公司关于其只应向俞财新返还4900万元订金的请求，于法无据，本院不予支持。依照《中华人民共和国民事诉讼法》第一百五十三条第一款第（一）项的规定，判决如下：

驳回上诉，维持原判。

二审案件受理费人民币686400元，由俞财新负担565000元，福建华辰房地产有限公司、魏传瑞负担121400元。

本判决为终审判决。

（二）裁判依据

《中华人民共和国民法典》

第四百九十五条 当事人约定在将来一定期限内订立合同的认购书、订购书、预订书等，构成预约合同。

当事人一方不履行预约合同约定的订立合同义务的，对方可以请求其承担预约合同的违约责任。

《最高人民法院关于审理商品房买卖合同纠纷案件适用法律若干问题的解释》

第四条 出卖人通过认购、订购、预订等方式向买受人收受定金作为订立商品房买卖合同担保的，如果因当事人一方原因未能订立商品房买卖合同，应当按照法律关于定金的规定处理；因不可归责于当事人双方的事由，导致商品房买卖合同未能订立的，出卖人应当将定金返还买受人。

三、确认合同效力纠纷

（一）最高人民法院指导案例

004. 债务人与相对人恶意串通、损害债权人利益订立的财产转让合同为无效合同①

瑞士嘉吉国际公司诉福建金石制油有限公司等确认合同无效纠纷案

（最高人民法院审判委员会讨论通过 2014年12月18日发布）

关键词：民事/确认合同无效/恶意串通/财产返还

裁判摘要

1. 债务人将主要财产以明显不合理低价转让给其关联公司，关联公司在明知债务人欠债的情况下，未实际支付对价的，可以认定债务人与其关联公司恶意串通、损害债权人利益，与此相关的财产转让合同应当认定为无效。

2.《中华人民共和国合同法》第五十九条规定适用于第三人为财产所有权人的情形，在债权人对债务人享有普通债权的情况下，应当根据《中华人民共和国合同法》第五十八条的规定，判令因无效合同取得的财产返还给原财产所有人，而不能根据第五十九条规定直接判令债务人的关联公

① 最高人民法院指导案例33号。

司因“恶意串通，损害第三人利益”的合同而取得的债务人的财产返还给债权人。

相关法条

1.《中华人民共和国合同法》第五十二条第二项

2.《中华人民共和国合同法》第五十八条、第五十九条

基本案情：瑞士嘉吉国际公司（Cargill International SA，以下简称嘉吉公司）与福建金石制油有限公司（以下简称福建金石公司）以及大连金石制油有限公司、沈阳金石豆业有限公司、四川金石油粕有限公司、北京珂玛美嘉粮油有限公司、宜丰香港有限公司（该六公司以下统称金石集团）存在商业合作关系。嘉吉公司因与金石集团买卖大豆发生争议，双方在国际油类、种子和脂类联合会仲裁过程中于2005年6月26日达成《和解协议》，约定金石集团将在五年内分期偿还债务，并将金石集团旗下福建金石公司的全部资产，包括土地使用权、建筑物和固着物、所有的设备及其他财产抵押给嘉吉公司，作为偿还债务的担保。2005年10月10日，国际油类、种子和脂类联合会根据该《和解协议》作出第3929号仲裁裁决，确认金石集团应向嘉吉公司支付1337万美元。2006年5月，因金石集团未履行该仲裁裁决，福建金石公司也未配合进行资产抵押，嘉吉公司向福建省厦门市中级人民法院申请承认和执行第3929号仲裁裁决。2007年6月26日，厦门市中级人民法院经审查后裁定对该仲裁裁决的法律效力予以承认和执行。该裁定生效后，嘉吉公司申请强制执行。

2006年5月8日，福建金石公司与福建田源生物蛋白科技有限公司（以下简称田源公司）签订一份《国有土地使用权及资产买卖合同》，约定福建金石公司将其国有土地使用权、厂房、办公楼和油脂生产设备等全部固定资产以2569万元人民币（以下未特别注明的均为人民币）的价格转让给田源公司，其中国有土地使用权作价464万元、房屋及设备作价2105万元，应在合

同生效后30日内支付全部价款。王晓琪和柳锋分别作为福建金石公司与田源公司的法定代表人在合同上签名。福建金石公司曾于2001年12月31日以482.1万元取得本案所涉32138平方米国有土地使用权。2006年5月10日，福建金石公司与田源公司对买卖合同项下的标的物进行了交接。同年6月15日，田源公司通过在中国农业银行漳州支行的账户向福建金石公司在同一银行的账户转入2500万元。福建金石公司当日从该账户汇出1300万元、1200万元两笔款项至金石集团旗下大连金石制油有限公司账户，用途为往来款。同年6月19日，田源公司取得上述国有土地使用权证。

2008年2月21日，田源公司与漳州开发区汇丰源贸易有限公司（以下简称汇丰源公司）签订《买卖合同》，约定汇丰源公司购买上述土地使用权及地上建筑物、设备等，总价款为2669万元，其中土地价款603万元、房屋价款334万元、设备价款1732万元。汇丰源公司于2008年3月取得上述国有土地使用权证。汇丰源公司仅于2008年4月7日向田源公司付款569万元，此后未付其余价款。

田源公司、福建金石公司、大连金石制油有限公司及金石集团旗下其他公司的直接或间接控制人均为王政良、王晓莉、王晓琪、柳锋。王政良与王晓琪、王晓莉是父女关系，柳锋与王晓琪是夫妻关系。2009年10月15日，中纺粮油进出口有限责任公司（以下简称中纺粮油公司）取得田源公司80%的股权。2010年1月15日，田源公司更名为中纺粮油（福建）有限公司（以下简称中纺福建公司）。

汇丰源公司成立于2008年2月19日，原股东为宋明权、杨淑莉。2009年9月16日，中纺粮油公司和宋明权、杨淑莉签订《股权转让协议》，约定中纺粮油公司购买汇丰源公司80%的股权。同日，中纺粮油公司（甲方）、汇丰源公司（乙方）、宋明权和杨淑莉（丙方）及沈阳金豆食品有限公司（丁方）签订《股权质押协议》，约定：丙方将所拥有汇丰源公司20%的股权质押给甲方，作为乙方、丙方、丁方履行“合同义务”之担保；“合同义务”

系指乙方、丙方在《股权转让协议》及《股权质押协议》项下因“红豆事件”而产生的所有责任和义务；“红豆事件”是指嘉吉公司与金石集团就进口大豆中掺杂红豆原因而引发的金石集团涉及的一系列诉讼及仲裁纠纷以及与此有关的涉及汇丰源公司的一系列诉讼及仲裁纠纷。还约定，下述情形同时出现之日，视为乙方和丙方的“合同义务”已完全履行：1. 因“红豆事件”而引发的任何诉讼、仲裁案件的全部审理及执行程序均已终结，且乙方未遭受财产损失；2. 嘉吉公司针对乙方所涉合同可能存在的撤销权因超过法律规定的最长期间（五年）而消灭。2009 年 11 月 18 日，中纺粮油公司取得汇丰源公司 80%的股权。汇丰源公司成立后并未进行实际经营。

由于福建金石公司已无可供执行的财产，导致无法执行，嘉吉公司遂向福建省高级人民法院提起诉讼，请求：一是确认福建金石公司与中纺福建公司签订的《国有土地使用权及资产买卖合同》无效；二是确认中纺福建公司与汇丰源公司签订的国有土地使用权及资产《买卖合同》无效；三是判令汇丰源公司、中纺福建公司将其取得的合同项下财产返还给财产所有人。

裁判结果：福建省高级人民法院于 2011 年 10 月 23 日作出（2007）闽民初字第 37 号民事判决，确认福建金石公司与田源公司之间的《国有土地使用权及资产买卖合同》、田源公司与汇丰源公司之间的《买卖合同》无效；判令汇丰源公司于判决生效之日起三十日内向福建金石公司返还因上述合同而取得的国有土地使用权，中纺福建公司于判决生效之日起三十日内向福建金石公司返还因上述合同而取得的房屋、设备。宣判后，福建金石公司、中纺福建公司、汇丰源公司提出上诉。最高人民法院于 2012 年 8 月 22 日作出（2012）民四终字第 1 号民事判决，驳回上诉，维持原判。

裁判理由：最高人民法院认为：因嘉吉公司注册登记地在瑞士，本案系涉外案件，各方当事人对适用中华人民共和国法律审理本案没有异议。本案源于债权人嘉吉公司认为债务人福建金石公司与关联企业田源公司、田源公司与汇丰源公司之间关于土地使用权以及地上建筑物、设备等资产的买卖合同，因属于《中华人民共和国合同法》第五十二条第二项“恶意串通，损害国家、集体或者第三人利益”的情形而应当被认定无效，并要求返还原物。本案争议的焦点问题是：福建金石公司、田源公司、汇丰源公司相互之间订立的合同是否构成恶意串通、损害嘉吉公司利益的合同？本案所涉合同被认定无效后的法律后果如何？

一、关于福建金石公司、田源公司、汇丰源公司相互之间订立的合同是否构成“恶意串通，损害第三人利益”的合同

第一，福建金石公司、田源公司在签订和履行《国有土地使用权及资产买卖合同》的过程中，其实际控制人之间系亲属关系，且柳锋、王晓琪夫妇分别作为两公司的法定代表人在合同上签署。因此，可以认定在签署以及履行转让福建金石公司国有土地使用权、房屋、设备的合同过程中，田源公司对福建金石公司的状况是非常清楚的，对包括福建金石公司在内的金石集团因“红豆事件”被仲裁裁决确认对嘉吉公司形成1337万美元债务的事实是清楚的。

第二，《国有土地使用权及资产买卖合同》订立于2006年5月8日，其中约定田源公司购买福建金石公司资产的价款为2569万元，国有土地使用权作价464万元、房屋及设备作价2105万元，并未根据相关会计师事务所的评估报告作价。一审法院根据福建金石公司2006年5月31日资产负债表，以其中载明固定资产原价44042705.75元、扣除折旧后固定资产净值为32354833.70元，而《国有土地使用权及资产买卖合同》中对房屋及设备作价仅2105万元，认定《国有土地使用权及资产买卖合同》中约定的购买福建金石公司资产价格为不合理低价是正确的。在明知债务人福建金石公司欠债权人嘉吉公司巨额债务的情况下，田源公司以明显不合理低价购买福建金石公司的主要资产，足以证明其与福建金石公司在签订《国有土地使用权及资产买卖合同》时具有主观恶意，属恶意串通，且该合同的履行足以损害债权人嘉吉公司的利益。

第三，《国有土地使用权及资产买卖合同》签订后，田源公司虽然向福建金石公司在同一银行的账户转账 2500 万元，但该转账并未注明款项用途，且福建金石公司于当日将 2500 万元分两笔汇入其关联企业大连金石制油有限公司账户；又根据福建金石公司和田源公司当年的财务报表，并未体现该笔 2500 万元的入账或支出，而是体现出田源公司尚欠福建金石公司“其他应付款”121224155.87 元。一审法院据此认定田源公司并未根据《国有土地使用权及资产买卖合同》向福建金石公司实际支付价款是合理的。

第四，从公司注册登记资料看，汇丰源公司成立时股东构成似与福建金石公司无关，但在汇丰源公司股权变化的过程中可以看出，汇丰源公司在与田源公司签订《买卖合同》时对转让的资产来源以及福建金石公司对嘉吉公司的债务是明知的。《买卖合同》约定的价款为 2669 万元，与田源公司从福建金石公司购入该资产的约定价格相差不大。汇丰源公司除已向田源公司支付 569 万元外，其余款项未付。一审法院据此认定汇丰源公司与田源公司签订《买卖合同》时恶意串通并足以损害债权人嘉吉公司的利益，并无不当。

综上，福建金石公司与田源公司签订的《国有土地使用权及资产买卖合同》、田源公司与汇丰源公司签订的《买卖合同》，属于恶意串通、损害嘉吉公司利益的合同。根据合同法第五十二条第二项的规定，均应当认定无效。

二、关于本案所涉合同被认定无效后的法律后果

对于无效合同的处理，人民法院一般应当根据合同法第五十八条“合同无效或者被撤销后，因该合同取得的财产，应当予以返还；不能返还或者没有必要返还的，应当折价补偿。有过错的一方应当赔偿对方因此所受到的损失，双方都有过错的，应当各自承担相应的责任”的规定，判令取得财产的一方返还财产。本案涉及的两份合同均被认定无效，两份合同涉及的财产相同，其中国有土地使用权已经从福建金石公司经田源公司变更至汇丰源公司名下，在没有证据证明本案所涉房屋已经由田源公司过户至汇丰源公司名下、所涉设备已经由田源公司交付汇丰源公司的情况下，一审法院直接判令取得

国有土地使用权的汇丰源公司、取得房屋和设备的田源公司分别就各自取得的财产返还给福建金石公司并无不妥。

《中华人民共和国合同法》第五十九条规定："当事人恶意串通，损害国家、集体或者第三人利益的，因此取得的财产收归国家所有或者返还集体、第三人。"该条规定应当适用于能够确定第三人为财产所有权人的情况。本案中，嘉吉公司对福建金石公司享有普通债权，本案所涉财产系福建金石公司的财产，并非嘉吉公司的财产，因此只能判令将系争财产返还给福建金石公司，而不能直接判令返还给嘉吉公司。

（二）最高人民法院公报案例及典型案例

005. 违反法律强制性规定订立的合同无效[①]

基本案情：2009 年 2 月 15 日，贵州省清镇市人民政府颁发林权证，确定清镇市某乡对某村木叶高坡 115.4 亩防护林林地、森林或林木享有所有权和使用权。2013 年 12 月 6 日，某乡政府与黄某签订《贵州省清镇市某乡木叶高坡林场经营权转包合同》，约定："某乡政府将前述林地、林木发包给黄某从事农业项目（特色经果林）种植生产经营，转包经营权期限为 65 年，转包价格 20 万元。"黄某与王某合伙共同经营，将转包林地中约 14 亩用于栽种折耳根，其余大部分用于栽种天麻。2016 年 2 月 5 日，王某将部分林木卖与周某，周某砍伐林木 78 株，被林业部门处以罚款并被责令补种林木。2017 年 1 月 9 日，某乡政府向法院提起诉讼，请求确认其与黄某签订的林场经营权转包合同无效，黄某、王某返还林场。黄某、王某提起反诉，请求判令某乡政府返

① 《最高人民法院公布服务保障新时代生态文明建设典型案例》，七、贵州省清镇市某乡人民政府诉黄某等确认合同无效纠纷案，载《人民法院报》2018 年 6 月 5 日第 4 版。

还转包费20万元及资金占用损失138493.13元，补偿损失753644元。

裁判结果：贵州省清镇市人民法院一审认为，某乡政府与黄某签订合同，约定将作为防护林的木叶高坡林场转包与黄某从事农业项目种植生产经营，将防护林的用途更改为商品林，违反了《中华人民共和国森林法》第十五条第三款的强制性规定，依法应认定为无效合同。某乡政府主张该合同无效的诉讼请求依法应予支持。某乡政府与黄某签订合同后，从黄某处取得的转包款扣除已经履行的部分后应当返还。黄某因该合同取得案涉林地使用权应当返还某乡政府。鉴于黄某、王某在该地上栽种的经济作物尚未收获，综合考虑生态保护与当事人损失之间的关系，以及黄某、王某栽种的经济作物收获问题，酌定返还期限为2017年12月31日前。黄某、王某在返还之前应当对林地内的植被妥善保护，在收获天麻和折耳根作物时应当采取最有利于生态保护的收获方法，某乡政府应当对此进行监督。某乡政府与黄某所签合同无效，某乡政府作为国家机关，对相关法律规定的掌握程度明显高于黄某，确定某乡政府对合同无效承担70%的过错责任，黄某承担30%的过错责任。一审法院判决：确认案涉转包合同无效，黄某、王某返还防护林，某乡政府返还转包款并赔偿70%资金占用损失和经济损失。一审判决已发生法律效力。

裁判摘要

本案系林地转包合同纠纷。依据《中华人民共和国森林法》第十五条的规定，除用材林、经济林、薪炭林及其林地使用权、采伐迹地、火烧迹地的林地使用权，国务院规定的其他森林、林木和其他林地使用权可以依法转让或者作价入股外，其他森林、林木和林地使用权不得转让。本案中，合同当事人约定转包防护林林木、林地，将防护林林地用于从事农业项目种植生产经营，更改了防护林的性质。本案判决认定转包合同违反法律的强制性规定，既符合《中华人民共和国森林法》“发挥森林蓄水保土、调节气候、改善环境和提供林产品的作用”的立法目的，亦符合《中华人民共和国森林法》关于防护林为“以防护为主要目的的森林、林木和灌木丛”的分类界定，对于同类案件认定林木、林地发包、承包、转包等合同的法律效力具有参考意义。本案判决在认定合同无效的同时，考虑到案涉林地已栽种经济作物的实际情况，判令承包人收获后返还，在返还林地前对林地内的植被妥善保护，在收获时应当采取最有利于生态保护的收获方法，兼顾了保护当事人利益与保护生态环境的关系，对处理类似案件具有较好的借鉴意义。

（三）裁判依据

《中华人民共和国民法典》

第十九条 八周岁以上的未成年人为限制民事行为能力人，实施民事法律行为由其法定代理人代理或者经其法定代理人同意、追认；但是，可以独立实施纯获利益的民事法律行为或者与其年龄、智力相适应的民事法律行为。

第一百四十八条 一方以欺诈手段，使对方在违背真实意思的情况下实施的民事法律行为，受欺诈方有权请求人民法院或者仲裁机构予以撤销。

第一百六十条 民事法律行为可以附期限，但是根据其性质不得附期限的除外。附生效期限的民事法律行为，自期限届至时生效。附终止期限的民事法律行为，自期限届满时失效。

第一百七十一条 行为人没有代理权、超越代理权或者代理权终止后，仍然实施代理行为，未经被代理人追认的，对被代理人不发生效力。

相对人可以催告被代理人自收到通知之日起三十日内予以追认。被代理人未作表示的，视为拒绝追认。行为人实施的行为被追认前，善意相对人有撤销的权利。撤销应当以通知的方式作出。

行为人实施的行为未被追认的，善意相对人有权请求行为人履行债务或者就其受到的损害请求行为人赔偿。但是，赔偿的范围不得超过被代理人追认时相对人所能获得的利益。

相对人知道或者应当知道行为人无权代理的，相对人和行为人按照各自的过错承担责任。

第一百七十二条 行为人没有代理权、超越代理权或者代理权终止后，仍然实施代理行为，相对人有理由相信行为人有代理权的，代理行为有效。

第五百零二条 依法成立的合同，自成立时生效，但是法律另有规定或者当事人另有约定的除外。

依照法律、行政法规的规定，合同应当办理批准等手续的，依照其规定。未办理批准等手续影响合同生效的，不影响合同中履行报批等义务条款以及相关条款的效力。应当办理申请批准等手续的当事人未履行义务的，对方可以请求其承担违反该义务的责任。

依照法律、行政法规的规定，合同的变更、转让、解除等情形应当办理批准等手续的，适用前款规定。

第五百零四条 法人的法定代表人或者非法人组织的负责人超越权限订立的合同，除相对人知道或者应当知道其超越权限外，该代表行为有效，订立的合同对法人或者非法人组织发生效力。

第五百零七条 合同不生效、无效、被撤销或者终止的，不影响合同中有关解决争议方法的条款的效力。

第五百六十二条 当事人协商一致，可以解除合同。

当事人可以约定一方解除合同的事由。解除合同的事由发生时，解除权人可以解除合同。

第五百六十三条 有下列情形之一的，当事人可以解除合同：

（一）因不可抗力致使不能实现合同目的；

（二）在履行期限届满前，当事人一方明确表示或者以自己的行为表明不履行主要债务；

（三）当事人一方迟延履行主要债务，经催告后在合理期限内仍未履行；

（四）当事人一方迟延履行债务或者有其他违约行为致使不能实现合同目的；

（五）法律规定的其他情形。

以持续履行的债务为内容的不定期合同，当事人可以随时解除合同，但是应当在合理期限之前通知对方。

第五百六十六条 合同解除后，尚未履行的，终止履行；已经履行的，根据履行情况和合同性质，当事人可以请求恢复原状或者采取其他补救措施，并有权请求赔偿损失。

合同因违约解除的，解除权人可以请求违约方承担违约责任，但是当事人另有约定的除外。

主合同解除后，担保人对债务人应当承担的民事责任仍应当承担担保责任，但是担保合同另有约定的除外。

《中华人民共和国电子商务法》

第四十八条 电子商务当事人使用自动信息系统订立或者履行合同的行为对使用该系统的当事人具有法律效力。

在电子商务中推定当事人具有相应的民事行为能力。但是，有相反证据足以推翻的除外。

第四十九条 电子商务经营者发布的商品或者服务信息符合要约条件的，用户选择该商品或者服务并提交订单成功，合同成立。当事人另有约定的，从其约定。

电子商务经营者不得以格式条款等方式约定消费者支付价款后合同不成立；格式条款等含有该内容的，其内容无效。

第五十一条 合同标的为交付商品并采用快递物流方式交付的，收货人签收时间为交付时间。合同标的为提供服务的，生成的电子凭证或者实物凭证中载明的时间为交付时间；前述凭证没有载明时间或者载明时间与实际提供服务时间不一致的，实际提供服务的时间为交付时间。

合同标的为采用在线传输方式交付的，合同标的进入对方当事人指定的特定系统并且能够检索识别的时间为交付时间。

合同当事人对交付方式、交付时间另有约定的，从其约定。

第五十二条 电子商务当事人可以约定采用快递物流方式交付商品。

快递物流服务提供者为电子商务提供快递物流服务，应当遵守法律、行政法规，并应当符合承诺的服务规范和时限。快递物流服务提供者在交付商品时，应当提示收货人当面查验；交由他人代收的，应当经收货人同意。

快递物流服务提供者应当按照规定使用环保包装材料，实现包装材料的减量化和再利用。

快递物流服务提供者在提供快递物流服务的同时，可以接受电子商务经营者的委托提供代收货款服务。

《最高人民法院关于适用〈中华人民共和国民法典〉总则编若干问题的解释》

第十八条 当事人未采用书面形式或者口头形式，但是实施的行为本身表明已经作出相应意思表示，并符合民事法律行为成立条件的，人民法院可以认定为民法典第一百三十五条规定的采用其他形式实施的民事法律行为。

第十九条 行为人对行为的性质、对方当事人或者标的物的品种、质量、规格、价格、数量等产生错误认识，按照通常理解如果不发生该错误认识行为人就不会作出相应意思表示的，人民法院可以认定为民法典第一百四十七条规定的重大误解。

行为人能够证明自己实施民事法律行为时存在重大误解，并请求撤销该民事法律行为的，人民法院依法予以支持；但是，根据交易习惯等认定行为人无权请求撤销的除外。

第二十条 行为人以其意思表示存在第三人转达错误为由请求撤销民事法律行为的，适用本解释第十九条的规定。

第二十一条 故意告知虚假情况，或者负有告知义务的人故意隐瞒真实情况，致使当事人基于错误认识作出意思表示的，人民法院可以认定为民法典第一百四十八条、第一百四十九条规定的欺诈。

第二十二条 以给自然人及其近亲属等的人身权利、财产权利以及其他合法权益造成损害或者以给法人、非法人组织的名誉、荣誉、财产权益等造成损害为要挟，迫使其基于恐惧心理作出意思表示的，人民法院可以认定为民法典第一百五十条规定的胁迫。

第二十三条 民事法律行为不成立，当事人请求返还财产、折价补偿或者赔偿损失的，参照适用民法典第一百五十七条的规定。

第二十四条 民事法律行为所附条件不可能发生，当事人约定为生效条件的，人民法院应当认定民事法律行为不发生效力；当事人约定为解除条件的，应当认定未附条件，民事法律行为是否失效，依照民法典和相关法律、行政法规的规定认定。

《全国法院贯彻实施民法典工作会议纪要》

2. 行为人因对行为的性质、对方当事人、标的物的品种、质量、规格和数量等的错误认识，使行为的后果与自己的意思相悖，并造成较大损失的，人民法院可以认定为民法典第一百四十七条、第一百五十二条规定的重大误解。

3. 故意告知虚假情况，或者故意隐瞒真实情况，诱使当事人作出错误意思表示的，人民法院可以认定为民法典第一百四十八条、第一百四十九条规定的欺诈。

5. 民法典第一百八十八条第一款规定的普通诉讼时效期间，可以适用民法典有关诉讼时效中止、中断的规定，不适用延长的规定。民法典第一百八十八条第二款规定的“二十年”诉讼时效期间可以适用延长的规定，不适用中止、中断的规定。

诉讼时效根据民法典第一百九十五条的规定中断后，在新的诉讼时效期间内，再次出现第一百九十五条规定的中断事由，可以认定诉讼时效再次中断。权利人向义务人的代理人、财产代管人或者遗产管理人主张权利的，可以认定诉讼时效中断。

6. 当事人对于合同是否成立发生争议，人民法院应当本着尊重合同自由，鼓励和促进交易的精神依法处理。能够确定当事人名称或者姓名、标的和数量的，人民法院一般应当认定合同成立，但法律另有规定或者当事人另有约定的除外。

对合同欠缺的当事人名称或者姓名、标的和数量以外的其他内容，当事人达不成协议的，人民法院依照民法典第四百六十六条、第五百一十条、第五百一十一条等规定予以确定。

7. 提供格式条款的一方对格式条款中免除或者减轻其责任等与对方有重大利害关系的内容，在合同订立时采用足以引起对方注意的文字、符号、字体等特别标识，并按照对方的要求以常人能够理解的方式对该格式条款予以说明的，人民法院应当认定符合民法典第四百九十六条所称“采取合理的方式”。提供格式条款一方对已尽合理提示及说明义务承担举证责任。

12. 除上述内容外，对于民通意见、合同法解释一、合同法解释二的实体性规定所体现的精神，与民法典及有关法律不冲突且在司法实践中行之有效的，如民通意见第2条关于以自己的劳动收入为主要生活来源的认定规则等，人民法院可以在裁判文书说理时阐述。上述司法解释中的程序性规定的精神，与民事诉讼法及相关法律不冲突的，如合同法解释一第十四条、第二十三条等，人民法院可以在办理程序性事项时作为参考。

14. 人民法院审理民事纠纷案件，根据《时间效力规定》应当适用民法典的，同时适用民法典相关司法解释，但是该司法解释另有规定的除外。

四、违约责任纠纷

（一）最高人民法院指导案例

006. 合同约定的违约金过高时，人民法院可以根据当事人的请求予以适当减少[①]

上海熊猫互娱文化有限公司诉李岑、
昆山播爱游信息技术有限公司合同纠纷案

（最高人民法院审判委员会讨论通过　2022年12月8日发布）

关键词：民事/合同纠纷/违约金调整/网络主播

裁判要点

网络主播违反约定的排他性合作条款，未经直播平台同意在其他平台从事类似业务的，应当依法承担违约责任。网络主播主张合同约定的违约金明显过高请求予以减少的，在实际损失难以确定的情形下，人民法院可以根据网络直播行业特点，以网络主播从平台中获取的实际收益为参考基础，结合平台前期投入、平台流量、主播个体商业价值等因素合理酌定。

① 最高人民法院指导案例189号。

相关法条

《中华人民共和国民法典》第五百八十五条（本案适用的是自 1999 年 10 月 1 日起实施的《中华人民共和国合同法》第一百一十四条）

基本案情：被告李岑原为原告上海熊猫互娱文化有限公司（以下简称熊猫公司）创办的熊猫直播平台游戏主播，被告昆山播爱游信息技术有限公司（以下简称播爱游公司）为李岑的经纪公司。2018 年 2 月 28 日，熊猫公司、播爱游公司及李岑签订《主播独家合作协议》（以下简称《合作协议》），约定李岑在熊猫直播平台独家进行“绝地求生游戏”的第一视角游戏直播和游戏解说。该协议违约条款中约定，协议有效期内，播爱游公司或李岑未经熊猫公司同意，擅自终止本协议或在直播竞品平台上进行相同或类似合作，或将已在熊猫直播上发布的直播视频授权给任何第三方使用的，构成根本性违约，播爱游公司应向熊猫直播平台支付如下赔偿金：（1）本协议及本协议签订前李岑因与熊猫直播平台开展直播合作熊猫公司累计支付的合作费用；（2）5000 万元人民币；（3）熊猫公司为李岑投入的培训费和推广资源费。主播李岑对此向熊猫公司承担连带责任。合同约定的合作期限为一年，从 2018 年 3 月 1 日至 2019 年 2 月 28 日。

2018 年 6 月 1 日，播爱游公司向熊猫公司发出主播催款单，催讨欠付李岑的两个月合作费用。截至 2018 年 6 月 4 日，熊猫公司为李岑直播累计支付 2017 年 2 月至 2018 年 3 月的合作费用 1111661 元。

2018 年 6 月 27 日，李岑发布微博称其将带领所在直播团队至斗鱼直播平台进行直播，并公布了直播时间及房间号。2018 年 6 月 29 日，李岑在斗鱼直播平台进行首播。播爱游公司也于官方微信公众号上发布李岑在斗鱼直播平台的直播间链接。根据“腾讯游戏”微博新闻公开报道：“BIU 雷哥（李岑）是全国主机游戏直播节目的开创者，也是全国著名网游直播明星主播，此外也是一位优酷游戏频道的原创达人，在优酷视频拥有超过 20 万的粉丝和 5000 万的点击……”

2018年8月24日，熊猫公司向人民法院提起诉讼，请求判令两被告继续履行独家合作协议、立即停止在其他平台的直播活动并支付相应违约金。一审审理中，熊猫公司调整诉讼请求为判令两被告支付原告违约金300万元。播爱游公司不同意熊猫公司请求，并提出反诉请求：1. 判令确认熊猫公司、播爱游公司、李岑三方于2018年2月28日签订的《合作协议》于2018年6月28日解除；2. 判令熊猫公司向播爱游公司支付2018年4月至2018年6月之间的合作费用224923.32元；3. 判令熊猫公司向播爱游公司支付律师费20000元。

裁判结果：上海市静安区人民法院于2019年9月16日作出（2018）沪0106民初31513号民事判决：一、播爱游公司于判决生效之日起十日内支付熊猫公司违约金2600000元；二、李岑对播爱游公司上述付款义务承担连带清偿责任；三、熊猫公司于判决生效之日起十日内支付播爱游公司2018年4月至2018年6月的合作费用186640.10元；四、驳回播爱游公司其他反诉请求。李岑不服一审判决，提起上诉。上海市第二中级人民法院于2020年11月12日作出（2020）沪02民终562号民事判决：驳回上诉，维持原判。

裁判理由：法院生效裁判认为：

第一，根据本案查明的事实，熊猫公司与播爱游公司、李岑签订《合作协议》，自愿建立合同法律关系，而非李岑主张的劳动合同关系。《合作协议》系三方真实意思表示，不违反法律法规的强制性规定，应认定为有效，各方理应依约恪守。从《合作协议》的违约责任条款来看，该协议对合作三方的权利义务都进行了详细约定，主播未经熊猫公司同意在竞争平台直播构成违约，应当承担赔偿责任。

第二，熊猫公司虽然存在履行瑕疵但并不足以构成根本违约，播爱游公司、李岑并不能以此为由主张解除《合作协议》。且即便从解除的方式来看，合同解除的意思表示也应当按照法定或约定的方式明确无误地向合同相对方发出，李岑在微博平台上向不特定对象发布的所谓“官宣”或直接至其他平台直播的行为，均不能认定为向熊猫公司发出明确的合同解除的意思表示。因此，李岑、播爱游公司在二审中提出因熊猫公司违约而已经行使合同解除权的主张不能成立。

第三，当事人主张约定的违约金过高请求予以适当减少的，应当以实际损失为基础，兼顾合同的履行情况、当事人的过错程度以及预期利益等综合因素，根据公平原则和诚实信用原则予以衡量。对于公平、诚信原则的适用尺度，与因违约所受损失的准确界定，应当充分考虑网络直播这一新兴行业的特点。网络直播平台是以互联网为必要媒介、以主播为核心资源的企业，在平台运营中通常需要在带宽、主播上投入较多的前期成本，而主播违反合同在第三方平台进行直播的行为给直播平台造成损失的具体金额实际难以量化，如对网络直播平台苛求过重的举证责任，则有违公平原则。故本案违约金的调整应当考虑网络直播平台的特点以及签订合同时对熊猫公司成本及收益的预见性。本案中，考虑主播李岑在游戏直播行业中享有很高的人气和知名度的实际情况，结合其收益情况、合同剩余履行期间、双方违约及各自过错大小、熊猫公司能够量化的损失、熊猫公司已对约定违约金作出的减让、熊猫公司平台的现状等情形，根据公平与诚实信用原则以及直播平台与主播个人的利益平衡，酌情将违约金调整为260万元。

007. 当事人一方不履行和解协议的情况下能否在违约金诉讼中请求减少违约金[1]

北京隆昌伟业贸易有限公司诉北京城建重工有限公司合同纠纷案

（最高人民法院审判委员会讨论通过　2021年11月9日发布）

关键词：民事/合同纠纷/违约金调整/诚实信用原则

[1] 最高人民法院指导案例166号。

裁判要点

当事人双方就债务清偿达成和解协议，约定解除财产保全措施及违约责任。一方当事人依约申请人民法院解除了保全措施后，另一方当事人违反诚实信用原则不履行和解协议，并在和解协议违约金诉讼中请求减少违约金的，人民法院不予支持。

相关法条

《中华人民共和国合同法》第六条、第一百一十四条（注：现行有效的法律为《中华人民共和国民法典》第七条、第五百八十五条）

基本案情：2016年3月，北京隆昌伟业贸易有限公司（以下简称隆昌贸易公司）因与北京城建重工有限公司（以下简称城建重工公司）买卖合同纠纷向人民法院提起民事诉讼，人民法院于2016年8月作出（2016）京0106民初6385号民事判决，判决城建重工公司给付隆昌贸易公司货款5284648.68元及相应利息。城建重工公司对此判决提起上诉，在上诉期间，城建重工公司与隆昌贸易公司签订协议书，协议书约定：(1) 城建重工公司承诺于2016年10月14日前向隆昌贸易公司支付人民币300万元，剩余的本金2284648.68元、利息462406.72元及诉讼费25802元（共计2772857.4元）于2016年12月31日前支付完毕；城建重工公司未按照协议约定的时间支付首期给付款300万元或未能在2016年12月31日前足额支付完毕全部款项的，应向隆昌贸易公司支付违约金80万元；如果城建重工公司未能在2016年12月31日前足额支付完毕全部款项的，隆昌贸易公司可以自2017年1月1日起随时以（2016）京0106民初6385号民事判决为依据向人民法院申请强制执行，同时有权向城建重工公司追索本协议确定的违约金80万元。(2) 隆昌贸易公司申请解除在他案中对城建重工公司名下财产的保全措施。双方达成协议后城建重工公司向二审法院申请撤回上诉并按约定于2016年10月14日给付隆昌贸易公司首期款项300万元，隆昌贸易公司按协议约定申请解除了对城建重工公司财产的保全。后城建重工公司未按照协议书的约定支付剩余款项，2017年1月隆昌贸易公司申请执行（2016）京0106民初6385号民事判决书所确定的债权，并于2017年6月起诉城建重工公司支付违约金80万元。

一审中，城建重工公司答辩称：隆昌贸易公司要求给付的请求不合理，违约金数额过高。根据生效判决，城建重工公司应给付隆昌贸易公司的款项为5284648.68元及利息。隆昌贸易公司诉求城建重工公司因未完全履行和解协议承担违约金的数额为80万元，此违约金数额过高，有关请求不合理。一审宣判后，城建重工公司不服一审判决，上诉称：一审判决在错误认定城建重工公司恶意违约的基础上，适用惩罚性违约金，不考虑隆昌贸易公司的损失情况等综合因素而全部支持其诉讼请求，显失公平，请求适当减少违约金。

裁判结果：北京市丰台区人民法院于2017年6月30日作出（2017）京0106民初15563号民事判决：北京城建重工有限公司于判决生效之日起十日内支付北京隆昌伟业贸易有限公司违约金80万元。北京城建重工有限公司不服一审判决，提起上诉。北京市第二中级人民法院于2017年10月31日作出（2017）京02民终8676号民事判决：驳回上诉，维持原判。

裁判理由：法院生效裁判认为：隆昌贸易公司与城建重工公司在诉讼期间签订了协议书，该协议书均系双方的真实意思表示，不违反法律法规强制性规定，合法有效，双方应诚信履行。本案涉及诉讼中和解协议的违约金调整问题。本案中，隆昌贸易公司与城建重工公司签订协议书约定城建重工公司如未能于2016年10月14日前向隆昌贸易公司支付人民币300万元，或未能于2016年12月31日前支付剩余的本金2284648.68元、利息462406.72元及诉讼费25802元（共计2772857.4元），则隆昌贸易公司有权申请执行原一审判决并要求城建重工公司承担80万元违约金。现城建重工公司于2016年12月31日前未依约向隆昌贸易公司支付剩余的2772857.4元，隆昌贸易公司的损失主要为尚未得到清偿的2772857.4元。城建重工公司在诉讼期间与隆昌贸易公司达成和解协议并撤回上诉，隆昌贸易公司按协议约定申请解除了对城建重工公司账户的冻结。而城建重工公司作为商事主体自愿给隆昌贸易公司出具和解协议并承诺高额违约金，但在账户解除冻结后城建重工公司并未依约履行后续给付义务，具有主观恶意，有悖诚实信用。一审法院判令城建重工公司依约支付80万元违约金，并无不当。

（二）裁判依据

《中华人民共和国民法典》

第五百八十五条 当事人可以约定一方违约时应当根据违约情况向对方支付一定数额的违约金，也可以约定因违约产生的损失赔偿额的计算方法。

约定的违约金低于造成的损失的，人民法院或者仲裁机构可以根据当事人的请求予以增加；约定的违约金过分高于造成的损失的，人民法院或者仲裁机构可以根据当事人的请求予以适当减少。

当事人就迟延履行约定违约金的，违约方支付违约金后，还应当履行债务。

五、债权人代位权纠纷

（一）最高人民法院指导案例

008. 代位权诉讼执行中，因相对人无可供执行的财产而被终结本次执行程序，债权人就未实际获得清偿的债权另行向债务人主张权利的，法院是否会支持诉求[①]

北京大唐燃料有限公司诉山东百富物流有限公司买卖合同纠纷案

（最高人民法院审判委员会讨论通过　2021 年 11 月 9 日发布）

关键词：民事/买卖合同/代位权诉讼/未获清偿/另行起诉

裁判要点

代位权诉讼执行中，因相对人无可供执行的财产而被终结本次执行程序，债权人就未实际获得清偿的债权另行向债务人主张权利的，人民法院应予支持。

相关法条

《最高人民法院关于适用〈中华人民共和国合同法〉若干问题的解释（一）》第 20 条（注：现行有效的法律为《中华人民共和国民法典》第

① 最高人民法院指导案例 167 号。

537条）

基本案情：2012年1月20日至2013年5月29日期间，北京大唐燃料有限公司（以下简称大唐公司）与山东百富物流有限公司（以下简称百富公司）之间共签订采购合同41份，约定百富公司向大唐公司销售镍铁、镍矿、精煤、冶金焦等货物。双方在履行合同过程中采用滚动结算的方式支付货款，但是每次付款金额与每份合同约定的货款金额并不一一对应。自2012年3月15日至2014年1月8日，大唐公司共支付百富公司货款1827867179.08元，百富公司累计向大唐公司开具增值税发票总额为1869151565.63元。大唐公司主张百富公司累计供货货值为1715683565.63元，百富公司主张其已按照开具增值税发票数额足额供货。

2014年11月25日，大唐公司作为原告，以宁波万象进出口有限公司（以下简称万象公司）为被告，百富公司为第三人，向浙江省宁波市中级人民法院提起债权人代位权诉讼。该院作出（2014）浙甬商初字第74号民事判决书，判决万象公司向大唐公司支付款项36369405.32元。大唐公司于2016年9月28日就（2014）浙甬商初字第74号民事案件向浙江省象山县人民法院申请强制执行。该院于2016年10月8日依法向万象公司发出执行通知书，但万象公司逾期仍未履行义务，万象公司尚应支付执行款36369405.32元及利息，承担诉讼费209684元、执行费103769.41元。经该院执行查明，万象公司名下有机动车二辆，该院已经查封但实际未控制。大唐公司在限期内未能提供万象公司可供执行的财产，也未向该院提出异议。该院于2017年3月25日作出（2016）浙0225执3676号执行裁定书，终结本次执行程序。

大唐公司以百富公司为被告，向山东省高级人民法院提起本案诉讼，请求判令百富公司向其返还本金及利息。

裁判结果：山东省高级人民法院于2018年8月13日作出（2018）鲁民初10号民事判决：一、山东百富物流有限公司向北京大唐燃料有限公司返还货款75814208.13元；二、山东百富物流有限公司向北京大唐燃料有限公司赔偿占用货款期间的利息损失（以75814208.13元为基数，自2014年11月25日起至山东百富物流有限公司实际支付之日止，按照中国人民银行同期同类贷款基准利率计算）；三、驳回北京大唐燃料有限公司其他诉讼请求。大唐燃料有限公司不服一审判决，提起上诉。最高人民法院于2019年6月20日作出（2019）最高法民终6号民事判决：一、撤销山东省高级人民法院（2018）鲁民初10号民事判决；二、山东百富物流有限公司向北京大唐燃料有限公司返还货款153468000元；三、山东百富物流有限公司向北京大唐燃料有限公司赔偿占用货款期间的利息损失（以153468000元为基数，自2014年11月25日起至山东百富物流有限公司实际支付之日止，按照中国人民银行同期同类贷款基准利率计算）；四、驳回北京大唐燃料有限公司的其他诉讼请求。

裁判理由：最高人民法院认为：关于（2014）浙甬商初字第74号民事判决书涉及的36369405.32元债权问题。大唐公司有权就该笔款项另行向百富公司主张。

第一，《最高人民法院关于适用〈中华人民共和国合同法〉若干问题的解释（一）》（以下简称《合同法解释（一）》）第二十条规定，债权人向次债务人提起的代位权诉讼经人民法院审理后认定代位权成立的，由次债务人向债权人履行清偿义务，债权人与债务人、债务人与次债务人之间相应的债权债务关系即予消灭。根据该规定，认定债权人与债务人之间相应债权债务关系消灭的前提是次债务人已经向债权人实际履行相应清偿义务。本案所涉执行案件中，因并未执行到万象公司的财产，浙江省象山县人民法院已经作出终结本次执行的裁定，故在万象公司并未实际履行清偿义务的情况下，大唐公司与百富公司之间的债权债务关系并未消灭，大唐公司有权向百富公司另行主张。

第二，代位权诉讼属于债的保全制度，该制度是为防止债务人财产不当减少或者应当增加而未增加，给债权人实现债权造成障碍，而非要求债权人在债务人与次债务人之间择一选择作为履行义务的主体。如果要求债权人择一选择，无异于要求债权人在提起代位权诉讼前，需要对次债务人的偿债能力作充分调查，否则应当由其自行承担债务不得清偿的风险，这不仅加大了债权人提起代位权诉讼的经济成本，还会严重挫伤债权人提起代位权诉讼的积极性，与代位权诉讼制度的设立目的相悖。

第三，本案不违反“一事不再理”原则。根据《最高人民法院关于适用〈中华人民共和国民事诉讼法〉的解释》第二百四十七条规定，判断是否构成重复起诉的主要条件是当事人、诉讼标的、诉讼请求是否相同，或者后诉的诉讼请求是否实质上否定前诉裁判结果等。代位权诉讼与对债务人的诉讼并不相同，从当事人角度看，代位权诉讼以债权人为原告、次债务人为被告，而对债务人的诉讼则以债权人为原告、债务人为被告，两者被告身份不具有同一性。从诉讼标的及诉讼请求上看，代位权诉讼虽然要求次债务人直接向债权人履行清偿义务，但针对的是债务人与次债务人之间的债权债务，而对债务人的诉讼则是要求债务人向债权人履行清偿义务，针对的是债权人与债务人之间的债权债务，两者在标的范围、法律关系等方面亦不相同。从起诉要件上看，与对债务人诉讼不同的是，代位权诉讼不仅要求具备民事诉讼法规定的起诉条件，同时还应当具备《合同法解释（一）》第十一条规定的诉讼条件。基于上述不同，代位权诉讼与对债务人的诉讼并非同一事由，两者仅具有法律上的关联性，故大唐公司提起本案诉讼并不构成重复起诉。

（二）最高人民法院公报案例及典型案例

009. 债务人怠于行使其债权或者与该债权有关的从权利，影响债权人的到期债权实现的，债权人可行使代位权[①]

成都市国土资源局武侯分局与招商（蛇口）成都房地产开发有限责任公司、成都港招实业开发有限责任公司、海南民丰科技实业开发总公司债权人代位权纠纷案

裁判摘要

一、根据《中华人民共和国合同法》第七十三条的规定，因债务人怠于行使其到期债权，对债权人造成损害的，债权人可以向人民法院请求以自己的名义代位行使债务人的债权，但该债权专属于债务人自身的除外。债务人与次债务人约定以代物清偿方式清偿债务的，因代物清偿协议系实践性合同，故若次债务人未实际履行代物清偿协议，则次债务人与债务人之间的原金钱债务并未消灭，债权人仍有权代位行使债务人的债权。

二、企业改制只是转换企业的组织形式和变更企业的经济性质，原企业的债权债务并不因改制而消灭。根据《最高人民法院关于审理与企业改制相关的民事纠纷案件若干问题的规定》第五条的规定，企业通过增资扩股或者转让部分产权，实现他人对企业的参股，将企业整体改造为有限责任公司或者股份有限公司的，原企业债务由改造后的新设公司承担。故债权人代位行使对次债务人的债权，次债务人改制的，由改制后的企业向债权人履行清偿义务。

---

① 参见《最高人民法院公报》2012 年第 6 期。

最高人民法院民事判决书

（2011）民提字第210号

申请再审人（一审原告、二审上诉人）：成都市国土资源局武侯分局。住所地：四川省成都市高新科技开发区一环路南三段祥和巷6号。

法定代表人：高斗，该局局长。

委托代理人：李春林，四川康悦律师事务所律师。

委托代理人：赵硕，四川康悦律师事务所律师。

被申请人：（一审被告、二审被上诉人）：招商（蛇口）成都房地产开发有限责任公司。住所地：四川省成都市武侯区人民南路四段。

法定代表人：王云，该公司董事长。

委托代理人：税兵，四川亚峰律师事务所律师。

委托代理人：刘意识，四川亚峰律师事务所律师。

原审第三人：成都港招实业开发有限责任公司。住所地：四川省成都市东通顺街区六街坊。

法定代表人：何汉光，该公司总经理。

原审第三人：海南民丰科技实业开发总公司。住所地：海南省海口市龙昆北路23号202室。

法定代表人：龙运涛，该公司总经理。

委托代理人：税兵，四川亚峰律师事务所律师。

委托代理人：许巧蓉，四川亚峰律师事务所律师。

申请再审人成都市国土资源局武侯分局因与被申请人招商（蛇口）成都房地产开发有限责任公司、第三人成都港招实业开发有限责任公司、第三人海南民丰科技实业开发总公司债权人代位权纠纷一案，不服四川省高级人民法院（2008）川民终字第90号民事判决，向本院申请再审，本院于2010年12月10日作出民申字第989号民事裁定，提审本案。本院依法组成由审判员王闯担任审判长，审判员李京平、代理审判员王富博参加的合议庭进行了审理。书记员商敏担任本案记录。本案现已审理终结。

四川省成都市中级人民法院经审理查明：2002年6月28日，成都市武侯区人民法院针对成都市国土资源局武侯分局（以下简称武侯国土局）与四川港招实业股份有限公司（以下简称四川港招公司）拖欠征用土地费两案，分别作出（2001）武侯民初字第1924号、第1925号民事判决。该两份判决均认定：1999年7月20日由武侯国土局、四川港招公司、招商局（蛇口）成都房地产开发公司（以下简称招商局公司）三方共同签订的《债务关系转移合同》系各方当事人真实意思表示，其内容合法，应受法律保护。根据《债务关系转移合同》约定，招商局公司欠武侯国土局土地征用费21833446.50元债务全部由四川港招公司承担。后四川港招公司与武侯国土局先后于2000年7月20日、2001年3月29日签订两份《交款合同》，分别约定：四川港招公司应于2000年9月30日前、2001年12月20日前各向武侯国土局支付800万元、1000万元，但四川港招公司并未履行付款义务，故成都市武侯区人民法院在上述两份判决书中分别判决四川港招公司支付武侯国土局1000万元、800万元。该两份民事判决书生效后，成都市武侯区人民法院于2003年5月28日发出（2003）武侯民一再字第3号、第4号民事裁定，对该两案进行再审，并于2003年10月15日作出（2003）武侯民一再字第3号、第4号民事判决，撤销了该院（2001）武侯民初字第1924号、第1925号民事判决，确认武侯国土局与招商局公司、四川港招公司于1997年7月20日签订的《债务关系转移合同》无效。宣判后，招商局公司不服，向成都市中级人民法院提出上诉，该院于2004年12月1日作出（2004）成民再字第42号、第43号民事判决，驳回上诉，维持原判。之后，招商局公司继续向四川省高级人民法院提起申诉，该院于2006年7月5日分别作出（2005）川民再终字第41号、第42号民事判决，依法撤销了（2003）武侯民一再字第3号、第4号及（2004）成民再字第42号、第43号民事判决，维持了（2001）武侯民初字第

1924号、第1925号两份判决。四川省高级人民法院在两份再审判决中，确认了武侯国土局、四川港招公司与招商局公司三方签订的《债务关系转移合同》以及武侯国土局与四川港招公司签订的《交款合同》均为有效合同，同时认定四川港招公司为成都港招实业开发有限责任公司（以下简称成都港招公司）投资开办的公司，而成都港招公司未按规定将注册资本金注入四川港招公司，应承担投资不实的责任。2006年9月1日，成都市武侯区人民法院在执行前述两案过程中，分别作出（2006）武侯执裁字第69号、第70号民事裁定，认定成都港招公司在向其开办的四川港招公司投入注册资金时，未将其应当投入四川港招公司的价值21441941元的泰丰国际商贸中心项目用地土地使用权转移到四川港招公司，构成投资不实，故裁定追加第三人成都港招公司为被执行人，成都港招公司应在注册资金不实的21441941元范围内对武侯国土局承担责任。

另查明：1. 招商（蛇口）进出口贸易公司于1993年在成都投资设立招商局（蛇口）成都实业开发总公司，又由招商局（蛇口）成都实业开发公司投资成立了全民所有制的招商局公司。1995年，招商局（蛇口）成都实业开发总公司改制为成都港招公司。1999年2月，成都港招公司投资开办了四川港招公司。1999年8月，招商局公司改制为有限责任公司，并更名为招商（蛇口）成都房地产开发有限责任公司（以下简称招商房地产公司）。在改制过程中，成都港招公司与招商局公司协商，改制更名后的招商房地产公司保留原招商局公司在成都市武侯区桂溪乡长寿村七组、桐梓林村一组的13241.4平方米的土地使用权（该土地与泰丰国际商务中心项目用地为同一地块），同时承担原招商局公司230万元美元债务，其余资产、债权、债务由成都港招公司承担，注册资金由800万元增加为1000万元。1999年8月11日，成都港招公司将其所有的招商房地产公司的全部股权1000万元转让给四川奇峰房地产开发有限责任公司及另两位自然人。同年8月23日，招商房地产公司成立并开始营业。2004年1月30日，成都市工商行政管理局以《成工商处字

(2003) 第06133号处罚决定书》，吊销了成都港招公司的营业执照。

2. 1998年4月12日，成都港招公司曾与招商局公司签订《债权债务清算协议书》，约定招商局公司将占地13241.4平方米的泰丰国际商贸中心项目用地的土地使用权以评估价34441941元抵偿给成都港招公司，用以抵偿招商局公司欠成都港招公司的3481.55万元款项，双方之间债权债务全面结清；招商局公司应于协议生效之日起第二日将土地交成都港招公司开发使用。但该土地使用权至今未转移至成都港招公司名下。

3. 2004年11月17日，海南民丰科技实业开发总公司（以下简称海南民丰公司）与成都鑫达房地产开发有限公司（以下简称鑫达公司）签订了《招商（蛇口）成都房地产开发有限公司股份转让协议书》，约定海南民丰公司将其持有的招商房地产公司49%的股份转让给鑫达公司，并约定招商房地产公司在2003年4月前的债权债务由海南民丰公司负担。

因成都港招公司既不向武侯国土局承担注册资金不实的赔偿责任，也不以诉讼或者仲裁方式向招商房地产公司主张到期债权，已造成武侯国土局债权受损，故武侯国土局于2006年11月29日向成都市中级人民法院提起代位权诉讼，请求判令由招商房地产公司履行成都港招公司对武侯国土局负有的21441941元债务，并承担本案诉讼费、保全费。

四川省成都市中级人民法院经审理认为：根据四川省高级人民法院(2005) 川民再终字第41号、第42号民事判决，本案武侯国土局与招商局公司、四川港招公司于1999年7月20日签订的《债务关系转移合同》为合法有效。根据该合同，招商局公司欠武侯国土局征地费21833446.50元的债务应由四川港招公司承担。其次，根据前述四川省高级人民法院民事判决、成都市武侯区人民法院（2001）武侯民初字第1924号、第1925民事判决以及成都市武侯区人民法院（2006）武侯执裁字第69号、第70号民事裁定，武侯国土局对四川港招公司享有本金1800万元及利息的债权，成都港招公司因出资不实，在21441941元范围内对武侯国土局承担责任。成都港招公司与招商局公司于 1998 年 4 月 12 日签订的《债权债务清算协议书》为双方当事人真实意思表示，不违反法律规定，应属合法有效。根据该协议约定，招商局公司对成都港招公司负有给付占地 13241.40 平方米的泰丰国际商贸中心项目用地的土地使用权之义务，但未履行。招商局公司经改制更名后，变更为招商房地产公司，故招商局公司所负给付成都港招公司土地使用权的义务由改制更名后的招商房地产公司承担。《最高人民法院关于适用〈中华人民共和国合同法〉若干问题的解释（一）》（以下简称《合同法解释（一）》）第十三条规定："合同法第七十三条规定的'债务人怠于行使其到期债权，对债权人造成损害的'，是指债务人不履行对债权人的到期债务，又不以诉讼方式或者仲裁方式向其债务人主张其享有的具有金钱给付内容的到期债权，致使债权人的到期债权未能实现。"根据此规定，债权人行使代位权的前提条件之一是债权人怠于行使具有金钱给付内容到期债权，从而导致债权人的到期债权未能实现。而在本案中，武侯国土局所主张的成都港招公司对招商房地产公司享有的债权为土地使用权给付之债，并非具有金钱给付内容的债权，故武侯国土局提出的其有权代位行使成都港招公司对招商房地产公司的享有债权的主张，不符合《合同法解释（一）》有关代位权构成要件之规定，对其诉讼请求不予支持。根据《最高人民法院关于审理与企业改制相关的民事纠纷案件若干问题的规定》第五条"企业通过增资扩股或者转让部分产权，实现他人对企业的参股，将企业整体改造为有限责任公司或者股份有限公司的，原企业债务由改造后的新设公司承担"之规定，招商局公司在改制为招商房地产公司后，其所负债务应全部由招商房地产公司负担，对于海南民丰公司提出的招商房地产公司不是本案适格被告的答辩意见不予支持。对于海南民丰公司提出的成都港招公司对招商房地产公司享有之债权已超过诉讼时效的问题，因海南民丰公司并非该债权债务关系之当事人，无权提出债权超过诉讼时效的主张。招商房地产公司、成都港招公司经依法传唤无正当理由未到庭，在本案一审中放弃了对武侯国土局起诉事实和诉讼请求的抗辩、陈述权利，因放弃上述权利所引起的诉讼后果，应由招商房地产公司、成都港招公司自行承担。该院判决：驳回武侯国土局的诉讼请求；第一审案件受理费117220元，诉讼保全费110520元，合计227740元，由武侯国土局负担。

武侯国土局不服上述民事判决，向四川省高级人民法院提起上诉称：案涉1998年4月12日的《债权债务清算协议书》约定"以物抵债"的条款因违反国家强制性规定而属无效协议。依照《中华人民共和国合同法》（以下简称《合同法》）第五十八条关于"合同无效后因该合同取得的财产，应当予以返还"的规定，成都港招公司与招商房地产公司之间的债权仍为金钱给付内容的债权。根据现有证据证明，到期债权已由"土地过户"转化为返还借款、赔偿的金钱债权，原审判决驳回武侯国土局的诉讼请求属法律适用不当。招商局公司系全民所有制公司，其在改制过程中未经国资委审批，事后又未补办审批手续，故其与成都港招公司签订的《债权债务及资产处置协议》无效，不应作为证据使用。《债权债务及资产处置协议》约定的土地资产总地价29448874元系依据无效的《资产评估价格书》，该评估价格不具有合法性，且与同一土地评估之间差了500多万元，具有故意低价评估国有资产之嫌。招商局公司注销工商档案资料、《土地估价报告》不具有真实性、合法性以及与本案的关联性；招商（蛇口）成都实业公司改制成为成都港招公司没有事实依据。综上，请求二审法院撤销原判，依法改判。

招商房地产公司答辩称：招商房地产公司不是本案适格被告。案涉清算协议的债务人是招商局公司，招商房地产公司与招商局公司是两个不同的法人主体，招商房地产公司对招商局公司的债务不负有清偿责任。武侯国土局的代位权主张无法律依据和合同依据。一方面，清算协议中成都港招公司享有的权利是获得土地使用权，武侯国土局对非金钱给付内容的债权无权主张代位权。另一方面，武侯国土局的债务人是四川港招公司，该局只能对四川港招公司的债务人行使代位权，而无权对成都港招公司的债权人行使代位权。武侯国土局主张的清算协议中对招商局公司约定的合同义务是向成都港招公司交付土地，其只能诉请交付土地，而无权要求给付金钱。成都港招公司与招商房地产公司和招商局公司没有合法、确定的债权债务关系，该两公司不负有清偿债务的义务。案涉清算协议载明的债务金额不具有真实性，招商局公司和成都港招公司同期的资产负债表显示，招商局公司的资产负债为1079万元，成都港招公司债权合计为619万元，与清算协议约定的差距太大，证明该协议属虚假协议；即使该协议真实，也因成都港招公司与招商局公司签订的《债权债务及资产处置协议》致双方的债权债务关系归于消灭。武侯国土局提起诉讼已过诉讼时效，已丧失胜诉权。请求二审法院驳回上诉，维持原判。

海南民丰公司的答辩理由和请求与招商房地产公司的理由和请求相同。

四川省高级人民法院经审理查明的事实，除招商局公司与招商房地产公司的关系外，其余发生纠纷的原因、过程等主要事实与原审判决认定一致，该院予以确认。**该院另查明：**

1. 1999年8月22日，招商局公司办理了《企业申请注销登记注册书》主要载明：注销理由为由全民所有制改为有限责任公司；在企业人员安置、债权债务处理情况栏中，明确除招商房地产公司保留涉案土地外，其余资产及债权、债务均由成都港招公司承担；招商局公司在招商银行贷款230万元美元（折合人民币19125309.82元）及该贷款在1999年6月30日后产生的利息，由招商房地产公司承担，招商局公司其余自开业至1999年8月9日的全部债权、债务由成都港招公司承担，另注明招商局公司人员由成都港招公司安置。

2. 1999年8月10日，成都港招公司与招商局公司签订《债权、债务及资产处置协议》，该协议约定的主要内容与上述工商企业注销注册书内容相同。

3. 招商局公司系经成都市城乡建设管理委员会于1993年7月3日批准，并经工商机关核定的招商局（蛇口）成都实业开发公司投资注册资金800万元设立的全民所有制企业。该公司因改制于1999年8月23日注销。

4. 成都港招公司1997年12月31日的《资产负债表》载明其他应收款期末数为6197415.85元。招商局公司1997年12月31日《资产负债表》载明其期末数合计为1079万元。

5. 2002年10月30日，招商房地产公司将19056597.56元人民币汇至中国外汇交易中心。同年11月1日，该款解汇兑换230万美元偿还给了招商银行成都市分行。

6. 1999年8月23日，招商房地产公司的《公司设立登记申请书》，载明其股东发起人为四川奇峰房地产开发有限责任公司、叶文金、刘宗明。

四川省高级人民法院经审理认为，本案诉争主要问题是武侯国土局能否对招商房地产公司行使代位权。

根据合同法第七十三条关于“因债务人怠于行使其到期债权，对债权人造成损害的，债权人可以向人民法院请求以自己的名义代位行使债务人的债权，但该债权专属于债务人自身的除外。代位权的行使范围以债权人的债权为限”的规定原则，代位权的构成要件包括：一是债务人需对第三人享有权利；二是债务人怠于行使权利；三是债务人已陷入迟延；四是已对债权人造成损害，债权人有保全债权的必要。

武侯国土局因土地征用费问题与招商局公司、四川港招公司签订《债务关系转移合同》，以及武侯国土局与招商局公司签订的《交款合同》，已被前述生效判决确认为有效。之后，在该案执行过程中，成都市武侯区人民法院裁定追加成都港招公司为被执行人，认定其在四川港招公司注册资金不实的21441941元范围内承担责任。据此可以确认，成都港招公司是武侯国土局的债务人。

武侯国土局在本案中主张行使代位权，其主要依据是成都港招公司与招商局公司签订的《债权债务清算协议书》，该协议确定由招商局公司将其泰丰国际商贸中心项目用地使用权以评估价34441941元抵偿其所欠成都港招公司的3481.55万元，双方债权债务结清，招商局公司应于协议生效第二天将土地交成都港招公司使用。现招商地产公司辩称该清算协议是成都港招公司为设立四川港招公司签订的虚假协议，该协议确定的欠款数额没有基础证据证明，但其并未提交充足证据；依据该协议，可以确定协议双方存在债权债务关系，即招商局公司对成都港招公司负有债务，且为金钱债务；至于协议关于以土地作价清偿的约定，只是双方选择的了结债权债务的方式，其是否合法有效，不影响这一基本事实的认定。

招商局公司若按清算协议约定履行，其即不再对成都港招公司负有债务，但其实际并未将土地使用权转移过户至成都港招公司名下，清算协议未得到实际履行，协议双方的债权债务仍然存在。此时，武侯国土局可以以招商局公司为次债务人，依法行使代位权。但综合本案现有证据，其后招商局公司确有改制的事实存在，且因改制而注销；招商局公司改制注销时，就其债权、债务及资产与成都招商实业开发有限公司签订了《债权、债务及资产处置协议》并记载于工商机关的相关登记档案中，明确除由招商房地产公司代招商局公司偿还230万美元外，其他债权、债务和资产均由成都港招公司承担。该230万元美元业已偿还。据此，依照《债权、债务及资产处置协议》，招商房地产公司承受的仅是招商局公司原欠相关银行的金融债务，且已实际履行，其他债权债务及资产，由成都港招公司自行承担；而成都港招公司本系武侯国土局的债务人，不存在行使代位权的问题。现武侯国土局虽对招商局公司改制行为及相关协议持有异议，但其并未提交充足证据，其主张不能成立。

招商房地产公司是工商管理机关核准，以新公司设立标准设立的股份制公司，无论是注册资金数额、股东构成、企业性质等，均有别于招商局公司，两者并非简单更名关系。换言之，原招商局公司所欠成都港招公司的债务，不能等同于现招商房地产公司所欠成都港招公司债务。现有证据表明，招商房地产公司只是保留了原招商局公司的案涉土地，并以代其偿还230万元美元作为对价，除此之外，未承受招商局公司的其他债务，包括所欠成都港招公司的债务，其没有为招商局公司代偿其他债务的依据。因此，武侯国土局将招商房地产公司作为次债务人，要求由承担原招商局公司所欠成都港招公司的债务，不符合《合同法》第七十三条以及最高人民法院前述司法解释的规定，其上诉请求的事实及法律依据不足，不能成立，该院不予支持。该院依照《中华人民共和国民事诉讼法》第一百五十三条第一款第（一）项之规定，判决：驳回上诉，维持原判。二审案件受理费117220元，由武侯国土局承担。

武侯国土局不服四川省高级人民法院上述民事判决，向本院申请再审称：第一，原二审法院采信招商房地产公司改制前与成都港招公司签订的《债权、债务及资产处置协议》证据是错误的。招商房地产公司由招商局公司改制设立，不论是招商局公司注销工商档案，还是招商房地产公司设立工商档案，都无国资行政部门合法审批手续，且评估单位无国资行政单位颁发的《资产评估资格书》，其改制行为因违法而应无效。1999年招商局公司改制时签订的《债权、债务及资产处置协议》约定土地评估总地价为29448874元，而1997年12月该宗土地评估价34441941元，二者相差约500万元。说明改制时故意低估国有资产，导致国有资产的流失。招商局公司改制时将优良资产土地交由改制后招商房地产公司承继，却把全部债务交由成都港招公司承担，其行为本身就是利用企业改制之机，悬空、逃废债务的行为表现，属恶意串通，损害国家、申请人及其他债权人利益。根据《最高人民法院关于人民法院在审理企业破产和改制案件中切实防止债务人逃废债务的紧急通知》（以下简称《通知》）第八条“当事人双方恶意串通，损害国家或债权人利益的，应当依法确认有关协议无效”的规定，应当认定《债权、债务及资产处置协议》无效。第二，原二审法院认为招商房地产公司不应当承继改制前招商局房地产公司债务，缺乏法律依据和事实依据。招商局房地产公司是通过增资扩股的方式（由800万元注册资金增资1000万元注册资金）实现他人（四川奇峰房地产开发有限责任公司、叶文金、刘宗明）对企业的参股并将企业改造为有限责任公司的。根据《最高人民法院关于审理与企业改制相关的民事纠纷案件若干问题的规定》第五条“企业通过增资扩股，实现他人对企业的参股，将企业整体改造为有限责任公司的，原企业债务由改造后的新设公司承担”之规定，招商局公司原债务应由招商房地产公司来承担，但二审法院却未适用该司法解释。招商房地产公司通过承担并偿还招商银行贷款230万元美元即人民币19056597.56元债务的方式，取得招商局公司改制前价值3400多万元的土地，就算按改制评估价值2900余万元计算也有1000多万元盈利。原审法院以“招商房地产公司只是保留了原招商局公司的涉案土地并以代其偿还230万元美元作为对价”为由认为其不再承担债务，违背了债务承继原则和企业债务随企业财产变动原则。第三，原二审法院单以“注册资金、股东构成、企业性质”作为判断招商局公司与招商房地产公司之间关系，从而得出“并非简单更名关系，原招商局公司欠成都港招公司债务，不能等同于现招商房地产公司所欠成都港招公司债务”的结论，违背企业变更债务承继的法定原则。1999年8月6日，成都市工商行政管理局向武侯工商行政管理局出具《企业名称变更核准通知书》载明：“招商局蛇口房地产公司”企业名称变更登记材料收悉。经审查，核准该企业名称变更为“招商蛇口房地产公司”，可以证明招商蛇口房地产公司仅是企业改制名称的变更。招商房地产公司为变更《国有土地使用证》均以“名称变更”为由向成都市国土资源局报送材料，并经成都市国土资源局审查“该宗地使用者名称原为招商局蛇口房地产公司，该公司名称变为招商房地产公司”。原二审法院简单从企业注册资金、股东构成、企业性质方面对两企业进行对比，从而得出两企业并非简单“更名关系”的结论，过于草率。既然是国有企业改制，两个企业改制前后的性质、股东构成肯定不同。法律并未规定企业注册资金、股东构成、企业性质发生了工商变更，变更后的企业不承担企业变更前的债务。综上，请求本院依法撤销本案一、二审判决，依法改判支持其一审诉讼请求，并判令招商房地产公司承担诉讼费和保全费。

招商房地产公司辩称：第一，《再审请求书》所陈述的再审申请理由不能成立。原《债权、债务及资产处置协议》是双方当事人真实意思表示，并记载于工商登记资料中，原一审法院和二审法院均确认其有效，再审申请人至今并未提供足以推翻原判决的新证据，二审法院采信《债权、债务及资产处置协议》作为证据，不构成法律适用错误。招商房地产公司的设立过程合法，不存在恶意串通、逃废债务的行为。招商房地产公司与招商局公司为两个独立法人，彼此的债权债务关系早已消灭，不存在所谓的债务承继问题，自应独立承担民事责任。第二，原审法院的判决理由认定事实清楚，证据充分确实。原判决认定的主要事实是“招商房地产公司是在承接了招商局公司的土地和相应的230万元美元的债务、向原招商局公司出资人支付了1000万元货币资金的基础上，以新公司设立标准设立的股份制公司”。原判决据此认为原招商局公司所欠成都港招公司债务，不能等同于现招商房地产公司所欠成都港招公司债务，判决驳回了再审申请人的诉讼请求，原判决认定主要事实的证据充分确实。第三，原判决适用法律正确，企业改制司法解释不适用本案。武侯国土局引用《通知》第八条规定，以招商局公司的改制未经批准为由，认为《债权、债务及资产处置协议》无效，从而认为原判决适用法律错误。武侯国土局的上述观点违背法律事实，故意曲解法律。《通知》第八条是针对国有企业改制作出的规定，而招商局公司在1999年前已经不属于国有企业，不适用《通知》第八条的规定，不存在所谓的改制审批问题。再审申请人故意曲解企业改制司法解释，把企业设立公司的合法行为认定为企业借改制逃避债务的违法行为。本案招商房地产公司的设立行为，完全符合《中华人民共和国公司法》和《公司登记管理条例》的相关规定，不存在把优质资产转移出去，进而导致企业丧失基本生产经营能力和对外偿债能力的现象，不属于逃废企业债务的违法行为。综上，武侯国土局的再审申请理由不能成立，请求本院驳回其再审申请。

第三人海南民丰公司的答辩理由与招商房地产公司的答辩理由相同。

第三人成都港招公司经公告送达开庭通知，未到庭参加诉讼。

本院经再审审理，对一、二审法院查明的基本事实予以确认。

本院认为，本案的诉讼焦点是：武侯国土局能否对招商房地产公司行使代位权。该焦点问题可以分解为两个具体问题：其一，武侯国土局能否对改制前的招商局公司行使代位权？其二，改制后的招商房地产公司应否对原招商局公司的债务承担责任？

关于第一个问题，即武侯国土局能否对改制前的招商局公司行使代位权问题。本院认为，根据《合同法》第七十三条关于“因债务人怠于行使其到期债权，对债权人造成损害的，债权人可以向人民法院请求以自己的名义代位行使债务人的债权，但该债权专属于债务人自身的除外”之规定，债权人代位权是债权人为了保全其债权不受损害而以自己的名义代债务人行使权利。本案中，武侯国土局因土地征地费问题与招商局公司、四川港招公司签订《债权债务转移合同》以及武侯国土局与四川港招公司签订的《交款合同》已为人民法院生效法律文书确认为有效，武侯国土局对四川港招公司的债权合法确定，因此四川港招公司是武侯国土局的债务人。成都港招公司因在开办四川港招公司过程中出资不实而被生效的裁判文书认定应在注册资金不实的21441941元范围内对武侯国土局承担责任，故成都港招公司亦是武侯国土局的债务人，武侯国土局对成都港招公司的债权亦属合法且已确定。成都港招公司与招商局公司于1998年4月12日签订《债权债务清算协议书》，约定招商局公司应将其泰丰国际商贸中心项目用地土地使用权以评估价34441941元抵偿其所欠成都港招公司的3481.55万元的债务。该协议书系双方当事人真实意思表示，不违反法律、行政法规强制性规定，应属有效。根据该协议，招商局公司对成都港招公司负有3481.55万元的金钱债务，招商局公司对成都港招公司负有给付泰丰国际商贸中心项目用地土地使用权的义务。本院认为，成都港招公司与招商局公司双方协议以土地作价清偿的约定构成了代物清偿法律关系。依据民法基本原理，代物清偿作为清偿债务的方法之一，是以他种给付代替原定给付的清偿，以债权人等有受领权的人现实地受领给付为生效条件，在新债务未履行前，原债务并不消灭，当新债务履行后，原债务同时消灭。本案中，成都港招公司与招商局公司虽然签订了《债权债务清算协议书》并约定“以地抵债”的代物清偿方式了结双方债务，但由于该代物清偿协议并未实际履行，因此双方原来的3481.55万元的金钱债务并未消灭，招商局公司仍对成都港招公司负有3481.55万元的金钱债务。据此，招商局公司是成都港招公司的债务人，进而是武侯国土局的次债务人。根据《合同法》第七十三条以及《合同法解释（一）》第十一条、第十三条之规定，因为成都港招公司既未向武侯国土局承担注册资金不实的赔偿责任，又未以诉讼或者仲裁方式向招商局公司主张已到期债权，致使债权人武侯国土局的债权未能实现；已经构成《合同法》第七十三条规定的“债务人怠于行使其到期债权，对债权人造成损害”，因此，武侯国土局有权代位行使成都港招公司基于《债权债务清算协议书》而对招商局公司享有的合法金钱债权，但该代位权的行使范围应以其对成都港招公司的债权即注册资金不实的21441941元范围为限。

关于第二个问题，即改制后的招商房地产公司应否对原招商局公司的债务承担责任。本院认为，本案现已查明的事实表明，成都港招公司本来就对四川港招公司出资不实，未将其应当投入四川港招公司价值21441941元的泰丰国际商贸中心项目用地土地使用权投入四川港招公司。却于1999年7月20日与武侯国土局、四川港招公司签订《债务关系转移合同》将其欠武侯国土局的征地费21833446.5元转移给其出资不实设立的四川港招公司。在《债务关系转移合同》签订后尚不到一个月，成都港招公司便于同年8月10日与招商局公司签订《债权、债务以及资产处置协议》，将招商局公司改制为招商房地产公司，将本应投入四川港招公司的泰丰国际商贸中心项目用地土地使用权留给了改制后的招商房地产公司，并由其负责偿还招商局公司欠招商银行230万美元贷款，其余资产及其债权、债务以及职工安置均由成都港招公司承担；同年8月22日，招商局公司办理了《企业申请注销登记注册书》，并于8月23日因改制而注销。该改制系采取增资扩股的方式进行，即招商局公司在由800万元注册资金增资1000万元注册资金的同时，将其对增资后更名的招商房地产公司享有的1000万元股权转让给四川奇峰房地产开发有限责任公司、叶文金、刘宗明，从而实现他人对企业的参股并将企业改造为有限责任公司。招商局公司与成都港招公司的上述出资不实、债务转移、债权债务和资产处置以及采增资扩股方式的企业改制等一系列行为，暂且不论其是否真正存在恶意逃债、损害债权人利益的动机和目的，但实际结果的确导致武侯国土局不能实现对四川港招公司和成都港招公司的债权，令本院不得不对其上述系列行为的动机产生怀疑。为了更好地审理企业改制相关的民事纠纷案件，最高人民法院专门制定了《关于审理与企业改制相关的民事纠纷案件若干问题的规定》，该规定所确立的法人财产原则、企业债务承继原则以及企业债务随企业财产变动原则，旨在防止企业在改制过程中造成企业财产流失，避免损害债权人的利益。本院认为，企业改制或者改造只是企业变更的一种形式，根据法人财产原则和企业债务承继原则，变更设立后的公司应当承继原企业的债权债务。虽然招商局公司在改制时与成都港招公司签订了《债权、债务及资产处置协议》，但无论是招商局公司对成都港招公司负有的3481.55万元的债务，还是招商局公司欠招商银行的230万美元的贷款，均是招商局公司改制前的对外负债，根据法人财产原则以及企业债务承继原则，改制后的招商房地产公司均应负责偿还改制前的招商局公司的债务。尽管改制后的招商房地产公司在注册资金数额、股东构成、企业性质等方面均有别于原招商局公司，但企业改制只是转换企业的组织形式和变更企业的经济性质，原企业的债权债务并不因改制而消灭。根据法人财产原则和企业债务承继原则以及《最高人民法院关于审理与企业改制相关的民事纠纷案件若干问题的规定》第五条关于“企业通过增资扩股，实现他人对企业的参股，将企业整体改造为有限责任公司或者股份有限公司的，原企业债务由改造后的新设公司承担”之规定，原招商局公司对成都港招公司的债务应由改制后的招商房地产公司承担。故武侯国土局将招商房地产公司作为次债务人，要求其承担原招商局公司所欠成都港招公司的债务，不仅符合《合同法》第七十三条和《合同法解释（一）》关于债权人代位权制度及其构成要件之规定，而且符合《最高人民法院关于审理与企业改制相关的民事纠纷案件若干问题的规定》的原则和规定。因此，武侯国土局关于要求招商房地产公司承担原招商局公司所欠成都港招公司债务的请求，于法有据，应予支持，招商房地产公司应在21441941元范围内向武侯国土局承担清偿责任。根据《合同法解释（一）》第二十条关于“债权人向次债务人提起的代位权诉讼经人民法院审理后认定代位权成立的，由次债务人向债权人履行清偿义务，债权人与债务人、债务人与次债务人之间相应的债权债务关系即予消灭”之规定，招商房地产公司向武侯国土局履行21441941元的清偿责任后，武侯国土局与成都港招公司、武侯国土局与四川港招公司、成都港招公司与招商房地产公司（原招商局公司）之间相应的债权债务关系即予消灭。

综上，本院认为，武侯国土局对成都港招公司所享有的债权合法有效，成都港招公司对原招商局公司所享有的债权亦经生效法律文书所确定，合法有效并已到期；成都港招公司既未向武侯国土局承担注册资金不实的赔偿责任，又怠于行使其对招商局公司或者改制后的招商房地产公司的到期债权，致使武侯国土局的债权未能实现，故武侯国土局关于要求招商房地产公司承担原招商局公司所欠成都港招公司债务的再审请求和理由成立，本院予以支持。原一、二审判决认定事实基本清楚，但适用法律不当，本院予以纠正。依照《中华人民共和国合同法》第七十三条，《最高人民法院关于适用〈中华人民共和国合同法〉若干问题的解释（一）》第十三条、第十九条、第二十条，《最高人民法院关于审理与企业改制相关的民事纠纷案件若干问题的规定》第五条以及《中华人民共和国民事诉讼法》第一百五十三条第一款第（二）项、第一百八十六条第一款之规定，判决如下：

一、撤销四川省高级人民法院（2008）川民终字第90号、四川省成都市中级人民法院（2007）成民初字第 19 号民事判决；

二、招商（蛇口）成都房地产开发有限责任公司向成都市国土资源局武侯分局支付 21441941 元；

三、上述给付义务履行后，成都市国土资源局武侯分局与成都港招实业开发有限责任公司、成都市国土资源局武侯分局与四川港招实业股份有限公司、成都港招实业开发有限责任公司与招商（蛇口）成都房地产开发有限责任公司之间相应的债权债务关系即予消灭。

一审、二审案件诉讼费各 117220 元，诉讼保全费 110520 元，由招商（蛇口）成都房地产开发有限责任公司负担。

本判决为终审判决。

（三）裁判依据

《中华人民共和国民法典》

第五百三十五条 因债务人怠于行使其债权或者与该债权有关的从权利，影响债权人的到期债权实现的，债权人可以向人民法院请求以自己的名义代位行使债务人对相对人的权利，但是该权利专属于债务人自身的除外。

代位权的行使范围以债权人的到期债权为限。债权人行使代位权的必要费用，由债务人负担。

相对人对债务人的抗辩，可以向债权人主张。

第五百三十六条 债权人的债权到期前，债务人的债权或者与该债权有关的从权利存在诉讼时效期间即将届满或者未及时申报破产债权等情形，影响债权人的债权实现的，债权人可以代位向债务人的相对人请求其向债务人履行、向破产管理人申报或者作出其他必要的行为。

第五百三十七条 人民法院认定代位权成立的，由债务人的相对人向债权人履行义务，债权人接受履行后，债权人与债务人、债务人与相对人之间相应的权利义务终止。债务人对相对人的债权或者与该债权有关的从权利被采取保全、执行措施，或者债务人破产的，依照相关法律的规定处理。

《全国法院贯彻实施民法典工作会议纪要》

8. 民法典第五百三十五条规定的“债务人怠于行使其债权或者与该债权有关的从权利，影响债权人的到期债权实现的”，是指债务人不履行其对债权人的到期债务，又不以诉讼方式或者仲裁方式向相对人主张其享有的债权或者与该债权有关的从权利，致使债权人的到期债权未能实现。相对人不认为债务人有怠于行使其债权或者与该债权有关的从权利情况的，应当承担举证责任。

《全国法院民商事审判工作会议纪要》

43. 【抵销】抵销权既可以通知的方式行使，也可以提出抗辩或者提起反诉的方式行使。抵销的意思表示自到达对方时生效，抵销一经生效，其效力溯及自抵销条件成就之时，双方互负的债务在同等数额内消灭。双方互负的债务数额，是截至抵销条件成就之时各自负有的包括主债务、利息、违约金、赔偿金等在内的全部债务数额。行使抵销权一方享有的债权不足以抵销全部债务数额，当事人对抵销顺序又没有特别约定的，应当根据实现债权的费用、利息、主债务的顺序进行抵销。

六、债权人撤销权纠纷

（一）最高人民法院指导案例

010. 债权人申请强制执行后，被执行人与他人在另外的民事诉讼中达成调解协议，放弃其取回财产的权利，是否符合行使撤销权的条件[①]

鞍山市中小企业信用担保中心诉汪薇、鲁金英第三人撤销之诉案

（最高人民法院审判委员会讨论通过　2021年2月19日发布）

关键词：民事/第三人撤销之诉/撤销权/原告主体资格

裁判要点

债权人申请强制执行后，被执行人与他人在另外的民事诉讼中达成调解协议，放弃其取回财产的权利，并大量减少债权，严重影响债权人债权实现，符合《中华人民共和国合同法》第七十四条规定的债权人行使撤销权条件的，债权人对民事调解书具有提起第三人撤销之诉的原告主体资格。

相关法条

《中华人民共和国民事诉讼法》第五十六条

---

① 最高人民法院指导案例152号。

《中华人民共和国合同法》第七十四条

基本案情：2008年12月，鞍山市中小企业信用担保中心（以下简称担保中心）与台安县农村信用合作社黄沙坨信用社（以下简称黄沙坨信用社）签订保证合同，为汪薇经营的鞍山金桥生猪良种繁育养殖厂（以下简称养殖厂）在该信用社的贷款提供连带责任担保。汪薇向担保中心出具一份个人连带责任保证书，为借款人的债务提供反担保。后因养殖厂及汪薇没有偿还贷款，担保中心于2010年4月向黄沙坨信用社支付代偿款2973197.54元。2012年担保中心以养殖厂、汪薇等为被告起诉至铁东区人民法院，要求养殖厂及汪薇等偿还代偿款。辽宁省鞍山市铁东区人民法院于2013年6月作出判决：（一）汪薇于该判决书生效之日起十五日内给付担保中心代偿银行欠款2973197.54元及银行利息；（二）张某某以其已办理的抵押房产对前款判项中的本金及利息承担抵押担保责任；（三）驳回担保中心的其他诉讼请求。该判决已经发生法律效力。

2010年12月汪薇将养殖厂转让给鲁金英，转让费450万元，约定合同签订后立即给付163万余元，余款于2011年12月1日全部给付。如鲁金英不能到期付款，养殖厂的所有资产仍归汪薇，首付款作违约金归汪薇所有。合同签订后，鲁金英支付了约定的首付款。汪薇将养殖厂交付鲁金英，但鲁金英未按约定支付剩余转让款。2014年1月，铁东区人民法院基于担保中心的申请，从鲁金英处执行其欠汪薇资产转让款30万元，将该款交给了担保中心。

汪薇于2013年11月起诉鲁金英，请求判令养殖厂的全部资产归其所有；鲁金英承担违约责任。辽宁省鞍山市中级人民法院经审理认为，汪薇与鲁金英签订的《资产转让合同书》合法有效，鲁金英未按合同约定期限支付余款构成违约。据此作出（2013）鞍民三初字第66号民事判决：1. 鲁金英将养殖厂的资产归还汪薇所有；2. 鲁金英赔偿汪薇实际损失及违约金1632573元。其中应扣除鲁金英代汪薇偿还的30万元，实际履行中由汪薇给付鲁金英30万元。鲁金英向辽宁省高级人民法院提起上诉。该案二审期间，汪薇和鲁金英自愿达成调解协议。辽宁省高级人民法院于2014年8月作出（2014）辽民二终字第00183号民事调解书予以确认。调解协议主要内容为养殖厂归鲁金英所有，双方同意将原转让款450万元变更为3132573元，鲁金英已给付汪薇1632573元，再给付150万元，不包括鲁金英已给付担保中心的30万元等。

鲁金英依据调解书向担保中心、执行法院申请回转已被执行的30万元，担保中心知悉汪薇和鲁金英买卖合同纠纷诉讼及调解书内容，随即提起本案第三人撤销之诉。

裁判结果：辽宁省高级人民法院于2017年5月23日作出（2016）辽民撤8号民事判决：一、撤销辽宁省高级人民法院（2014）辽民二终字第00183号民事调解书和鞍山市中级人民法院（2013）鞍民三初字第66号民事判决书；二、被告鲁金英于判决生效之日起十日内，将金桥生猪良种繁育养殖厂的资产归还被告汪薇所有；三、被告鲁金英已给付被告汪薇的首付款1632573元作为实际损失及违约金赔偿汪薇，但应从中扣除代替汪薇偿还担保中心的30万元，即实际履行中由汪薇给付鲁金英30万元。鲁金英不服，提起上诉。最高人民法院于2018年5月30日作出（2017）最高法民终626号民事判决：一、维持辽宁省高级人民法院（2016）辽民撤8号民事判决第一项；二、撤销辽宁省高级人民法院（2016）辽民撤8号民事判决第二项、第三项；三、驳回鞍山市中小企业信用担保中心的其他诉讼请求。

裁判理由：最高人民法院判决认为，本案中，虽然担保中心与汪薇之间基于贷款代偿形成的债权债务关系，与汪薇和鲁金英之间因转让养殖厂形成的买卖合同关系属两个不同法律关系，但是，汪薇系为创办养殖厂与担保中心形成案涉债权债务关系，与黄沙坨信用社签订借款合同的主体亦为养殖厂，故汪薇和鲁金英转让的养殖厂与担保中心对汪薇债权的形成存在关联关系。在汪薇与鲁金英因养殖厂转让发生纠纷提起诉讼时，担保中心对汪薇的债权已经生效民事判决确认并已进入执行程序。在该案诉讼及判决执行过程中，铁东区人民法院已裁定冻结了汪薇对养殖厂（投资人鲁金英）的到期债权。鲁金英亦已向铁东区人民法院确认其欠付汪薇转让款及数额，同意通过法院向担保中心履行，并已实际给付了30万元。铁东区人民法院也对养殖厂的相关财产予以查封冻结，并向养殖厂送达了协助执行通知书。故汪薇与鲁金英因养殖厂资产转让合同权利义务的变化与上述对汪薇财产的执行存在直接牵连关系，并可能影响担保中心的利益。《中华人民共和国合同法》第七十四条规定："债务人以明显不合理的低价转让财产，对债权人造成损害，并且受让人知道该情形的，债权人也可以请求人民法院撤销债务人的行为。"因本案汪薇和鲁金英系在诉讼中达成以3132573元交易价转让养殖厂的协议，该协议经人民法院作出（2014）辽民二终字第00183号民事调解书予以确认并已发生法律效力。在此情形下，担保中心认为汪薇与鲁金英该资产转让行为符合《中华人民共和国合同法》第七十四条规定的情形，却无法依据《中华人民共和国合同法》第七十四条规定另行提起诉讼行使撤销权。故本案担保中心与汪薇之间虽然属于债权债务关系，但基于担保中心对汪薇债权形成与汪薇转让的养殖厂之间的关联关系，法院对汪薇因养殖厂转让形成的到期债权在诉讼和执行程序中采取的保全和执行措施使得汪薇与鲁金英买卖合同纠纷案件处理结果对担保中心利益产生的影响，以及担保中心主张受损害的民事权益因（2014）辽民二终字第00183号民事调解书而存在根据《中华人民共和国合同法》第七十四条提起撤销权诉讼障碍等本案基本事实，可以认定汪薇和鲁金英买卖合同纠纷案件处理结果与担保中心具有法律上的利害关系，担保中心有权提起本案第三人撤销之诉。

（二）地方法院典型案例

011. 生父为逃避支付抚养费而恶意转移财产的行为应予撤销①

基本案情： 刘某（12岁）系宋某（男）的非婚生女。2022年4月，刘某诉请宋某支付抚养费。开庭当日，宋某未到庭参加诉讼，与其妻杨某到不动产登记中心，将夫妻双方共有的一处住房变更登记为杨某单独所有。2022年5月，人民法院判决宋某支付抚养费10万余元，并承担刘某从2022年4月起至年满十八周岁的抚养费。该判决生效后，宋某未履行给付义务，刘某申请强制执行。执行过程中，法院在扣划了宋某银行存款和网络资金7000余元后，因未发现宋某有其他财产可供执行，遂终结本次执行程序。之后，刘某提起债权人撤销权之诉，请求撤销宋某前述转移财产的行为。

裁判结果： 人民法院经审理认为，宋某作为刘某的父亲，对未成年子女有抚养的义务，其在明知刘某起诉要求支付抚养费的情况下，将其与杨某共同所有的房屋无偿转移登记至杨某个人名下。该行为导致刘某在申请执行抚养费时，仅执行到位7000余元。宋某无偿转让财产的行为，影响到对刘某抚养义务的履行，损害了未成年人的合法权益。遂判决撤销宋某将其所有的房屋份额转移登记给杨某的行为。

典型意义

本案是生父为逃避支付非婚生子女抚养费而恶意转移财产的典型案例。《中华人民共和国民法典》第一千零七十一条规定，“不直接抚养非婚生子

① 《四川法院未成年人司法保护典型案例（六）》（2023年6月25日发布），刘某诉宋某、杨某债权人撤销权纠纷案，载四川省高级人民法院网站，http：//scfy. scssfw. gov. cn/article/detail/2023/06/id/7364471. shtml，最后访问日期：2023年6月25日。

女的生父或者生母，应当负担未成年子女或者不能独立生活的成年子女的抚养费”。本案中，宋某作为刘某的生父，为了逃避抚养费给付的法定义务，将夫妻共同财产转移登记至妻子个人名下，致刘某的抚养费无法执行，严重损害了未成年子女的合法权益。人民法院根据《中华人民共和国民法典》第五百三十八条“债务人以无偿转让财产的方式无偿处分财产权益，影响债权人的债权实现的，债权人可以请求人民法院撤销债务人的行为”的规定，判决撤销该转移登记的行为，有效维护了未成年人的合法权益。本案提示家长，父母对未成年子女的抚养义务是法定义务，抚养费的给付不因子女是否婚生而受影响。

（三）裁判依据

《中华人民共和国民法典》

第五百三十五条　因债务人怠于行使其债权或者与该债权有关的从权利，影响债权人的到期债权实现的，债权人可以向人民法院请求以自己的名义代位行使债务人对相对人的权利，但是该权利专属于债务人自身的除外。

代位权的行使范围以债权人的到期债权为限。债权人行使代位权的必要费用，由债务人负担。

相对人对债务人的抗辩，可以向债权人主张。

第五百三十八条　债务人以放弃其债权、放弃债权担保、无偿转让财产等方式无偿处分财产权益，或者恶意延长其到期债权的履行期限，影响债权人的债权实现的，债权人可以请求人民法院撤销债务人的行为。

第五百三十九条　债务人以明显不合理的低价转让财产、以明显不合理的高价受让他人财产或者为他人的债务提供担保，影响债权人的债权实现，债务人的相对人知道或者应当知道该情形的，债权人可以请求人民法院撤销债务人的行为。

第五百四十条 撤销权的行使范围以债权人的债权为限。债权人行使撤销权的必要费用，由债务人负担。

第五百四十一条 撤销权自债权人知道或者应当知道撤销事由之日起一年内行使。自债务人的行为发生之日起五年内没有行使撤销权的，该撤销权消灭。

第五百四十二条 债务人影响债权人的债权实现的行为被撤销的，自始没有法律约束力。

《全国法院贯彻实施民法典工作会议纪要》

8. 民法典第五百三十五条规定的“债务人怠于行使其债权或者与该债权有关的从权利，影响债权人的到期债权实现的”，是指债务人不履行其对债权人的到期债务，又不以诉讼方式或者仲裁方式向相对人主张其享有的债权或者与该债权有关的从权利，致使债权人的到期债权未能实现。相对人不认为债务人有怠于行使其债权或者与该债权有关的从权利情况的，应当承担举证责任。

《全国法院民商事审判工作会议纪要》

44. **【履行期届满后达成的以物抵债协议】** 当事人在债务履行期限届满后达成以物抵债协议，抵债物尚未交付债权人，债权人请求债务人交付的，人民法院要着重审查以物抵债协议是否存在恶意损害第三人合法权益等情形，避免虚假诉讼的发生。经审查，不存在以上情况，且无其他无效事由的，人民法院依法予以支持。

当事人在一审程序中因达成以物抵债协议申请撤回起诉的，人民法院可予准许。当事人在二审程序中申请撤回上诉的，人民法院应当告知其申请撤回起诉。当事人申请撤回起诉，经审查不损害国家利益、社会公共利益、他人合法权益的，人民法院可予准许。当事人不申请撤回起诉，请求人民法院出具调解书对以物抵债协议予以确认的，因债务人完全可以立即履行该协议，没有必要由人民法院出具调解书，故人民法院不应准许，同时应当继续对原债权债务关系进行审理。

45.【**履行期届满前达成的以物抵债协议**】当事人在债务履行期届满前达成以物抵债协议，抵债物尚未交付债权人，债权人请求债务人交付的，因此种情况不同于本纪要第71条规定的让与担保，人民法院应当向其释明，其应当根据原债权债务关系提起诉讼。经释明后当事人仍拒绝变更诉讼请求的，应当驳回其诉讼请求，但不影响其根据原债权债务关系另行提起诉讼。

七、债权转让合同纠纷

（一）最高人民法院公报案例及典型案例

012. 基于虚假意思表示签订的债权转让协议应认定为无效[①]

江西腾荣实业有限公司与江西银行股份有限公司
南昌高新支行债权转让合同纠纷案

裁判摘要

借款人与贷款银行在双方签订的借款合同之外，另行签订债权转让及资产委托管理协议，约定借款人受让贷款银行的债权并支付一定金额的债权转让费用，但不获取任何利益的，应认定该债权转让及资产委托管理协议系以变相收取借款利息等为目的。双方签订该债权转让及资产委托管理协议的行为系以虚假的意思表示实施，依法应认定为无效；该行为所隐藏的收取利息的行为的效力，依照有关法律规定处理。

① 参见《最高人民法院公报》2023 年第 1 期。

最高人民法院民事裁定书

（2020）最高法民申7094号

再审申请人（一审原告、二审被上诉人）：江西腾荣实业有限公司，住所地江西省南昌市新建区长堎镇解放路297号2栋2单元301室。

法定代表人：熊慎武，该公司董事长。

委托诉讼代理人：万印云，江西经辉律师事务所律师。

委托诉讼代理人：袁艳，江西经辉律师事务所律师。

被申请人（一审被告、二审上诉人）：江西银行股份有限公司南昌高新支行，住所地江西省南昌市高新开发区火炬大街188号丰源智能大厦。

负责人：张豫，该支行行长。

再审申请人江西腾荣实业有限公司（以下简称腾荣公司）因与被申请人江西银行股份有限公司南昌高新支行（以下简称江西银行南昌高新支行）债权转让合同纠纷一案，不服江西省高级人民法院（2020）赣民终267号民事判决，向本院申请再审。本院依法组成合议庭进行了审查，现已审查终结。

腾荣公司申请再审称：本案符合《中华人民共和国民事诉讼法》第二百条第二项、第六项规定的情形，应予再审。主要事实和理由是：（一）二审判决认定基本事实错误。1. 二审判决认定案涉《资产委托管理协议》合法有效错误。该《资产委托管理协议》是伪造的，既未依法签订、生效，也未实际履行，更不是腾荣公司的真实意思表示，不具有法律效力。2. 二审判决认定案涉《债权转让协议》已履行完毕错误。腾荣公司已全面履行了案涉《债权转让协议》所约定的义务，并全额支付了10620439.51元的债权转让款，但江西银行南昌高新支行并未依约将债权凭证移交给腾荣公司，而是以自己的名义提起诉讼并申请执行，已构成根本违约。现债务人江西省维财实业有限公司及担保人江西南发实业有限公司已被工商部门吊销营业执照，已无清偿债务的能力。腾荣公司已无法向债务人及担保人主张权利，其受让案涉债权的合同目的已无法实现。（二）二审判决驳回腾荣公司的诉讼请求错误。二审判决对前述基本事实认定错误，致使判决结果错误，严重损害了腾荣公司的合法权益。

本院经审查认为：本案腾荣公司与江西银行南昌高新支行所签订的《债权转让协议》和《资产委托管理协议》名为债权转让和资产委托管理协议，实为双方订立的本金为5400万元的借款合同的组成部分。理由如下：第一，从《债权转让协议》和《资产委托管理协议》的约定看，该两份协议约定的内容不符合常理。一般而言，腾荣公司作为案涉债权受让方及资产委托管理方，其受让案涉债权并委托江西银行南昌高新支行清收，应以获取收益为目的，但本案双方签订的《债权转让协议》《资产委托管理协议》约定，腾荣公司以10620439.51元的对价受让江西银行南昌高新支行的债权，再委托江西银行南昌高新支行予以清收，清收所得款项在扣除支出费用后，剩余款项全部作为委托管理费归江西银行南昌高新支行所有，即腾荣公司在向江西银行南昌高新支行支付了10620439.51元的债权转让款后，并不能从受让的上述债权中获取任何收益。第二，从双方签订《债权转让协议》《资产委托管理协议》的目的看，腾荣公司是为了与江西银行南昌高新支行签订借款合同，以获得江西银行南昌高新支行5400万元的借款；江西银行南昌高新支行与腾荣公司签订《债权转让协议》《资产委托管理协议》是为了在借款合同之外另行收取10620439.51元的款项，并达到剥离不良资产即案涉债权的目的。腾荣公司2015年5月13日向江西银行南昌高新支行出具的《关于要求提供债务人信息资料的报告》中载明："我公司为了在贵行贷款伍仟肆佰万元人民币，接受了贵行债务人江西维财实业有限公司的不良贷款债权转让条件……"江西银行南昌高新支行在本案一审中也有关于"该借款腾荣公司享受了优惠的利率政策，年利率仅为6.15%，当时江西银行南昌高新支行的贷款利率执行的标准为年利率13%左右，这也是腾荣公司同意接受本案债权的原因所在"的陈述。第三，从《债权转让协议》和《资产委托管理协议》的实际履行情况看，江西银行南昌高新支行并未实际履行该两份协议。《债权转让协议》第二条约定，江西银行南昌高新支行应在交割日即2013年10月28日将案涉债权及从权利转让给腾荣公司，但根据江西银行南昌高新支行在本案一审中自认的事实，其在收到腾荣公司支付的10620439.51元债权转让款后并未将案涉债权移交给腾荣公司，而是继续以自己的名义通过提起诉讼、申请法院强制执行的方式对案涉债权进行追讨，且江西银行南昌高新支行并未提供证据证明其已将相关债权追讨情况告知了腾荣公司。综合以上分析可以看出，腾荣公司与江西银行南昌高新支行关于债权转让及资产委托管理的意思表示是虚假的，江西银行南昌高新支行收取的10620439.51元的债权转让款应认定为其就案涉5400万元借款在双方于2013年10月21日签订的《借款合同》之外另行收取的利息。《中华人民共和国民法总则》第一百四十六条规定："行为人与相对人以虚假的意思表示实施的民事法律行为无效。以虚假的意思表示隐藏的民事法律行为的效力，依照有关法律规定处理。"根据该条法律规定，本案中腾荣公司与江西银行南昌高新支行以虚假的意思表示所实施的债权转让及资产委托管理行为应为无效；双方以该虚假的意思表示所隐藏的支付10620439.51元借款利息的行为，实际系双方订立本金为5400万元的借款合同这一民事法律行为的组成部分，对该行为的效力应依照有关法律规定处理。鉴于本案中腾荣公司并未就双方订立的本金为5400万元的借款合同提出相应的诉讼请求，故本院对该借款合同的效力不作审查和认定。二审判决认定《债权转让协议》和《资产委托管理协议》合法有效虽有不当，但判决驳回腾荣公司关于解除《债权转让协议》及江西银行南昌高新支行返还债权转让款和相应利息的诉讼请求，并无不妥。

综上，腾荣公司提出的再审事由不能成立，其再审申请不符合《中华人民共和国民事诉讼法》第二百条第二项、第六项规定的情形。依照《中华人民共和国民事诉讼法》第二百零四条第一款、《最高人民法院关于适用〈中华人民共和国民事诉讼法〉的解释》第三百九十五条第二款规定，裁定如下：

驳回江西腾荣实业有限公司的再审申请。

（二）裁判依据

《中华人民共和国民法典》

第五百四十五条 债权人可以将债权的全部或者部分转让给第三人，但是有下列情形之一的除外：

（一）根据债权性质不得转让；

（二）按照当事人约定不得转让；

（三）依照法律规定不得转让。

当事人约定非金钱债权不得转让的，不得对抗善意第三人。当事人约定金钱债权不得转让的，不得对抗第三人。

第五百五十条 因债权转让增加的履行费用，由让与人负担。

八、悬赏广告纠纷

（一）最高人民法院公报案例及典型案例

013. 公安机关受委托发布悬赏广告超出委托权限的，行为人在完成广告指定行为后，是否有权依照原委托权限享有报酬请求权[①]

鲁瑞庚诉东港市公安局悬赏广告纠纷案

原告：鲁瑞庚。

被告：辽宁省东港市公安局，住所地：辽宁省东港市大东镇。

法定代表人：刘华，该局局长。

原告鲁瑞庚因与被告辽宁省东港市公安局发生悬赏广告纠纷，向辽宁省丹东市中级人民法院提起诉讼。

原告诉称：1999年12月13日，被告东港市公安局通过东港市电视台向全市发布了一则悬赏提供“12·12”特大持枪杀人案线索的通告。12月19日，我向在东港市公安局工作的亲属提供了案件的线索。被告对该线索查实后，一举破获了“12·12”特大持枪杀人案。但案件破获后，被告一直未按照悬赏通告履行自己的义务，给付我被害人家属奖励的50万元人民币。请求判令被告给付悬赏奖金50万元人民币，赔偿精神损失费5万元人民币，承担

① 参见《最高人民法院公报》2003年第1期。

本案的诉讼费用。

被告辩称：我局侦破“12·12”特大持枪杀人案的线索及证据，并不完全是原告提供的。原告对于被害人家属50万元人民币的奖励和公安局的破案奖励，两者只能得其一。由于我局已按通告的第二条奖励原告10万元人民币，原告就不应再要求获得被害人家属50万元人民币的奖励，要求精神损失赔偿也没有事实及法律依据。

丹东市中级人民法院经审理查明：

1999年12月12日，东港市大东管理区永安街发生了一起特大持枪杀人案。为尽快破案，东港市公安局在被害人家属同意后，于1999年12月13日通过东港市电视台发布了悬赏通告，其主要内容是：一、凡是提供线索直接破案的，被害人家属奖励人民币50万元人民币；二、凡是提供线索公安机关通过侦察破获此案的，公安机关给予重奖；三、凡是提供有关枪支线索侦破此案的，公安机关给予重奖；四、凡是能提供线索破案的，即使与犯罪团伙有牵连也可以从轻或免予刑事责任；五、对提供线索者，公安机关一律严格保密。

原告鲁瑞庚看到电视台播出的悬赏通告后，想到案发当晚，其租住房的房主汪世平曾领来两人到东侧的杂物房藏匿，行迹十分可疑，认为这两个人可能就是杀人凶手。1999年12月19日，鲁瑞庚向在东港市公安局工作的亲属提供了这个线索。12月21日，该亲属向东港市公安局局长作了汇报。之后，原告向前来了解情况的公安局侦查人员提供了这两名嫌疑人案发当天到该处藏匿的时间、当晚有人送来行李和食物的情况、两人的体貌特征及两人之间的对话、次日早晨又被一女人接走等重要线索，并指认了公安机关要求其辨认的部分涉案人员照片。公安机关根据鲁瑞庚提供的线索，排查了大量的犯罪嫌疑人，并经过大量的调查取证，在1992年12月25日得出结论，认定该线索确与“12·12”特大持枪杀人案有关，并决定按照悬赏通告的第二条奖励鲁瑞庚10万元人民币。鲁瑞庚在领取奖励时出具了收条。收条中写明："收到市公安局用于奖励我提供12·12枪杀案线索预付现金10万元，如果我提供的线索与此案无关，则全部返回公安机关。"此后，公安机关经过一系列的侦察工作，于1999年12月26日零时采取行动，抓获了宋杰、黄河等犯罪嫌疑人。2000年1月4日，犯罪嫌疑人曲有健在图们市投案自首。随后，另一名犯罪嫌疑人马松也在图们市被抓捕归案。

另查，被害人家属已于1999年12月13日将用于奖励线索举报人的50万元人民币交给了东港市公安局。

上述事实，有被告公安局发布的通告、原告鲁瑞庚为被告公安局出具的收条、当事人的陈述笔录等为证。

丹东市中级人民法院认为：

《中华人民共和国民法通则》第八十四条规定："债是按照合同的约定或者依照法律的规定，在当事人之间产生的特定的权利和义务关系。享有权利的人是债权人，负有义务的人是债务人。债权人有权要求债务人按照合同的约定或者依照法律的规定履行义务。"

被告东港市公安局在为破获"12·12"特大持枪杀人案发布的悬赏通告中明确表示，要对提供有关线索和协助公安机关破案的人，给予一定数额的报酬。悬赏通告中的第一条和第二条是区别破案线索的不同情况，对提供线索人给予不同数额报酬的声明，两者不能兼得。原告鲁瑞庚确实向东港市公安局提供了该案的重要线索，公安机关根据其提供的线索，经过侦察破获了此案。鲁瑞庚所提供的线索，符合悬赏通告中第二条的情形，故鲁瑞庚应按悬赏通告的第二条取得悬赏报酬。公安机关实施抓捕行动前已经给付鲁瑞庚10万元作为奖励，鲁瑞庚收到预付的10万元奖金后，在出具的收条上写明；如提供线索与此案无关，该款全部退回。双方当时并未表明如果公安机关根据鲁瑞庚提供的线索破案，还应再给付其被害人家属奖励的50万元人民币。因此，东港市公安局已按悬赏通告履行了自己的义务，鲁瑞庚再要求公安机关按照悬赏通告的第一条另兑现50万元人民币奖励不能成立。鲁瑞庚提出的有关赔偿精神损失费的要求，因无法律依据，不予支持。

据此，丹东市中级人民法院于 2001 年 8 月 16 日作出判决如下：

驳回原告鲁瑞庚的诉讼请求。

案件受理费 10510 元由原告鲁瑞庚负担。

宣判后，鲁瑞庚不服，向辽宁省高级人民法院提出上诉。主要理由是：（1）我提供的线索是东港市公安局获得的唯一、直接、真实、可靠的线索，公安机关并没有排查大量的犯罪嫌疑人，只是对我提供的涉案嫌疑人进行了核对。在我辨认了涉嫌人员照片之后，东港市公安局即作出了抓捕决定，使案件一举告破。至此，我已全部完成了直接提供线索的行为，理应按照通告得到被害人家属奖励的 50 万元人民币。（2）悬赏通告的第一条是被害人家属给予提供破案线索人的奖励，悬赏通告的第二条是公安机关给予破案线索人的奖励，通告并没有声明两者不能兼得。东港市公安局依据通告第二条预付我 10 万元人民币奖金，应属于公安机关的奖励，并不是受害人家属给付的奖励。东港市公安局把被害人家属用于奖励提供线索人的 50 万元人民币据为己有，违背了在悬赏通告中向社会的承诺。（3）东港市公安局未按悬赏通告的第五条对提供线索人严格保密，使我及家人的精神造成了极大的伤害。请求撤销一审判决，判令东港市公安局立即给付被害人家属奖励的 50 万元人民币，赔偿精神损失费 5 万元人民币，并承担一切诉讼费用。

东港市公安局认为一审法院的判决正确，应予维持。

辽宁省高级人民法院经审理进一步查明：

据当时的东港市公安局局长证实，鲁瑞庚所提供的破案线索，是公安机关获得的唯一重要的线索，根据该线索，公安机关迅速破获了此案。

被害人家属在电视台播出悬赏通告的当天，即将用于奖励提供破案线索的 50 万元奖金交给了东港市公安局。据被害人家属及亲属证实，被害人家属同意东港市公安局向社会发布通告；愿拿出 50 万元人民币奖励给任何提供有关案件线索的人，使公安机关能够尽快将案件侦破。被害人家属表示：关于

50万元人民币能否用于悬赏通告第一条以外的情况，他们与东港市公安局并没有任何的约定。但明确表示：这50万元不是奖励给公安局的，也不是给公安局办案用的。被害人家属现在仍表示同意将这50万元人民币奖励提供破案线索的举报人。

辽宁省高级人民法院认为：

《中华人民共和国民法通则》第一百零六条第一款规定："公民、法人违反合同或者不履行其他义务的，应当承认民事责任。"

发布悬赏广告是一种民事法律行为，即广告人以广告的方式发布声明，承诺对任何按照声明的条件完成指定事项的人给予约定的报酬。任何人按照广告公布的条件，完成了广告所指定的行为，即对广告人享有报酬请求权。发出悬赏广告的人，则应该按照所发布广告的约定，向完成广告指定行为的人支付承诺的报酬。本案中东港市公安局通过东港市电视台发布通告中的部分内容，属于悬赏广告。通告虽然是以东港市公安局的名义发布的，但由于悬赏给付的报酬，是由被害人家属提供的，通告中的悬赏行为，实际上是受被害人家属委托的行为。被害人家属的本意是以50万元人民币直接奖励能够提供破案线索的举报人，希望能够有助于公安机关迅速破案。被害人家属并没有表示可以区别举报人提供线索的不同情形，给予举报人不同数额的奖励；也没有表示可以将该报酬用于办案或奖励办案人员。东港市公安局在悬赏通告中规定了其他悬赏情形，并没有得到被害人家属的授权或者委托。鲁瑞庚按悬赏通告的要求，向东港市公安局提供了其知道的重要线索，使公安机关根据该线索及时破获了"12·12"特大持枪杀人案，即完成了悬赏通告所指定的行为。据此，鲁瑞庚就获得了取得被害人家属支付悬赏报酬的权利。被害人家属对鲁瑞庚按悬赏通告要求所完成提供线索的行为未提出异议，并且已将用于奖励的50万元人民币交给东港市公安局，且在案件破获后亦同意将该款奖励给提供线索的举报人，东港市公安局应该按照被害人家属的委托和以其名义向社会发布的悬赏通告，及时履行义务，向鲁瑞庚全额给付50万元人民币的报酬。侦破刑事案件是公安机关的法定职责。公安机关在侦破刑事案件的过程中，应当保护和提倡公民举报和揭露犯罪的行为，积极地鼓励公民见义勇为，同违法行为做斗争的精神。东港市公安局以鲁瑞庚所提供的线索不符合悬赏通告所规定的条件为由，拒绝将被害人家属用于奖励的 50 万元全部给付鲁瑞庚，并将其予以占有，超出了被害人家属的委托权限，也不符合其在悬赏通告中的承诺，没有任何的法律依据。鲁瑞庚对其主张权利，应予支持。

关于鲁瑞庚主张按照悬赏通告中第一条和第二条的规定的奖励款可同时兼得，东港市公安局应再向其给付 50 万元报酬的问题，因悬赏广告是按照举报的具体效果，规定以不同的方式给予数额不同的奖励的，并未表示同一举报可以同时兼得其他奖励，鲁瑞庚主张重复奖励的要求不予支持。东港市公安局已预付鲁瑞庚奖励款 10 万元人民币，其余 40 万元人民币应及时按照悬赏通告及被害人家属的委托给付鲁瑞庚本人。

关于鲁瑞庚要求精神损害赔偿的问题，虽然因鲁瑞庚与东港市公安局就给付报酬的数额问题发生纠纷后，直接导致了本案诉讼，使提供线索的情况公开，在客观上产生了不利于保密及保护的情况，给其本人也造成了一定的精神压力。但东港市公安局并没有主动向社会披露鲁瑞庚的举报情况，鲁瑞庚也不能提供公安机关未保密的证据支持其主张，故不予支持。

综上，一审判决认定事实不清，证据不足，适用法律不当，应予改判。依照《中华人民共和国民事诉讼法》第一百五十三条第一款（三）项的规定，辽宁省高级人民法院于 2002 年 4 月 12 日作出判决：

一、撤销丹东市中级人民法院（2001）丹民初字第 15 号民事判决；

二、东港市公安局于本判决生效之日起 10 日内将被害人家属交付的人民币 40 万元给付鲁瑞庚；

三、驳回鲁瑞庚的其他诉讼请求。

一、二审案件受理费 21020 元，由东港市公安局负担 16816 元，鲁瑞庚负担4204元。

本判决为终审判决。

（二）裁判依据

《中华人民共和国民法典》

第四百七十二条 要约是希望与他人订立合同的意思表示，该意思表示应当符合下列条件：

（一）内容具体确定；

（二）表明经受要约人承诺，要约人即受该意思表示约束。

第四百七十六条 要约可以撤销，但是有下列情形之一的除外：

（一）要约人以确定承诺期限或者其他形式明示要约不可撤销；

（二）受要约人有理由认为要约是不可撤销的，并已经为履行合同做了合理准备工作。

第四百八十条 承诺应当以通知的方式作出；但是，根据交易习惯或者要约表明可以通过行为作出承诺的除外。

第四百九十九条 悬赏人以公开方式声明对完成特定行为的人支付报酬的，完成该行为的人可以请求其支付。

第五百七十九条 当事人一方未支付价款、报酬、租金、利息，或者不履行其他金钱债务的，对方可以请求其支付。

九、买卖合同纠纷

（一）最高人民法院指导案例

014. 国际货物买卖合同中，是否只要卖方交付的货物存在缺陷就构成根本违约[①]

中化国际（新加坡）有限公司诉蒂森克虏伯冶金产品有限责任公司国际货物买卖合同纠纷案

（最高人民法院审判委员会讨论通过　2019年2月25日发布）

关键词： 民事/国际货物买卖合同/联合国国际货物销售合同公约/法律适用/根本违约

裁判要点

1. 国际货物买卖合同的当事各方所在国为《联合国国际货物销售合同公约》的缔约国，应优先适用公约的规定，公约没有规定的内容，适用合同中约定适用的法律。国际货物买卖合同中当事人明确排除适用《联合国国际货物销售合同公约》的，则不应适用该公约。

① 最高人民法院指导案例107号。

2. 在国际货物买卖合同中，卖方交付的货物虽然存在缺陷，但只要买方经过合理努力就能使用货物或转售货物，不应视为构成《联合国国际货物销售合同公约》规定的根本违约的情形。

相关法条

《中华人民共和国民法通则》第145条

《联合国国际货物销售合同公约》第1条、第25条

基本案情：2008年4月11日，中化国际（新加坡）有限公司（以下简称中化新加坡公司）与蒂森克虏伯冶金产品有限责任公司（以下简称德国克虏伯公司）签订了购买石油焦的《采购合同》，约定本合同应当根据美国纽约州当时有效的法律订立、管辖和解释。中化新加坡公司按约支付了全部货款，但德国克虏伯公司交付的石油焦HGI指数仅为32，与合同中约定的HGI指数典型值为36-46不符。中化新加坡公司认为德国克虏伯公司构成根本违约，请求判令解除合同，要求德国克虏伯公司返还货款并赔偿损失。

裁判结果：江苏省高级人民法院一审认为，根据《联合国国际货物销售合同公约》的有关规定，德国克虏伯公司提供的石油焦HGI指数远低于合同约定标准，导致石油焦难以在国内市场销售，签订买卖合同时的预期目的无法实现，故德国克虏伯公司的行为构成根本违约。江苏省高级人民法院于2012年12月19日作出（2009）苏民三初字第0004号民事判决：一、宣告蒂森克虏伯冶金产品有限责任公司与中化国际（新加坡）有限公司于2008年4月11日签订的《采购合同》无效。二、蒂森克虏伯冶金产品有限责任公司于本判决生效之日起三十日内返还中化国际（新加坡）有限公司货款2684302.9美元，并支付自2008年9月25日至本判决确定的给付之日的利息。三、蒂森克虏伯冶金产品有限责任公司于本判决生效之日起三十日内赔偿中化国际（新加坡）有限公司损失520339.77美元。

宣判后，德国克虏伯公司不服一审判决，向最高人民法院提起上诉，认

为一审判决对本案适用法律认定错误。最高人民法院认为一审判决认定事实基本清楚，但部分法律适用错误，责任认定不当，应当予以纠正。最高人民法院于 2014 年 6 月 30 日作出（2013）民四终字第 35 号民事判决：一、撤销江苏省高级人民法院（2009）苏民三初字第 0004 号民事判决第一项。二、变更江苏省高级人民法院（2009）苏民三初字第 0004 号民事判决第二项为蒂森克虏伯冶金产品有限责任公司于本判决生效之日起三十日内赔偿中化国际（新加坡）有限公司货款损失 1610581. 74 美元，并支付自 2008 年 9 月 25 日至本判决确定的给付之日的利息。三、变更江苏省高级人民法院（2009）苏民三初字第 0004 号民事判决第三项为蒂森克虏伯冶金产品有限责任公司于本判决生效之日起三十日内赔偿中化国际（新加坡）有限公司堆存费损失 98442. 79 美元。四、驳回中化国际（新加坡）有限公司的其他诉讼请求。

裁判理由：最高人民法院认为，本案为国际货物买卖合同纠纷，双方当事人均为外国公司，案件具有涉外因素。《最高人民法院关于适用〈中华人民共和国涉外民事关系法律适用法〉若干问题的解释（一）》第二条规定："涉外民事关系法律适用法实施以前发生的涉外民事关系，人民法院应当根据该涉外民事关系发生时的有关法律规定确定应当适用的法律；当时法律没有规定的，可以参照涉外民事关系法律适用法的规定确定。"案涉《采购合同》签订于 2008 年 4 月 11 日，在《中华人民共和国涉外民事关系法律适用法》实施之前，当事人签订《采购合同》时的《中华人民共和国民法通则》第一百四十五条规定："涉外合同的当事人可以选择处理合同争议所适用的法律，法律另有规定的除外。涉外合同的当事人没有选择的，适用与合同有最密切联系的国家的法律。"本案双方当事人在合同中约定应当根据美国纽约州当时有效的法律订立、管辖和解释，该约定不违反法律规定，应认定有效。由于本案当事人营业地所在国新加坡和德国均为《联合国国际货物销售合同公约》缔约国，美国亦为《联合国国际货物销售合同公约》缔约国，且在一审审理期间双方当事人一致选择适用《联合国国际货物销售合同公约》作为确定其权利义务的依据，并未排除《联合国国际货物销售合同公约》的适用，江苏省高级人民法院适用《联合国国际货物销售合同公约》审理本案是正确的。而对于审理案件中涉及的问题《联合国国际货物销售合同公约》没有规定的，应当适用当事人选择的美国纽约州法律。《〈联合国国际货物销售合同公约〉判例法摘要汇编》并非《联合国国际货物销售合同公约》的组成部分，其不能作为审理本案的法律依据。但在如何准确理解《联合国国际货物销售合同公约》相关条款的含义方面，其可以作为适当的参考资料。

双方当事人在《采购合同》中约定的石油焦 HGI 指数典型值为 36-46，而德国克虏伯公司实际交付的石油焦 HGI 指数为 32，低于双方约定的 HGI 指数典型值的最低值，不符合合同约定。江苏省高级人民法院认定德国克虏伯公司构成违约是正确的。

关于德国克虏伯公司的上述违约行为是否构成根本违约的问题。第一，从双方当事人在合同中对石油焦需符合的化学和物理特性规格约定的内容看，合同对石油焦的受潮率、硫含量、灰含量、挥发物含量、尺寸、热值、硬度（HGI 值）七个方面作出了约定。而从目前事实看，对于德国克虏伯公司交付的石油焦，中化新加坡公司仅认为 HGI 指数一项不符合合同约定，而对于其他六项指标，中化新加坡公司并未提出异议。结合当事人提交的证人证言以及证人出庭的陈述，HGI 指数表示石油焦的研磨指数，指数越低，石油焦的硬度越大，研磨难度越大。但中化新加坡公司一方提交的上海大学材料科学与工程学院出具的说明亦不否认 HGI 指数为 32 的石油焦可以使用，只是认为其用途有限。故可以认定虽然案涉石油焦 HGI 指数与合同约定不符，但该批石油焦仍然具有使用价值。第二，本案一审审理期间，中化新加坡公司为减少损失，经过积极的努力将案涉石油焦予以转售，且其在就将相关问题致德国克虏伯公司的函件中明确表示该批石油焦转售的价格“未低于市场合理价格”。这一事实说明案涉石油焦是可以以合理价格予以销售的。第三，综合考量其他国家裁判对《联合国国际货物销售合同公约》中关于根本违约条款的理解，只要买方经过合理努力就能使用货物或转售货物，甚至打些折扣，质量不符依然不是根本违约。故应当认为德国克虏伯公司交付 HGI 指数为 32 的石油焦的行为，并不构成根本违约。江苏省高级人民法院认定德国克虏伯公司构成根本违约并判决宣告《采购合同》无效，适用法律错误，应予以纠正。

015. 消费者明知食品不符合安全标准仍购买，能否向销售者或者生产者要求按照一定的标准赔偿[①]

孙银山诉南京欧尚超市有限公司江宁店买卖合同纠纷案

（最高人民法院审判委员会讨论通过　2014 年 1 月 26 日发布）

关键词：民事/买卖合同/食品安全/十倍赔偿

裁判要点

消费者购买到不符合食品安全标准的食品，要求销售者或者生产者依照食品安全法规定支付价款十倍赔偿金或者依照法律规定的其他赔偿标准赔偿的，不论其购买时是否明知食品不符合安全标准，人民法院都应予支持。

相关法条

《中华人民共和国食品安全法》第九十六条第二款

基本案情：2012 年 5 月 1 日，原告孙银山在被告南京欧尚超市有限公司江宁店（以下简称欧尚超市江宁店）购买“玉兔牌”香肠 15 包，其中价值 558.6 元的 14 包香肠已过保质期。孙银山到收银台结账后，即径直到服务台索赔，后因协商未果诉至法院，要求欧尚超市江宁店支付 14 包香肠售价十倍

① 最高人民法院指导案例 23 号。

的赔偿金5586元。

裁判结果：江苏省南京市江宁区人民法院于2012年9月10日作出（2012）江宁开民初字第646号民事判决：被告欧尚超市江宁店于判决发生法律效力之日起10日内赔偿原告孙银山5586元。宣判后，双方当事人均未上诉，判决已发生法律效力。

裁判理由：法院生效裁判认为：关于原告孙银山是否属于消费者的问题。《中华人民共和国消费者权益保护法》第二条规定："消费者为生活消费需要购买、使用商品或者接受服务，其权益受本法保护；本法未作规定的，受其他有关法律、法规保护。"消费者是相对于销售者和生产者的概念。只要在市场交易中购买、使用商品或者接受服务是为了个人、家庭生活需要，而不是为了生产经营活动或者职业活动需要的，就应当认定为"为生活消费需要"的消费者，属于消费者权益保护法调整的范围。本案中，原、被告双方对孙银山从欧尚超市江宁店购买香肠这一事实不持异议，据此可以认定孙银山实施了购买商品的行为，且孙银山并未将所购香肠用于再次销售经营，欧尚超市江宁店也未提供证据证明其购买商品是为了生产经营。孙银山因购买到超过保质期的食品而索赔，属于行使法定权利。因此欧尚超市江宁店认为孙银山"买假索赔"不是消费者的抗辩理由不能成立。

关于被告欧尚超市江宁店是否属于销售明知是不符合食品安全标准食品的问题。《中华人民共和国食品安全法》（以下简称《食品安全法》）第三条规定："食品生产经营者应当依照法律、法规和食品安全标准从事生产经营活动，对社会和公众负责，保证食品安全，接受社会监督，承担社会责任。"该法第二十八条第（八）项规定，超过保质期的食品属于禁止生产经营的食品。食品销售者负有保证食品安全的法定义务，应当对不符合安全标准的食品自行及时清理。欧尚超市江宁店作为食品销售者，应当按照保障食品安全的要求储存食品，及时检查待售食品，清理超过保质期的食品，但欧尚超市江宁店仍然摆放并销售货架上超过保质期的"玉兔牌"香肠，未履行法定义务，可以认定为销售明知是不符合食品安全标准的食品。

关于被告欧尚超市江宁店的责任承担问题。《食品安全法》第九十六条第一款规定："违反本法规定，造成人身、财产或者其他损害的，依法承担赔偿责任。"第二款规定："生产不符合食品安全标准的食品或者销售明知是不符合食品安全标准的食品，消费者除要求赔偿损失外，还可以向生产者或者销售者要求支付价款十倍的赔偿金。"当销售者销售明知是不符合安全标准的食品时，消费者可以同时主张赔偿损失和支付价款十倍的赔偿金，也可以只主张支付价款十倍的赔偿金。本案中，原告孙银山仅要求欧尚超市江宁店支付售价十倍的赔偿金，属于当事人自行处分权利的行为，应予支持。关于被告欧尚超市江宁店提出原告明知食品过期而购买，希望利用其错误谋求利益，不应予以十倍赔偿的主张，因前述法律规定消费者有权获得支付价款十倍的赔偿金，因该赔偿获得的利益属于法律应当保护的利益，且法律并未对消费者的主观购物动机作出限制性规定，故对其该项主张不予支持。

016. 买卖合同中，若卖方不能证明自己履行了瑕疵告知义务，可以认定为存在欺诈行为[①]

张莉诉北京合力华通汽车服务有限公司买卖合同纠纷案

（最高人民法院审判委员会讨论通过　2013 年 11 月 8 日发布）

关键词：民事/买卖合同/欺诈/家用汽车

裁判要点

1. 为家庭生活消费需要购买汽车，发生欺诈纠纷的，可以按照《中华人民共和国消费者权益保护法》处理。

① 最高人民法院指导案例 17 号。

2. 汽车销售者承诺向消费者出售没有使用或维修过的新车，消费者购买后发现系使用或维修过的汽车，销售者不能证明已履行告知义务且得到消费者认可的，构成销售欺诈，消费者要求销售者按照消费者权益保护法赔偿损失的，人民法院应予支持。

相关法条

《中华人民共和国消费者权益保护法》第二条、第五十五条第一款（该款系2013年10月25日修改，修改前为第四十九条）

基本案情：2007年2月28日，原告张莉从被告北京合力华通汽车服务有限公司（以下简称合力华通公司）购买上海通用雪佛兰景程轿车一辆，价格138000元，双方签有《汽车销售合同》。该合同第七条约定："……卖方保证买方所购车辆为新车，在交付之前已作了必要的检验和清洁，车辆路程表的公里数为18公里且符合卖方提供给买方的随车交付文件中所列的各项规格和指标……"合同签订当日，张莉向合力华通公司交付了购车款138000元，同时支付了车辆购置税12400元、一条龙服务费500元、保险费6060元。同日，合力华通公司将雪佛兰景程轿车一辆交付张莉，张莉为该车办理了机动车登记手续。2007年5月13日，张莉在将车辆送合力华通公司保养时，发现该车曾于2007年1月17日进行过维修。

审理中，合力华通公司表示张莉所购车辆确曾在运输途中造成划伤，于2007年1月17日进行过维修，维修项目包括右前叶子板喷漆、右前门喷漆、右后叶子板喷漆、右前门钣金、右后叶子板钣金、右前叶子板钣金，维修中更换底大边卡扣、油箱门及前叶子板灯总成。送修人系该公司业务员。合力华通公司称，对于车辆曾进行维修之事已在销售时明确告知张莉，并据此予以较大幅度优惠，该车销售定价应为151900元，经协商后该车实际销售价格为138000元，还赠送了部分装饰。为证明上述事实，合力华通公司提供了车辆维修记录及有张莉签字的日期为2007年2月28日的车辆交接验收单一份，在车辆交接验收单备注一栏中注有“加 1/4 油，此车右侧有钣喷修复，按约定价格销售”。合力华通公司表示该验收单系该公司保存，张莉手中并无此单。对于合力华通公司提供的上述两份证据，张莉表示对于车辆维修记录没有异议，车辆交接验收单中的签字确系其所签，但合力华通公司在销售时并未告知车辆曾有维修，其在签字时备注一栏中没有“此车右侧有钣喷修复，按约定价格销售”字样。

裁判结果：北京市朝阳区人民法院于 2007 年 10 月作出（2007）朝民初字第 18230 号民事判决：一、撤销张莉与合力华通公司于 2007 年 2 月 28 日签订的《汽车销售合同》；二、张莉于判决生效后七日内将其所购的雪佛兰景程轿车退还合力华通公司；三、合力华通公司于判决生效后七日内退还张莉购车款十二万四千二百元；四、合力华通公司于判决生效后七日内赔偿张莉购置税一万二千四百元、服务费五百元、保险费六千零六十元；五、合力华通公司于判决生效后七日内加倍赔偿张莉购车款十三万八千元；六、驳回张莉其他诉讼请求。宣判后，合力华通公司提出上诉。北京市第二中级人民法院于 2008 年 3 月 13 日作出（2008）二中民终字第 00453 号民事判决：驳回上诉，维持原判。

裁判理由：法院生效裁判认为：原告张莉购买汽车系因生活需要自用，被告合力华通公司没有证据证明张莉购买该车用于经营或其他非生活消费，故张莉购买汽车的行为属于生活消费需要，应当适用《中华人民共和国消费者权益保护法》。

根据双方签订的《汽车销售合同》约定，合力华通公司交付张莉的车辆应为无维修记录的新车，现所售车辆在交付前实际上经过维修，这是双方共同认可的事实，故本案争议的焦点为合力华通公司是否事先履行了告知义务。

车辆销售价格的降低或优惠以及赠送车饰是销售商常用的销售策略，也是双方当事人协商的结果，不能由此推断出合力华通公司在告知张莉汽车存在瑕疵的基础上对其进行了降价和优惠。合力华通公司提交的有张莉签名的车辆交接验收单，因系合力华通公司单方保存，且备注一栏内容由该公司不同人员书写，加之张莉对此不予认可，该验收单不足以证明张莉对车辆以前维修过有所了解。故对合力华通公司抗辩称其向张莉履行了瑕疵告知义务，不予采信，应认定合力华通公司在售车时隐瞒了车辆存在的瑕疵，有欺诈行为，应退车还款并增加赔偿张莉的损失。

（二）最高人民法院公报案例及典型案例

017. 限时免单条款约定条件成就，经营者应当依约免单[①]

基本案情：被告周某在经营网上店铺过程中开展了“双 12”限时免单活动，制定并公示了相关规则，原告张某在购买产品时参与了限时免单活动。张某在参与该次活动前向店铺客服咨询了免单的规则为付款优先者享受。但在张某付款时间在先的情况下，周某未按照规则给张某免单，张某认为周某构成违约，诉请周某退还其支付的货款。

裁判结果：审理法院认为，根据《中华人民共和国合同法》（1999 年施行）第十四条、第六十条、第四十四条，《中华人民共和国电子商务法》第四十九条的规定，当事人关于限时免单的约定属于附条件履行义务的合同条款，消费者符合免单规则的要求，经营者即应当履行免单义务，否则构成违约。张某在参加活动前咨询客服获知的规则应视为此次活动的规则，双方应当遵守。张某付款时间在先，周某未按照免单规则为张某免单，构成违约，张某要求周某退还货款的行为，于法有据，应予支持。

---

① 参见《最高人民法院发布网络消费典型案例》（2023 年 3 月 15 日发布），五、限时免单条款约定条件成就，经营者应当依约免单——张某与周某、某购物平台信息网络买卖合同纠纷案，载最高人民法院网站，https：//www. court. gov. cn/zixun-xiangqing-393481. html，最后访问日期：2023 年 6 月 30 日。

典型意义

随着电子商务的蓬勃发展，各种形式的促销手段层出不穷。这些促销活动活跃了市场，刺激了消费，同时也伴生了一些损害消费者权益的问题。本案裁判进一步厘清了电子商务经营者进行免单、打折等各类促销活动制定的活动规则的法律性质，引导经营者依法依约诚信经营，切实保护消费者合法权益。

（三）裁判依据

《中华人民共和国民法典》

第五百九十五条 买卖合同是出卖人转移标的物的所有权于买受人，买受人支付价款的合同。

第六百四十七条 当事人约定易货交易，转移标的物的所有权的，参照适用买卖合同的有关规定。

《中华人民共和国电子商务法》

第四十九条 电子商务经营者发布的商品或者服务信息符合要约条件的，用户选择该商品或者服务并提交订单成功，合同成立。当事人另有约定的，从其约定。

电子商务经营者不得以格式条款等方式约定消费者支付价款后合同不成立；格式条款等含有该内容的，其内容无效。

第五十二条 电子商务当事人可以约定采用快递物流方式交付商品。

快递物流服务提供者为电子商务提供快递物流服务，应当遵守法律、行政法规，并应当符合承诺的服务规范和时限。快递物流服务提供者在交付商品时，应当提示收货人当面查验；交由他人代收的，应当经收货人同意。

快递物流服务提供者应当按照规定使用环保包装材料，实现包装材料的减量化和再利用。

快递物流服务提供者在提供快递物流服务的同时，可以接受电子商务经营者的委托提供代收货款服务。

第五十三条 电子商务当事人可以约定采用电子支付方式支付价款。

电子支付服务提供者为电子商务提供电子支付服务，应当遵守国家规定，告知用户电子支付服务的功能、使用方法、注意事项、相关风险和收费标准等事项，不得附加不合理交易条件。电子支付服务提供者应当确保电子支付指令的完整性、一致性、可跟踪稽核和不可篡改。

电子支付服务提供者应当向用户免费提供对账服务以及最近三年的交易记录。

第五十四条 电子支付服务提供者提供电子支付服务不符合国家有关支付安全管理要求，造成用户损失的，应当承担赔偿责任。

《中华人民共和国招标投标法》

第三条 在中华人民共和国境内进行下列工程建设项目包括项目的勘察、设计、施工、监理以及与工程建设有关的重要设备、材料等的采购，必须进行招标：

（一）大型基础设施、公用事业等关系社会公共利益、公众安全的项目；

（二）全部或者部分使用国有资金投资或者国家融资的项目；

（三）使用国际组织或者外国政府贷款、援助资金的项目。

前款所列项目的具体范围和规模标准，由国务院发展计划部门会同国务院有关部门制订，报国务院批准。

法律或者国务院对必须进行招标的其他项目的范围有规定的，依照其规定。

第四条 任何单位和个人不得将依法必须进行招标的项目化整为零或者以其他任何方式规避招标。

第五条 招标投标活动应当遵循公开、公平、公正和诚实信用的原则。

《最高人民法院关于审理买卖合同纠纷案件适用法律问题的解释》

为正确审理买卖合同纠纷案件，根据《中华人民共和国民法典》《中华人民共和国民事诉讼法》等法律的规定，结合审判实践，制定本解释。

一、买卖合同的成立

第一条 当事人之间没有书面合同，一方以送货单、收货单、结算单、发票等主张存在买卖合同关系的，人民法院应当结合当事人之间的交易方式、交易习惯以及其他相关证据，对买卖合同是否成立作出认定。

对账确认函、债权确认书等函件、凭证没有记载债权人名称，买卖合同当事人一方以此证明存在买卖合同关系的，人民法院应予支持，但有相反证据足以推翻的除外。

二、标的物交付和所有权转移

第二条 标的物为无需以有形载体交付的电子信息产品，当事人对交付方式约定不明确，且依照民法典第五百一十条的规定仍不能确定的，买受人收到约定的电子信息产品或者权利凭证即为交付。

第三条 根据民法典第六百二十九条的规定，买受人拒绝接收多交部分标的物的，可以代为保管多交部分标的物。买受人主张出卖人负担代为保管期间的合理费用的，人民法院应予支持。

买受人主张出卖人承担代为保管期间非因买受人故意或者重大过失造成的损失的，人民法院应予支持。

第四条 民法典第五百九十九条规定的“提取标的物单证以外的有关单证和资料”，主要应当包括保险单、保修单、普通发票、增值税专用发票、产品合格证、质量保证书、质量鉴定书、品质检验证书、产品进出口检疫书、原产地证明书、使用说明书、装箱单等。

第五条 出卖人仅以增值税专用发票及税款抵扣资料证明其已履行交付标的物义务，买受人不认可的，出卖人应当提供其他证据证明交付标的物的事实。

合同约定或者当事人之间习惯以普通发票作为付款凭证，买受人以普通发票证明已经履行付款义务的，人民法院应予支持，但有相反证据足以推翻的除外。

第六条 出卖人就同一普通动产订立多重买卖合同，在买卖合同均有效的情况下，买受人均要求实际履行合同的，应当按照以下情形分别处理：

（一）先行受领交付的买受人请求确认所有权已经转移的，人民法院应予支持；

（二）均未受领交付，先行支付价款的买受人请求出卖人履行交付标的物等合同义务的，人民法院应予支持；

（三）均未受领交付，也未支付价款，依法成立在先合同的买受人请求出卖人履行交付标的物等合同义务的，人民法院应予支持。

第七条 出卖人就同一船舶、航空器、机动车等特殊动产订立多重买卖合同，在买卖合同均有效的情况下，买受人均要求实际履行合同的，应当按照以下情形分别处理：

（一）先行受领交付的买受人请求出卖人履行办理所有权转移登记手续等合同义务的，人民法院应予支持；

（二）均未受领交付，先行办理所有权转移登记手续的买受人请求出卖人履行交付标的物等合同义务的，人民法院应予支持；

（三）均未受领交付，也未办理所有权转移登记手续，依法成立在先合同的买受人请求出卖人履行交付标的物和办理所有权转移登记手续等合同义务的，人民法院应予支持；

（四）出卖人将标的物交付给买受人之一，又为其他买受人办理所有权转移登记，已受领交付的买受人请求将标的物所有权登记在自己名下的，人民法院应予支持。

三、标的物风险负担

第八条 民法典第六百零三条第二款第一项规定的“标的物需要运输

的”，是指标的物由出卖人负责办理托运，承运人系独立于买卖合同当事人之外的运输业者的情形。标的物毁损、灭失的风险负担，按照民法典第六百零七条第二款的规定处理。

第九条 出卖人根据合同约定将标的物运送至买受人指定地点并交付给承运人后，标的物毁损、灭失的风险由买受人负担，但当事人另有约定的除外。

第十条 出卖人出卖交由承运人运输的在途标的物，在合同成立时知道或者应当知道标的物已经毁损、灭失却未告知买受人，买受人主张出卖人负担标的物毁损、灭失的风险的，人民法院应予支持。

第十一条 当事人对风险负担没有约定，标的物为种类物，出卖人未以装运单据、加盖标记、通知买受人等可识别的方式清楚地将标的物特定于买卖合同，买受人主张不负担标的物毁损、灭失的风险的，人民法院应予支持。

四、标的物检验

第十二条 人民法院具体认定民法典第六百二十一条第二款规定的“合理期限”时，应当综合当事人之间的交易性质、交易目的、交易方式、交易习惯、标的物的种类、数量、性质、安装和使用情况、瑕疵的性质、买受人应尽的合理注意义务、检验方法和难易程度、买受人或者检验人所处的具体环境、自身技能以及其他合理因素，依据诚实信用原则进行判断。

民法典第六百二十一条第二款规定的“二年”是最长的合理期限。该期限为不变期间，不适用诉讼时效中止、中断或者延长的规定。

第十三条 买受人在合理期限内提出异议，出卖人以买受人已经支付价款、确认欠款数额、使用标的物等为由，主张买受人放弃异议的，人民法院不予支持，但当事人另有约定的除外。

第十四条 民法典第六百二十一条规定的检验期限、合理期限、二年期限经过后，买受人主张标的物的数量或者质量不符合约定的，人民法院不予支持。

出卖人自愿承担违约责任后，又以上述期限经过为由翻悔的，人民法院不予支持。

五、违约责任

第十五条 买受人依约保留部分价款作为质量保证金，出卖人在质量保证期未及时解决质量问题而影响标的物的价值或者使用效果，出卖人主张支付该部分价款的，人民法院不予支持。

第十六条 买受人在检验期限、质量保证期、合理期限内提出质量异议，出卖人未按要求予以修理或者因情况紧急，买受人自行或者通过第三人修理标的物后，主张出卖人负担因此发生的合理费用的，人民法院应予支持。

第十七条 标的物质量不符合约定，买受人依照民法典第五百八十二条的规定要求减少价款的，人民法院应予支持。当事人主张以符合约定的标的物和实际交付的标的物按交付时的市场价值计算差价的，人民法院应予支持。

价款已经支付，买受人主张返还减价后多出部分价款的，人民法院应予支持。

第十八条 买卖合同对付款期限作出的变更，不影响当事人关于逾期付款违约金的约定，但该违约金的起算点应当随之变更。

买卖合同约定逾期付款违约金，买受人以出卖人接受价款时未主张逾期付款违约金为由拒绝支付该违约金的，人民法院不予支持。

买卖合同约定逾期付款违约金，但对账单、还款协议等未涉及逾期付款责任，出卖人根据对账单、还款协议等主张欠款时请求买受人依约支付逾期付款违约金的，人民法院应予支持，但对账单、还款协议等明确载有本金及逾期付款利息数额或者已经变更买卖合同中关于本金、利息等约定内容的除外。

买卖合同没有约定逾期付款违约金或者该违约金的计算方法，出卖人以买受人违约为由主张赔偿逾期付款损失，违约行为发生在2019年8月19日之前的，人民法院可以中国人民银行同期同类人民币贷款基准利率为基础，参照逾期罚息利率标准计算；违约行为发生在2019年8月20日之后的，人民法院可以违约行为发生时中国人民银行授权全国银行间同业拆借中心公布的一年期贷款市场报价利率（LPR）标准为基础，加计30—50%计算逾期付款损失。

第十九条 出卖人没有履行或者不当履行从给付义务，致使买受人不能实现合同目的，买受人主张解除合同的，人民法院应当根据民法典第五百六十三条第一款第四项的规定，予以支持。

第二十条 买卖合同因违约而解除后，守约方主张继续适用违约金条款的，人民法院应予支持；但约定的违约金过分高于造成的损失的，人民法院可以参照民法典第五百八十五条第二款的规定处理。

第二十一条 买卖合同当事人一方以对方违约为由主张支付违约金，对方以合同不成立、合同未生效、合同无效或者不构成违约等为由进行免责抗辩而未主张调整过高的违约金的，人民法院应当就法院若不支持免责抗辩，当事人是否需要主张调整违约金进行释明。

一审法院认为免责抗辩成立且未予释明，二审法院认为应当判决支付违约金的，可以直接释明并改判。

第二十二条 买卖合同当事人一方违约造成对方损失，对方主张赔偿可得利益损失的，人民法院在确定违约责任范围时，应当根据当事人的主张，依据民法典第五百八十四条、第五百九十一条、第五百九十二条、本解释第二十三条等规定进行认定。

第二十三条 买卖合同当事人一方因对方违约而获有利益，违约方主张从损失赔偿额中扣除该部分利益的，人民法院应予支持。

第二十四条 买受人在缔约时知道或者应当知道标的物质量存在瑕疵，主张出卖人承担瑕疵担保责任的，人民法院不予支持，但买受人在缔约时不知道该瑕疵会导致标的物的基本效用显著降低的除外。

六、所有权保留

第二十五条 买卖合同当事人主张民法典第六百四十一条关于标的物所有权保留的规定适用于不动产的，人民法院不予支持。

第二十六条 买受人已经支付标的物总价款的百分之七十五以上，出卖人主张取回标的物的，人民法院不予支持。

在民法典第六百四十二条第一款第三项情形下，第三人依据民法典第三百一十一条的规定已经善意取得标的物所有权或者其他物权，出卖人主张取回标的物的，人民法院不予支持。

七、特种买卖

第二十七条 民法典第六百三十四条第一款规定的“分期付款”，系指买受人将应付的总价款在一定期限内至少分三次向出卖人支付。

分期付款买卖合同的约定违反民法典第六百三十四条第一款的规定，损害买受人利益，买受人主张该约定无效的，人民法院应予支持。

第二十八条 分期付款买卖合同约定出卖人在解除合同时可以扣留已受领价金，出卖人扣留的金额超过标的物使用费以及标的物受损赔偿额，买受人请求返还超过部分的，人民法院应予支持。

当事人对标的物的使用费没有约定的，人民法院可以参照当地同类标的物的租金标准确定。

第二十九条 合同约定的样品质量与文字说明不一致且发生纠纷时当事人不能达成合意，样品封存后外观和内在品质没有发生变化的，人民法院应当以样品为准；外观和内在品质发生变化，或者当事人对是否发生变化有争议而又无法查明的，人民法院应当以文字说明为准。

第三十条 买卖合同存在下列约定内容之一的，不属于试用买卖。买受人主张属于试用买卖的，人民法院不予支持：

（一）约定标的物经过试用或者检验符合一定要求时，买受人应当购买标的物；

（二）约定第三人经试验对标的物认可时，买受人应当购买标的物；

（三）约定买受人在一定期限内可以调换标的物；

（四）约定买受人在一定期限内可以退还标的物。

八、其他问题

第三十一条 出卖人履行交付义务后诉请买受人支付价款，买受人以出卖人违约在先为由提出异议的，人民法院应当按照下列情况分别处理：

（一）买受人拒绝支付违约金、拒绝赔偿损失或者主张出卖人应当采取减少价款等补救措施的，属于提出抗辩；

（二）买受人主张出卖人应支付违约金、赔偿损失或者要求解除合同的，应当提起反诉。

第三十二条 法律或者行政法规对债权转让、股权转让等权利转让合同有规定的，依照其规定；没有规定的，人民法院可以根据民法典第四百六十七条和第六百四十六条的规定，参照适用买卖合同的有关规定。

权利转让或者其他有偿合同参照适用买卖合同的有关规定的，人民法院应当首先引用民法典第六百四十六条的规定，再引用买卖合同的有关规定。

第三十三条 本解释施行前本院发布的有关购销合同、销售合同等有偿转移标的物所有权的合同的规定，与本解释抵触的，自本解释施行之日起不再适用。

本解释施行后尚未终审的买卖合同纠纷案件，适用本解释；本解释施行前已经终审，当事人申请再审或者按照审判监督程序决定再审的，不适用本解释。

《最高人民法院关于审理食品药品纠纷案件适用法律若干问题的规定》

第九条 消费者通过网络交易第三方平台购买食品、药品遭受损害，网络交易第三方平台提供者不能提供食品、药品的生产者或者销售者的真实名称、地址与有效联系方式，消费者请求网络交易第三方平台提供者承担责任的，人民法院应予支持。

网络交易第三方平台提供者承担赔偿责任后，向生产者或者销售者行使追偿权的，人民法院应予支持。

网络交易第三方平台提供者知道或者应当知道食品、药品的生产者、销售者利用其平台侵害消费者合法权益，未采取必要措施，给消费者造成损害，消费者要求其与生产者、销售者承担连带责任的，人民法院应予支持。

《最高人民法院关于适用〈中华人民共和国民法典〉有关担保制度的解释》

第一条 因抵押、质押、留置、保证等担保发生的纠纷，适用本解释。所有权保留买卖、融资租赁、保理等涉及担保功能发生的纠纷，适用本解释的有关规定。

第六十四条 在所有权保留买卖中，出卖人依法有权取回标的物，但是与买受人协商不成，当事人请求参照民事诉讼法“实现担保物权案件”的有关规定，拍卖、变卖标的物的，人民法院应予准许。

出卖人请求取回标的物，符合民法典第六百四十二条规定的，人民法院应予支持；买受人以抗辩或者反诉的方式主张拍卖、变卖标的物，并在扣除买受人未支付的价款以及必要费用后返还剩余款项的，人民法院应当一并处理。

第六十七条 在所有权保留买卖、融资租赁等合同中，出卖人、出租人的所有权未经登记不得对抗的“善意第三人”的范围及其效力，参照本解释第五十四条的规定处理。

《最高人民法院关于审理网络消费纠纷案件适用法律若干问题的规定（一）》

为正确审理网络消费纠纷案件，依法保护消费者合法权益，促进网络经济健康持续发展，根据《中华人民共和国民法典》《中华人民共和国消费者权益保护法》《中华人民共和国电子商务法》《中华人民共和国民事诉讼法》等法律规定，结合审判实践，制定本规定。

第一条 电子商务经营者提供的格式条款有以下内容的，人民法院应当依法认定无效：

（一）收货人签收商品即视为认可商品质量符合约定；

（二）电子商务平台经营者依法应承担的责任一概由平台内经营者承担；

（三）电子商务经营者享有单方解释权或者最终解释权；

（四）排除或者限制消费者依法投诉、举报、请求调解、申请仲裁、提起诉讼的权利；

（五）其他排除或者限制消费者权利、减轻或者免除电子商务经营者责任、加重消费者责任等对消费者不公平、不合理的内容。

第二条 电子商务经营者就消费者权益保护法第二十五条第一款规定的四项除外商品做出七日内无理由退货承诺，消费者主张电子商务经营者应当遵守其承诺的，人民法院应予支持。

第三条 消费者因检查商品的必要对商品进行拆封查验且不影响商品完好，电子商务经营者以商品已拆封为由主张不适用消费者权益保护法第二十五条规定的无理由退货制度的，人民法院不予支持，但法律另有规定的除外。

第四条 电子商务平台经营者以标记自营业务方式或者虽未标记自营但实际开展自营业务所销售的商品或者提供的服务损害消费者合法权益，消费者主张电子商务平台经营者承担商品销售者或者服务提供者责任的，人民法院应予支持。

电子商务平台经营者虽非实际开展自营业务，但其所作标识等足以误导消费者使消费者相信系电子商务平台经营者自营，消费者主张电子商务平台经营者承担商品销售者或者服务提供者责任的，人民法院应予支持。

第五条 平台内经营者出售商品或者提供服务过程中，其工作人员引导消费者通过交易平台提供的支付方式以外的方式进行支付，消费者主张平台内经营者承担商品销售者或者服务提供者责任，平台内经营者以未经过交易平台支付为由抗辩的，人民法院不予支持。

第六条 注册网络经营账号开设网络店铺的平台内经营者，通过协议等方式将网络账号及店铺转让给其他经营者，但未依法进行相关经营主体信息变更公示，实际经营者的经营活动给消费者造成损害，消费者主张注册经营者、实际经营者承担赔偿责任的，人民法院应予支持。

第七条 消费者在二手商品网络交易平台购买商品受到损害，人民法院综合销售者出售商品的性质、来源、数量、价格、频率、是否有其他销售渠道、收入等情况，能够认定销售者系从事商业经营活动，消费者主张销售者依据消费者权益保护法承担经营者责任的，人民法院应予支持。

第八条 电子商务经营者在促销活动中提供的奖品、赠品或者消费者换购的商品给消费者造成损害，消费者主张电子商务经营者承担赔偿责任，电子商务经营者以奖品、赠品属于免费提供或者商品属于换购为由主张免责的，人民法院不予支持。

第九条 电子商务经营者与他人签订的以虚构交易、虚构点击量、编造用户评价等方式进行虚假宣传的合同，人民法院应当依法认定无效。

第十条 平台内经营者销售商品或者提供服务损害消费者合法权益，其向消费者承诺的赔偿标准高于相关法定赔偿标准，消费者主张平台内经营者按照承诺赔偿的，人民法院应依法予以支持。

第十一条 平台内经营者开设网络直播间销售商品，其工作人员在网络直播中因虚假宣传等给消费者造成损害，消费者主张平台内经营者承担赔偿责任的，人民法院应予支持。

第十二条 消费者因在网络直播间点击购买商品合法权益受到损害，直播间运营者不能证明已经以足以使消费者辨别的方式标明其并非销售者并标明实际销售者的，消费者主张直播间运营者承担商品销售者责任的，人民法院应予支持。

直播间运营者能够证明已经尽到前款所列标明义务的，人民法院应当综合交易外观、直播间运营者与经营者的约定、与经营者的合作模式、交易过程以及消费者认知等因素予以认定。

第十三条 网络直播营销平台经营者通过网络直播方式开展自营业务销售商品，消费者主张其承担商品销售者责任的，人民法院应予支持。

第十四条 网络直播间销售商品损害消费者合法权益，网络直播营销平台经营者不能提供直播间运营者的真实姓名、名称、地址和有效联系方式的，消费者依据消费者权益保护法第四十四条规定向网络直播营销平台经营者请求赔偿的，人民法院应予支持。网络直播营销平台经营者承担责任后，向直播间运营者追偿的，人民法院应予支持。

第十五条 网络直播营销平台经营者对依法需取得食品经营许可的网络

直播间的食品经营资质未尽到法定审核义务，使消费者的合法权益受到损害，消费者依据食品安全法第一百三十一条等规定主张网络直播营销平台经营者与直播间运营者承担连带责任的，人民法院应予支持。

第十六条 网络直播营销平台经营者知道或者应当知道网络直播间销售的商品不符合保障人身、财产安全的要求，或者有其他侵害消费者合法权益行为，未采取必要措施，消费者依据电子商务法第三十八条等规定主张网络直播营销平台经营者与直播间运营者承担连带责任的，人民法院应予支持。

第十七条 直播间运营者知道或者应当知道经营者提供的商品不符合保障人身、财产安全的要求，或者有其他侵害消费者合法权益行为，仍为其推广，给消费者造成损害，消费者依据民法典第一千一百六十八条等规定主张直播间运营者与提供该商品的经营者承担连带责任的，人民法院应予支持。

第十八条 网络餐饮服务平台经营者违反食品安全法第六十二条和第一百三十一条规定，未对入网餐饮服务提供者进行实名登记、审查许可证，或者未履行报告、停止提供网络交易平台服务等义务，使消费者的合法权益受到损害，消费者主张网络餐饮服务平台经营者与入网餐饮服务提供者承担连带责任的，人民法院应予支持。

第十九条 入网餐饮服务提供者所经营食品损害消费者合法权益，消费者主张入网餐饮服务提供者承担经营者责任，入网餐饮服务提供者以订单系委托他人加工制作为由抗辩的，人民法院不予支持。

第二十条 本规定自2022年3月15日起施行。

《全国法院贯彻实施民法典工作会议纪要》

6. 当事人对于合同是否成立发生争议，人民法院应当本着尊重合同自由，鼓励和促进交易的精神依法处理。能够确定当事人名称或者姓名、标的和数量的，人民法院一般应当认定合同成立，但法律另有规定或者当事人另有约定的除外。

对合同欠缺的当事人名称或者姓名、标的和数量以外的其他内容，当事人达不成协议的，人民法院依照民法典第四百六十六条、第五百一十条、第五百一十一条等规定予以确定。

11. 民法典第五百八十五条第二款规定的损失范围应当按照民法典第五百八十四条规定确定，包括合同履行后可以获得的利益，但不得超过违约一方订立合同时预见到或者应当预见到的因违约可能造成的损失。

当事人请求人民法院增加违约金的，增加后的违约金数额以不超过民法典第五百八十四条规定的损失为限。增加违约金以后，当事人又请求对方赔偿损失的，人民法院不予支持。

当事人请求人民法院减少违约金的，人民法院应当以民法典第五百八十四条规定的损失为基础，兼顾合同的履行情况、当事人的过错程度等综合因素，根据公平原则和诚信原则予以衡量，并作出裁判。约定的违约金超过根据民法典第五百八十四条规定确定的损失的百分之三十的，一般可以认定为民法典第五百八十五条第二款规定的“过分高于造成的损失”。当事人主张约定的违约金过高请求予以适当减少的，应当承担举证责任；相对人主张违约金约定合理的，也应提供相应的证据。

十、拍卖合同纠纷

（一）地方法院典型案例

018. 网拍平台内经营者拒绝以竞拍价发货，应当向竞拍成功的消费者赔偿相应损失[①]

案情：某公司于2020年10月16日通过淘宝网阿里拍卖平台发布拍品“［公价157000］［98新］积家大师系列万年历自动机械男表”，拍卖类型：增价拍，起拍价：1元，保证金：200元，加价幅度：1000元，保留价：无。同日，张某以27001元的价格竞拍成功并完成付款，后该公司告知张某无法履行发货义务，张某遂起诉该公司要求其继续履行合同，如不能履行，则赔偿损失91251元。庭审中，某公司表示张某购买的手表已出售他人，无法履行交付义务。法院认为，当事人一方不履行合同义务或者履行合同义务不符合约定，给对方造成损失的，损失赔偿额应当相当于因违约所造成的损失，包括合同履行后可以获得的利益，但不得超过违反合同一方订立合同时预见到或者应当预见到的因违反合同可能造成的损失。某公司未按约向张某发货，且已将拍品卖给他人，张某失去以竞拍成功的较低价格获得拍品的机会，有

① 参见《2021年度江苏省消费者权益保护十大典型案例》（2022年3月15日发布），七、网拍平台内经营者拒绝以竞拍价发货，应当向竞拍成功的消费者赔偿相应损失，载江苏法院网，http：//www.jsfy.gov.cn/article/91660.html? eqid=ac4c29270001531700000000364644675，最后访问日期：2023年6月26日。

权主张差价损失。同类手表在该公司网店竞拍成功均价为91251元，某公司在订立合同时应当知道案涉手表的一般成交价格，以同类手表竞拍成功均价与张某竞拍价之间的差价认定张某损失未超出某公司对其违约行为造成消费者损失的可预见范围，鉴于张某未主张某公司退还其已支付的拍卖价款27001元，遂判决某公司给付张某91251元。

点 评

随着“互联网+”的蓬勃发展，网络购物已经成为人们日常生活的重要组成部分，网购交易模式也层出不穷。一些网络经营者出于营销等目的，采取1元底价甚至0元底价的竞拍方式吸引消费者，有时出现竞拍成交价明显低于商品市场价，经营者因此不愿履行发货义务的情况。对于此种违反诚实信用原则的经营行为，根据法律规定，消费者可以向人民法院起诉要求判令经营者承担继续履行发货义务的违约责任，如果经营者在事实上已经不能履行，应当向消费者赔偿相应损失。本案中，经营者已将案涉拍品卖给他人，事实上已不能履行合同，导致消费者失去了以竞拍价获得拍品的机会，人民法院判令经营者向消费者赔偿竞拍价与市场价之间的差额损失，弥补了消费者的损害，同时也符合损失认定的可预见性规则，妥善维护了消费者的合法权益。

（二）裁判依据

《中华人民共和国民法典》

第五百六十三条 有下列情形之一的，当事人可以解除合同：

（一）因不可抗力致使不能实现合同目的；

（二）在履行期限届满前，当事人一方明确表示或者以自己的行为表明不履行主要债务；

（三）当事人一方迟延履行主要债务，经催告后在合理期限内仍未履行；

（四）当事人一方迟延履行债务或者有其他违约行为致使不能实现合同目的；

（五）法律规定的其他情形。

以持续履行的债务为内容的不定期合同，当事人可以随时解除合同，但是应当在合理期限之前通知对方。

第九百三十三条 委托人或者受托人可以随时解除委托合同。因解除合同造成对方损失的，除不可归责于该当事人的事由外，无偿委托合同的解除方应当赔偿因解除时间不当造成的直接损失，有偿委托合同的解除方应当赔偿对方的直接损失和合同履行后可以获得的利益。

《中华人民共和国拍卖法》

第六条 拍卖标的应当是委托人所有或者依法可以处分的物品或者财产权利。

第七条 法律、行政法规禁止买卖的物品或者财产权利，不得作为拍卖标的。

第八条 依照法律或者按照国务院规定需经审批才能转让的物品或者财产权利，在拍卖前，应当依法办理审批手续。

委托拍卖的文物，在拍卖前，应当经拍卖人住所地的文物行政管理部门依法鉴定、许可。

第四十一条 委托人委托拍卖物品或者财产权利，应当提供身份证明和拍卖人要求提供的拍卖标的的所有权证明或者依法可以处分拍卖标的的证明及其他资料。

第四十二条 拍卖人应当对委托人提供的有关文件、资料进行核实。拍卖人接受委托的，应当与委托人签订书面委托拍卖合同。

第四十三条 拍卖人认为需要对拍卖标的进行鉴定的，可以进行鉴定。

鉴定结论与委托拍卖合同载明的拍卖标的状况不相符的，拍卖人有权要求变更或者解除合同。

十一、探矿权转让合同纠纷、采矿权转让合同纠纷

（一）最高人民法院公报案例及典型案例

019. 采矿权转让合同自批准之日起生效①

陈允斗与宽甸满族自治县虎山镇老边墙村民委员会
采矿权转让合同纠纷案

裁判摘要

一、租赁采矿权属于一种特殊的矿业权转让方式，采矿权转让合同属于批准后才生效的合同。根据国务院《探矿权采矿权转让管理办法》第十条第三款的规定，出租采矿权须经有权批准的机关审批，批准转让的，转让合同自批准之日起生效。

二、诉讼中，采矿权租赁合同未经批准，人民法院应认定该合同未生效。采矿权合同虽未生效，但合同约定的报批条款依然有效。如果一方当事人据此请求对方继续履行报批义务，人民法院经审查认为客观条件允许的，对其请求应予支持；继续报批缺乏客观条件的，依法驳回其请求。

① 参见《最高人民法院公报》2012年第3期。

最高人民法院民事判决书

（2011）民提字第81号

申诉人（一审原告、二审上诉人、再审申请人）：陈允斗。

委托代理人：曲凤智，辽宁明格律师事务所律师。

被申诉人（一审被告、二审被上诉人、再审被申请人）：宽甸满族自治县虎山镇老边墙村民委员会，住所地辽宁省宽甸满族自治县虎山镇老边墙村。

法定代表人：刘家发，该村村民委员会主任。

委托代理人：潘宁。

委托代理人：程绍武。

陈允斗因与宽甸满族自治县虎山镇老边墙村民委员会（以下简称村委会）采矿权转让合同纠纷一案，不服辽宁省高级人民法院（以下简称辽宁高院）于2009年8月14日作出的（2008）辽民再字第26号民事判决，向本院提出申诉。本院于2010年12月15日作出（2010）民监字第2号民事裁定，本案由本院提审。本院依法组成合议庭，于2011年4月1日开庭审理了本案。申诉人陈允斗及其委托代理人曲凤智，村委会的法定代表人刘家发及其委托代理人潘宁、程绍武到庭参加了诉讼。本案现已审理终结。

陈允斗于2006年8月8日向辽宁省丹东市中级人民法院（以下简称丹东中院）起诉称，2001年10月6日，陈允斗经依法投标取得村委会所有的老边墙第一、第二金矿的开采经营权，同日双方又签订了《老边墙金矿租赁协议书》，约定：开采经营期限为五年，即自2001年10月至2006年10月。合同签订后，由于案外人程绍武对村委会提起诉讼，村委会至今未将老边墙第一金矿（以下简称第一金矿）交给陈允斗经营。老边墙第二金矿（以下简称第二金矿）由于村委会不能全部交付金矿设施，陈允斗不得不另行投资重开巷道开采。并且由于村委会与他人的纠纷，致使第二金矿的采矿证有三年无法办理，合同无法履行。陈允斗请求法院判令：1. 村委会履行合同约定的将第一金矿交给其经营的义务；2. 如不能交付，由第二金矿代为履行；3. 村委会顺延履行第二金矿的合同期限三年；4. 村委会赔偿其经济损失 160 万元。

村委会一审答辩称，陈允斗的诉讼请求没有事实和法律依据，村委会没有义务向陈允斗交付金矿的设施，陈允斗无法办理采矿许可证与村委会无关。陈允斗请求村委会赔偿损失没有客观依据，其损失不应由村委会承担。

丹东中院一审查明：2001 年 8 月 31 日，村委会与老边墙金矿（分为第一金矿、第二金矿）原承包人的承包协议到期，村委会于同年 9 月 28 日发布了《老边墙金矿租赁告示》，其主要内容为：老边墙金矿于 2001 年 9 月 1 日承包到期，根据矿产资源法的有关规定和县政府 1999 年第 34、35 号文件精神，经村民代表大会讨论决定，现对外公开招标：标的 40 万元，格外加投标总额 20%镇政府管理费；合同期限五年；金矿所有手续由承包者自行办理，费用自负；设备和电力及毛台上矿石归原承包者，限期在投标之日起 20 日内撤除；在承包期内矿山发生的一切法律责任、经济纠纷等均由新承包者承担，村委会不承担经济责任。

2001 年 10 月 6 日，陈允斗（乙方）中标并与村委会（甲方）签订《老边墙金矿租赁协议书》，约定：村委会通过招标将老边墙金矿租赁给陈允斗开采经营，开采经营期限五年，即自 2001 年 10 月至 2006 年 10 月，陈允斗一次性向村委会缴纳五年的经济补偿金，并按中标数额的 20%一次性向所在镇政府缴纳补偿金；金矿所有手续由承包者自行办理，费用自负。如因有关手续办理不妥无法开采，租金不予返还，所造成的损失亦由陈允斗自负，设备、电力、毛台上矿石及矿井内原承包者开采的矿石归原承包者所有；在租赁期内矿山产生的一切经济、法律责任均由陈允斗承担，村委会不承担任何责任。五年期满后，村委会与陈允斗协商另行签订协议，但补偿金不得低于本次中标数和按中标额 20%上交给镇政府的补偿金。如陈允斗不继续经营，村委会收回金矿开采权进行招标；陈允斗不继续经营必须在 20 日内将设备拆除，否则村委会有权强行拆除，费用由陈允斗承担，后果自负：如有一方违约要赔偿给对方造成的直接经济损失，另赔偿违约金 2 万元。双方还对其他事宜进行了约定。

协议签订后，由于老边墙金矿原承包人程绍武未及时将其设备从第一金矿撤出，致使陈允斗不能依据协议约定正常经营该矿。同时，也由于程绍武及其亲属的原因，致使辽宁省国土资源厅只颁发了第二金矿 2002 年和 2005 年的采矿许可证。第二金矿 2001 年、2003 年和 2004 年的采矿许可证未予办理和颁发。另查，陈允斗经营老边墙金矿期间，对矿山的井巷工程进行了增建。经评估，陈允斗增建的矿山井巷工程价值 706874. 90 元。

丹东中院一审认为，陈允斗与村委会签订租赁协议之前，均知道该矿的原租赁人程绍武因刑事犯罪被拘押，其租赁合同的期限已经届满，但采矿证没有交还村委会，其采矿设备及部分矿石仍在矿内没有运走。村委会在告示中也示明了有关情况。村委会的做法属于规避商业风险，维护自身利益的行为，该行为并不违反法律规定。陈允斗自愿接受村委会设定的条件参加竞标，双方在协议中就有关情况的约定亦为有效。

在协议履行过程中，村委会在排除案外人妨碍、办理采矿权证等方面，均对陈允斗尽了协助义务。对此陈允斗、村委会均无异议。现陈允斗主张在协议履行过程中，因案外人妨碍使其无法行使五年开采权，而要求由村委会顺延履行协议规定的租赁期限，其理由是村委会应从案外人处收回已出租的金矿，不符合双方签订的租赁协议的约定。造成陈允斗不能完全履行租赁协议的原因，是案外人的侵权行为所致，陈允斗应向侵权人主张权利。村委会在租赁协议履行过程中并无过错，不应承担民事责任。该院遂于 2006 年 12 月 18 日作出（2006）丹民三初字第 52 号民事判决，驳回陈允斗的诉讼请求。

陈允斗不服一审判决，于 2006 年 12 月 30 日向辽宁高院上诉称，（一）一审判决认定事实错误。该判决认定租赁协议未能完全履行的原因是案外人侵权行为所致，陈允斗应向侵权人主张权利。村委会在协议履行过程中并无过错，不应承担民事责任，这种认定是错误的。村委会未履行协议本身就是一种违约行为。村委会在《老边墙金矿租赁告示》中示明："设备和电力及毛台上矿石归原承包者，限期在投标之日起20日内将原承包者的所有设备撤除。"陈允斗正是对此相信才参与投标并与村委会签租赁协议的。村委会作为采矿权人，只有它能够从原承包人手中索回采矿许可证，一审判决认定该风险由陈允斗承担是错误的。(二) 一审判决未适用《中华人民共和国合同法》是错误的。本案是合同纠纷。《中华人民共和国合同法》第一百二十一条规定，"当事人一方因第三人的原因造成违约的，应当向对方承担违约责任，当事人一方和第三方之间的纠纷，依照法律规定或者按照约定解决。"但一审判决却认定应由陈允斗向案外人主张权利。本案租赁协议合法有效，陈允斗按照中标的租金数额交纳了相应的款额，理应享有协议中约定的权利。其上诉请求是：1. 撤销一审判决；2. 村委会履行协议约定的将第一金矿交给陈允斗经营的义务；如不能交付，则由第二金矿代为履行五年；3. 村委会赔偿陈允斗经济损失706874.90元。

村委会在二审庭审中答辩称，根据合同约定和客观事实，村委会没有任何违约事实，其已经交付了金矿，陈允斗请求如不能交付第一金矿则由第二金矿代为交付没有法律依据；对于没有办理采矿权证的问题，协议约定由陈允斗自行办理，如无法开采，损失自负，并且在合同履行过程中，陈允斗也有开采行为。另按照国务院《民用爆炸物品安全管理条例》第六条的规定，受过刑事处罚的人不得从事民用爆炸物品的购买和爆破作业，陈允斗因盗伐林木被判刑，依法不能从事矿山开采经营，其提出顺延履行合同的请求和理由，不能成立。因村委会没有任何违约行为，不应承担赔偿责任。原审法院认定事实清楚，适用法律正确，审判程序合法，二审法院应驳回其上诉，维持原判。

辽宁高院对一审法院查明的事实予以确认。二审中双方当事人没有提供新证据。

辽宁高院另查明：一审法院于2005年3月7日对关联另案作出(2003)

丹民一合初字第117号民事判决，该案原告为案外人程绍武，被告为陈允斗和村委会，案由是金矿承包合同经营权、财产所有权、财产返还纠纷。该院判决驳回程绍武的诉讼请求。程绍武上诉后，辽宁高院于2005年10月11日作出（2005）辽民一终字第235号民事判决，驳回上诉，维持原判。

辽宁高院二审认为，涉案租赁协议是双方当事人的真实意思表示，已经成立。关于采矿经营权的取得和转让，《中华人民共和国矿产资源法》及其实施细则，国务院《探矿权采矿权转让管理办法》、国土资源部《矿业权出让转让管理暂行规定》等法律法规的相关内容，均明确规定采矿经营权是特许经营权，其批准应严格履行审批程序。涉案租赁协议没有履行法定强制性规定的审批手续，符合《中华人民共和国合同法》第五十二条第（五）项的规定，应为无效。

无效协议自始没有效力，部分无效，不影响其他部分效力。陈允斗所诉村委会违约行为的请求，没有法律依据，不予采纳。协议无效涉及的损失赔偿，应以签约时双方的过错情况予以考虑。但鉴于陈允斗在一审中并未主张村委会应承担缔约过失责任及举出相关证据，因此，其所称损失应予赔偿的理由，法律依据不充分，不予支持。该院于2007年7月30日作出（2007）辽民二终字第91号民事判决，驳回上诉，维持原判。

陈允斗不服二审判决，向辽宁高院申请再审称，（一）二审判决认定事实、适用法律均有错误。二审法院将陈允斗与村委会之间的租赁关系认定为采矿权的承包转让关系，并认定协议没有履行法定强制性规定的审批手续的主要证据不足，认定事实错误。二审判决依据法律、行政法规和行政规章的规定，认定协议无效属适用法律错误。该判决依据之一的矿业权出让转让管理暂行规定是行政规章，不能作为认定协议无效的依据。即便当事人未办理登记手续也不影响协议的效力，因为相关法律和行政法规既未规定采矿租赁协议应当办理登记手续，更未规定登记后才生效。（二）村委会的违约行为，致使陈允斗未能完全取得金矿租赁权，村委会应当承担违约责任，赔偿给陈允斗造成的损失。故请求：1. 撤销本案二审判决。2. 改判按照租赁协议约定，村委会交付第一金矿给陈允斗；如不能交付，则由第二金矿代为履行五年；顺延履行第二金矿的协议期限三年。3. 村委会赔偿陈允斗经济损失160万元。

村委会再审答辩称，原审判决正确、应予维持。

辽宁高院于2008年5月20日以（2007）辽立民监字第489号民事裁定书裁定再审本案。

辽宁高院再审查明：2001年10月14日，村委会填报《采矿权出租申请登记表》，此表载明租赁期限为五年，宽甸满族自治县地矿办公室及丹东市规划和国土资源局签署同意，但未经辽宁省国土资源厅审批。有效期分别截止2004年4月30日和2006年4月30日的《企业法人执照》副本载明，陈允斗是第二金矿的法定代表人，村委会于2005年7月5日决定免去陈允斗该职务，任命江新德为该矿法定代表人。

辽宁高院再审查明的其他事实与二审查明的事实一致。

辽宁高院再审认为，关于涉案租赁协议是否有效的问题。根据《中华人民共和国矿产资源法》第六条、《探矿权采矿权转让管理办法》第三条第二项规定：除非发生合并、分立、合资、合营等几种变更企业资产产权的情形，变更采矿权主体，经依法批准可以将采矿权转让外，不得转让采矿权。《矿业权出让转让管理暂行规定》第三十六条规定：矿业权转让是指矿业权人将矿业权转移的行为，包括出售、作价出资、合作、重组改制等；矿业权的出租、抵押，按照矿业权转让的条件和程序进行管理，由原发证机关审查批准。上述法律、行政法规对采矿权的出租及其他转让方式设定了强行性规范。对涉案金矿采矿权的出租，亦应符合国务院规定的条件，并按照条件和程序管理，由原发证机关审查批准。陈允斗与村委会于2001年填报的《采矿权出租申请登记表》，虽经宽甸满族自治县地矿办公室及丹东市规划和国土资源局同意，但其是作为下一级地矿主管部门的审查意见呈请审批的，是请批过程中需要履行的行政程序，不具有行政许可的效力。根据《中华人民共和国矿产资源法》第十一条第二款的规定，市级地矿部门没有审批权。在辽宁省国土资源厅作出行政许可前，应认定该项请批尚处于申请阶段，并未得到审批管理机关的批准。因此，本案金矿租赁协议因违反法律的强制性规定而无效。

关于村委会是否构成违约、应否对陈允斗进行赔偿的问题。因涉案租赁协议无效，故不存在按该协议有效追究违约责任的问题。无效的后果是在当事人之间产生返还财产及赔偿损失的请求权。陈允斗在一、二审及再审程序中，均要求追究违约赔偿责任，而未诉缔约过失责任。鉴于陈允斗并未以村委会应承担缔约过失责任诉请赔偿损失和提供证据，因此，其所提由于第一金矿没有交付，致使其投入巨资重新打造井巷工程造成的损失予以赔偿的理由，法律依据不充分，不应支持。

经辽宁高院审判委员会讨论决定，该院于2009年8月14日作出（2008）辽民再字第26号民事判决，维持（2007）辽民二终字第91号民事判决。

陈允斗不服（2008）辽民再字第26号民事再审判决，于2009年11月27日向本院申诉称，其与村委会之间是租赁合同关系，租赁合同内容不违反法律的强制性规定，而且按照有关规定履行了登记手续，辽宁省国土资源厅亦在2002年为其办理过采矿许可证，原再审判决认定协议无效是错误的。再则，在程绍武诉村委会和陈允斗一案中，法院已经认定本案所涉租赁协议有效，并据此驳回程绍武的诉讼请求。同样的协议，原审法院作出相反的判决，显然错误。故请求：1. 撤销辽宁高院（2008）辽民再字第26号民事判决；2. 支持陈允斗的诉讼请求。

本院再审查明：涉案租赁协议签订后，陈允斗依约一次性交清了补偿金（租金）54万元。2006年10月9日，村委会与程显锋签订《宽甸县虎山镇老边墙村第二金矿采矿权转让协议书》。此后，程显锋又将该矿的采矿许可证办理到自己名下，成为该矿的采矿权人，有效期至2012年3月7日。村委会现已不是第一金矿、第二金矿的采矿权人。

本院查明的其他事实与辽宁高院查明的事实一致。

本院认为，本案是出租人村委会与承租人陈允斗因《老边墙金矿租赁协议书》的履行发生的纠纷，在此法律关系中，村委会是采矿权人，双方约定租赁的是采矿权而非包括采矿设备在内的整个矿山。采矿权租赁是采矿权转让的一种特殊形式，不发生采矿权主体的变更。根据本案当事人主张的民事法律关系性质，应确定本案案由为采矿权转让合同纠纷。原判决确定本案案由为“矿山租赁合同租期延续及赔偿纠纷”不妥，应予变更。

根据本院查明的事实和双方当事人的诉辩情况，本案当事人争议的焦点问题是：（一）涉案《老边墙金矿租赁协议书》是否有效；（二）村委会是否违约并应承担违约责任以及租赁协议应否继续履行。现分别分析论述如下：

（一）关于涉案《老边墙金矿租赁协议书》的效力问题。

陈允斗主张涉案租赁协议有效。其理由是：1. 涉案金矿此前已办理采矿许可证并已承包给他人；2。当地县、市国土部门已同意村委会报批的采矿权出租申请，只因另一诉讼影响未办成；3. 在另一类似诉讼中法院认定采矿权租赁协议有效。村委会则主张涉案租赁协议未经辽宁省国土资源厅批准，因此无效。本院认为，采矿业属于特许行业，根据有关法律、行政法规的规定，取得涉案金矿的采矿权和租赁权都要经过辽宁省国土资源厅审批，其中任何一项权利未经批准，其采矿行为不受法律保护。1998 年 2 月 12 日国务院《探矿权采矿权转让管理办法》第十条第三款规定：“批准转让的，转让合同自批准之日起生效。”2000 年 11 月 1 日国土资源部《矿业权出让转让管理暂行规定》第三十六条第二款规定：“矿业权的出租、抵押，按照矿业权转让的条件和程序进行管理，由原发证机关审查批准。”据此，本院认定涉案租赁协议已合法成立，尚未生效，该协议条款对双方当事人没有约束力，也不产生违约责任。

涉案《老边墙金矿租赁告示》和《老边墙金矿租赁协议书》均属于合同的组成部分，后者是对前者的确认和补充。两者第四条均约定：“金矿所有手续由承包者自行办理，费用自负。”后者还约定：“如因有关手续办理不妥无法开采，租金不予返还。所造成的损失亦由乙方（陈允斗）负担。”由此看出，协议约定的办理金矿所有手续的义务人是陈允斗，手续办理不全的责任亦由陈允斗承担。签约当时，陈允斗明知村委会尚未从原承包人手中收回采矿许可证，租赁该金矿会冒巨大商业风险，却执意投标并签订上述协议，是一种甘冒风险的行为。协议签订后，村委会积极办理采矿权租赁审批手续，当地县、市政府有关主管部门已审核同意，只因程绍武拒不交出原采矿许可证并起诉村委会而未获辽宁省国土资源厅批准。村委会对此尽了协助义务，没有过错。据此，村委会对采矿权租赁手续不全并不构成违约，不应承担违约责任。

（二）关于村委会是否违约并应承担违约责任以及租赁协议应否继续履行的问题。

陈允斗主张村委会未办理全部采矿许可证并交付涉案金矿，使其不得不重开巷道，构成违约，应承担违约责任。村委会则主张涉案租赁协议无效，不产生违约责任。本院认为，涉案租赁协议签订后，由于多种原因导致协议没有全部履行，致使陈允斗无法正常开矿，确实遭受了经济损失。但由于该协议未生效，对双方当事人不具有约束力，陈允斗遭受的损失不能依据该协议的违约条款获得救济，故对于陈允斗主张的协议无法履行的责任在村委会，村委会应承担违约责任的主张，不予支持。出租采矿权以拥有合法采矿权为前提，鉴于目前村委会已不是涉案金矿的采矿权主体，丧失了履约条件和能力，依约办理相关审批手续，继续履行涉案租赁协议已不可能，对于陈允斗关于涉案租赁协议应继续履行的主张，本院不予支持。

陈允斗虽然因采矿遭受了经济损失，但其在明知租赁协议未生效的情况下，擅自开挖巷道，属于违法开采行为，该行为不受法律保护，后果自负。对其关于村委会因违约应赔偿其 160 万元的请求，因缺乏法律依据，本院不予支持。涉案租赁协议未生效，村委会据此取得的陈允斗交付的租金本应返还，但鉴于陈允斗在本案中对此未提出主张，本院不能直接判决返还，陈允斗可以另循法律途径解决。

综上，涉案采矿权租赁协议未生效，村委会不应承担违约责任。退一步讲，即使认定租赁协议有效，鉴于该协议均约定村委会免责，陈允斗对不能依约采矿经营产生的风险自担，村委会同样不应承担违约责任。鉴于村委会现已不是采矿权主体，涉案租赁协议已无法继续履行，陈允斗主张继续履行该协议的依据不足，对其诉求不予支持。辽宁高院再审判决认定事实基本清楚，虽在认定涉案租赁协议无效和案由方面存在瑕疵，但判决结果正确，应予维持。依照《中华人民共和国民事诉讼法》第一百八十六条第一款、《最高人民法院关于适用〈中华人民共和国民事诉讼法〉审判监督程序若干问题的解释》第三十七条的规定，判决如下：

维持辽宁省高级人民法院（2008）辽民再字第26号民事判决。

本判决为终审判决。

（二）地方法院典型案例

020. 合同约定的解除条件成就时，当事人有权解除合同[①]

基本案情：陈某某与通化某有限责任公司（以下简称通化某公司）于2013年2月1日签订《探矿权转让合同》，约定了案涉探矿权转让价款，通化某公司在合同生效后九个月内仍未能将案涉探矿权更名到通化某公司名下，陈某某有权解除合同。2014年6月9日，通化市人民政府同意国土资源局将案涉探矿权转让给通化某公司。2015年9月21日，国土资源局将案涉探矿权由详查项目升级为勘探，有效期为2014年8月7日至2016年8月7日；另于

① 参见《吉林法院环境资源典型案例》，陈某某与通化某有限责任公司、徐某某探矿权转让合同纠纷案，载吉林省高级人民法院司法公开网，http：//www. jlsfy. gov. cn/zxdxal/392514. jhtml，最后访问日期：2023年6月26日。

2016年9月16日下发责令改正通知书，明确勘察许可证到期，责令办理相关手续。通化某公司未能将合同所涉探矿权变更登记在其名下，案涉探矿权灭失，双方成讼。

裁判结果：吉林省通化市中级人民法院一审认为，双方合同约定的解除条件已经成就，陈某某有权解除合同。陈某某与通化某公司均存在合理损失，通化某公司应承担陈某某的合理损失；陈某某因未依约提供最低勘探投入对探矿权灭失存在过错，应承担通化某公司合理损失的70%。遂判决解除双方签订的《探矿权转让合同书》，通化某公司给付陈某某121万余元。吉林省高级人民法院二审认为，案涉探矿权转让合同成立未生效但具有法律约束力。按照合同约定陈某某享有单方解除权，案涉合同应予解除。陈某某对于探矿权灭失不承担责任，通化某公司的损失应由其自行承担。对于陈某某的合理损失，在案涉探矿权转让合同违约责任约定不明，且双方不能协商一致的情况下，依据诚实信用原则，结合本案具体情况，合理认定双方损失负担。故对双方承担损失部分予以改判，判决通化某公司给付陈某某501万余元。

典型意义

本案系探矿权转让合同纠纷案件。矿产资源关涉国民经济发展、国家安全和生态环境保护。探矿权兼具民事物权属性和行政许可特性，本身具有相当大的投资风险，是否能获得收益有很大的不确定性。探矿权转让合同纠纷案件作为新型案件在吉林省并不多见，法律适用涵涉《中华人民共和国民法总则》《中华人民共和国合同法》《中华人民共和国物权法》《中华人民共和国矿产资源法》《最高人民法院关于审理矿业权纠纷案件适用法律若干问题的解释》及《探矿权采矿权转让管理办法》等诸多法律法规，审理该类案件具有一定难度。不仅要树立产权保护意识，贯彻物权变动与合同效力适度区分原则，也要注意区分司法裁判与行政监管的边界以及相互衔接协调，保护矿产权依法流转，促进资源节约与环境保护。

（三）裁判依据

《中华人民共和国矿产资源法》

第六条 除按下列规定可以转让外，探矿权、采矿权不得转让：

（一）探矿权人有权在划定的勘查作业区内进行规定的勘查作业，有权优先取得勘查作业区内矿产资源的采矿权。探矿权人在完成规定的最低勘查投入后，经依法批准，可以将探矿权转让他人。

（二）已取得采矿权的矿山企业，因企业合并、分立，与他人合资、合作经营，或者因企业资产出售以及有其他变更企业资产产权的情形而需要变更采矿权主体的，经依法批准可以将采矿权转让他人采矿。

前款规定的具体办法和实施步骤由国务院规定。禁止将探矿权、采矿权倒卖牟利。

《探矿权采矿权转让管理办法》

第三条 除按照下列规定可以转让外，探矿权、采矿权不得转让：

（一）探矿权人有权在划定的勘查作业区内进行规定的勘查作业，有权优先取得勘查作业区内矿产资源的采矿权。探矿权人在完成规定的最低勘查投入后，经依法批准，可以将探矿权转让他人。

（二）已经取得采矿权的矿山企业，因企业合并、分立，与他人合资、合作经营，或者因企业资产出售以及有其他变更企业资产产权的情形，需要变更采矿权主体的，经依法批准，可以将采矿权转让他人采矿。

第四条 国务院地质矿产主管部门和省、自治区、直辖市人民政府地质矿产主管部门是探矿权、采矿权转让的审批管理机关。

国务院地质矿产主管部门负责由其审批发证的探矿权、采矿权转让的审批。

省、自治区、直辖市人民政府地质矿产主管部门负责本条第二款规定以外的探矿权、采矿权转让的审批。

第五条 转让探矿权，应当具备下列条件：

（一）自颁发勘查许可证之日起满2年，或者在勘查作业区内发现可供进一步勘查或者开采的矿产资源；

（二）完成规定的最低勘查投入；

（三）探矿权属无争议；

（四）按照国家有关规定已经缴纳探矿权使用费、探矿权价款；

（五）国务院地质矿产主管部门规定的其他条件。

第九条 转让国家出资勘查所形成的探矿权、采矿权的，必须进行评估。

国家出资勘查形成的探矿权、采矿权价款，由具有矿业权评估资质的评估机构进行评估；评估报告报探矿权、采矿权登记管理机关备案。

第十二条 探矿权、采矿权转让后，探矿权人、采矿权人的权利、义务随之转移。

第十三条 探矿权、采矿权转让后，勘查许可证、采矿许可证的有效期限，为原勘查许可证、采矿许可证的有效期减去已经进行勘查、采矿的年限的剩余期限。

第十四条 未经审批管理机关批准，擅自转让探矿权、采矿权的，由登记管理机关责令改正，没收违法所得，处10万元以下的罚款；情节严重的，由原发证机关吊销勘查许可证、采矿许可证。

第十五条 违反本办法第三条第（二）项的规定，以承包等方式擅自将采矿权转给他人进行采矿的，由县级以上人民政府负责地质矿产管理工作的部门按照国务院地质矿产主管部门规定的权限，责令改正，没收违法所得，处10万元以下的罚款；情节严重的，由原发证机关吊销采矿许可证。

《最高人民法院关于审理矿业权纠纷案件适用法律若干问题的解释》

第二条 县级以上人民政府自然资源主管部门作为出让人与受让人签订的矿业权出让合同，除法律、行政法规另有规定的情形外，当事人请求确认自依法成立之日起生效的，人民法院应予支持。

第三条 受让人请求自矿产资源勘查许可证、采矿许可证载明的有效期起始日确认其探矿权、采矿权的，人民法院应予支持。

矿业权出让合同生效后、矿产资源勘查许可证或者采矿许可证颁发前，第三人越界或者以其他方式非法勘查开采，经出让人同意已实际占有勘查作业区或者矿区的受让人，请求第三人承担停止侵害、排除妨碍、赔偿损失等侵权责任的，人民法院应予支持。

第四条 出让人未按照出让合同的约定移交勘查作业区或者矿区、颁发矿产资源勘查许可证或者采矿许可证，受让人请求解除出让合同的，人民法院应予支持。

受让人勘查开采矿产资源未达到自然资源主管部门批准的矿山地质环境保护与土地复垦方案要求，在自然资源主管部门规定的期限内拒不改正，或者因违反法律法规被吊销矿产资源勘查许可证、采矿许可证，或者未按照出让合同的约定支付矿业权出让价款，出让人解除出让合同的，人民法院应予支持。

第五条 未取得矿产资源勘查许可证、采矿许可证，签订合同将矿产资源交由他人勘查开采的，人民法院应依法认定合同无效。

第六条 矿业权转让合同自依法成立之日起具有法律约束力。矿业权转让申请未经自然资源主管部门批准，受让人请求转让人办理矿业权变更登记手续的，人民法院不予支持。

当事人仅以矿业权转让申请未经自然资源主管部门批准为由请求确认转让合同无效的，人民法院不予支持。

第七条 矿业权转让合同依法成立后，在不具有法定无效情形下，受让人请求转让人履行报批义务或者转让人请求受让人履行协助报批义务的，人民法院应予支持，但法律上或者事实上不具备履行条件的除外。

人民法院可以依据案件事实和受让人的请求，判决受让人代为办理报批手续，转让人应当履行协助义务，并承担由此产生的费用。

第八条 矿业权转让合同依法成立后，转让人无正当理由拒不履行报批义务，受让人请求解除合同、返还已付转让款及利息，并由转让人承担违约责任的，人民法院应予支持。

第九条 矿业权转让合同约定受让人支付全部或者部分转让款后办理报批手续，转让人在办理报批手续前请求受让人先履行付款义务的，人民法院应予支持，但受让人有确切证据证明存在转让人将同一矿业权转让给第三人、矿业权人将被兼并重组等符合民法典第五百二十七条规定情形的除外。

第十条 自然资源主管部门不予批准矿业权转让申请致使矿业权转让合同被解除，受让人请求返还已付转让款及利息，采矿权人请求受让人返还获得的矿产品及收益，或者探矿权人请求受让人返还勘查资料和勘查中回收的矿产品及收益的，人民法院应予支持，但受让人可请求扣除相关的成本费用。

当事人一方对矿业权转让申请未获批准有过错的，应赔偿对方因此受到的损失；双方均有过错的，应当各自承担相应的责任。

第十一条 矿业权转让合同依法成立后、自然资源主管部门批准前，矿业权人又将矿业权转让给第三人并经自然资源主管部门批准、登记，受让人请求解除转让合同、返还已付转让款及利息，并由矿业权人承担违约责任的，人民法院应予支持。

十二、供用水合同纠纷

（一）最高人民法院公报案例及典型案例

021. 自来水公司更换水表后，用水方的用水量大幅增加的，用水方有权要求自来水公司合理确定用水量并赔偿自己的损失①

盐城市天孜食品有限公司诉盐城市自来水有限公司供用水合同纠纷案

裁判摘要

在供水合同关系中，供水方自来水公司承担的安装、更换、维修水表以及供水等义务是一种公共服务。用水方系被动接受水表和计量结果。水表更换前后，在用水方生产量基本不变且无管道跑水故障的情况下，水表显示用于生产的用水量却大幅增加，有悖常理。由此引发争议时，人民法院应当根据民事诉讼证明原则和日常经验法则，对案件事实作出综合判断并公平合理地确定计算方法和损失数额。

原告：盐城市天孜食品有限公司，住所地：江苏省盐城经济技术开发区盐渎东路。

① 参见《最高人民法院公报》2020年第3期。

法定代表人：闵俊亚，该公司总经理。

被告：盐城市自来水有限公司，住所地：江苏省盐城市城南新区兴业路。

法定代表人：费同林，该公司董事长。

原告盐城市天孜食品有限公司（以下简称天孜食品公司）因与被告盐城市自来水有限公司（以下简称自来水公司）发生供用水合同纠纷，向盐城经济技术开发区人民法院提起诉讼。

原告天孜食品公司诉称：2008 年以来，盐城市老周豆制品有限公司（以下简称老周豆制品公司，后将有关权利转让给天孜食品公司）与被告盐城市汇津水务有限公司（后更名为自来水公司）发生供水往来，日用水量在 200 吨左右。2014 年 11 月，被告公司组织人员对盐城市老周豆制品公司的水表进行了更换，在该水表（以下简称争议水表）使用过程中我单位发现水表的吨位数都在 400 多，有的甚至超过 500 吨。老周豆制品公司对单位内部用水管网进行了巡查，未发现异常，事后多次向被告提出异议，被告在城东水厂对水表进行了检测，检测结果为合格。2017 年 9 月 7 日，被告公司为我公司更换了新的水表，旧水表由被告方拿走后自行委托检测。更换后的水表在使用过程中，又重新回到了 200 吨左右。在更换水表后一个月内，原告多次就多收的水费返还问题向被告提起交涉，但协商未果。故诉请判令被告返还多收的水费 780901 元。

被告自来水公司辩称：1. 争议水表系具有相应的生产许可资质的厂家生产的合格产品，是我公司通过合法、正规的招投标程序采购所得，符合国家质检总局颁发的 JJG 162—2009 国家计量检定规程规定标准。2. 原告天孜食品公司在诉状中也自认在城东水厂对水表进行了检测，其检测结果为合格，且原告在此后长达三年的争议水表使用期限内再未提出计量异议。可见争议水表的计量符合国家计量检定规程。3. 被告的收费依据是争议水表显示的实际用水量，并不存在多收水费的情形。原告以诉称的三个水表的用水计量前后变动比较大为由，推定被告多收了水费，属于主观臆测，所得出的结论不具有唯一性、排他性、科学性。导致水量变动的原因很多，作为产权分界点的主水表以下供水管网破损、转供、生产能力的提升等诸多原因均可能导致用水量的增加，不一而足。至于为何争议水表显示的用水量与前后两水表显示的用水量有所差异，具体原因被告也不得而知，无法得出一个准确的结论。所以，原告公司所提交的证据不足以证明因争议水表不符合计量标准导致我公司多收取了水费。请求驳回原告的诉讼请求。

盐城经济技术开发区人民法院一审查明：

2008年以来，老周豆制品公司与盐城市汇津水务有限公司（于2016年12月29日改为现名）发生供水往来。2014年11月，被告自来水公司组织人员对老周豆制品公司的水表进行了更换。据原告天孜食品公司提供的自2014年至2017年9月的该公司用水量表格记载：（1）2014年1月至同年12月的用水65997吨，平均用水量为180.8137吨/日；（2）2015年1—12月的平均用水量为362.46吨/日；（3）2016年1—12月的平均用水量为480.6356吨/日；（4）2017年9月8日至2017年10月19日，共计42天，平均用水量为222.857吨/日。争议水表是2014年的11月至12月之间更换使用，用至2017年9月更换了新的水表。

2015年2月7日，老周豆制品公司书面向被告自来水公司提出核查用水量异常的报告。2015年3月20日，被告委托盐城水流量检测中心对争议水表进行检测，该中心出具了一张鉴定记录表，载明检定结果为合格，有计量检定员滕某某的签名。该表未向原告天孜食品公司送达。经法院释明后，被告仍未能提供盐城水流量检测中心具有国家相关部门统一颁发的与案涉项目相关的检验检测资格证（CMA和CNAS证书）。

另查明，原告天孜食品公司与老周豆制品公司存在租赁关系及销售合作关系。原告承租厂房后，先未变更水表的户名，后从2017年4月户名变更为天孜食品公司。在此之前，与被告自来水公司存在供水合同关系的是老周豆制品公司。老周豆制品公司于2017年12月向被告发出函告一份，声明：我公司于2015年将厂房租赁给天孜食品公司使用，期间贵司安装在我厂区内的水表出现问题，转速加快近一倍。2014年11月至2017年9月，我公司与天孜食品公司均单独交纳过水费，因贵公司的水表出现问题导致水费损失，现将公司应当返还的全部水费收益转让给天孜食品公司。

2017年4月，原告天孜食品公司与被告自来水公司签订《供水合同》，该合同第3条第1项约定结算用计量器具需经技术鉴定部门检定；该项第2小条约定，送检的全过程需供水人和用水人共同参加。该合同第5条第5项约定，由于供水人抄错表，计量器具、计量不准等原因，多收的水费应当足额予以退还。同时，根据《江苏省城市供水服务质量标准》（DGJ 32/C03—2007）第4.2.4条规定："城市供水经营企业应按规定对供水贸易结算计量水表进行检定、更换和维修，确保准确计量。"第5.1.13条规定："城市供水贸易结算计量器具，应经质量技术监督部门认定或授权的计量检定机构检定合格方可使用。安装使用前应按有关规定进行首检。"第5.2.3条规定："对单位或群众的咨询、投诉、新闻媒体曝光等应负责到底。一般情况城市供水经营企业应在3个工作日内将处理结果答复咨询（投诉）人，特殊情况下不得超过15个工作日。非企业原因，无法在规定时间内处理完毕，应向投诉者作出解释。"

2017年9月，被告自来水公司以水表使用年限到期为由通知原告天孜食品公司再次更换水表，原告同意更换水表。更换后的水表在使用过程中，日均用水量明显减少。争议水表被被告拆除没收后，原告于2017年10月23日向被告公司发函，同时也要求对水表进行封样处理，被告收到该函后未予回复处理。在本案的审理期间，经法院要求，被告不能提供该争议水表，称已灭失。

2017年11月9日，被告自来水公司自行委托争议水表的生产商福州真兰水表有限公司对水表进行检测，该公司出具检测报告记载：水表已使用2年6个月，封铅已被破坏，整表偏快3%。

现原告天孜食品公司就2014年11月至2017年9月被告自来水公司多收水费提起诉讼。

盐城经济技术开发区人民法院一审认为：

当事人对自己提出的诉讼请求所依据的事实或者反驳对方诉讼请求所依据的事实，应当提供证据加以证明，当事人未能提供证据或者证据不足以证明事实主张的，由负有举证证明责任的当事人承担不利后果。因本案被告自来水公司对原告天孜食品公司提出的诉讼请求所依据的主要事实不予认可，故本案的焦点问题是事实认定问题，且为证据的综合审查判断问题。具体而言，包括以下两点：一、争议水表是否存在测量用水量不准确并且偏快的问题；二、如果前一事实能够认定，原告主张的被告多收的水费能否认定。

一、关于争议水表是否存在测量用水量不准确并且偏快的问题。《最高人民法院关于适用〈中华人民共和国民事诉讼法〉的解释》（以下简称民诉法解释）第一百零五条规定："人民法院应当按照法定程序，全面、客观地审核证据，依照法律规定，运用逻辑推理和日常生活经验法则，对证据有无证明力和证明力大小进行判断，并公开判断的理由和结果。"第一百零八条第一款规定："对负有证明责任的当事人提供的证据，人民法院经审查并结合相关事实，确信待证事实的存在具有高度可能性的，应当认定该事实存在。"

本案中：1. 在争议水表使用前，原告天孜食品公司的日用水量在200吨左右，在争议水表使用期间，日用水量增加为400吨左右，甚至有时超过500吨，该水表换掉后，日用水量又恢复到200吨左右。而在争议水表使用期间，原告公司与用水量密切相关的豆制品生产量与此前、此后相比均相差不大，故按常理，该水表存在异常。2.《江苏省城市供水服务质量标准》（DGJ 32/C03—2007）以及原被告间签订《供水合同》均要求，供水计量器具在使用前和发生争议后应由有资质的计量检定机构检定、检测合格，但被告自来水公司未能提供"盐城水流量检测中心"及其检测人员具有合法资质的证据，故该检测主体缺乏合法性。3. 原被告间签订的《供水合同》中明确约定当水表出现问题时，需供水人和用水人共同参加送检的全过程，但本案中的所谓检测是被告的单方行为，且未将“检定记录表”向原告送达，故该检测结果缺乏可信度。4. 被告于 2017 年 11 月 9 日自行委托争议水表的生产商福州真兰水表有限公司对水表进行检测，结果为整表偏快 3%。尽管该水表在检测时已使用、存放较久，但该结果也从一定程度上佐证了争议水表可能存在测量不准的问题。5. 争议水表在 2014 年 11 月至 12 月安装使用，约三个月后即 2015 年 2 月份原告向被告发函要求对争议水表进行检测，认为水表存有偏快、用水量明显增多的重大缺陷，之后也多次就此事与被告沟通并发函，但被告一直未予解决，导致该水表使用长达三年时间。直至 2017 年 9 月更换水表时，被告将争议水表“没收”。原告向被告发函要求对水表进行封样，被告仍未予理睬。本案审理期间经法院询问该重要证物的去向，被告称水表已经灭失。被告公司的这些敷衍、消极、回避行为，佐证了争议水表存在问题的可能性极大。综合以上因素，根据民事诉讼的证明标准，足以认定案涉水表存在测量不准、运转偏快的问题，会导致所测用水量偏大的错误结果。

被告自来水公司关于争议水表系经合法程序购买的合格产品的意见，因经法院审查认定前述事实，故不能再推定该产品是合格的、能正常使用的。关于被告认为争议水表在出现争议后已经检测合格、原告天孜食品公司在使用期间并未提出异议的辩解，因与事实不符，法院不予采纳。关于被告认为原告的主张系主观臆测，用水量明显增加可能存在很多原因的辩解，因原告主张的事实和理由更符合逻辑与常理，被告欲推翻一般逻辑和常情常理，需承担相应的举证责任，而被告未能提供充分的事实和证据来证实自己的这一反驳主张，故法院对该辩解也不予采纳。

二、关于原告天孜食品公司主张的被告自来水公司多收的水费能否认定的问题。庭审中，原告提供了存货明细账、电费、蒸汽费的消耗明细表等证据，用以证明案涉水表使用前、后两个时期内的生产量以及用水情况变化不大，并认为案涉水表使用期间的平均用水量是前后两个时期的两倍，并主张将此期间多收的一倍的水费予以返还。对此，被告除表示原告主张的事实与理由不成立、诉讼请求不应支持外，未对相关费用的具体计算问题提出实质性的抗辩意见，亦自始至终未申请司法审计。《中华人民共和国民事诉讼法》第七十六条规定，当事人可以就查明事实的专门性问题向人民法院申请鉴定。当事人申请鉴定的，由双方当事人协商确定具备资格的鉴定人，协商不成的，由人民法院指定。当事人未申请鉴定，人民法院对专门性问题认为需要鉴定的，应当委托具备资格的鉴定人进行鉴定。因此，法院认为，根据民事诉讼的举证规则和证明标准，结合前述第一个争议焦点的认定情况，原告关于争议水表使用期间用水量多计算了接近一倍的主张可以认定。加之，绝对准确无误的计算标准和计算方法客观上也难以企及，故法院不再依职权委托审计，而在原告主张的基础上，遵循公平合理的原则予以裁量。

原告天孜食品公司主张 780901 元多收水费的计算方式为：2014 年 12 月至 2016 年 1 月，水费价格是 3.15 元/吨，总用水量为 168430 吨，减半计算 84215 吨，合计价格 265277.25 元，小计 265277 元；2016 年 2 月至 2017 年 3 月，水费价格为 3.55 元/吨，总用水量 204563 吨，减半计算 102281.5 吨，合计 363099.33 元，小计 363099 元；2017 年 4 月至 2017 年 10 月，水费单价 3.514/吨，总用水量 86810 吨，减半 43405 吨，合计 152525.17 元，小计 152525 元，三项小计合计 780901 元。第一只水表和第三只水表的用量差不多是第二只水表的一半，第一只水表的平均用量 180 吨/天，争议水表是 426.36 吨/天，第三只水表（现用水表）219 吨/天，所以基本按照这个标准推算。

结合原告天孜食品公司提供的证据，2014 年 12 月至 2016 年 1 月按表面计算的日用水量约为 431 吨；2016 年 2 月至 2017 年 3 月按表面计算的日用水量约为 524 吨，因此期间包含两个春节，故数字偏大也在常理之中；2017 年 4 月至 2017 年 10 月按表面计算的日用水量约为 413 吨。法院酌定按目前使用的水表的日用水量和以上三段时期中的最后一段时期的日用水量为参照，计算争议期间多计算的水量的比例，即 1-219/413=47%。因双方于 2017 年 9

月更换水表，争议期间应算至8月，故争议期间的表面用水总量约为168430+204563+62007＝435000（吨）。关于水价，法院酌定按争议期间的用水量最大、期限相对较长的时间段的价格计算，即3.55元/吨。综上，法院酌定支持原告主张的损失大致为725795元。

法院认为，生活用水是每个人、每家每户、每个企业或单位不可或缺的生活生产必用品，供水企业承担着向社会提供符合要求的生活用水的义务，享有向广大用户收取水费的权利，在供水合同关系中，其在信息、技术、合同履行等方面处于优势地位，应具备高度的公共服务意识与社会责任感。水表作为供水企业收取水费的计量工具，也是判断供、用水合同双方是否正确履行义务、依法享有权利的度量依据，应当准确无误。本案被告自来水公司在收到原告天孜食品公司多次发出的公司使用的水表运行偏快、水费不正常并要求处理的函告后，采取消极态度，不按有关规定和合同约定的要求委托有资质的机构对争议水表进行鉴定检测并及时更换，导致争议水表使用长达近三年之久，被告的消极行为给原告造成较大的经济损失，多收取的水费应当返还。

据此，盐城经济技术开发区人民法院依照《中华人民共和国民法总则》第一百二十二条，《中华人民共和国民事诉讼法》第一百四十二条，《最高人民法院关于适用〈中华人民共和国民事诉讼法〉的解释》第九十条、第一百零五条、第一百零八条第一款之规定，于2018年11月27日作出判决：

一、被告盐城市自来水有限公司于本判决生效之日起10日内返还原告盐城市天孜食品有限公司多支付的水费725795元。

二、驳回原告盐城市天孜食品有限公司的其他诉讼请求。

一审宣判后，自来水公司不服，向盐城市中级人民法院提起上诉。

上诉人自来水公司上诉称：1. 无任何证据表明案涉争议水表计量存在问题。(1) 争议水表系具有相应生产许可资质的厂家生产的合格产品，上诉人通过合法、正规的招投标程序采购所得，争议水表符合国家标准；(2) 争议水表在被上诉人天孜食品公司提出质疑后经盐城市水流量检测中心检定合格；（3）2017年11月9日争议水表生产商对水表出具的检测报告结论为整表偏快3%，在相关国家标准公允的合理误差范围内；（4）可能有多种原因导致用水量变动。2. 关于废旧水表的处理问题。上诉人在水表生命周期届满时将水表拆除，因上诉人不具备废旧水表的处理能力，且如果将数目庞大的废旧水表保管于仓库，既不经济，更不环保，因此，将废旧水表交由原生产商回收利用是行业惯例，此举既能充分发挥物的效能，又能实现生态环境可持续发展，践行法律所倡导的绿色原则。一审判决认定上诉人将争议水表“没收”是极不严肃的。3. 一审判决无视上诉人与被上诉人已就水量争议时的处理办法达成一致的事实，运用“日常经验法则”自由裁量是错误的。《江苏省城乡供水管理条例》第四十一条规定，结算水表损坏不能计量的，供水单位应当按照合同约定的方式估算水费。《供水合同》第五条第五款约定，“如因计量器具的原因造成的双方不能就用水量形成一致意见时，用水人同意供水人根据实际并结合用水人三个月平均用水量来确定本期水量水费。”可见，对争议水量水费的处理既有地方性法规规定，又有双方当事人约定，故没有“日常生活经验法则”适用的余地。一审法院将争议水表与前后两块水表的数据对比而得出的结论并不可信。请求二审法院改判驳回被上诉人的诉讼请求。

被上诉人天孜食品公司答辩称：1. 2014年12月至2017年10月，上诉人自来水公司在为被上诉人供水过程中安装了不合格的计量用具，导致计量用水吨数发生明显差异，上诉人提供不合格的计量水表这一事实已经在一审过程中得到了确认，一审三次庭审，上诉人均未就计量水表的合格提供相关书面证据；2. 一审法院根据上诉人为被上诉人安装三只计量水表的数据来推断第二只水表存在质量问题并无不当；3. 一审法院根据诚信原则进行判决也是希望上诉人履行社会责任，改进现有的工作作风，严格依法依规为客户提供优质的服务。一审法院认定事实清楚，适用法律正确，请求二审法院依法予以维持。

盐城市中级人民法院经二审，确认了一审查明的事实。

盐城市中级人民法院二审认为：

供水合同约定，如果供水人或用水人一方提出计量器具有误差须送检，由提出方送检并预交送检费用及相关费用，检测结果在允许误差范围内，由提出方承担有关费用，不在允许误差范围内则由另一方承担相关费用。送检的全过程，须供水人和用水人共同参加。本案中，被上诉人天孜食品公司发现争议水表运行偏快，发函要求上诉人自来水公司予以处理，上诉人提供了水流量检测中心的检测报告，认为争议水表是合格的，但是该检测报告系其单方委托检测，一审法院未予认定并无明显不当。且在上诉人2017年9月更换争议水表时，被上诉人再次发函要求上诉人对争议水表封样共同送检，上诉人收函后单方将争议水表退回厂家处理，违反合同约定，应当承担相应的法律后果。争议水表使用期间的用水量明显超出该水表使用前、后两个时期的用水量，上诉人认为可能有多种原因导致用水量的变化，亦未能提供充分的证据证实。故综合现有证据不能证明上诉人提供的争议水表计量合格。另据供水合同约定，如因计量器具的原因造成双方不能就用水量形成一致意见时，用水人同意供水人根据实际并结合用水人上三个月平均用水量来确定本期水量水费。由于争议水表使用时间较长，一审法院将争议水表使用前后时间段用水量进行对比，确定争议期间多计算水量的比例，酌情认定应当返还多收取的水费金额并无不当。

综上，盐城市中级人民法院依据《中华人民共和国民事诉讼法》第一百七十条第一款第（一）项之规定，于2019年5月28日作出判决：

驳回上诉，维持原判。

本判决为终审判决。

（二）裁判依据

《中华人民共和国民法典》

第六百五十六条 供用水、供用气、供用热力合同，参照适用供用电合同的有关规定。

《城镇燃气管理条例》

第十四条 政府投资建设的燃气设施，应当通过招标投标方式选择燃气经营者。

社会资金投资建设的燃气设施，投资方可以自行经营，也可以另行选择燃气经营者。

第十五条 国家对燃气经营实行许可证制度。从事燃气经营活动的企业，应当具备下列条件：

（一）符合燃气发展规划要求；

（二）有符合国家标准的燃气气源和燃气设施；

（三）有固定的经营场所、完善的安全管理制度和健全的经营方案；

（四）企业的主要负责人、安全生产管理人员以及运行、维护和抢修人员经专业培训并考核合格；

（五）法律、法规规定的其他条件。

符合前款规定条件的，由县级以上地方人民政府燃气管理部门核发燃气经营许可证。

第十六条 禁止个人从事管道燃气经营活动。

个人从事瓶装燃气经营活动的，应当遵守省、自治区、直辖市的有关规定。

第十七条 燃气经营者应当向燃气用户持续、稳定、安全供应符合国家质量标准的燃气，指导燃气用户安全用气、节约用气，并对燃气设施定期进行安全检查。

燃气经营者应当公示业务流程、服务承诺、收费标准和服务热线等信息，并按照国家燃气服务标准提供服务。

第十八条 燃气经营者不得有下列行为：

（一）拒绝向市政燃气管网覆盖范围内符合用气条件的单位或者个人供气；

（二）倒卖、抵押、出租、出借、转让、涂改燃气经营许可证；

（三）未履行必要告知义务擅自停止供气、调整供气量，或者未经审批擅自停业或者歇业；

（四）向未取得燃气经营许可证的单位或者个人提供用于经营的燃气；

（五）在不具备安全条件的场所储存燃气；

（六）要求燃气用户购买其指定的产品或者接受其提供的服务；

（七）擅自为非自有气瓶充装燃气；

（八）销售未经许可的充装单位充装的瓶装燃气或者销售充装单位擅自为非自有气瓶充装的瓶装燃气；

（九）冒用其他企业名称或者标识从事燃气经营、服务活动。

十三、房屋买卖合同纠纷

（一）最高人民法院指导案例

022. 借款合同双方当事人能否经协商后将借款本金及利息转化为购房款从而建立商品房买卖合同关系[①]

汤龙、刘新龙、马忠太、王洪刚诉新疆鄂尔多斯彦海房地产开发有限公司商品房买卖合同纠纷案

（最高人民法院审判委员会讨论通过　2016年12月28日发布）

关键词：民事/商品房买卖合同/借款合同/清偿债务/法律效力/审查

裁判要点

借款合同双方当事人经协商一致，终止借款合同关系，建立商品房买卖合同关系，将借款本金及利息转化为已付购房款并经对账清算的，不属于《中华人民共和国物权法》第一百八十六条规定禁止的情形，该商品房买卖合同的订立目的，亦不属于《最高人民法院关于审理民间借贷案件适用法律若干问题的规定》第二十四条规定的“作为民间借贷合同的担保”。在不存在《中华人民共和国合同法》第五十二条规定情形的情况下，该商

① 最高人民法院指导案例72号。

品房买卖合同具有法律效力。但对转化为已付购房款的借款本金及利息数额，人民法院应当结合借款合同等证据予以审查，以防止当事人将超出法律规定保护限额的高额利息转化为已付购房款。

相关法条

《中华人民共和国物权法》第一百八十六条

《中华人民共和国合同法》第五十二条

基本案情：原告汤龙、刘新龙、马忠太、王洪刚诉称：根据双方合同约定，新疆鄂尔多斯彦海房地产开发有限公司（以下简称彦海公司）应于2014年9月30日向四人交付符合合同约定的房屋。但至今为止，彦海公司拒不履行房屋交付义务。故请求判令：一、彦海公司向汤龙、刘新龙、马忠太、王洪刚支付违约金6000万元；二、彦海公司承担汤龙、刘新龙、马忠太、王洪刚主张权利过程中的损失费用416300元；三、彦海公司承担本案的全部诉讼费用。

彦海公司辩称：汤龙、刘新龙、马忠太、王洪刚应分案起诉。四人与彦海公司没有购买和出售房屋的意思表示，双方之间房屋买卖合同名为买卖实为借贷，该商品房买卖合同系为借贷合同的担保，该约定违反了《中华人民共和国担保法》第四十条、《中华人民共和国物权法》第一百八十六条的规定无效。双方签订的商品房买卖合同存在显失公平、乘人之危的情况。四人要求的违约金及损失费用亦无事实依据。

法院经审理查明：汤龙、刘新龙、马忠太、王洪刚与彦海公司于2013年先后签订多份借款合同，通过实际出借并接受他人债权转让，取得对彦海公司合计2.6亿元借款的债权。为担保该借款合同履行，四人与彦海公司分别签订多份商品房预售合同，并向当地房屋产权交易管理中心办理了备案登记。该债权陆续到期后，因彦海公司未偿还借款本息，双方经对账，确认彦海公司尚欠四人借款本息361398017.78元。双方随后重新签订商品房买卖合同，约定彦海公司将其名下房屋出售给四人，上述欠款本息转为已付购房款，剩余购房款38601982.22元，待办理完毕全部标的物产权转移登记后一次性支付给彦海公司。汤龙等四人提交与彦海公司对账表显示，双方之间的借款利息系分别按照月利率3%和4%、逾期利率10%计算，并计算复利。

裁判结果：新疆维吾尔自治区高级人民法院于2015年4月27日作出（2015）新民一初字第2号民事判决，判令：一、彦海公司向汤龙、马忠太、刘新龙、王洪刚支付违约金9275057.23元；二、彦海公司向汤龙、马忠太、刘新龙、王洪刚支付律师费416300元；三、驳回汤龙、马忠太、刘新龙、王洪刚的其他诉讼请求。上述款项，应于判决生效后十日内一次性付清。宣判后，彦海公司以双方之间买卖合同系借款合同的担保，并非双方真实意思表示，且欠款金额包含高利等为由，提起上诉。最高人民法院于2015年10月8日作出（2015）民一终字第180号民事判决：一、撤销新疆维吾尔自治区高级人民法院（2015）新民一初字第2号民事判决；二、驳回汤龙、刘新龙、马忠太、王洪刚的诉讼请求。

裁判理由：法院生效裁判认为：本案争议的商品房买卖合同签订前，彦海公司与汤龙等四人之间确实存在借款合同关系，且为履行借款合同，双方签订了相应的商品房预售合同，并办理了预购商品房预告登记。但双方系争商品房买卖合同是在彦海公司未偿还借款本息的情况下，经重新协商并对账，将借款合同关系转变为商品房买卖合同关系，将借款本息转为已付购房款，并对房屋交付、尾款支付、违约责任等权利义务作出了约定。民事法律关系的产生、变更、消灭，除基于法律特别规定，需要通过法律关系参与主体的意思表示一致形成。民事交易活动中，当事人意思表示发生变化并不鲜见，该意思表示的变化，除为法律特别规定所禁止外，均应予以准许。本案双方经协商一致终止借款合同关系，建立商品房买卖合同关系，并非为双方之间的借款合同履行提供担保，而是借款合同到期彦海公司难以清偿债务时，通过将彦海公司所有的商品房出售给汤龙等四位债权人的方式，实现双方权利义务平衡的一种交易安排。该交易安排并未违反法律、行政法规的强制性规定，不属于《中华人民共和国物权法》第一百八十六条规定禁止的情形，亦不适用《最高人民法院关于审理民间借贷案件适用法律若干问题的规定》第二十四条规定。尊重当事人嗣后形成的变更法律关系性质的一致意思表示，是贯彻合同自由原则的题中应有之意。彦海公司所持本案商品房买卖合同无效的主张，不予采信。

但在确认商品房买卖合同合法有效的情况下，由于双方当事人均认可该合同项下已付购房款系由原借款本息转来，且彦海公司提出该欠款数额包含高额利息。在当事人请求司法确认和保护购房者合同权利时，人民法院对基于借款合同的实际履行而形成的借款本金及利息数额应当予以审查，以避免当事人通过签订商品房买卖合同等方式，将违法高息合法化。经审查，双方之间借款利息的计算方法，已经超出法律规定的民间借贷利率保护上限。对双方当事人包含高额利息的欠款数额，依法不能予以确认。由于法律保护的借款利率明显低于当事人对账确认的借款利率，故应当认为汤龙等四人作为购房人，尚未足额支付合同约定的购房款，彦海公司未按照约定时间交付房屋，不应视为违约。汤龙等四人以彦海公司逾期交付房屋构成违约为事实依据，要求彦海公司支付违约金及律师费，缺乏事实和法律依据。一审判决判令彦海公司承担支付违约金及律师费的违约责任错误，本院对此予以纠正。

（二）最高人民法院公报案例及典型案例

023. 房屋买卖合同中，房屋转让人应该将专有部分的所有权、对共有部分的共有权和共同管理权一并转让①

高志清、戴雨晴与张凤清、袁丽萍房屋买卖合同纠纷案

裁判摘要

业主的建筑物区分所有权包括对专有部分的所有权、对共有部分的共有权和共同管理权，且这三种权利具有不可分离性。业主转让房屋时，其基于共同管理约定所享有的共有部分专有使用权也应当一并转让，既有的共同管理约定对继受取得业主权利的房屋受让人继续有效，房屋转让人应当协助将其独占使用的共有部分交付于受让人。

原告：高志清。

原告：戴雨晴。

被告：张凤清。

被告：袁丽萍。

原告高志清、戴雨晴因与被告张凤清、袁丽萍发生房屋买卖纠纷，向江苏省南京市江宁区人民法院提起诉讼。

原告高志清、戴雨晴诉称：2016年2月21日，原告与被告张凤清、袁丽萍签订房屋买卖合同，向被告购买了山水方舟雅苑×幢A室房屋。2020年，因城市文明建设，原告得知单元的全体业主于2007年8月即对单元地下室进

① 参见《最高人民法院公报》2021年第8期。

行了分隔，分隔出的7号小地下室归A室业主使用。但被告未向原告告知该情况，也未向原告交付7号小地下室，而是继续占有使用。2020年9月2日，原被告因7号小地下室的使用问题发生纠纷，后经人民调解委员会调解未果。故诉至法院，请求确认7号小地下室归原告使用，判令被告腾空并交付7号小地下室及支付占有使用费（自2016年8月1日起，按400元/月的标准计算至7号小地下室实际交付之日止）。

被告张凤清、袁丽萍辩称：1. 根据被告与开发商之间的商品房买卖合同约定，A室的单元地下室不计入公共分摊面积，不属于业主共有部分。2. 开发商交付房屋半年后，被告才接到讨论分隔单元地下室的通知，当时大家要求均分，但根据单元地下室的结构不能均分，只能隔成大小不等的小间地下室，大家以抽签的方式取得使用权，被告抽到了7号小地下室，并支付了分隔费676元。因此，7号小地下室不是房屋附属设施，与A室房屋没有关系，被告可以单独进行处置。3. 原告购房后房价大幅上涨，原告购房半年的溢价超过被告购房十年的溢价，双方合同虽仅约定违约金2万元，但被告并没有违约不卖房，被告履行合同没有违约行为。综上，原被告的房屋买卖合同没有约定7号小地下室转让给原告，请求驳回原告的诉讼请求。

江苏省南京市江宁区人民法院一审查明：2016年2月21日，被告张凤清、袁丽萍（甲方）与原告高志清（乙方）以及案外人南京存房房地产经纪有限公司（丙方）签订《存量房交易合同》，约定甲方将南京市江宁区东山街道宏运大道2199号山水方舟雅苑×幢A室房屋出售给乙方；建筑面积125.05平方米，套内建筑面积111.14平方米，分摊面积13.91平方米；房款198万元。合同签订后，高志清付清了房款，张凤清、袁丽萍协助办理了过户手续，房屋所有权、土地使用权分别于同年3月29日、4月1日变更登记至高志清、戴雨晴名下，张凤清、袁丽萍并于同年5月11日将房屋实际交付于高志清、戴雨晴。

2006年6月25日，被告张凤清、袁丽萍与南京宏发房地产开发有限公司签订《商品房买卖契约》，购得山水方舟雅苑×幢 A 室房屋。2007 年 8 月，101 室所在单元全体业主共同委托小区物业服务单位对单元地下室进行了分隔，按照单元总户数 12 户共分隔出 12 小间，并依序进行编号，通过抽签的方式确定使用人。其中 7 号小地下室由 A 室业主使用，张凤清、袁丽萍支付了分隔费 676 元。张凤清、袁丽萍出售房屋时未告知高志清、戴雨晴 7 号小地下室情况。

2020 年 8 月 24 日，原告戴雨晴、高志清通知被告张凤清、袁丽萍于月底前腾空 7 号小地下室。后张凤清、袁丽萍未予腾空，戴雨晴、高志清更换了 7 号小地下室门锁，双方因此发生争议。2020 年 9 月 2 日，经南京市江宁区东山街道人民调解委员会调解，戴雨晴、高志清将地下室钥匙交给了张凤清、袁丽萍，双方同意通过诉讼途径解决地下室的使用争议。现张凤清、袁丽萍仍有杂物存放于 7 号小地下室。

审理中，为证明因被告张凤清、袁丽萍占有使用 7 号地下室的损失，原告高志清、戴雨晴提供了从房产中介“贝壳”APP、“我爱我家”APP 下载的地下室租赁广告，证明类似大小的地下室的租金为 600 元/月左右。张凤清、袁丽萍质证认为真实性无法确认。

江苏省南京市江宁区人民法院一审认为：原告高志清、戴雨晴与被告张凤清、袁丽萍签订的《存量房交易合同》不违反法律、行政法规的强制性规定，合法有效。当事人应当按照约定全面履行自己的义务。当事人应当遵循诚实信用原则，根据合同的性质、目的和交易习惯履行通知、协助、保密等义务。

一、关于涉案地下室是否属于业主共有部分的问题。法律规定，建筑区划内的其他公共场所、公用设施和物业服务用房，属于业主共有。本案中，A 室的单元地下室并不属于建筑物区分所有权中业主专有部分，而是建筑区划内的公用设施，属于业主共有部分。并且 A 室所在单元在构造上、功能上具有相对独立性，该单元的地下室能够单独使用，与该单元的业主具有使用上的利害关系，因此该单元的地下室属于该单元全体业主共有。7号小地下室系从A室的单元地下室分隔出来分配给A室业主单独使用的共有部分，其性质仍属于业主共有。张凤清、袁丽萍辩称7号小地下室不属于业主共有部分及其二人可自行处置的意见，缺乏事实和法律依据，法院不予采纳。

二、关于被告张凤清、袁丽萍是否应将7号小地下室交付原告高志清、戴雨晴的问题。法律规定，业主对共有部分享有共有和共同管理的权利。业主转让建筑物内的住宅、经营性用房，其对共有部分享有的共有和共同管理的权利一并转让。法院认为，从维护小区公共秩序和业主利益的角度来说，业主转让专有部分时，不仅其对共有部分享有的共有和共同管理的权利一并转让，而且其基于业主共同管理约定所享有的共有部分专有使用权也应当一并转让，既有的共同管理约定对继受取得业主权利的房屋受让人继续有效，房屋转让人应当协助将其独占使用的共有部分交付于受让人。本案中，张凤清、袁丽萍基于共同管理合意独占使用7号小地下室，张凤清、袁丽萍向高志清、戴雨晴转让A室房屋，7号小地下室的独占使用权应当一并转让，张凤清、袁丽萍应当协助将7号小地下室交付于高志清、戴雨晴。因此，对于高志清、戴雨晴要求确认7号小地下室归其二人使用以及要求张凤清、袁丽萍腾空并交付7号小地下室的诉讼请求，法院予以支持。张凤清、袁丽萍辩称房屋买卖合同没有约定转让7号小地下室，其二人不应当向高志清、戴雨晴交付7号小地下室的意见，缺乏事实和法律依据，不予采纳。

三、关于原告高志清、戴雨晴主张的占有使用费如何认定的问题。法律规定，当事人一方不履行合同义务或者履行合同义务不符合约定的，应当承担继续履行、采取补救措施或者赔偿损失等违约责任。本案中，被告张凤清、袁丽萍拒绝向高志清、戴雨晴交付7号小地下室构成违约，高志清、戴雨晴有权要求张凤清、袁丽萍赔偿损失。双方对7号地下室的交付期限未作约定，高志清、戴雨晴可以随时要求张凤清、袁丽萍履行，但是应当给予张凤清、袁丽萍一定准备时间。高志清、戴雨晴2020年8月24日要求张凤清、袁丽萍于月底前腾空并交付7号小地下室，张凤清、袁丽萍未及时履行义务，因此占有使用费应从2020年9月1日起计算。综合考量7号小地下室的性质、面积、用途等因素，酌定按180元/月的标准计算。鉴于张凤清、袁丽萍取得7号小地下室使用权时支出了相应费用，为减少当事人的诉累，法院确定截至2020年12月22日的占有使用费与张凤清、袁丽萍支出的费用相抵，张凤清、袁丽萍无需再支付该期间的占有使用费。

综上，江苏省南京市江宁区人民法院依照《中华人民共和国合同法》第六十条、第一百零七条，《中华人民共和国物权法》第七十条、第七十二条、第七十三条的规定，于2020年12月30日作出判决：一、南京市江宁区东山街道宏运大道2199号山水方舟雅苑×幢A室的单元地下室中的7号小地下室归原告高志清、戴雨晴使用；二、被告张凤清、袁丽萍于本判决发生法律效力之日起十日内腾空并将南京市江宁区东山街道宏运大道2199号山水方舟雅苑×幢A室的单元地下室中的7号小地下室交付于原告高志清、戴雨晴；三、被告张凤清、袁丽萍于本判决发生法律效力之日起十日内向原告支付高志清、戴雨晴占有使用费（自2020年12月23日起，按180元/月的标准计算至被告张凤清、袁丽萍将南京市江宁区东山街道宏运大道2199号山水方舟雅苑×幢A室的单元地下室中的7号小地下室交付于原告高志清、戴雨晴之日止）；四、驳回原告高志清、戴雨晴的其余诉讼请求。

一审宣判后，双方当事人均未上诉，一审判决已发生法律效力。

024. 当事人达成以房抵债合意从而签订的房屋买卖合同合法有效①

吉林鑫城房地产综合开发有限责任公司与汤东鹏房屋买卖合同纠纷案

裁判摘要

人民法院依职权审查合同效力并予以释明，是引导当事人正确诉讼的基础。债务人到期未能清偿债务，重新与债权人达成合意以房抵债，双方签订的《房屋买卖合同》应当认定合法有效。

最高人民法院民事裁定书

（2018）最高法民申1774号

再审申请人（一审原告、二审上诉人）：吉林鑫城房地产综合开发有限责任公司。住所地：吉林省长春市绿园区万福街33号。

法定代表人：张旭，该公司总经理。

委托诉讼代理人：方春光，吉林钟言宇德律师事务所律师。

被申请人（一审被告、二审被上诉人）：汤东鹏。

委托诉讼代理人：陶传彬，吉林法序律师事务所律师。

再审申请人吉林鑫城房地产综合开发有限责任公司（以下简称鑫城公司）因与被申请人汤东鹏房屋买卖合同纠纷一案，不服吉林省高级人民法院（2017）吉民终297号民事判决，向本院申请再审。本院依法组成合议庭对本案进行了审查，现已审查终结。

---

① 参见《最高人民法院公报》2020年第3期。

鑫城公司申请再审称，1. 一审判决程序违法。鑫城公司一审起诉请求解除《商品房买卖合同》，后根据一审法院的释明变更诉讼请求为撤销《商品房买卖合同》，但一审判决驳回鑫城公司的诉讼请求，剥夺了鑫城公司主张原诉讼请求的权利。鑫城公司并未要求法院确认双方《商品房买卖合同》的有效性，一审判决认定《商品房买卖合同》有效，明显超出鑫城公司诉讼请求的范围。2. 一审、二审法院对主要事实认定错误，缺乏证据证明。双方当事人之间仅有借款协议书，并不能由此确定汤东鹏支付了案涉借款。一审、二审法院在未查明借贷关系是否属实的情况下，即判定案涉《商品房买卖合同》有效并驳回鑫城公司的诉讼请求，没有事实依据。3. 鑫城公司并非借贷关系中的借款人，而是担保人。鑫城公司与汤东鹏签订的《商品房买卖合同》是重新设定担保的行为，该合同约定将抵押物所有权转移为债权人所有，系法律明确规定禁止的流质条款。且案涉房屋已经出卖给第三人，《商品房买卖合同》因损害第三人利益，应为无效合同。4.《商品房买卖合同》存在重大误解，合同价款远远低于实际市场销售价格，显失公平，具备法定撤销条件。5.《商品房买卖合同》签订之前，案涉房屋已经出卖且交付第三人占有使用，合同目的已经无法实现。且汤东鹏在明知此情况下，仍与鑫城公司签订《商品房买卖合同》并办理备案登记，存在恶意。6. 案涉房屋部分为拆迁补偿安置房屋并签有回迁协议，根据《最高人民法院关于审理商品房买卖合同纠纷案件适用法律若干问题的解释》第七条的规定，回迁协议当然优先于案涉《商品房买卖合同》。鑫城公司依据《中华人民共和国民事诉讼法》第二百条第二项、第六项的规定申请再审。

汤东鹏提交意见称，鑫城公司的再审申请缺乏事实与法律依据，请求予以驳回。

本院经审查认为，本案的争议焦点是：鑫城公司主张撤销案涉七份《商品房买卖合同》，人民法院应否支持。

关于案涉七份《商品房买卖合同》的效力问题。对合同效力的认定，属于人民法院依职权应当审查的范畴，并不局限于当事人的诉讼请求。本案系鑫城公司与汤东鹏基于此前的借款未受清偿，进而签订《商品房买卖合同》达成以房抵债的合意，案涉《商品房买卖合同》是双方当事人真实意思表示，内容不违反法律、行政法规的强制性规定，应当认定合法有效。鑫城公司主张一审法院认定《商品房买卖合同》有效超出其诉讼请求范围，没有法律依据。《中华人民共和国合同法》第五十四条规定："下列合同，当事人一方有权请求人民法院或者仲裁机构变更或者撤销：（一）因重大误解订立的；（二）在订立合同时显失公平的。一方以欺诈、胁迫的手段或者乘人之危，使对方在违背真实意思的情况下订立的合同，受损害方有权请求人民法院或者仲裁机构变更或者撤销。当事人请求变更的，人民法院或者仲裁机构不得撤销。"本案一审中，鑫城公司主张其因受汤东鹏胁迫签订案涉七份《商品房买卖合同》并办理备案登记，案涉七套房屋的市场价格明显高于《商品房买卖合同》中约定的价格，双方当事人订立的房屋买卖合同显失公平，请求解除案涉七份《商品房买卖合同》。鑫城公司以显失公平、受胁迫为由主张权利，而合同显失公平的法律救济渠道是仅能请求人民法院予以变更或撤销，而非解除合同。因此，一审法院向鑫城公司释明应变更其解除合同的诉讼请求为撤销合同，程序并不违法。显失公平系指一方利用对方处于危困状态，缺乏判断能力等情形，致使双方在从事民事法律行为时权利义务明显有违公平的情形。认定合同是否构成显失公平时，应采用主观要件和客观要件相结合。鑫城公司作为独立的商事主体，与自然人汤东鹏相比，并不明显处于劣势地位，且鑫城公司并无相关证据证明其与汤东鹏签订《商品房买卖合同》，系因受汤东鹏欺诈、胁迫，而在违背其真实意思的情况下作出，虽然案涉七套房屋的评估价值高于抵债价格，但也不宜认定《商品房买卖合同》显失公平。一审、二审判决认定《商品房买卖合同》不存在可撤销的法定情形，未支持鑫城公司的诉讼请求，并无不当，本院予以维持。

关于鑫城公司主张借贷关系不真实的问题。禁止反言原则蕴含于我国民法的基本原则——诚信原则之中。即，若一方当事人因另一方当事人的陈述产生依赖，则另一方当事人不得否定其先前的陈述。鑫城公司一审起诉称，其通过案外人宋某某向汤东鹏借款，鑫城公司使用200万元并向汤东鹏偿还本金30万元及按照双方约定支付了利息。鑫城公司向本院申请再审中，又主张汤东鹏并未支付借款，双方借贷关系不真实，与其在一审中陈述的事实相矛盾，明显违背诚信诉讼原则，本院不予采信。鑫城公司在未清偿案涉借款的情况下，与汤东鹏签订《商品房买卖合同》，属于债务到期后双方达成以房抵债合意，而非鑫城公司主张的双方系再次签订了担保合同。此时，案涉7套房屋并非抵押物，故本案并不适用《最高人民法院关于适用〈中华人民共和国担保法〉若干问题的解释》第五十七条规定的禁止流质条款。案涉《商品房买卖合同》依法成立并生效，对双方当事人均具有约束力，当事人应当按照约定履行自己的义务，不得擅自变更或者解除。

关于鑫城公司主张案涉《商品房买卖合同》损害拆迁户和第三人利益应当认定无效的问题。本院在组织双方询问中了解到：经吉林省榆树市人民法院（2016）吉0182民初1253号民事判决和吉林省长春市中级人民法院（2018）吉01民终244号民事判决确认，案外人对案涉七套房屋享有优先权；汤东鹏已另案起诉鑫城公司，要求解除案涉《商品房买卖合同》、双倍返还购房款并赔偿损失共计1000余万元。本案一审、二审判决确认案涉《商品房买卖合同》合法有效，并未损害案外人的权益，且案外人的利益已经上述生效民事判决优先予以保护。鑫城公司作为房地产开发商，对自己手中的房屋信息应当是清楚的，其就案涉7套房屋通过“一房二卖”获取不当利益的故意显而易见，也是产生包括本案诉讼在内一系列诉讼的根源。鑫城公司主张汤东鹏明知案涉房屋已经出卖给第三人，仍愿意承担风险放弃此前14套房屋的抵押担保与其签订《商品房买卖合同》，明显不符合常理，其主张汤东鹏存有恶意不合逻辑。鉴于汤东鹏以合同目的已经不能实现而提起了新的诉讼，鑫城公司与汤东鹏之间的民间借贷、房屋买卖合同纠纷可以通过另案处理。

鑫城公司继续对本案申请再审，无益于化解双方之间的矛盾纠纷，也不利于节约司法资源。鑫城公司主张《商品房买卖合同》因损害第三人利益应当认定无效，没有事实和法律依据，本院不予支持。

综上，鑫城公司的再审申请不符合《中华人民共和国民事诉讼法》第二百条第二项、第六项规定的情形。依照《中华人民共和国民事诉讼法》第二百零四条第一款、《最高人民法院关于适用〈中华人民共和国民事诉讼法〉的解释》第三百九十五条第二款的规定，裁定如下：

驳回吉林鑫城房地产综合开发有限责任公司的再审申请。

025. 合同约定以房屋交接单的签署作为完成房屋交付，仅由于买房人原因未办理验收交接手续的视为交付[①]

周某某与余姚绿城房地产有限公司商品房预售合同纠纷案

关键词：商品房预售/违约金/实际损失/公平原则

裁判要旨

1. 合同约定以房屋交接单的签署作为完成房屋交付，仅由于买房人原因未办理验收交接手续的视为交付。买房人在办理交付验收的过程中提出质量异议，并拒绝签署房屋交接单，双方约定开发商修复后再行交付。但此后开发商一直未履行修复义务，且再未与买受人协商交付事宜，故不能认为其已经完成了房屋交付。

① 参见《人民法院高质量服务保障长三角一体化发展典型案例》（最高人民法院推动长三角一体化发展司法工作小组办公室、上海市高级人民法院、江苏省高级人民法院、浙江省高级人民法院、安徽省高级人民法院 2023 年 5 月 22 日发布），载中国法院网，https：//www. chinacourt. org/article/detail/2023/05/id/7303279. shtml，最后访问日期：2023 年 6 月 26 日。

2. 当事人约定的违约金超过损失的百分之三十的，一般可以认定为合同法第一百一十四条第二款规定的“过分高于造成的损失”的规定。当事人主张约定的违约金过高请求予以适当减少的，人民法院应当以实际损失为基础，兼顾合同的约定、履行情况、当事人的过错程度以及预期利益等综合因素，根据公平原则和诚实信用原则进行考量，作出认定。

相关法条

《中华人民共和国民法典》第四百九十六、四百九十七、四百九十八、五百零二、五百零九、五百七十七、五百八十五条（本案适用的是1999年10月1日起施行《中华人民共和国合同法》第三十九、四十、四十一、四十四、六十、一百零七、一百一十四条）

《最高人民法院关于审理商品房买卖合同纠纷案件适用法律若干问题的规定》第十一条、第十六条

基本案情：2014年10月22日，原告周某某与被告余姚绿城房地产开发有限公司（以下简称绿城公司）签订《商品房买卖合同》一份，合同第九条约定被告绿城公司应当在2016年9月30日前将绿城明园锦兰苑×幢×室（附属车位×1、×2）交付原告周某某使用。合同第十条约定被告逾期交房的违约责任逾期不超过90日，自合同约定的最后交付期限的第二天起至实际交付之日止，被告按日向原告支付已付房款万分之二的违约金，合同继续履行；逾期超过90日后，原告有权解除合同，原告解除合同的，被告应当自原告解除合同通知到达之日起30天内退还全部已付房款，并按原告累计已付购房款的10%向原告支付违约金。原告要求继续履行合同的，合同继续履行，自合同约定的最后交付期限的第二天起至实际交付日止，被告按日向原告支付已交付房款万分之五的违约金。合同第十六条约定被告承诺于2016年12月30日前取得土地、房屋权属证书，交付给原告，原告委托被告办理商品房转移登记。被告不能在约定期限内交付权属证书，自约定日期起90日内，被告交付权属证书或登记证明的，按

已付房价款的每日万分之一承担违约责任；自约定日期起90日以后，出卖人仍不能交付权属证书或登记证明的，原告不退房，被告自约定日期至实际交付权属证书或登记证明之日止，按日向买受人支付已交付房价款万分之二的违约金。

原告周某某于2014年10月14日、2014年12月31日分两次共向被告绿城公司支付房款共计2193799元。

2016年6月17日，被告绿城公司组织设计、施工、工程监理和有关单位验收，于2016年8月2日完成房屋建筑工程竣工验收备案。2016年9月19日，被告向原告周某某发送《绿城明园锦兰苑入伙通知书》，通知原告于2016年9月30日9时30分办理交房手续。

2016年9月30日交房过程中原告周某某发现：（1）厨房下水管边渗水及顶部渗水；（2）东阳台右侧下水管下梁与顶面交界处疑似渗水；（3）次卧东南角边疑似渗水，上述问题记载在绿城明园锦兰苑×幢×室住宅交付验收清单的“验收意见”一栏中，并在“验收意见”这栏中记载有“待处理好后再交房，其他验房步骤下次再验”，原告在业主签名处签名。被告工作人员在备注栏记载“重点关注”并签名。

2017年12月26日，被告绿城公司向原告周某某发送《关于再次提醒收房的通知书》，通知原告于2017年12月31日前到绿城明园锦兰苑物业服务中心办理交房手续。截至2018年2月27日本案庭审时，原、被告双方尚未完成交房手续，庭审中双方表示会尽快完成交房手续并办理权属证书。后法院于2018年3月14日组织原、被告双方现场查勘，被告工作人员表示2016年9月30日交房过程中发现的问题在2016年10月维修结束，原告表示2016年11月查看时原告认为渗水还未完全修复，要求被告继续维修，后原告指出存在其他漏水问题，被告陆续在2017年间进行维修。原告在查勘时表示其认可涉案房屋目前已不存在渗漏，满足交付条件，但原告在法庭庭审结束后前往被告处要求办理交房手续时，因被告要求原告支付自2016年9月30日起算的物业费，双方对此存在争议，故未完成交房手续。

裁判结果：浙江省余姚市人民法院于2018年6月6日作出（2018）浙0281民初931号判决：一、被告余姚绿城房地产开发有限公司于本判决生效之日起十日内向原告周某某交付余姚市绿城明园锦兰苑×幢×室的房屋，并于本判决生效之日起三十日内向原告交付余姚市绿城明园锦兰苑×幢×室的土地、房屋权属证书（被告办理余姚市绿城明园锦兰苑×幢×室房屋的转移登记过户手续，办理过户所需应当由买方交纳的税费由原告承担）；二、被告余姚绿城房地产开发有限公司按原告周某某已付购房款2193799元的10%支付违约金219379.9元，于本判决发生法律效力后十日内付清。三、驳回原告周某某的其他诉讼请求。宣判后，余姚绿城房地产开发有限公司提起上诉。向浙江省宁波市中级人民法院提起上诉，浙江省宁波市中级人民法院于2018年8月24日作出（2018）浙02民终2725号判决：驳回上诉，维持原判。

裁判理由：法院生效裁判认为：《最高人民法院关于审理商品房买卖合同纠纷案件适用法律若干问题的解释》第十一条规定，对房屋的转移占有，视为房屋的交付使用，但当事人另有约定的除外。而依据原、被告签订的《商品房买卖合同》第九条约定被告绿城公司应当在2016年9月30日前将符合各项条件的商品房交付原告周某某使用。第十二条约定商品房达到交付使用条件后，被告应当书面通知原告办理交付手续，双方进行验收交接时，被告应当出示合同规定的证明文件，并签署房屋交接单。在签署房屋交接单前，出卖人不得拒绝买受人查验房屋。商品房交付使用时，原告对房屋及装修质量，公共设施、设备质量提出异议的，被告应当给予解释和说明，仍不能达成一致意见的，双方委托有相应资质的专业检测机构进行质量检测。检测结果为合格的，被告书面通知的交付日期视为交付，检测单位提出返修意见的，被告应当按要求返修，并承担赔偿责任。从原、被告之间的合同约定可见，双方约定也以房屋交接单的签署作为房屋交付，同时仅约定由于原告原因未在《入伙通知书》规定的交付日期内办理房屋验收交接手续的则自《入伙通知书》规定的交付期限届满日之次日起即视为交付，以及在原告对质量有异议双方不能达成一致意见而委托检测机构进行检测，检测结果为合格的情况下被告书面通知的交付日期视为交付。本案中原、被告均认可原告在 2016 年 9 月 30 日前往被告处办理交房手续，但在交付验收过程中原告指出房屋存在渗水，留存在被告处的绿城明园锦兰苑×幢×室住宅交付验收清单记录了相应的验收意见，并记录有“待处理好后再交房，其他验房步骤下次再验”。故原、被告之间系在交房过程中因原告对质量有异议双方达成一致意见，即处理好“（1）厨房下水管边渗水及顶部渗水；（2）东阳台右侧下水管下梁与顶面交界处疑似渗水；（3）次卧东南角边疑似渗水”问题后再行交付，并未变更以房屋交接单的签署作为房屋交付的合同约定。但被告直至 2017 年 12 月 26 日才第二次书面通知原告办理交房手续。在《关于再次提醒收房的通知》中表述“我们于 2016 年 9 月 19 日向您发送《绿城明园锦兰苑入伙通知书》，请您于 2016 年 9 月 30 日 9 时 30 分到绿城明园锦兰苑物业服务中心办理绿城明园锦兰苑×幢×室交房手续。但您至今未来办理交房手续”，上述表述与法院查明事实不符，2017 年 12 月 26 日第二次书面通知之前被告一直未完成修复后再次交付房屋的书面通知义务。

至于被告绿城公司认为，《商品房买卖合同》附件九明确约定除主体结构质量问题以外的质量瑕疵，被告根据法律法规及《住宅质量保证书》承诺的内容承担相应的保修责任，原告周某某不能拒绝接受房屋交付，被告不承担逾期交付责任的抗辩，原告表示对《商品房买卖合同》附件九的具体内容并不知情。法院注意到涉案《商品房买卖合同》的备案内容并不包括附件九，且附件九中关于被告不承担逾期交付责任的内容约定系被告方提供的免除责任条款，被告虽在附件九文首作出特别提示，但特别提示内容并未对免责条款进行特别提醒，应当属于无效的格式条款。至于被告认为 2016 年 9 月 30 日在验收过程中即使被告认可验收意见内容以及待处理好后交房的约定，也就意味着原、被告双方对合同约定的交房时间做出了变更，被告不存在逾期交房的辩称意见，法院认为原、被告仅是对交房过程中发现的质量问题的处理意见做出了约定，原告并未作出放弃向被告主张逾期交房责任的意思表示，且质量问题的修复所需要的时间导致原告无法在《商品房买卖合同》约定的交房期限内取得房屋的占有使用权完全系被告过错，被告无须承担逾期交房违约责任的抗辩不能成立。

关于违约责任的承担，被告绿城公司认为双方约定的违约金明显过高，要求调至每日万分之一，并且根据《商品房买卖合同》附件九“若被告逾期交房，则被告承诺取得土地、房屋权属证书的时间相应顺延，顺延期限与商品房交付的逾期期限相同，该期限内被告不承担逾期办证的相应违约责任及赔偿责任”的约定，原告周某某也无权要求被告同时承担逾期交付土地、房屋权属证书的违约责任。对合同约定的违约金是否需要调整，法院注意到，首先《商品房买卖合同》附件九中存在“买受人同意，出卖人逾期交房且应按照本合同第十条相关约定承担逾期交房违约责任时，买受人要求继续履行合同的，出卖人向买受人支付的违约金总金额最高不超过买受人已付房价款的10%”的约定。其次，在法院组织原、被告双方现场查勘过程中，原告认可被告在2016年10月已对验房时发现的渗水问题进行修复，在原告向法院提交的书面说明中也认可被告于2016年10月29日让物业工作人员通知原告渗水问题已经修复，原告也于2016年11月11日再次去查验房屋。但再次查验过程中原告要求被告对东阳台渗水的修复采取养水24小时观察，并要求被告对养水后遗留的渗漏点继续修复。后原告在2016年年底至2017年11月多次前往涉案房屋查验，并在2016年年底以及2017年后续指出北阳台渗水、南卧室窗台下渗水等问题。考量到北阳台渗水、南卧室窗台下渗水等问题并未在2016年9月30日的验房问题清单中，即不属于原、被告关于“待处理好后再交房，其他验房步骤下次再验”的约定范围内，且双方也认可后续发现的渗水问题主要涉及譬如楼上住户装修时安装的热水器摆放位置、阳台水管皮圈的更换以及水管检修口未拧紧此类通过物业协调以及配件更换检查的问题，并不影响房屋质量，被告物业工作人员也做出了相应处理。因此综合考虑上述因素以及原告因被告逾期交付房屋、逾期交付权属证书所造成的损失范围，法院认为将被告承担的违约金从按日万分之五、日万分之二分别计算至交付日调整至整体按原告已付房价款的10%计算违约金较为合理。至于被告提出原告质量异议不涉及所购车位，违约金标准应按照已付房屋价款1893799元为基数计算，车位款300000元不应作为违约金计算基数的抗辩，法院认为，《商品房买卖合同》中对相关违约金的约定中并未对“已付房价款”作出进一步限制说明，不宜作出对格式合同提供方有利的解释，且在房屋存在逾期交付的情况下原告也无法单独使用附属车位，故法院对被告上述抗辩不予支持。

026. 购房人能否以国家税率变化为由要求开发商对购房合同约定的房屋总价款予以调减[①]

陈某某与余姚市中梁宏置业有限公司
商品房销售合同纠纷案

关键词：民事/商品房销售/固定房屋总价/增值税

裁判要旨

因购房人与开发商签订的购房合同为固定房屋总价款的合同，在合同未对降税、退税即应调减合同价款作出约定的情况下，开发商是否确已纳税，以及缴税的具体金额和种类是否发生变化，对于合同约定的固定房屋总价款不产生影响。购房人以国家税率变化为由要求开发商对合同价款予以调减，缺乏事实和法律依据。

---

① 参见《人民法院高质量服务保障长三角一体化发展典型案例》（最高人民法院推动长三角一体化发展司法工作小组办公室、上海市高级人民法院、江苏省高级人民法院、浙江省高级人民法院、安徽省高级人民法院2023年5月22日发布），载中国法院网，https：//www.chinacourt.org/article/detail/2023/05/id/7303279.shtml，最后访问日期：2023年6月26日。

相关法条

《中华人民共和国民法典》第五百零九条（本案适用的是1999年10月1日施行的《中华人民共和国合同法》第六十条）

基本案情：2016年10月12日，原告陈某某与被告余姚市中梁宏置业有限公司签订《商品房买卖合同》一份，约定原告购买首府×幢×商品房（预售），建筑面积88.05平方米，以建筑面积作为计价方式，单价10538.66元/平方米，总价927929元，补充协议二第一条第四款约定本期商品房项目根据国家税务总局2016年第18号公告，适用一般征收方式，适用税率为11%，第五款约定本合同约定的商品房销售价款已经包含相应的税金。合同另对其他事宜进行了约定。2017年2月20日，原告按合同约定支付房款927929元。2018年9月23日，原、被告签订房屋交接书一份，双方确认该房屋的预测建筑面积为88.05平方米，实测面积为87.99平方米，总价款为927297元（退房款差额632元）。

另查明，根据《财政部、国家税务总局关于全面推开营业税改征增值税试点的通知》（财税［2016］36号）规定，自2016年5月1日起，在全国范围内全面推开营业税改征增值税试点，建筑业、房地产业等全部营业税纳税人纳入试点范围，由缴纳营业税改为缴纳增值税，其中销售不动产增值税税率为11%。

2018年4月4日，财政部、税务总局作出《关于调整增值税税率的通知》（财税［2018］32号），通知称：纳税人发生增值税应税销售行为或者进口货物，原适用17%和11%税率的，税率分别调整为16%、10%；通知自2018年5月1日起执行。

涉案房屋的增值税发票开票日期为2018年9月5日，金额为842997.27元，税率10%，税额84299.73元，价税合计927297元。

陈某某提起本案诉讼，请求判令被告退回多收增值税税费8422.93元。

裁判结果：浙江省余姚市人民法院于2019年2月25日作出（2018）浙

0281 民初 13045 号判决：驳回原告陈某某的诉讼请求。一审宣判后，双方当事人均未提起上诉，一审判决已经发生法律效力。

裁判理由：原、被告之间签订的《商品房买卖合同》系各方当事人之间的真实意思表示，且没有违反法律法规的强制性规定，应为合法有效，对各方当事人均有约束力。本案的争议焦点为因涉案商品房销售而产生的应税销售行为适用的增值税税率由 11%降为 10%后，对房屋总价款的影响。针对上述争议焦点，首先，原、被告在合同第五条约定，房屋的计价方式以建筑面积作为计价方式，单价 10538.66 元/平方米，总价 927929 元，上述约定系原被告双方就涉案房屋约定了固定房屋总价款的计价方法，且不动产属于家庭大额财产，不动产买卖事宜关系重大，故原、被告通过合同作出固定房屋总价款的约定维护商品房交易秩序的稳定；其次，补充协议二第一条第四款约定本期商品房项目根据国家税务总局 2016 年第 18 号公告，适用“一般”征收方式，适用税率为“11%”，第五款约定本合同约定的商品房销售价款已经包含相应的税金。被告辩称上述约定仅具有告知作用，原告主张上述约定系原、被告双方约定将增值税税率作为房屋总价款的计价因素，故税率下调后增值税税金减少，被告收取的该部分金额应当予以返还。开发商因销售商品房而产生的增值税税款系开发商的经营、销售成本之一，开发商在计算商品房的成本时将其考虑在内无可厚非，原、被告已经通过合同作出固定房屋总价款的意思表示，且补充协议的约定并不具有降税降价或退税的意思表示，故在没有降税降价或退税明确约定的情形下，被告是否缴税、缴税的具体金额、种类对于房屋总价款不产生任何影响，换句话说，如果增值税税率并非下降而是上调，对房屋总价款亦无影响；再次，原告主张新的税收政策带来的红利应当由原告方享有。增值税是以商品（含应税劳务）在流转过程中产生的增值额作为计税依据而征收的一种流转税，从计税原理上说，增值税是对商品生产、流通、劳务服务中多个环节的新增价值或商品的附加值征收的一种流转税。本案被告作为开发商销售涉案商品房后，发生了增值税应税销售行为，应当缴纳增值税，故增值税的纳税义务人为被告，并非原告。现国家降低了增值税的税率，直接目的是给企业减轻税负，激发企业活力，但降税后必将会产生一系列的积极效应和连锁反应，从长远来看也必将作用于消费领域，从而惠及广大消费者。综上，因涉案商品房销售而产生的应税销售行为适用的增值税税率由11%降为10%后，不影响涉案房屋的总价款，被告根据927297元的房屋总价款开具增值税发票的行为并无不妥，故原告的诉讼请求，不予支持。被告的抗辩意见，予以采纳。

（三）裁判依据

《中华人民共和国民法典》

第四百九十五条 当事人约定在将来一定期限内订立合同的认购书、订购书、预订书等，构成预约合同。

当事人一方不履行预约合同约定的订立合同义务的，对方可以请求其承担预约合同的违约责任。

《城市房地产开发经营管理条例》

第二十三条 房地产开发企业申请办理商品房预售登记，应当提交下列文件：

（一）本条例第二十二条第（一）项至第（三）项规定的证明材料；

（二）营业执照和资质等级证书；

（三）工程施工合同；

（四）预售商品房分层平面图；

（五）商品房预售方案。

第二十七条 商品房销售，当事人双方应当签订书面合同。合同应当载明商品房的建筑面积和使用面积、价格、交付日期、质量要求、物业管理方式以及双方的违约责任。

第二十八条 房地产开发企业委托中介机构代理销售商品房的，应当向中介机构出具委托书。中介机构销售商品房时，应当向商品房购买人出示商品房的有关证明文件和商品房销售委托书。

第三十一条 商品房交付使用后，购买人认为主体结构质量不合格的，可以向工程质量监督单位申请重新核验。经核验，确属主体结构质量不合格的，购买人有权退房；给购买人造成损失的，房地产开发企业应当依法承担赔偿责任。

第三十二条 预售商品房的购买人应当自商品房交付使用之日起90日内，办理土地使用权变更和房屋所有权登记手续；现售商品房的购买人应当自销售合同签订之日起90日内，办理土地使用权变更和房屋所有权登记手续。房地产开发企业应当协助商品房购买人办理土地使用权变更和房屋所有权登记手续，并提供必要的证明文件。

《最高人民法院关于审理商品房买卖合同纠纷案件适用法律若干问题的解释》

第二条 出卖人未取得商品房预售许可证明，与买受人订立的商品房预售合同，应当认定无效，但是在起诉前取得商品房预售许可证明的，可以认定有效。

第三条 商品房的销售广告和宣传资料为要约邀请，但是出卖人就商品房开发规划范围内的房屋及相关设施所作的说明和允诺具体确定，并对商品房买卖合同的订立以及房屋价格的确定有重大影响的，构成要约。该说明和允诺即使未载入商品房买卖合同，亦应当为合同内容，当事人违反的，应当承担违约责任。

第四条 出卖人通过认购、订购、预订等方式向买受人收受定金作为订立商品房买卖合同担保的，如果因当事人一方原因未能订立商品房买卖合同，应当按照法律关于定金的规定处理；因不可归责于当事人双方的事由，导致商品房买卖合同未能订立的，出卖人应当将定金返还买受人。

第五条 商品房的认购、订购、预订等协议具备《商品房销售管理办法》第十六条规定的商品房买卖合同的主要内容，并且出卖人已经按照约定收受购房款的，该协议应当认定为商品房买卖合同。

第六条 当事人以商品房预售合同未按照法律、行政法规规定办理登记备案手续为由，请求确认合同无效的，不予支持。

当事人约定以办理登记备案手续为商品房预售合同生效条件的，从其约定，但当事人一方已经履行主要义务，对方接受的除外。

第七条 买受人以出卖人与第三人恶意串通，另行订立商品房买卖合同并将房屋交付使用，导致其无法取得房屋为由，请求确认出卖人与第三人订立的商品房买卖合同无效的，应予支持。

第八条 对房屋的转移占有，视为房屋的交付使用，但当事人另有约定的除外。

房屋毁损、灭失的风险，在交付使用前由出卖人承担，交付使用后由买受人承担；买受人接到出卖人的书面交房通知，无正当理由拒绝接收的，房屋毁损、灭失的风险自书面交房通知确定的交付使用之日起由买受人承担，但法律另有规定或者当事人另有约定的除外。

第九条 因房屋主体结构质量不合格不能交付使用，或者房屋交付使用后，房屋主体结构质量经核验确属不合格，买受人请求解除合同和赔偿损失的，应予支持。

第十条 因房屋质量问题严重影响正常居住使用，买受人请求解除合同和赔偿损失的，应予支持。

交付使用的房屋存在质量问题，在保修期内，出卖人应当承担修复责任；出卖人拒绝修复或者在合理期限内拖延修复的，买受人可以自行或者委托他人修复。修复费用及修复期间造成的其他损失由出卖人承担。

第十一条 根据民法典第五百六十三条的规定，出卖人迟延交付房屋或者买受人迟延支付购房款，经催告后在三个月的合理期限内仍未履行，解除权人请求解除合同的，应予支持，但当事人另有约定的除外。

法律没有规定或者当事人没有约定，经对方当事人催告后，解除权行使的合理期限为三个月。对方当事人没有催告的，解除权人自知道或者应当知道解除事由之日起一年内行使。逾期不行使的，解除权消灭。

第十二条 当事人以约定的违约金过高为由请求减少的，应当以违约金超过造成的损失30%为标准适当减少；当事人以约定的违约金低于造成的损失为由请求增加的，应当以违约造成的损失确定违约金数额。

第十三条 商品房买卖合同没有约定违约金数额或者损失赔偿额计算方法，违约金数额或者损失赔偿额可以参照以下标准确定：

逾期付款的，按照未付购房款总额，参照中国人民银行规定的金融机构计收逾期贷款利息的标准计算。

逾期交付使用房屋的，按照逾期交付使用房屋期间有关主管部门公布或者有资格的房地产评估机构评定的同地段同类房屋租金标准确定。

第十四条 由于出卖人的原因，买受人在下列期限届满未能取得不动产权属证书的，除当事人有特殊约定外，出卖人应当承担违约责任：

（一）商品房买卖合同约定的办理不动产登记的期限；

（二）商品房买卖合同的标的物为尚未建成房屋的，自房屋交付使用之日起90日；

（三）商品房买卖合同的标的物为已竣工房屋的，自合同订立之日起90日。

合同没有约定违约金或者损失数额难以确定的，可以按照已付购房款总额，参照中国人民银行规定的金融机构计收逾期贷款利息的标准计算。

第十五条 商品房买卖合同约定或者《城市房地产开发经营管理条例》第三十二条规定的办理不动产登记的期限届满后超过一年，由于出卖人的原因，导致买受人无法办理不动产登记，买受人请求解除合同和赔偿损失的，应予支持。

第十六条 出卖人与包销人订立商品房包销合同，约定出卖人将其开发建设的房屋交由包销人以出卖人的名义销售的，包销期满未销售的房屋，由包销人按照合同约定的包销价格购买，但当事人另有约定的除外。

第十七条 出卖人自行销售已经约定由包销人包销的房屋，包销人请求出卖人赔偿损失的，应予支持，但当事人另有约定的除外。

第十八条 对于买受人因商品房买卖合同与出卖人发生的纠纷，人民法院应当通知包销人参加诉讼；出卖人、包销人和买受人对各自的权利义务有明确约定的，按照约定的内容确定各方的诉讼地位。

第十九条 商品房买卖合同约定，买受人以担保贷款方式付款、因当事人一方原因未能订立商品房担保贷款合同并导致商品房买卖合同不能继续履行的，对方当事人可以请求解除合同和赔偿损失。因不可归责于当事人双方的事由未能订立商品房担保贷款合同并导致商品房买卖合同不能继续履行的，当事人可以请求解除合同，出卖人应当将收受的购房款本金及其利息或者定金返还买受人。

第二十条 因商品房买卖合同被确认无效或者被撤销、解除，致使商品房担保贷款合同的目的无法实现，当事人请求解除商品房担保贷款合同的，应予支持。

第二十一条 以担保贷款为付款方式的商品房买卖合同的当事人一方请求确认商品房买卖合同无效或者撤销、解除合同的，如果担保权人作为有独立请求权第三人提出诉讼请求，应当与商品房担保贷款合同纠纷合并审理；未提出诉讼请求的，仅处理商品房买卖合同纠纷。担保权人就商品房担保贷款合同纠纷另行起诉的，可以与商品房买卖合同纠纷合并审理。

商品房买卖合同被确认无效或者被撤销、解除后，商品房担保贷款合同也被解除的、出卖人应当将收受的购房贷款和购房款的本金及利息分别返还担保权人和买受人。

第二十二条 买受人未按照商品房担保贷款合同的约定偿还贷款，亦未与担保权人办理不动产抵押登记手续，担保权人起诉买受人，请求处分商品房买卖合同项下买受人合同权利的，应当通知出卖人参加诉讼；担保权人同时起诉出卖人时，如果出卖人为商品房担保贷款合同提供保证的，应当列为共同被告。

第二十三条 买受人未按照商品房担保贷款合同的约定偿还贷款，但是已经取得不动产权属证书并与担保权人办理了不动产抵押登记手续，抵押权人请求买受人偿还贷款或者就抵押的房屋优先受偿的，不应当追加出卖人为当事人，但出卖人提供保证的除外。

《第八次全国法院民事商事审判工作会议（民事部分）纪要》

15. 审理一房数卖纠纷案件时，如果数份合同均有效且买受人均要求履行合同的，一般应按照已经办理房屋所有权变更登记、合法占有房屋以及合同履行情况、买卖合同成立先后等顺序确定权利保护顺位。但恶意办理登记的买受人，其权利不能优先于已经合法占有该房屋的买受人。对买卖合同的成立时间，应综合主管机关备案时间、合同载明的签订时间以及其他证据确定。

16. 当事人达成以房抵债协议，并要求制作调解书的，人民法院应当严格审查协议是否在平等自愿基础上达成；对存在重大误解或显失公平的，应当予以释明；对利用协议损害其他债权人利益或者规避公共管理政策的，不能制作调解书；对当事人行为构成虚假诉讼的，严格按照民事诉讼法第一百一十二条和《最高人民法院关于适用〈中华人民共和国民事诉讼法〉的解释》第一百九十条、第一百九十一条的规定处理；涉嫌犯罪的，移送刑事侦查机关处理。

17. 当事人在债务清偿期届满后达成以房抵债协议并已经办理了产权转移手续，一方要求确认以房抵债协议无效或者变更、撤销，经审查不属于合同法第五十二条、第五十四条规定情形的，对其主张不予支持。

十四、供用热力合同纠纷

（一）最高人民法院公报案例

027. 开发商与业主签订的商品房预售合同中，规定商品房含有供热设施且由开发商向业主供热，开发商能否起诉解除供热合同①

高尔夫（南京）房地产有限公司诉吴咏梅供用热力合同纠纷案

裁判摘要

非集中供热地区，开发商向业主出售的商品房含有供热设施，且约定由开发商向业主供热，开发商负有强制缔约义务，是否解除供热合同应由业主或者业主大会决定。

原告：高尔夫（南京）房地产有限公司，住所地：江苏省南京市江宁区经济技术开发区利源中路。

法定代表人：黄立家，该公司董事长。

被告：吴咏梅。

原告高尔夫（南京）房地产有限公司（以下简称高尔夫公司）因与被告

① 参见《最高人民法院公报》2012年第12期。

吴咏梅发生供用热力合同纠纷，向南京市江宁区人民法院提起诉讼。

原告高尔夫公司诉称：2007年6月24日，原告与被告吴咏梅签订《高尔夫国际花园商品房预售合同》，吴咏梅购买了原告开发建设的高尔夫国际花园10幢401室房屋1套，面积为152.67平方米，该合同附件《甲、乙双方的其它约定》第（四）条约定：业主同意供暖期按建筑面积每月每平方米4.2元的基本费付费，非供暖期供给的热水能源费按建筑面积每月每平方米0.7元计算。每年的供暖期为11月16日至次年的3月15日，其余时间为非供暖期。自2008年6月起原告为吴咏梅提供代供热，后吴咏梅按照供暖期每月每平方米7元、非供暖期每月每平方米0.7元支付供热费用至2010年12月31日。2011年1月9日，吴咏梅向其提交《关于申请停用暖气、热水报告》，要求解除双方的供热关系。现要求判令：1. 确认双方热力代供关系已经解除；2. 吴咏梅支付基本供热费用5183元（自2011年1月1日起至2012年4月30日止）。

被告吴咏梅辩称：被告确实向原告高尔夫公司提交了《关于申请停用暖气、热水报告》要求停用暖气及热水，但是该报告并非要求与高尔夫公司解除供热关系，故不同意解除双方之间的供热合同关系；被告已经申请停用暖气及热水，实际上也未使用高尔夫公司所供暖气及热水，故不应当向高尔夫公司支付供热费用。综上，请求驳回高尔夫公司的诉讼请求。

南京市江宁区人民法院一审查明：

2007年6月24日，原告高尔夫公司与被告吴咏梅、郝正（吴咏梅之夫，已去世）签订《高尔夫国际花园商品房预售合同》（以下简称《预售合同》）1份，约定：高尔夫公司将其开发建设的位于南京市江宁区利源中路88号的高尔夫国际花园10幢401室（以下简称401室）房屋1套出售给吴咏梅及郝正。合同附件《甲、乙双方的其它约定》约定：地暖设备的使用及维护根据热电厂合约与相关标准制定，业主须严格遵守。为考虑全体业主利益与小区的质量标准，无论业主有否入住，业主都要履行付费的义务。在业主委员会成立之前，业主遵照供暖期按建筑面积每月每平方米4.2元的基本费，外加使用计量费、费用抄表另计，封顶 2.8 元；非供暖期供给的热水能源费按建筑面积每月每平方米 0.7 元。以上费用的缴纳由物管公司代收代管。价格随着物价浮动而浮动。收费的总原则是 60%按面积计收，40%按使用量计收。高尔夫公司于 2008 年开始对高尔夫国际花园小区供暖气、热水。2011 年 1 月 9 日，吴咏梅向高尔夫公司提交《关于申请停用暖气、热水报告》1 份，载明：401 室业主于 2011 年 1 月 9 日申请停用小区提供的热水及暖气。2011 年 1 月 25 日，吴咏梅按照供暖期每月每平方米 7 元、非供暖期每月每平方米 0.7 元向高尔夫公司缴纳 2010 年 3 月 16 日至 12 月 31 日供热费用 1815.2 元。

另查明，401 室的实测建筑面积为 155.59 平方米，现所有权登记在被告吴咏梅名下。

审理中，原告高尔夫公司陈述其收取的供热费用包含热水、暖气的费用，还包含供热设备的维护费用，其向小区业主供热的成本已经远高于向小区业主收取的供热费用，其在本案中向被告吴咏梅主张的供暖期供热费用是正常标准的 60%，已经考虑到吴咏梅停用热水及暖气的因素。吴咏梅亦认可高尔夫公司供热的成本已经高于收取的供热费用。

本案一审的争议焦点是：一、原告高尔夫公司能否解除与被告吴咏梅之间的供热合同；二、被告吴咏梅在申请停热后，是否应向原告高尔夫公司支付供热费用。

南京市江宁区人民法院一审认为：

原告高尔夫公司与被告吴咏梅签订的《预售合同》，是双方的真实意思表示，合法有效，受法律保护，双方均应按约履行。买卖契约中双方不仅对商品房买卖的具体条款进行了约定，还对供暖、供热水的时间和使用费用进行了约定，明确约定了由高尔夫公司履行供暖、供热水的义务，吴咏梅按照标准履行支付使用费的义务，故高尔夫公司与吴咏梅之间形成了供用热力的合同关系。对高尔夫公司要求确认双方热力代供关系已经解除的请求，因吴咏梅提交的停用暖气热水报告中仅要求停用热水及暖气，并未要求解除双方之间的供热合同，在审理中吴咏梅亦不同意解除双方之间的供热合同，且高尔夫公司提供的供热水、供暖服务的对象为高尔夫国际花园小区全体业主，相关设施系小区业主的公共设施，解除供热合同势必会影响到吴咏梅房屋的价值以及其他业主的合法权益，是否解除供热应由业主大会决定，故对高尔夫公司的该项请求本院不予支持。高尔夫公司主张的供热费用，因该费用中不仅包含了暖气、热水费用还包含了供暖设备的维护费用，吴咏梅虽申请停用暖气及热水，但是供暖设备的维护费用吴咏梅应当支付；结合吴咏梅亦认可高尔夫公司供热的成本已经高于收取的供热费用，且吴咏梅已经按照供暖期每月每平方米 7 元、非供暖期每月每平方米 0.7 元的标准，向高尔夫公司缴纳了 2010 年 3 月 16 日至 12 月 31 日的供热费用，应当视为双方已经对《预售合同》中约定的供热费用的标准进行了变更，本院酌定由吴咏梅按照其支付的 2010 年供热费用的缴费标准的 60%向高尔夫公司支付供热费用，经计算为 4777 元，故对高尔夫公司主张的供热费用部分予以支持。

据此，南京市江宁区人民法院依照《中华人民共和国合同法》第四十四条、第九十三条、第九十四条、第一百八十四条，《中华人民共和国民事诉讼法》第六十四条第一款之规定，于 2012 年 6 月 14 日判决：

一、被告吴咏梅支付原告高尔夫公司自 2011 年 1 月 1 日起至 2012 年 4 月 30 日止供热费用 4777 元，于本判决发生法律效力之日起 10 日内付清。

二、驳回原告高尔夫公司其他诉讼请求。

一审判决宣判后，双方当事人在法定期间内均未上诉，该判决已经发生法律效力。

（二）裁判依据

《中华人民共和国民法典》

第六百四十八条 供用电合同是供电人向用电人供电，用电人支付电费的合同。

向社会公众供电的供电人，不得拒绝用电人合理的订立合同要求。

第六百四十九条　供用电合同的内容一般包括供电的方式、质量、时间，用电容量、地址、性质，计量方式，电价、电费的结算方式，供用电设施的维护责任等条款。

第六百五十条　供用电合同的履行地点，按照当事人约定；当事人没有约定或者约定不明确的，供电设施的产权分界处为履行地点。

第六百五十一条　供电人应当按照国家规定的供电质量标准和约定安全供电。供电人未按照国家规定的供电质量标准和约定安全供电，造成用电人损失的，应当承担赔偿责任。

第六百五十二条　供电人因供电设施计划检修、临时检修、依法限电或者用电人违法用电等原因，需要中断供电时，应当按照国家有关规定事先通知用电人；未事先通知用电人中断供电，造成用电人损失的，应当承担赔偿责任。

第六百五十三条　因自然灾害等原因断电，供电人应当按照国家有关规定及时抢修；未及时抢修，造成用电人损失的，应当承担赔偿责任。

第六百五十四条　用电人应当按照国家有关规定和当事人的约定及时支付电费。用电人逾期不支付电费的，应当按照约定支付违约金。经催告用电人在合理期限内仍不支付电费和违约金的，供电人可以按照国家规定的程序中止供电。

供电人依据前款规定中止供电的，应当事先通知用电人。

第六百五十五条　用电人应当按照国家有关规定和当事人的约定安全、节约和计划用电。用电人未按照国家有关规定和当事人的约定用电，造成供电人损失的，应当承担赔偿责任。

第六百五十六条　供用水、供用气、供用热力合同，参照适用供用电合同的有关规定。

十五、赠与合同纠纷

（一）地方法院典型案例

028. 受赠人不履行赠与合同约定的义务，赠与人可以撤销赠与①

基本案情：孙某（女）与孟某（女）系祖孙关系，孟某的父亲已去世。2018年6月，孙某与孟某签订协议，约定将孙某应获得的拆迁安置房份额及相应的拆迁补偿款全部赠与孟某，孟某则无偿提供一套简单装修的小户安置房供孙某生前居住使用，并承担对孙某的赡养义务。其后，孟某未尽赡养义务，孙某由于身体原因无法独自居住，无奈搬到养老院生活，因养老金不足以支付养老院费用，孙某将原居住的房屋出租，所得租金用于补贴养老院费用。孟某得知此事后，驱赶租客，并将租客与孙某诉至法院，被法院判决驳回诉讼请求。孙某对孟某的行为感到寒心，遂诉至法院，要求撤销对孟某的赠与。

裁判结果：江苏省苏州市吴中区人民法院经审理认为，受赠人不履行赠与合同约定的义务，赠与人可以撤销赠与。本案中，孙某将自己的拆迁安置房份额及补偿款赠与孟某是以孟某履行赡养义务为条件。孟某在获赠房屋份

① 《江苏法院发布家事纠纷典型案例（2021—2022年度）》（2023年3月7日发布），十三、受恩不报反讼争撤销赠与护权益，载江苏法院网，http：//www.jsfy.gov.cn/article/95069.html，最后访问日期：2023年6月30日。

额和相应款项后，不仅未按协议约定探望照顾孙某，甚至在明知孙某将所居住房屋出租用于补贴养老院费用的情况下仍坚持提起诉讼。孟某未按约履行赡养义务，孙某有权撤销赠与。遂判决：撤销孙某对孟某的赠与。

典型意义

乌鸦有反哺之孝，羔羊有跪乳之情，做人更应饮水思源，知恩图报。本案中，孙女在获得奶奶赠与房屋与拆迁补偿款后，不但未对奶奶有任何感恩之情，反而还因利益问题与奶奶对簿公堂，忘记了亲情，丧失了底线，迷失了自我。

尊老、敬老是中华民族的传统美德，爱老、助老是全社会应尽的共同责任。《中华人民共和国民法典》第六百六十三条第一款规定："受赠人有下列情形之一的，赠与人可以撤销赠与：（一）严重侵害赠与人或者赠与人近亲属的合法权益；（二）对赠与人有扶养义务而不履行；（三）不履行赠与合同约定的义务。"本案依法判决支持老人撤销赠与的诉讼请求，既维护了老年人的财产权益，也彰显了法律对违反社会主义核心价值观行为的规制和谴责，同时提醒社会公众在亲情面前要多一份感恩，在利益面前要多一份理性。

（二）裁判依据

《中华人民共和国民法典》

第六百五十七条　赠与合同是赠与人将自己的财产无偿给予受赠人，受赠人表示接受赠与的合同。

第六百五十八条　赠与人在赠与财产的权利转移之前可以撤销赠与。

经过公证的赠与合同或者依法不得撤销的具有救灾、扶贫、助残等公益、道德义务性质的赠与合同，不适用前款规定。

第六百五十九条 赠与的财产依法需要办理登记或者其他手续的，应当办理有关手续。

第六百六十条 经过公证的赠与合同或者依法不得撤销的具有救灾、扶贫、助残等公益、道德义务性质的赠与合同，赠与人不交付赠与财产的，受赠人可以请求交付。

依据前款规定应当交付的赠与财产因赠与人故意或者重大过失致使毁损、灭失的，赠与人应当承担赔偿责任。

第六百六十一条 赠与可以附义务。

赠与附义务的，受赠人应当按照约定履行义务。

第六百六十二条 赠与的财产有瑕疵的，赠与人不承担责任。附义务的赠与，赠与的财产有瑕疵的，赠与人在附义务的限度内承担与出卖人相同的责任。

赠与人故意不告知瑕疵或者保证无瑕疵，造成受赠人损失的，应当承担赔偿责任。

第六百六十三条 受赠人有下列情形之一的，赠与人可以撤销赠与：

（一）严重侵害赠与人或者赠与人近亲属的合法权益；

（二）对赠与人有扶养义务而不履行；

（三）不履行赠与合同约定的义务。

赠与人的撤销权，自知道或者应当知道撤销事由之日起一年内行使。

第六百六十四条 因受赠人的违法行为致使赠与人死亡或者丧失民事行为能力的，赠与人的继承人或者法定代理人可以撤销赠与。

赠与人的继承人或者法定代理人的撤销权，自知道或者应当知道撤销事由之日起六个月内行使。

第六百六十五条 撤销权人撤销赠与的，可以向受赠人请求返还赠与的财产。

第六百六十六条 赠与人的经济状况显著恶化，严重影响其生产经营或者家庭生活的，可以不再履行赠与义务。

《中华人民共和国公益事业捐赠法》

第九条 自然人、法人或者其他组织可以选择符合其捐赠意愿的公益性社会团体和公益性非营利的事业单位进行捐赠。捐赠的财产应当是其有权处分的合法财产。

第十条 公益性社会团体和公益性非营利的事业单位可以依照本法接受捐赠。

本法所称公益性社会团体是指依法成立的，以发展公益事业为宗旨的基金会、慈善组织等社会团体。

本法所称公益性非营利的事业单位是指依法成立的，从事公益事业的不以营利为目的的教育机构、科学研究机构、医疗卫生机构、社会公共文化机构、社会公共体育机构和社会福利机构等。

第十一条 在发生自然灾害时或者境外捐赠人要求县级以上人民政府及其部门作为受赠人时，县级以上人民政府及其部门可以接受捐赠，并依照本法的有关规定对捐赠财产进行管理。

县级以上人民政府及其部门可以将受赠财产转交公益性社会团体或者公益性非营利的事业单位；也可以按照捐赠人的意愿分发或者兴办公益事业，但是不得以本机关为受益对象。

第十二条 捐赠人可以与受赠人就捐赠财产的种类、质量、数量和用途等内容订立捐赠协议。捐赠人有权决定捐赠的数量、用途和方式。

捐赠人应当依法履行捐赠协议，按照捐赠协议约定的期限和方式将捐赠财产转移给受赠人。

第十三条 捐赠人捐赠财产兴建公益事业工程项目，应当与受赠人订立捐赠协议，对工程项目的资金、建设、管理和使用作出约定。

捐赠的公益事业工程项目由受赠单位按照国家有关规定办理项目审批手续，并组织施工或者由受赠人和捐赠人共同组织施工。工程质量应当符合国家质量标准。

捐赠的公益事业工程项目竣工后，受赠单位应当将工程建设、建设资金的使用和工程质量验收情况向捐赠人通报。

《中华人民共和国慈善法》

第三十五条 捐赠人可以通过慈善组织捐赠，也可以直接向受益人捐赠。

第三十六条 捐赠人捐赠的财产应当是其有权处分的合法财产。捐赠财产包括货币、实物、房屋、有价证券、股权、知识产权等有形和无形财产。

捐赠人捐赠的实物应当具有使用价值，符合安全、卫生、环保等标准。

捐赠人捐赠本企业产品的，应当依法承担产品质量责任和义务。

第三十七条 自然人、法人和其他组织开展演出、比赛、销售、拍卖等经营性活动，承诺将全部或者部分所得用于慈善目的的，应当在举办活动前与慈善组织或者其他接受捐赠的人签订捐赠协议，活动结束后按照捐赠协议履行捐赠义务，并将捐赠情况向社会公开。

第三十八条 慈善组织接受捐赠，应当向捐赠人开具由财政部门统一监（印）制的捐赠票据。捐赠票据应当载明捐赠人、捐赠财产的种类及数量、慈善组织名称和经办人姓名、票据日期等。捐赠人匿名或者放弃接受捐赠票据的，慈善组织应当做好相关记录。

第三十九条 慈善组织接受捐赠，捐赠人要求签订书面捐赠协议的，慈善组织应当与捐赠人签订书面捐赠协议。

书面捐赠协议包括捐赠人和慈善组织名称，捐赠财产的种类、数量、质量、用途、交付时间等内容。

十六、借款合同纠纷

（一）最高人民法院指导案例

029. 以不动产提供抵押担保的，未办理抵押登记不影响抵押合同的效力[①]

中信银行股份有限公司东莞分行诉陈志华等金融借款合同纠纷案

（最高人民法院审判委员会讨论通过　2021年11月9日发布）

关键词：民事/金融借款合同/未办理抵押登记/赔偿责任/过错

裁判要点

以不动产提供抵押担保，抵押人未依抵押合同约定办理抵押登记的，不影响抵押合同的效力。债权人依据抵押合同主张抵押人在抵押物的价值范围内承担违约赔偿责任的，人民法院应予支持。抵押权人对未能办理抵押登记有过错的，相应减轻抵押人的赔偿责任。

相关法条

1.《中华人民共和国物权法》第十五条（注：现行有效的法律为《中华人民共和国民法典》第二百一十五条）

① 最高人民法院指导案例168号。

2.《中华人民共和国合同法》第一百零七条、第一百一十三条第一款、第一百一十九条第一款（注：现行有效的法律为《中华人民共和国民法典》第五百七十七条、第五百八十四条、第五百九十一条第一款）

基本案情：2013年12月31日，中信银行股份有限公司东莞分行（以下简称中信银行东莞分行）与东莞市华丰盛塑料有限公司（以下简称华丰盛公司）、东莞市亿阳信通集团有限公司（以下简称亿阳公司）、东莞市高力信塑料有限公司（以下简称高力信公司）签订《综合授信合同》，约定中信银行东莞分行为亿阳公司、高力信公司、华丰盛公司提供4亿元的综合授信额度，额度使用期限自2013年12月31日起至2014年12月31日止。为担保该合同，中信银行东莞分行于同日与陈志波、陈志华、陈志文、亿阳公司、高力信公司、华丰盛公司、东莞市怡联贸易有限公司（以下简称怡联公司）、东莞市力宏贸易有限公司（以下简称力宏公司）、东莞市同汇贸易有限公司（以下简称同汇公司）分别签订了《最高额保证合同》，约定：高力信公司、华丰盛公司、亿阳公司、力宏公司、同汇公司、怡联公司、陈志波、陈志华、陈志文为上述期间的贷款本息、实现债权费用在各自保证限额内向中信银行东莞分行提供连带保证责任。同时，中信银行东莞分行还分别与陈志华、陈志波、陈仁兴、梁彩霞签订了《最高额抵押合同》，陈志华、陈志波、陈仁兴、梁彩霞同意为中信银行东莞分行自2013年12月31日至2014年12月31日期间对亿阳公司等授信产生的债权提供最高额抵押，担保的主债权限额均为4亿元，担保范围包括贷款本息及相关费用，抵押物包括：1. 陈志华位于东莞市中堂镇东泊村的房产及位于东莞市中堂镇东泊村中堂汽车站旁的一栋综合楼（未取得不动产登记证书）；2. 陈志波位于东莞市中堂镇东泊村陈屋东兴路东一巷面积为4667.7平方米的土地使用权及地上建筑物、位于东莞市中堂镇吴家涌面积为30801平方米的土地使用权、位于东莞市中堂镇东泊村面积为12641.9平方米的土地使用权（均未取得不动产登记证书）；3. 陈仁兴位于东莞市中堂镇的房屋；4. 梁彩霞位于东莞市中堂镇东泊村陈屋新村的房产。以上不动产均未办理抵押登记。

另，中信银行东莞分行于同日与亿阳公司签订了《最高额权利质押合同》《应收账款质押登记协议》。

基于《综合授信合同》，中信银行东莞分行与华丰盛公司于2014年3月18日、19日分别签订了《人民币流动资金贷款合同》，约定：中信银行东莞分行为华丰盛公司分别提供2500万元、2500万元、2000万元流动资金贷款，贷款期限分别为2014年3月18日至2015年3月18日、2014年3月19日至2015年3月15日、2014年3月19日至2015年3月12日。

东莞市房产管理局于2011年6月29日向东莞市各金融机构发出《关于明确房地产抵押登记有关事项的函》（东房函〔2011〕119号），内容为："东莞市各金融机构：由于历史遗留问题，我市存在一些土地使用权人与房屋产权人不一致的房屋。2008年，住建部出台了《房屋登记办法》（建设部令第168号），其中第八条明确规定'办理房屋登记，应当遵循房屋所有权和房屋占用范围内的土地使用权权利主体一致的原则'。因此，上述房屋在申请所有权转移登记时，必须先使房屋所有权与土地使用权权利主体一致后才能办理。为了避免抵押人在实现该类房屋抵押权时，因无法在房管部门办理房屋所有权转移登记而导致合法利益无法得到保障，根据《中华人民共和国物权法》《房屋登记办法》等相关规定，我局进一步明确房地产抵押登记的有关事项，现函告如下：一、土地使用权人与房屋产权人不一致的房屋需办理抵押登记的，必须在房屋所有权与土地使用权权利主体取得一致后才能办理。二、目前我市个别金融机构由于实行先放款再到房地产管理部门申请办理抵押登记，产生了一些不必要的矛盾纠纷。为了减少金融机构信贷风险和信贷矛盾纠纷，我局建议各金融机构在日常办理房地产抵押贷款申请时，应认真审查抵押房地产的房屋所有权和土地使用权权利主体是否一致，再决定是否发放该笔贷款。如对房地产权属存在疑问，可咨询房地产管理部门。三、为了更好地保障当事人利益，我局将从2011年8月1日起，对所有以自建房屋申请办理抵押登记的业务，要求申请人必须同时提交土地使用权证。”

中信银行东莞分行依约向华丰盛公司发放了7000万贷款。然而，华丰盛公司自2014年8月21日起未能按期付息。中信银行东莞分行提起本案诉讼。请求：华丰盛公司归还全部贷款本金7000万元并支付贷款利息等；陈志波、陈志华、陈仁兴、梁彩霞在抵押物价值范围内承担连带赔偿责任。

裁判结果：广东省东莞市中级人民法院于2015年11月19日作出（2015）东中法民四初字第15号民事判决：一、东莞市华丰盛塑料有限公司向中信银行股份有限公司东莞分行偿还借款本金7000万元、利息及复利并支付罚息；二、东莞市华丰盛塑料有限公司赔偿中信银行股份有限公司东莞分行支出的律师费13万元；三、东莞市亿阳信通集团有限公司、东莞市高力信塑料有限公司、东莞市力宏贸易有限公司、东莞市同汇贸易有限公司、东莞市怡联贸易有限公司、陈志波、陈志华、陈志文在各自《最高额保证合同》约定的限额范围内就第一、二判项确定的东莞市华丰盛塑料有限公司所负中信银行股份有限公司东莞分行的债务范围内承担连带清偿责任，保证人在承担保证责任后，有权向东莞市华丰盛塑料有限公司追偿；四、陈志华在位于广东省东莞市中堂镇东泊村中堂汽车站旁的一栋综合楼、陈志波在位于广东省东莞市中堂镇东泊村陈屋东兴路东一巷面积为4667.7平方米的土地使用权及地上建筑物（面积为3000平方米的三幢住宅）、位于东莞市中堂镇吴家涌面积为30801平方米的土地使用权、位于东莞市中堂镇东泊村面积为12641.9平方米的土地使用权的价值范围内就第一、二判项确定的东莞市华丰盛塑料有限公司所负中信银行股份有限公司东莞分行债务的未受清偿部分的二分之一范围内承担连带赔偿责任；五、驳回中信银行股份有限公司东莞分行的其他诉讼请求。中信银行股份有限公司东莞分行提出上诉。广东省高级人民法院于2017年11月14日作出（2016）粤民终1107号民事判决：驳回上诉，维持原判。中信银行股份有限公司东莞分行不服向最高人民法院申请再审。最高人民法院于2018年9月28日作出（2018）最高法民申3425号民事裁定，裁定提审本案。2019 年 12 月 9 日，最高人民法院作出（2019）最高法民再 155 号民事判决：一、撤销广东省高级人民法院（2016）粤民终 1107 号民事判决；二、维持广东省东莞市中级人民法院（2015）东中法民四初字第 15 号民事判决第一、二、三、四项；三、撤销广东省东莞市中级人民法院（2015）东中法民四初字第 15 号民事判决第五项；四、陈志华在位于东莞市中堂镇东泊村的房屋价值范围内、陈仁兴在位于东莞市中堂镇的房屋价值范围内、梁彩霞在位于东莞市中堂镇东泊村陈屋新村的房屋价值范围内，就广东省东莞市中级人民法院（2015）东中法民四初字第 15 号民事判决第一、二判项确定的东莞市华丰盛塑料有限公司所负债务未清偿部分的二分之一范围内向中信银行股份有限公司东莞分行承担连带赔偿责任；五、驳回中信银行股份有限公司东莞分行的其他诉讼请求。

裁判理由：最高人民法院认为：《中华人民共和国物权法》第十五条规定："当事人之间订立有关设立、变更、转让和消灭不动产物权的合同，除法律另有规定或者合同另有约定外，自合同成立时生效；未办理物权登记的，不影响合同效力。"本案中，中信银行东莞分行分别与陈志华等三人签订的《最高额抵押合同》，约定陈志华以其位于东莞市中堂镇东泊村的房屋、陈仁兴以其位于东莞市中堂镇的房屋、梁彩霞以其位于东莞市中堂镇东泊村陈屋新村的房屋为案涉债务提供担保。上述合同内容系双方当事人的真实意思表示，内容不违反法律、行政法规的强制性规定，应为合法有效。虽然前述抵押物未办理抵押登记，但根据《中华人民共和国物权法》第十五条之规定，该事实并不影响抵押合同的效力。

依法成立的合同，对当事人具有法律约束力，当事人应当按照合同约定履行各自义务，不履行合同义务或履行合同义务不符合约定的，应依据合同约定或法律规定承担相应责任。《最高额抵押合同》第六条"甲方声明与保证"约定："6. 2 甲方对本合同项下的抵押物拥有完全的、有效的、合法的所有权或处分权，需依法取得权属证明的抵押物已依法获发全部权属证明文件，且抵押物不存在任何争议或任何权属瑕疵……6.4 设立本抵押不会受到任何限制或不会造成任何不合法的情形。”第十二条“违约责任”约定：“12.1 本合同生效后，甲乙双方均应履行本合同约定的义务，任何一方不履行或不完全履行本合同约定的义务的，应当承担相应的违约责任，并赔偿由此给对方造成的损失。12.2 甲方在本合同第六条所作声明与保证不真实、不准确、不完整或故意使人误解，给乙方造成损失的，应予赔偿。”根据上述约定，陈志华等三人应确保案涉房产能够依法办理抵押登记，否则应承担相应的违约责任。本案中，陈志华等三人尚未取得案涉房屋所占土地使用权证，因房地权属不一致，案涉房屋未能办理抵押登记，抵押权未依法设立，陈志华等三人构成违约，应依据前述约定赔偿由此给中信银行东莞分行造成的损失。

《中华人民共和国合同法》第一百一十三条第一款规定：“当事人一方不履行合同义务或者履行合同义务不符合约定，给对方造成损失的，损失赔偿额应当相当于因违约所造成的损失，包括合同履行后可以获得的利益，但不得超过违反合同一方订立合同时预见到或者应当预见到的因违反合同可能造成的损失。”《最高额抵押合同》第 6.6 条约定：“甲方承诺：当主合同债务人不履行到期债务或发生约定的实现担保物权的情形，无论乙方对主合同项下的债权是否拥有其他担保（包括但不限于主合同债务人自己提供物的担保、保证、抵押、质押、保函、备用信用证等担保方式），乙方有权直接请求甲方在其担保范围内承担担保责任，无需行使其他权利（包括但不限于先行处置主合同债务人提供的物的担保）。”第 8.1 条约定：“按照本合同第二条第 2.2 款确定的债务履行期限届满之日债务人未按主合同约定履行全部或部分债务的，乙方有权按本合同的约定处分抵押物。”在《最高额抵押合同》正常履行的情况下，当主债务人不履行到期债务时，中信银行东莞分行可直接请求就抵押物优先受偿。本案抵押权因未办理登记而未设立，中信银行东莞分行无法实现抵押权，损失客观存在，其损失范围相当于在抵押财产价值范围内华丰盛公司未清偿债务数额部分，并可依约直接请求陈志华等三人进行赔偿。

同时，根据本案查明的事实，中信银行东莞分行对《最高额抵押合同》无法履行亦存在过错。东莞市房产管理局已于2011年明确函告辖区各金融机构，房地权属不一致的房屋不能再办理抵押登记。据此可以认定，中信银行东莞分行在2013年签订《最高额抵押合同》时对于案涉房屋无法办理抵押登记的情况应当知情或者应当能够预见。中信银行东莞分行作为以信贷业务为主营业务的专业金融机构，应比一般债权人具备更高的审核能力。相对于此前曾就案涉抵押物办理过抵押登记的陈志华等三人来说，中信银行东莞分行具有更高的判断能力，负有更高的审查义务。中信银行东莞分行未尽到合理的审查和注意义务，对抵押权不能设立亦存在过错。同时，根据《中华人民共和国合同法》第一百一十九条“当事人一方违约后，对方应当采取适当措施防止损失的扩大；没有采取适当措施致使损失扩大的，不得就扩大的损失要求赔偿”的规定，中信银行东莞分行在知晓案涉房屋无法办理抵押登记后，没有采取降低授信额度、要求提供补充担保等措施防止损失扩大，可以适当减轻陈志华等三人的赔偿责任。综合考虑双方当事人的过错程度以及本案具体情况，酌情认定陈志华等三人以抵押财产价值为限，在华丰盛公司尚未清偿债务的二分之一范围内，向中信银行东莞分行承担连带赔偿责任。

030. 最高额抵押权未办理变更登记手续的情形下其效力是否及于新转入的债券①

中国工商银行股份有限公司宣城龙首支行诉宣城柏冠贸易有限公司、江苏凯盛置业有限公司等金融借款合同纠纷案

（最高人民法院审判委员会讨论通过 2018年6月20日发布）

关键词：民事/金融借款合同/担保/最高额抵押权

裁判要点

当事人另行达成协议将最高额抵押权设立前已经存在的债权转入该最高额抵押担保的债权范围，只要转入的债权数额仍在该最高额抵押担保的最高债权额限度内，即使未对该最高额抵押权办理变更登记手续，该最高额抵押权的效力仍然及于被转入的债权，但不得对第三人产生不利影响。

相关法条

《中华人民共和国物权法》第二百零三条、第二百零五条

基本案情：2012年4月20日，中国工商银行股份有限公司宣城龙首支行（以下简称工行宣城龙首支行）与宣城柏冠贸易有限公司（以下简称柏冠公司）签订《小企业借款合同》，约定柏冠公司向工行宣城龙首支行借款300万元，借款期限为7个月，自实际提款日起算，2012年11月1日还100万元，2012年11月17日还200万元。涉案合同还对借款利率、保证金等作了约定。同年4月24日，工行宣城龙首支行向柏冠公司发放了上述借款。

2012年10月16日，江苏凯盛置业有限公司（以下简称凯盛公司）股东

① 最高人民法院指导案例95号。

会决议决定，同意将该公司位于江苏省宿迁市宿豫区江山大道118号-宿迁红星凯盛国际家居广场（房号：B-201、产权证号：宿豫字第201104767）房产，抵押与工行宣城龙首支行，用于亿荣达公司商户柏冠公司、闽航公司、航嘉公司、金亿达公司四户企业在工行宣城龙首支行办理融资抵押，因此产生一切经济纠纷均由凯盛公司承担。同年10月23日，凯盛公司向工行宣城龙首支行出具一份房产抵押担保的承诺函，同意以上述房产为上述四户企业在工行宣城龙首支行融资提供抵押担保，并承诺如该四户企业不能按期履行工行宣城龙首支行的债务，上述抵押物在处置后的价值又不足以偿还全部债务，凯盛公司同意用其他财产偿还剩余债务。该承诺函及上述股东会决议均经凯盛公司全体股东签名及加盖凯盛公司公章。2012年10月24日，工行宣城龙首支行与凯盛公司签订《最高额抵押合同》，约定凯盛公司以宿房权证宿豫字第201104767号房地产权证项下的商铺为自2012年10月19日至2015年10月19日，在4000万元的最高余额内，工行宣城龙首支行依据与柏冠公司、闽航公司、航嘉公司、金亿达公司签订的借款合同等主合同而享有对债务人的债权，无论该债权在上述期间届满时是否已到期，也无论该债权是否在最高额抵押权设立之前已经产生，提供抵押担保，担保的范围包括主债权本金、利息、实现债权的费用等。同日，双方对该抵押房产依法办理了抵押登记，工行宣城龙首支行取得宿房他证宿豫第201204387号房地产他项权证。2012年11月3日，凯盛公司再次经过股东会决议，并同时向工行宣城龙首支行出具房产抵押承诺函，股东会决议与承诺函的内容及签名盖章均与前述相同。当日，凯盛公司与工行宣城龙首支行签订《补充协议》，明确双方签订的《最高额抵押合同》担保范围包括2012年4月20日工行宣城龙首支行与柏冠公司、闽航公司、航嘉公司和金亿达公司签订的四份贷款合同项下的债权。

柏冠公司未按期偿还涉案借款，工行宣城龙首支行诉至宣城市中级人民法院，请求判令柏冠公司偿还借款本息及实现债权的费用，并要求凯盛公司以其抵押的宿房权证宿豫字第 201104767 号房地产权证项下的房地产承担抵押担保责任。

裁判结果：宣城市中级人民法院于 2013 年 11 月 10 日作出（2013）宣中民二初字第 00080 号民事判决：一、柏冠公司于判决生效之日起五日内给付工行宣城龙首支行借款本金 300 万元及利息。……四、如柏冠公司未在判决确定的期限内履行上述第一项给付义务，工行宣城龙首支行以凯盛公司提供的宿房权证宿豫字第 201104767 号房地产权证项下的房产折价或者以拍卖、变卖该房产所得的价款优先受偿……宣判后，凯盛公司以涉案《补充协议》约定的事项未办理最高额抵押权变更登记为由，向安徽省高级人民法院提起上诉。该院于 2014 年 10 月 21 日作出（2014）皖民二终字第 00395 号民事判决：驳回上诉，维持原判。

裁判理由：法院生效裁判认为：凯盛公司与工行宣城龙首支行于 2012 年 10 月 24 日签订《最高额抵押合同》，约定凯盛公司自愿以其名下的房产作为抵押物，自 2012 年 10 月 19 日至 2015 年 10 月 19 日，在 4000 万元的最高余额内，为柏冠公司在工行宣城龙首支行所借贷款本息提供最高额抵押担保，并办理了抵押登记，工行宣城龙首支行依法取得涉案房产的抵押权。2012 年 11 月 3 日，凯盛公司与工行宣城龙首支行又签订《补充协议》，约定前述最高额抵押合同中述及抵押担保的主债权及于 2012 年 4 月 20 日工行宣城龙首支行与柏冠公司所签《小企业借款合同》项下的债权。该《补充协议》不仅有双方当事人的签字盖章，也与凯盛公司的股东会决议及其出具的房产抵押担保承诺函相印证，故该《补充协议》应系凯盛公司的真实意思表示，且所约定内容符合《中华人民共和国物权法》（以下简称《物权法》）第二百零三条第二款的规定，也不违反法律、行政法规的强制性规定，依法成立并有效，其作为原最高额抵押合同的组成部分，与原最高额抵押合同具有同等法律效力。由此，本案所涉 2012 年 4 月 20 日《小企业借款合同》项下的债权已转入前述最高额抵押权所担保的最高额为 4000 万元的主债权范围内。就该

《补充协议》约定事项，是否需要对前述最高额抵押权办理相应的变更登记手续，《物权法》没有明确规定，应当结合最高额抵押权的特点及相关法律规定来判定。

根据《物权法》第二百零三条第一款的规定，最高额抵押权有两个显著特点：一是最高额抵押权所担保的债权额有一个确定的最高额度限制，但实际发生的债权额是不确定的；二是最高额抵押权是对一定期间内将要连续发生的债权提供担保。由此，最高额抵押权设立时所担保的具体债权一般尚未确定，基于尊重当事人意思自治原则，《物权法》第二百零三条第二款对前款作了但书规定，即允许经当事人同意，将最高额抵押权设立前已经存在的债权转入最高额抵押担保的债权范围，但此并非重新设立最高额抵押权，也非《物权法》第二百零五条规定的最高额抵押权变更的内容。同理，根据《房屋登记办法》第五十三条的规定，当事人将最高额抵押权设立前已存在债权转入最高额抵押担保的债权范围，不是最高抵押权设立登记的他项权利证书及房屋登记簿的必要记载事项，故亦非应当申请最高额抵押权变更登记的法定情形。

本案中，工行宣城龙首支行和凯盛公司仅是通过另行达成补充协议的方式，将上述最高额抵押权设立前已经存在的债权转入该最高额抵押权所担保的债权范围内，转入的涉案债权数额仍在该最高额抵押担保的 4000 万元最高债权额限度内，该转入的确定债权并非最高抵押权设立登记的他项权利证书及房屋登记簿的必要记载事项，在不会对其他抵押权人产生不利影响的前提下，对于该意思自治行为，应当予以尊重。此外，根据商事交易规则，法无禁止即可为，即在法律规定不明确时，不应强加给市场交易主体准用严格交易规则的义务。况且，就涉案 2012 年 4 月 20 日借款合同项下的债权转入最高额抵押担保的债权范围，凯盛公司不仅形成了股东会决议，出具了房产抵押担保承诺函，且和工行宣城龙首支行达成了《补充协议》，明确将已经存在的涉案借款转入前述最高额抵押权所担保的最高额为 4000 万元的主债权范围内。现凯盛公司上诉认为该《补充协议》约定事项必须办理最高额抵押权变更登记才能设立抵押权，不仅缺乏法律依据，也有悖诚实信用原则。

综上，工行宣城龙首支行和凯盛公司达成《补充协议》，将涉案2012年4月20日借款合同项下的债权转入前述最高额抵押权所担保的主债权范围内，虽未办理最高额抵押权变更登记，但最高额抵押权的效力仍然及于被转入的涉案借款合同项下的债权。

031. 金融借款合同有数份最高额担保的情形下，合同中未列明的担保人是否需要承担担保责任①

温州银行股份有限公司宁波分行诉浙江创菱电器有限公司等金融借款合同纠纷案

（最高人民法院审判委员会讨论通过　2016年5月20日发布）

关键词：民事/金融借款合同/最高额担保

裁判要点

在有数份最高额担保合同情形下，具体贷款合同中选择性列明部分最高额担保合同，如债务发生在最高额担保合同约定的决算期内，且债权人未明示放弃担保权利，未列明的最高额担保合同的担保人也应当在最高债权限额内承担担保责任。

相关法条

《中华人民共和国担保法》第十四条

基本案情：原告浙江省温州银行股份有限公司宁波分行（以下简称温州

① 最高人民法院指导案例57号。

银行）诉称：其与被告宁波婷微电子科技有限公司（以下简称婷微电子公司）、岑建锋、宁波三好塑模制造有限公司（以下简称三好塑模公司）分别签订了“最高额保证合同”，约定三被告为浙江创菱电器有限公司（以下简称创菱电器公司）一定时期和最高额度内借款，提供连带责任担保。创菱电器公司从温州银行借款后，不能按期归还部分贷款，故诉请判令被告创菱电器公司归还原告借款本金250万元，支付利息、罚息和律师费用；岑建锋、三好塑模公司、婷微电子公司对上述债务承担连带保证责任。

被告创菱电器公司、岑建锋未作答辩。

被告三好塑模公司辩称：原告诉请的律师费不应支持。

被告婷微电子公司辩称：其与温州银行签订的最高额保证合同，并未被列入借款合同所约定的担保合同范围，故其不应承担保证责任。

法院经审理查明：2010年9月10日，温州银行与婷微电子公司、岑建锋分别签订了编号为温银9022010年高保字01003号、01004号的最高额保证合同，约定婷微电子公司、岑建锋自愿为创菱电器公司在2010年9月10日至2011年10月18日发生的余额不超过1100万元的债务本金及利息、罚息等提供连带责任保证担保。

2011年10月12日，温州银行与岑建锋、三好塑模公司分别签署了编号为温银9022011年高保字00808号、00809号最高额保证合同，岑建锋、三好塑模公司自愿为创菱电器公司在2010年9月10日至2011年10月18日发生的余额不超过550万元的债务本金及利息、罚息等提供连带责任保证担保。

2011年10月14日，温州银行与创菱电器公司签署了编号为温银9022011企贷字00542号借款合同，约定温州银行向创菱电器公司发放贷款500万元，到期日为2012年10月13日，并列明担保合同编号分别为温银9022011年高保字00808号、00809号。贷款发放后，创菱电器公司于2012年8月6日归还了借款本金250万元，婷微电子公司于2012年6月29日、10月31日、11月30日先后支付了贷款利息31115.3元、53693.71元、21312.59元。截至

2013 年 4 月 24 日，创菱电器公司尚欠借款本金 250 万元、利息 141509.01 元。另查明，温州银行为实现本案债权而发生律师费用 95200 元。

裁判结果：浙江省宁波市江东区人民法院于 2013 年 12 月 12 日作出（2013）甬东商初字第 1261 号民事判决：一、创菱电器公司于本判决生效之日起十日内归还温州银行借款本金 250 万元，支付利息 141509.01 元，并支付自 2013 年 4 月 25 日起至本判决确定的履行之日止按借款合同约定计算的利息、罚息；二、创菱电器公司于本判决生效之日起十日内赔偿温州银行为实现债权而发生的律师费用 95200 元；三、岑建锋、三好塑模公司、婷微电子公司对上述第一、二项款项承担连带清偿责任，其承担保证责任后，有权向创菱电器公司追偿。宣判后，婷微电子公司以其未被列入借款合同，不应承担保证责任为由，提起上诉。浙江省宁波市中级人民法院于 2014 年 5 月 14 日作出（2014）浙甬商终字第 369 号民事判决，驳回上诉，维持原判。

裁判理由：法院生效裁判认为：温州银行与创菱电器公司之间签订的编号为温银 9022011 企贷字 00542 号借款合同合法有效，温州银行发放贷款后，创菱电器公司未按约还本付息，已经构成违约。原告要求创菱电器公司归还贷款本金 250 万元，支付按合同约定方式计算的利息、罚息，并支付原告为实现债权而发生的律师费 95200 元，应予支持。岑建锋、三好塑模公司自愿为上述债务提供最高额保证担保，应承担连带清偿责任，其承担保证责任后，有权向创菱电器公司追偿。

本案的争议焦点为，婷微电子公司签订的温银 9022010 年高保字 01003 号最高额保证合同未被选择列入温银 9022011 企贷字 00542 号借款合同所约定的担保合同范围，婷微电子公司是否应当对温银 9022011 企贷字 00542 号借款合同项下债务承担保证责任。对此，法院经审理认为，婷微电子公司应当承担保证责任。理由如下：第一，民事权利的放弃必须采取明示的意思表示才能发生法律效力，默示的意思表示只有在法律有明确规定及当事人有特别约定的情况下才能发生法律效力，不宜在无明确约定或者法律无特别规定的情况下，推定当事人对权利进行放弃。具体到本案，温州银行与创菱电器公司签订的温银 9022011 企贷字 00542 号借款合同虽未将婷微电子公司签订的最高额保证合同列入，但原告未以明示方式放弃婷微电子公司提供的最高额保证，故婷微电子公司仍是该诉争借款合同的最高额保证人。第二，本案诉争借款合同签订时间及贷款发放时间均在婷微电子公司签订的编号温银 9022010 年高保字 01003 号最高额保证合同约定的决算期内（2010 年 9 月 10 日至 2011 年 10 月 18 日），温州银行向婷微电子公司主张权利并未超过合同约定的保证期间，故婷微电子公司应依约在其承诺的最高债权限额内为创菱电器公司对温州银行的欠债承担连带保证责任。第三，最高额担保合同是债权人和担保人之间约定担保法律关系和相关权利义务关系的直接合同依据，不能以主合同内容取代从合同的内容。具体到本案，温州银行与婷微电子公司签订了最高额保证合同，双方的担保权利义务应以该合同为准，不受温州银行与创菱电器公司之间签订的温州银行非自然人借款合同约束或变更。第四，婷微电子公司曾于 2012 年 6 月、10 月、11 月三次归还过本案借款利息，上述行为也是婷微电子公司对本案借款履行保证责任的行为表征。综上，婷微电子公司应对创菱电器公司的上述债务承担连带清偿责任，其承担保证责任后，有权向创菱电器公司追偿。

（二）最高人民法院公报案例及典型案例

032. 抵销权的行使不得损害第三人的合法权益[①]

黄明与陈琪玲、陈泽峰、福建省丰泉环保集团有限公司民间借贷纠纷案

裁判摘要

抵销权的行使不得损害第三人的合法权益。当债权人同时为多个执行案件的被执行人且无实际财产可供清偿他人债务时，债务人以受让申请执行人对债权人享有的执行债权，主张抵销债权人债权的，人民法院应对主动债权的取得情况进行审查，防止主动债权变相获得优先受偿，进而损害其他债权人的利益。债务人受让的执行债权仍应当在债权人作为被执行人的执行案件中以参与分配的方式实现，以遏制恶意抵销和维护债权公平受偿的私法秩序。

最高人民法院民事判决书

（2019）最高法民终218号

上诉人（一审被告）：陈琪玲。

上诉人（一审被告）：陈泽峰。

上诉人（一审被告）：福建省丰泉环保集团有限公司，住所地：福建省福州市仓山区高仕路福建省丰泉环保集团科技园内。

---

① 参见《最高人民法院公报》2022年第6期。

法定代表人：陈泽峰，该公司董事长。

上述三上诉人的共同委托诉讼代理人：王进章，国浩律师（福州）事务所律师。

上述三上诉人的共同委托诉讼代理人：张力明，国浩律师（北京）事务所律师。

被上诉人（一审原告）：黄明。

委托诉讼代理人：陈志铭，福建明嘉律师事务所律师。

委托诉讼代理人：严洪，福建明嘉律师事务所律师。

上诉人陈琪玲、陈泽峰、福建省丰泉环保集团有限公司（以下简称丰泉公司）因与被上诉人黄明民间借贷纠纷一案不服福建省高级人民法院（以下简称福建高院）作出的（2016）闽民初106号民事判决，向本院提起上诉。因黄明未在期限内交纳上诉费，对其上诉按撤回上诉处理。本院于2019年2月13日立案后，依法组成合议庭开庭进行了审理。上诉人陈琪玲、陈泽峰、丰泉公司之共同委托诉讼代理人王进章、张力明，被上诉人黄明之委托诉讼代理人陈志铭到庭参加诉讼。本案经依法延长审限，现已审理终结。

上诉人陈琪玲、陈泽峰、丰泉公司上诉请求：1. 撤销福建高院（2016）闽民初106号判决书，驳回黄明的全部诉讼请求；2. 本案一审、二审诉讼费用全部由黄明承担。主要事实和理由为：一、涉案债权本息经双方《和解方案》确认为40000000元，而非判决认定的数额。2018年1月22日，黄明对借款本息确认：截止至2017年12月31日，尚欠借款本金35000000元，利息按2%计算余欠16800000元，最后，双方同意按40000000元结算，双方在黄明打印的《和解方案》上签字按了手印，因此，涉案债权的本息应按合计40000000元进行认定。虽陈琪玲、丰泉公司未参与《和解方案》的签订，但均予以认可。二、涉案债权已被抵销，应判决驳回黄明的全部诉讼请求。案外人吴永忠与黄明之间的民间借贷纠纷经过福建省厦门市中级人民法院（以下简称厦门中院）、福建高院两审终审，作出了（2014）厦民初字第679号、

(2015) 闽民终字第2259号生效民事判决，且吴永忠已向厦门中院申请强制执行黄明借款本金41000000元及相应利息。陈琪玲受让了前述案件中吴永忠对黄明的全部债权，吴永忠已经将债权转让情况书面通知了黄明，并且黄明本人签收了该份通知，吴永忠同时也将债权转让的情况告知了执行法院。根据《中华人民共和国合同法》（以下简称《合同法》）第七十九条、第八十条的规定，债权转让已生效，由陈琪玲享有前述案件中对黄明41000000元及相应利息的债权，其受让债权金额远高于涉案债权金额。根据《合同法》第九十九条规定，涉案债权与陈琪玲受让的债权均为到期债权，标的物均为金钱债务，且不属于法律规定或者按照合同性质不得抵销的情形，因此陈琪玲有权主张债务抵销，涉案债权也已经被抵销。

被上诉人黄明答辩称：一、关于黄明与陈泽峰签订《和解方案》的问题。1. 2018年1月22日黄明和陈泽峰签订的《和解方案》目的是解除陈泽峰的担保责任，但陈泽峰最终没有履行《和解方案》。2. 陈琪玲等人要求对抵债权，说明其已放弃了《和解方案》。3. 签订《和解方案》的背景是黄明保全了陈泽峰控制的公司的厂房、土地等，引起陈泽峰经营困难，其找到黄明要求付款一部分，要求解除其责任，故黄明同意签订《和解方案》。根据上述三点可知，《和解方案》对黄明没有约束力。二、原审判决不支持陈琪玲以受让案外人的债权抵销本案债务的主张，适用法律正确，应当维持。陈琪玲的债权对应的债务人为黄明和谢素月，谢素月和黄明是夫妻，本案黄明的债权不属于夫妻共同债权，陈琪玲主张对抵没有法律依据；黄明因三角债陷入债务纠纷，目前作为被执行人有多个执行案件在案，无法履行债务，如果允许对抵，会导致第三人吴永忠的债权处于优先受偿的地位，损害其他债权人的利益。原审判决事实清楚，适用法律正确。故请求驳回上诉，维持原判。

黄明一审向福建高院提出诉讼请求：1. 判令被告陈琪玲立即向原告偿还尚欠借款本金人民币3500万元；2. 判令被告陈琪玲向原告支付从2013年11

月 2 日起至实际还款之日止的利息［暂计至 2016 年 9 月 27 日尚欠利息为人民币 24749333.33 元（详见利息计算清单）］；3. 判令被告陈琪玲向原告支付律师代理费人民币 80000 元；以上 1、2、3 项款项合计人民币 59829333.33 元。4. 判令被告陈泽峰、丰泉公司对陈琪玲上述债务承担连带清偿责任；5. 本案案件受理费、公告费、诉讼保全费由三被告承担。庭审中，黄明将上述诉讼请求第三项变更为：请求判令被告陈琪玲向黄明支付律师代理费人民币 15 万元。

一审法院认定事实：2013 年 6 月 23 日，被告陈琪玲作为借款人向原告黄明出具《借款借据》。该《借款借据》载明：经核对后确认，截至 2013 年 6 月 23 日累计结欠黄明借款 3500 万元，月利率 3.5%，利息每月 22 日前支付，借款期限为 12 个月，如逾期还款，按借款金额的日千分之五支付违约金。担保人丰泉公司、陈泽峰自愿为借款人的上述借款提供连带责任担保，保证期限为本借据签订之日起至借款期限届满之日起二年，担保范围包括借款本金、利息、逾期还款违约金及出借人为实现债权而支付的费用，借款人和担保人同意承担出借人为实现债权而支付的费用（包括但不限于律师代理费、公证费、诉讼费、差旅费以及实现债权的其他实际费用）。此后，原告同意将还款期限延至 2015 年 3 月 23 日。2015 年 3 月 23 日，陈泽峰、丰泉公司又在该借据上确认为陈琪玲的上述借款“担保至还款结清本息为止”。

2013 年 6 月 29 日至 2016 年 9 月 11 日，被告陈琪玲分 19 笔向原告支付利息。其中，2013 年 6 月 29 日支付 20 万元，2013 年 8 月 22 日支付 480 万元，2013 年 10 月 14 日支付 15 万元，2013 年 12 月 4 日支付 10 万元，2013 年 12 月 18 日支付 10 万元，2013 年 12 月 27 日支付 220 万元，2014 年 1 月 29 日支付 50 万元，2014 年 2 月 28 日支付 10 万元，2014 年 3 月 25 日支付 30 万元，2014 年 4 月 3 日支付 50 万元，2014 年 5 月 27 日支付 100 万元，2014 年 8 月 27 日支付 10 万元，2014 年 9 月 30 日支付 20 万元，2014 年 11 月 3 日支付 10 万元，2014 年 12 月 30 日支付 10 万元，2015 年 2 月 16 日支付 100 万

元，2015 年 11 月 27 日支付 10 万元，2016 年 2 月 6 日支付 20 万元，2016 年 9 月 11 日支付 20 万元。上述 19 笔款项共计 1195 万元。

另查明，2011 年 7 月 22 日至 2011 年 10 月 19 日，案外人谢素月通过银行向被告陈琪玲账户转账付款共计 5660 万元。2011 年 10 月 10 日，厦门明晟源投资有限公司通过银行转账向被告丰泉公司付款共计 1700 万元。2010 年 2 月 2 日至 2011 年 8 月 9 日，原告黄明通过银行转账向被告陈琪玲付款共计 100 万元。2011 年 10 月 10 日至 2011 年 10 月 19 日，原告黄明通过银行转账向被告陈琪玲付款共计 1540 万元。

案外人黄昆进分别于 2016 年 9 月 26 日和 2018 年 3 月 7 日向北京大成（厦门）律师事务所、福建汇德（厦门）律师事务所支付律师代理费 8 万元和 7 万元。

另查明，原告黄明与谢素月系夫妻关系，与黄昆进系父子关系。厦门明晟源投资有限公司的法定代表人系黄明。

一审法院认为，本案为民间借贷纠纷，因被告陈泽峰系香港特别行政区居民，故本案属于涉港民商事纠纷。原被告双方均同意本案适用内地法律，依照《最高人民法院关于适用〈中华人民共和国涉外民事关系法律适用法〉若干问题的解释（一）》第十九条、《中华人民共和国涉外民事关系法律适用法》第三条的规定，本案适用内地法律。

本案的争议焦点在于：1. 原告是否实际向被告出借 3500 万元；2. 被告在 2013 年 6 月 23 日出具案涉借条时是否还欠原告利息 6576000 元；3.《借款借据》约定的月利率 3.5%是否超过法定的利率标准，被告已经偿还的利息 11950000 元是否应抵扣本金；4. 被告应当承担原告的律师代理费金额；5. 关于被告能否以受让案外人的债权抵销本案债务。对此，一审法院分析认定如下：

一、关于原告是否已向被告实际出借 3500 万元

根据被告陈琪玲于 2013 年 6 月 23 日向原告黄明出具的《借款借据》，原

被告双方经核对后确认截至2013年6月23日被告陈琪玲累计结欠原告黄明借款3500万元，被告丰泉公司、陈泽峰作为担保人也在该借款借据上盖章、签名，各方对借款事实是明确予以认可的。2015年3月23日，被告陈泽峰、丰泉公司又在该借据上确认为被告陈琪玲的上述借款“担保至还款结清本息为止”，再次对借款事实予以确认。原告黄明提供的证据也证明其在2011年7月22日至2011年10月19日，通过自己或案外人账户向被告陈琪玲或丰泉公司的银行账户转账付款9000万元。被告未能举证上述汇款与本案借款无关，相反还主张其已经偿还利息11950000元上述事实均可证明案涉借款已经实际发生。因此，被告关于案涉借款未实际履行的主张不能成立。

二、关于被告陈琪玲在2013年6月23日出具案涉借条时是否还欠原告利息6576000元

原被告双方在案涉《借款借据》上对于尚欠的借款本金金额作了确认，并未提及被告陈琪玲尚欠利息。原告解释称该笔利息系基于先前借款计算得出，但原告黄明系基于案涉《借款借据》提起本案诉讼，案涉《借款借据》出具前的借款所产生的利息与本案无关，当事人应另行解决。因此，原告主张被告陈琪玲偿还该笔6576000元利息无事实依据，一审法院不予支持。

三、关于案涉《借款借据》约定的月利率是否超过法定的利率标准，被告陈琪玲已经偿还的利息11950000元是否可抵扣本金

《最高人民法院关于审理民间借贷案件适用法律若干问题的规定》第二十六条规定，借贷双方约定的利率未超过年利率24%，出借人请求借款人按照约定的利率支付利息的，人民法院应予支持；借贷双方约定的利率超过年利率36%，超过部分的利息约定无效。借款人请求出借人返还已支付的超过年利率36%部分的利息的，人民法院应予支持。案涉《借款借据》约定的月利率3.5%已经超过年利率36%，超过部分的利息约定无效。被告陈琪玲在2013年6月29日至2016年9月11日共向原告支付1195万元。其中，陈琪玲2013年6月29日还款20万元，按照年利率36%计算，尚欠本金3500万元，

利息7123.29元；陈琪玲于2013年8月22日还款4800000元，扣除按照年利率36%计算的利息1871232.18元，其余抵扣本金2928767.82元，尚欠本金32071232.18元。此后，陈琪玲自2013年10月14日至2016年9月11日支付的其余695万元利息，按照年利率36%计算可折抵220天的利息，即已付利息计至2014年3月30日止。自2014年3月31日起，应按年利率24%计算利息。

四、关于被告应承担的原告委托律师代理费金额

案涉《借款借据》约定被告陈泽峰、丰泉公司为被告陈琪玲的债务承担连带保证担保责任，担保范围包括借款本金、利息、逾期还款违约金及出借人为实现债权而支付的费用，三被告同时还确认，借款人和担保人同意承担出借人为实现债权而支付的包括律师代理费在内的各项费用，因此被告应当承担原告为本案诉讼所支出的合理费用。原告黄明先后委托北京大成（厦门）律师事务所、福建汇德律师事务所律师代理本案诉讼并分别支付律师代理费8万元和7万元。鉴于原告已经解除其与北京大成（厦门）律师事务所律师的委托合同，该所律师未完成代理事务，因该合同所产生的费用不属于原告为实现债权而产生的合理费用，不应得到支持。因此，被告陈琪玲只应对上述律师代理费中的7万元承担责任。

五、关于被告能否以受让案外人的债权抵销本案债务

原告黄明与案外人之间的债权债务关系与本案不属于同一法律关系，且原告不同意将其与案外人之间的债务与被告所欠债务抵销，因此被告主张以其受让案外人的债权抵销本案债务，一审法院不予支持。

案涉《借款借据》系合同双方的真实意思表示，除了因双方约定的利率超过年利率36%，超过部分的利息约定无效外，合同其他内容未违反法律法规禁止性规定，应认定合法有效。被告陈琪玲未能按照法律规定和合同约定支付利息，且借款期限届满后也未偿还本金及相应利息，应承担违约责任。被告陈泽峰、丰泉公司自愿为被告陈琪玲的上述债务承担连带保证担保责任，

担保范围包括借款本金、利息、逾期还款违约金及出借人为实现债权而支付的费用，故被告陈泽峰、丰泉公司应在上述担保范围内承担连带保证责任。

综上，依照《最高人民法院关于适用〈中华人民共和国涉外民事关系法律适用法〉若干问题的解释（一）》第十九条，《中华人民共和国涉外民事关系法律适用法》第三条，《中华人民共和国合同法》第六十条第一款、第一百零七条、第二百零五条、第二百零六条、第二百零七条，《中华人民共和国担保法》第十二条、第十八条、第三十一条，《最高人民法院关于审理民间借贷案件适用法律若干问题的规定》第二十六条，《最高人民法院关于适用〈中华人民共和国担保法〉若干问题的解释》第四十二条第一款之规定，判决：一、被告陈琪玲应在判决生效之日起十日内向原告黄明偿还借款本金32071232.18元，并支付以32071232.18元为基数按年利率24%计算自2014年3月31日起至实际支付之日止的利息；二、被告陈琪玲应在判决生效之日起十日内向原告黄明支付律师代理费70000元；三、被告陈泽峰、丰泉公司应对被告陈琪玲的上述债务承担连带偿还责任，被告陈泽峰、丰泉公司承担担保责任后，有权向被告陈琪玲追偿；四、驳回原告黄明的其他诉讼请求。案件受理费340946.66元，由被告陈琪玲、陈泽峰、丰泉公司负担292518.99元，由原告黄明负担48427.67元。诉讼保全费5000元由被告陈琪玲、陈泽峰、丰泉公司负担。

本院二审期间，当事人围绕上诉请求依法提交了证据。本院组织当事人进行了证据交换和质证。陈琪玲、陈泽峰、丰泉公司提交了一份支付系统专用凭证，欲证明陈琪玲收到黄明款项后转款给了丰泉公司，故陈泽峰与丰泉公司是案涉借款的实际借款人。黄明提交了其作为多起案件被执行人的执行案件查询结果信息，欲证明其作为多起执行案件被执行人，无力偿还债务，陈琪玲提出的债务抵销主张将损害黄明其他债权人的利益。本院认为，陈琪玲、陈泽峰、丰泉公司提出的证据无法证明其欲证明的陈泽峰、丰泉公司系本案实际借款人的事实，本院不予认定。黄明提交的证据可证明黄明系多起执行案件的被执行人。

本院对一审认定的事实依法予以确认。**二审经审理查明：**

1. 2018 年 1 月 22 日，陈泽峰（甲方）与黄明（乙方）签订《和解方案》一份，该方案约定：一、截止至 2017 年 12 月 31 日，甲方欠乙方本金 3500 万元，利息按 2%计算余欠 1680 万元，现经双方协商确定本息按人民币 4000 万元结算；二、付款方式：1. 签订协议之日起一个月内须付人民币 2000 万元；2. 2018 年 12 月 31 日前甲方须付人民币 1000 万元，并按银行贷款利率支付 1000 万元对应的利息；3. 2019 年 12 月 31 日前支付的剩余的人民币 1000 万元，并按银行贷款利率支付 2018. 1. 1 至 2019. 12. 31 日 1000 万元对应的利息。三、若甲方违反约定的上述付款方式，须承担年利率 24%的违约金。陈泽峰与黄明签订《和解方案》后，陈泽峰在 2018 年 2 月 22 日（第一期款项 2000 万元的支付期限）的最后一天向黄明发送《催告函》，要求黄明提供用于收款的银行账号。陈泽峰在之后的两年间一直未履行还款义务。

2. 黄明及其妻谢素月与案外人吴永忠的借贷纠纷中，福建高院已生效的判决（2015）闽民终字第 2259 号确认“黄明、谢素月应于本判决生效之日起十日内返还吴永忠借款 4100 万元及利息（自 2011 年 11 月 1 日起以本金 4100 万元为基数，按银行同期同类贷款基准利率的四倍计至还款之日止，已经偿付的 1806322 元，抵作利息）”。2016 年 10 月 11 日，吴永忠就上述案件向厦门中院申请执行，但由于黄明、谢素月无实际可执行之财产，厦门中院终结执行。除与吴永忠执行案外，黄明为其所牵涉的其他多起案件中的被执行人，且因黄明无可供执行财产，已被法院纳入失信被执行人名单。

3. 2018 年 5 月 22 日，吴永忠与陈琪玲签订《债权转让确认书》，约定吴永忠将其对黄明享有的 4100 万元债权本金及利息转让给陈琪玲，并于同日向黄明、谢素月发送《债权转让通知书》，黄明、谢素月于 2018 年 5 月 25 日收到上述通知书。陈琪玲于 2018 年 8 月 21 日（一审诉讼程序中）主张以其从吴永忠处受让的债权抵销其对黄明的债务。

本院认为，本案为民间借贷纠纷，因陈泽峰系香港特别行政区居民，故本案属于涉港民商事纠纷。双方当事人均同意本案适用内地法律，依照《最高人民法院关于适用〈中华人民共和国涉外民事关系法律适用法〉若干问题的解释（一）》第十九条、《中华人民共和国涉外民事关系法律适用法》第三条的规定，本案适用内地法律。

本案的争议焦点是：一、关于上诉人主张按《和解方案》确定本案本息数额是否应予支持的问题；二、关于陈琪玲受让案外人吴永忠的债权能否抵销其对黄明的债务的问题。本院对此分析认定如下：

一、关于上诉人主张按《和解方案》确定本案本息数额是否应予支持的问题

（一）关于《和解方案》的效力是否及于陈琪玲的问题

《和解方案》系由黄明与陈泽峰签订，双方均认可《和解方案》系基于案涉纠纷所签订的，为双方真实意思表示，不违反法律、行政法规的禁止性规定，合法有效。陈泽峰、陈琪玲、丰泉公司虽主张，陈泽峰系代表三方共同与黄明签订《和解方案》，《和解方案》构成对案涉债权债务重新确认，但《和解方案》并无债务人陈琪玲及担保人丰泉公司的签名或盖章，且《和解方案》不包含陈泽峰系代表三方签订的相关内容的任何表述，债权人黄明亦不认可《和解方案》已免除陈琪玲债务，故该协议不能构成免责的债务承担，陈泽峰只是作为共同债务人加入案涉债权债务。此外，由于陈琪玲在一审期间提出以其受让的债权向黄明主张债务抵销，亦可见本案中陈琪玲并未认为《和解方案》已免除其还款义务。综上，《和解方案》不能构成对案涉债权债务重新确认，亦不免除陈琪玲的债务，仍应以《借款借据》作为确认案涉债权债务的依据。

（二）关于陈泽峰的担保债权本息能否按《和解方案》确定的问题

本案中，《和解方案》约定陈泽峰应当在 2018 年 2 月 22 日前向黄明支付 2000 万元、2018 年 12 月 31 日前支付 1000 万元及利息、2019 年 12 月 31 日前

支付1000万元及利息，但陈泽峰并未于约定期限内及此后支付相应款项。陈泽峰在第一期款项2000万元的支付期限的最后一天方才向黄明发送《催告函》，要求黄明提供用于收款的银行账号，且在第一期还款期限届满后的两年间一直未履行还款义务，又因《和解方案》签订于本案诉讼过程中，陈泽峰本可向法院申请提存该笔款项便能清偿债务、履行其合同义务，但陈泽峰却并未以此方式还债，上述事实足以表明陈泽峰拒不还款的真实意思。《和解方案》虽未清楚载明用以向黄明还款的银行账户，但这一瑕疵并不构成陈泽峰的履约障碍。因此，陈泽峰提出的因黄明未提供银行账户导致其无法还款、其发送过《催告函》要求黄明告知银行账户足以证明陈泽峰并未违约的抗辩，不能成立。陈泽峰未在约定期限内履行其作为共同债务人承担《和解方案》中确定的债务，一审按照《借款借据》确定其担保责任并无不当。

二、关于陈琪玲主张以其从案外人吴永忠处受让的对黄明的债权抵销陈琪玲对黄明的债务的问题

首先，人民法院应当对当事人提出的抵销诉求进行审查。陈琪玲在一审中提出的债务抵销主张属于以行使抵销权的方式对黄明的债权请求权进行抗辩，也即诉讼抵销抗辩。一般情况下，被告在诉讼过程中提出诉讼抵销抗辩在法律上并无不当，为了实现诉讼经济目标及免除个案中当事人另行起诉的诉累，人民法院应当在案件中对被告提出的诉讼抵销抗辩予以审查处理，确定这一抗辩是否成立。一审法院以黄明与案外人吴永忠之间的债权债务关系与本案不属于同一法律关系、且黄明不同意将其与吴永忠之间的债务与陈琪玲所欠债务抵销为由，对陈琪玲的抵销主张不予审查存在不当，本院在此予以指出。

其次，抵销权的行使不应损害第三人的合法权益。抵销权作为合同法规定的一项实体权利，债务人可通过行使抵销权免除自己的债务，实现自己的债权，但抵销权的行使，不得损害第三人的合法权益。为此，我国企业破产法在承认抵销权的同时，又对用来抵销的主动债权进行了限制，特别是规定了债务人的债务人在破产申请受理后取得他人对债务人的债权，或者已知债

务人有不能清偿到期债务或者破产申请的事实而对债务人取得债权的，不允许抵销。该制度的主要目的在于防止债务人资不抵债时，债务人的债务人通过新取得债权来主张抵销，使自己的新取得债权得到优先清偿、使自己的债务得以免除，而损害其他债权人利益。与此同理，在我国目前没有自然人破产法、在诉讼审理程序和执行程序存在关联的情形下，出现个人债务人不能清偿到期债务的情况时，应当防止损害第三人特别是个人债务人的其他债权人的合法权益。由于黄明已是多起执行案件的被执行人，这些案件中的债权均因黄明缺乏可供执行财产而未得到清偿，若在本案中径行准予陈琪玲以受让的债权抵销债务，将导致黄明的可供执行财产的直接减损，并损害涉及黄明的其他执行案件中的其他债权人的合法利益。

再次，诉讼审理程序中抵销权的行使不应与执行程序中公平分配原则相冲突。在一般情况下，有效的诉讼抵销抗辩在经法院审查后可以获得支持，但当存在诉讼审理程序中抵销权行使与执行程序参与分配有关联的情形下，抵销权的行使应受到一定限制。本案中，黄明作为多起执行案件的被执行人一直无法履行债务，陈琪玲受让并主张用以抵销的主动债权即来自其中的一起执行案件，且该债权原本便存在因黄明无可供执行财产而被迫终止执行的情况。在本案中径行准予陈琪玲以受让的债权抵销债务，这就意味着源自吴永忠的未能通过执行受偿的债权，反而以此种方式间接地较黄明的其他债权人得到优先受偿，与执行程序参与分配制度的公平分配原则直接冲突。

最后，人民法院应根据诚实信用原则确认是否支持抵销权的行使。对于债权转让情形下债务人以受让取得的债权主张抵销的，且取得的债权在执行程序中无法实现时，人民法院应当对诉讼抵销抗辩予以审慎的实质审查。即，人民法院应根据诚实信用原则审查用于抵销的主动债权的取得情况，以保护善意抵销权的同时不损害第三人的合法权益。本案中，在陈琪玲明知黄明作为多起案件被执行人缺乏可供执行财产的情形下，在本案一审庭审之后受让债权并主张抵销的行为，违反了诚实信用原则。此外，当陈琪玲能举证证明黄明事实上仍存在其他可供执行财产，诉讼抵销抗辩事实上不会损害被执行人的其他案外债权人利益的，对于此类诉讼抵销抗辩，法院仍可予以支持。但陈琪玲未能提出有效证据证明黄明仍有充分的其他可供执行财产，亦未能证明其诉讼抵销抗辩不会在结果上损害黄明案外的其他债权人利益。因此，对于陈琪玲的诉讼抵销抗辩，本院不予支持。

综上，陈琪玲、陈泽峰、丰泉公司的上诉请求，缺乏事实和法律依据，不能成立，应予驳回。依照《中华人民共和国民事诉讼法》第一百七十条第一款第一项、《最高人民法院关于适用〈中华人民共和国民事诉讼法〉的解释》第三百三十四条的规定，判决如下：

驳回上诉，维持原判。

二审案件受理费 340946.66 元，由陈琪玲、陈泽峰、福建省丰泉环保集团有限公司负担。

本判决为终审判决。

033. 夫妻一方和第三人恶意串通虚构婚内债务并单方认可，但该出借人无法举证证明借款关系存在的，法院应如何处理①

赵俊诉项会敏、何雪琴民间借贷纠纷案

裁判摘要

一、夫妻一方具有和第三人恶意串通、通过虚假诉讼虚构婚内债务嫌疑的，该夫妻一方单方自认债务，并不必然免除“出借人”对借贷关系成立并生效的事实应承担的举证责任。

① 参见《最高人民法院公报》2014 年第 12 期。

二、借款人配偶未参加诉讼且出借人及借款人均未明确表示放弃该配偶可能承担的债务份额的，为查明案件事实，应依法追加与案件审理结果具有利害关系的借款人配偶作为第三人参加诉讼，以形成实质性的对抗。

三、出借人仅提供借据佐证借贷关系的，应深入调查辅助性事实以判断借贷合意的真实性，如举债的必要性、款项用途的合理性等。出借人无法提供证据证明借款交付事实的，应综合考虑出借人的经济状况、资金来源、交付方式、在场见证人等因素判断当事人陈述的可信度。对于大额借款仅有借据而无任何交付凭证、当事人陈述有重大疑点或矛盾之处的，应依据证据规则认定“出借人”未完成举证义务，判决驳回其诉讼请求。

原告：赵俊。

被告：项会敏。

被告：何雪琴。

原告赵俊因与被告项会敏、何雪琴发生民间借贷纠纷，向上海市长宁区人民法院提起诉讼。

原告赵俊诉称：原告与被告项会敏系朋友关系。2007年7月20日，项会敏以装修房屋为由向其借款人民币20万元，双方约定以年利率5%计息，期限为两年。当日，原告从家中保险柜中取出现金20万元，步行至项会敏经营的干洗店内向其交付借款，项会敏当场出具借条。2009年7月23日，项会敏在原告的催讨下支付利息2万元，并请求延长借款期限两年。2011年7月27日，原告再次向项会敏催讨借款，但其仍未能还款。原告认为，因本案借款系项会敏向其所借，借条和催款通知单亦由项会敏签名确认，故其仅起诉项会敏。至于被告何雪琴是否应当承担共同还款责任，其不予表态。请求法院判令项会敏归还借款20万元，并以20万元为本金，支付自2009年7月23日起至判决生效之日止按照年利率5%计算的利息。

被告项会敏辩称：对原告赵俊诉称的事实均无异议，但其目前无力归还借款。至于涉案借款的用途，其中10万借款用于装修两被告名下房屋，另外10万元于2007年8月2日用于提前偿还购买该房屋时的银行贷款。因此，涉案借款是夫妻共同债务，应由两被告共同偿还。

被告何雪琴辩称：第一，原告赵俊主张的借款事实不存在。两被告在2007年期间自有资金非常充裕，无举债之必要。原告提供的借条是项会敏事后伪造的，何雪琴原已申请对该借条的实际形成时间进行鉴定，但因不具备鉴定条件而无法进行。且原告当时并不具备出借20万元的经济能力，其也未提供任何借款交付证据。第二，何雪琴对原告主张的借款始终不知情。两被告于2009年6月18日签订协议书，约定对外债务任何一方不确认则不成立。故该笔借款即使存在，也应当是项会敏的个人债务。第三，两被告于2005年9月20日结婚，2010年7月开始分居。何雪琴曾分别于2010年8月25日、2011年5月12日向法院提起离婚诉讼。在这两次诉讼中，项会敏均未提及本案借款。目前，两被告的第三次离婚诉讼已在审理中。然而，除本案系争债务以外，另有两位债权人突然诉至法院要求归还借款。显然，本案是原告和项会敏通过恶意串通，企图转移财产的虚假诉讼，应追究两人的法律责任。

上海市长宁区人民法院经审理查明：

原告赵俊与被告项会敏系朋友关系，两被告系夫妻关系，于2005年9月20日登记结婚。项会敏向原告出具落款日期为2007年7月20日的《借条》一张，载明，“今我项会敏向赵俊借人民币200000元正（贰拾万元正），于2009年7月20日前归还，利息按5%计算”，落款处由项会敏以借款人身份签名。后原告书写一份《催款通知单》，载明，“今项会敏向赵俊借款（贰拾万元正），于2009年7月20日前归还，但已超过期限，至今没还，特此向项会敏催讨借款”，落款日期为2009年7月23日。项会敏在该份《催款通知单》上加注，“我知道，因经营不善无钱归还，恳求延长两年，利息照旧”。此后，原告再次书写一份《催款通知单》，载明，“今项会敏借赵俊贰拾万元正，经多次催款至今没还，特此向项会敏再次催讨借款及利息”，落款日期为2011年7月27日。项会敏则在该份《催款通知单》上加注：“因经营不善无钱归还，恳求延长两年，利息照旧”，并签署其姓名。

另查明，2007年7月19日，被告项会敏名下尾号为3366的中国工商银行账户内余额为167545.34元。2007年8月2日，项会敏自上述银行账户内支取100000元。当日，项会敏向中国建设银行偿还个人购房贷款100000元。

再查明，2009年6月18日，两被告签署《协议书》一份，确认双方生意经营、房产状况、房屋贷款等事宜，未涉及本案系争借款。双方同时约定“其他债务事宜，双方任何一方不确认则不成立”。2010年7月，两被告开始分居。2010年9月28日、2011年6月1日，何雪琴分别起诉至上海市长宁区人民法院，要求与项会敏离婚。上述两案诉讼过程中，项会敏均未提及本案系争借款，后该两次离婚诉讼均经调解不予离婚。2012年8月31日，何雪琴第三次起诉要求与项会敏离婚，目前该案正在审理中。

上述事实，有原告赵俊提供的、落款日期为2007年7月20日的《借条》、2009年7月23日的《催款通知单》、2011年7月27日的《催款通知单》，被告项会敏提供的中国建设银行《个人贷款还款凭证》，被告何雪琴提供的2009年6月18日两被告《协议书》、2010年10月13日法院调解笔录、2011年6月1日法院调解笔录，上海市长宁区人民法院依职权调取的被告项会敏名下尾号为2009的中国工商银行账户交易明细以及双方当事人的当庭陈述在案佐证，足以认定。

本案的争议焦点为：原告赵俊与被告项会敏之间的借贷关系是否成立并生效以及在此前提之下被告何雪琴是否负有还款义务。

上海市长宁区人民法院一审认为：根据民事诉讼证据规则，在合同纠纷案件中，主张合同关系成立并生效的一方当事人对合同订立和生效的事实承担举证责任。同时，根据《中华人民共和国合同法》规定，自然人之间的借款合同，自贷款人提供借款时生效。故原告赵俊主张其与被告项会敏之间存在有效的借款合同关系，其应就双方之间存在借款的合意以及涉案借款已实际交付的事实承担举证责任。现原告提供《借条》意在证明其与项会敏之间存在借款的合意。关于借款交付，其主张因其无使用银行卡的习惯，故家中常年放置大量现金，200000 元系以现金形式一次性交付给项会敏。对于原告的上述主张，被告项会敏均表示认可，并称其收到借款后同样以现金形式存放，并于 2007 年 8 月 2 日以其中的 10 万元提前归还房屋贷款。被告何雪琴则明确否认涉案借款的真实性。

本案中，第一，原告赵俊在本案中虽表示向被告项会敏主张还款，但项会敏辩称涉案借款用于两被告夫妻共同生活，应由两被告共同偿还。事实上，经法院调查，在两被告的第三次离婚诉讼中，项会敏也始终将本案借款作为夫妻共同债务要求何雪琴承担相应的还款责任。基于本案处理结果与何雪琴有法律上的利害关系，法院依法将其追加其为第三人参加诉讼。后因项会敏的上述抗辩，原告申请追加何雪琴为被告。在此过程中，原告及项会敏一再反对何雪琴参加本案诉讼，不仅缺乏法律依据，亦有违常理。何雪琴作为本案被告以及利害关系人，当然有权就系争借款陈述意见并提出抗辩主张。

第二，基于两被告目前的婚姻状况以及利益冲突，被告项会敏对系争借款的认可，显然亦不能当然地产生两被告自认债务的法律效果。并且，项会敏称其于 2007 年 8 月 2 日用涉案借款中的 100000 元提前归还房贷。然而，经法院依职权调查，项会敏银行交易记录却显示当天有 100000 元存款从其名下银行账户支取，与其归还的银行贷款在时间、金额上具有对应性。此外，项会敏银行账户在同期存有十余万元存款，其购房银行贷款也享有利率的七折优惠，再以 5%的年利率向他人借款用以冲抵该银行贷款，缺乏必要性和合理性。本案于 2013 年 3 月 7 日开庭时，项会敏经法院合法传唤明确表示拒绝到庭。上述事实和行为足以对项会敏相关陈述的真实性产生怀疑。故基于以上原因，原告赵俊仍需就其与项会敏之间借贷关系成立并生效的事实，承担相应的举证义务。

第三，原告赵俊自述其名下有多套房产，且从事经营活动，故其具有相应的现金出借能力。但其亦表示向被告项会敏出借 200000 元时，其本人因购房负担着巨额银行贷款。为此，法院给予原告合理的举证期限，要求其提供相应的证据证明其资产状况和现金出借能力，并释明逾期举证的法律后果。嗣后，原告明确表示拒绝提供相应的证据。法院认为，原告明确表示放弃继续举证权利，而其提供的现有证据亦并未能证明涉案借款的交付事实以及原告本人的资金出借能力，其陈述的借款过程亦不符合常理，故应承担举证不能的法律后果。对于原告的诉讼请求，法院依法不予支持。至于项会敏个人对涉案借款的认可，因其与原告之间对此并无争议，其可自行向原告清偿，法院对此不予处理。

据此，依照《中华人民共和国合同法》第一百九十六条、第二百一十条，《中华人民共和国民事诉讼法》第一百四十四条，《最高人民法院关于民事诉讼证据的若干规定》第二条、第五条之规定，上海市长宁区人民法院于 2013 年 4 月 19 日判决如下：

驳回原告赵俊的全部诉讼请求。

案件受理费人民币 4300 元，由原告赵俊负担。

一审判决后，双方均未提起上诉，该判决已经发生法律效力。

（三）裁判依据

《中华人民共和国民法典》

第六百六十八条 借款合同应当采用书面形式，但是自然人之间借款另有约定的除外。

借款合同的内容一般包括借款种类、币种、用途、数额、利率、期限和还款方式等条款。

第六百六十九条 订立借款合同，借款人应当按照贷款人的要求提供与借款有关的业务活动和财务状况的真实情况。

第六百七十条 借款的利息不得预先在本金中扣除。利息预先在本金中扣除的，应当按照实际借款数额返还借款并计算利息。

第六百七十一条 贷款人未按照约定的日期、数额提供借款，造成借款人损失的，应当赔偿损失。

借款人未按照约定的日期、数额收取借款的，应当按照约定的日期、数额支付利息。

第六百七十二条 贷款人按照约定可以检查、监督借款的使用情况。借款人应当按照约定向贷款人定期提供有关财务会计报表或者其他资料。

第六百七十三条 借款人未按照约定的借款用途使用借款的，贷款人可以停止发放借款、提前收回借款或者解除合同。

第六百七十四条 借款人应当按照约定的期限支付利息。对支付利息的期限没有约定或者约定不明确，依据本法第五百一十条的规定仍不能确定，借款期间不满一年的，应当在返还借款时一并支付；借款期间一年以上的，应当在每届满一年时支付，剩余期间不满一年的，应当在返还借款时一并支付。

第六百七十五条 借款人应当按照约定的期限返还借款。对借款期限没有约定或者约定不明确，依据本法第五百一十条的规定仍不能确定的，借款人可以随时返还；贷款人可以催告借款人在合理期限内返还。

第六百七十六条 借款人未按照约定的期限返还借款的，应当按照约定或者国家有关规定支付逾期利息。

第六百七十七条 借款人提前返还借款的，除当事人另有约定外，应当按照实际借款的期间计算利息。

第六百七十八条 借款人可以在还款期限届满前向贷款人申请展期；贷款人同意的，可以展期。

第六百七十九条 自然人之间的借款合同，自贷款人提供借款时成立。

第六百八十条 禁止高利放贷，借款的利率不得违反国家有关规定。

借款合同对支付利息没有约定的，视为没有利息。

借款合同对支付利息约定不明确，当事人不能达成补充协议的，按照当地或者当事人的交易方式、交易习惯、市场利率等因素确定利息；自然人之间借款的，视为没有利息。

《中华人民共和国商业银行法》

第三十五条 商业银行贷款，应当对借款人的借款用途、偿还能力、还款方式等情况进行严格审查。

商业银行贷款，应当实行审贷分离、分级审批的制度。

第三十六条 商业银行贷款，借款人应当提供担保。商业银行应当对保证人的偿还能力，抵押物、质物的权属和价值以及实现抵押权、质权的可行性进行严格审查。

经商业银行审查、评估，确认借款人资信良好，确能偿还贷款的，可以不提供担保。

第三十七条 商业银行贷款，应当与借款人订立书面合同。合同应当约定贷款种类、借款用途、金额、利率、还款期限、还款方式、违约责任和双方认为需要约定的其他事项。

第三十八条 商业银行应当按照中国人民银行规定的贷款利率的上下限，确定贷款利率。

第三十九条 商业银行贷款，应当遵守下列资产负债比例管理的规定：

（一）资本充足率不得低于百分之八；

（二）流动性资产余额与流动性负债余额的比例不得低于百分之二十五；

（三）对同一借款人的贷款余额与商业银行资本余额的比例不得超过百分之十；

（四）国务院银行业监督管理机构对资产负债比例管理的其他规定。

本法施行前设立的商业银行，在本法施行后，其资产负债比例不符合前款规定的，应当在一定的期限内符合前款规定。具体办法由国务院规定。

第四十条 商业银行不得向关系人发放信用贷款；向关系人发放担保贷款的条件不得优于其他借款人同类贷款的条件。

前款所称关系人是指：

（一）商业银行的董事、监事、管理人员、信贷业务人员及其近亲属；

（二）前项所列人员投资或者担任高级管理职务的公司、企业和其他经济组织。

第四十一条 任何单位和个人不得强令商业银行发放贷款或者提供担保。商业银行有权拒绝任何单位和个人强令要求其发放贷款或者提供担保。

第四十二条 借款人应当按期归还贷款的本金和利息。

借款人到期不归还担保贷款的，商业银行依法享有要求保证人归还贷款本金和利息或者就该担保物优先受偿的权利。商业银行因行使抵押权、质权而取得的不动产或者股权，应当自取得之日起二年内予以处分。

借款人到期不归还信用贷款的，应当按照合同约定承担责任。

第四十三条 商业银行在中华人民共和国境内不得从事信托投资和证券经营业务，不得向非自用不动产投资或者向非银行金融机构和企业投资，但国家另有规定的除外。

第四十四条 商业银行办理票据承兑、汇兑、委托收款等结算业务，应当按照规定的期限兑现，收付入账，不得压单、压票或者违反规定退票。有关兑现、收付入账期限的规定应当公布。

第四十五条 商业银行发行金融债券或者到境外借款，应当依照法律、行政法规的规定报经批准。

第四十六条 同业拆借，应当遵守中国人民银行的规定。禁止利用拆入资金发放固定资产贷款或者用于投资。

拆出资金限于交足存款准备金、留足备付金和归还中国人民银行到期贷款之后的闲置资金。拆入资金用于弥补票据结算、联行汇差头寸的不足和解决临时性周转资金的需要。

《最高人民法院关于审理民间借贷案件适用法律若干问题的规定》

为正确审理民间借贷纠纷案件，根据《中华人民共和国民法典》《中华人民共和国民事诉讼法》《中华人民共和国刑事诉讼法》等相关法律之规定，结合审判实践，制定本规定。

第一条 本规定所称的民间借贷，是指自然人、法人和非法人组织之间进行资金融通的行为。

经金融监管部门批准设立的从事贷款业务的金融机构及其分支机构，因发放贷款等相关金融业务引发的纠纷，不适用本规定。

第二条 出借人向人民法院提起民间借贷诉讼时，应当提供借据、收据、欠条等债权凭证以及其他能够证明借贷法律关系存在的证据。

当事人持有的借据、收据、欠条等债权凭证没有载明债权人，持有债权凭证的当事人提起民间借贷诉讼的，人民法院应予受理。被告对原告的债权人资格提出有事实依据的抗辩，人民法院经审查认为原告不具有债权人资格的，裁定驳回起诉。

第三条 借贷双方就合同履行地未约定或者约定不明确，事后未达成补充协议，按照合同相关条款或者交易习惯仍不能确定的，以接受货币一方所在地为合同履行地。

第四条 保证人为借款人提供连带责任保证，出借人仅起诉借款人的，人民法院可以不追加保证人为共同被告；出借人仅起诉保证人的，人民法院可以追加借款人为共同被告。

保证人为借款人提供一般保证，出借人仅起诉保证人的，人民法院应当追加借款人为共同被告；出借人仅起诉借款人的，人民法院可以不追加保证人为共同被告。

第五条 人民法院立案后，发现民间借贷行为本身涉嫌非法集资等犯罪的，应当裁定驳回起诉，并将涉嫌非法集资等犯罪的线索、材料移送公安或者检察机关。

公安或者检察机关不予立案，或者立案侦查后撤销案件，或者检察机关作出不起诉决定，或者经人民法院生效判决认定不构成非法集资等犯罪，当事人又以同一事实向人民法院提起诉讼的，人民法院应予受理。

第六条 人民法院立案后，发现与民间借贷纠纷案件虽有关联但不是同一事实的涉嫌非法集资等犯罪的线索、材料的，人民法院应当继续审理民间借贷纠纷案件，并将涉嫌非法集资等犯罪的线索、材料移送公安或者检察机关。

第七条 民间借贷纠纷的基本案件事实必须以刑事案件的审理结果为依据，而该刑事案件尚未审结的，人民法院应当裁定中止诉讼。

第八条 借款人涉嫌犯罪或者生效判决认定其有罪，出借人起诉请求担保人承担民事责任的，人民法院应予受理。

第九条 自然人之间的借款合同具有下列情形之一的，可以视为合同成立：

（一）以现金支付的，自借款人收到借款时；

（二）以银行转账、网上电子汇款等形式支付的，自资金到达借款人账户时；

（三）以票据交付的，自借款人依法取得票据权利时；

（四）出借人将特定资金账户支配权授权给借款人的，自借款人取得对该账户实际支配权时；

（五）出借人以与借款人约定的其他方式提供借款并实际履行完成时。

第十条 法人之间、非法人组织之间以及它们相互之间为生产、经营需要订立的民间借贷合同，除存在民法典第一百四十六条、第一百五十三条、第一百五十四条以及本规定第十三条规定的情形外，当事人主张民间借贷合同有效的，人民法院应予支持。

第十一条 法人或者非法人组织在本单位内部通过借款形式向职工筹集资金，用于本单位生产、经营，且不存在民法典第一百四十四条、第一百四十六条、第一百五十三条、第一百五十四条以及本规定第十三条规定的情形，当事人主张民间借贷合同有效的，人民法院应予支持。

第十二条 借款人或者出借人的借贷行为涉嫌犯罪，或者已经生效的裁判认定构成犯罪，当事人提起民事诉讼的，民间借贷合同并不当然无效。人民法院应当依据民法典第一百四十四条、第一百四十六条、第一百五十三条、第一百五十四条以及本规定第十三条之规定，认定民间借贷合同的效力。

担保人以借款人或者出借人的借贷行为涉嫌犯罪或者已经生效的裁判认定构成犯罪为由，主张不承担民事责任的，人民法院应当依据民间借贷合同与担保合同的效力、当事人的过错程度，依法确定担保人的民事责任。

第十三条 具有下列情形之一的，人民法院应当认定民间借贷合同无效：

（一）套取金融机构贷款转贷的；

（二）以向其他营利法人借贷、向本单位职工集资，或者以向公众非法吸收存款等方式取得的资金转贷的；

（三）未依法取得放贷资格的出借人，以营利为目的向社会不特定对象提供借款的；

（四）出借人事先知道或者应当知道借款人借款用于违法犯罪活动仍然提供借款的；

（五）违反法律、行政法规强制性规定的；

（六）违背公序良俗的。

第十四条 原告以借据、收据、欠条等债权凭证为依据提起民间借贷诉讼，被告依据基础法律关系提出抗辩或者反诉，并提供证据证明债权纠纷非民间借贷行为引起的，人民法院应当依据查明的案件事实，按照基础法律关系审理。

当事人通过调解、和解或者清算达成的债权债务协议，不适用前款规定。

第十五条 原告仅依据借据、收据、欠条等债权凭证提起民间借贷诉讼，被告抗辩已经偿还借款的，被告应当对其主张提供证据证明。被告提供相应证据证明其主张后，原告仍应就借贷关系的存续承担举证责任。

被告抗辩借贷行为尚未实际发生并能作出合理说明的，人民法院应当结合借贷金额、款项交付、当事人的经济能力、当地或者当事人之间的交易方式、交易习惯、当事人财产变动情况以及证人证言等事实和因素，综合判断查证借贷事实是否发生。

第十六条 原告仅依据金融机构的转账凭证提起民间借贷诉讼，被告抗辩转账系偿还双方之前借款或者其他债务的，被告应当对其主张提供证据证明。被告提供相应证据证明其主张后，原告仍应就借贷关系的成立承担举证责任。

第十七条 依据《最高人民法院关于适用〈中华人民共和国民事诉讼

法〉的解释》第一百七十四条第二款之规定，负有举证责任的原告无正当理由拒不到庭，经审查现有证据无法确认借贷行为、借贷金额、支付方式等案件主要事实的，人民法院对原告主张的事实不予认定。

第十八条 人民法院审理民间借贷纠纷案件时发现有下列情形之一的，应当严格审查借贷发生的原因、时间、地点、款项来源、交付方式、款项流向以及借贷双方的关系、经济状况等事实，综合判断是否属于虚假民事诉讼：

（一）出借人明显不具备出借能力；

（二）出借人起诉所依据的事实和理由明显不符合常理；

（三）出借人不能提交债权凭证或者提交的债权凭证存在伪造的可能；

（四）当事人双方在一定期限内多次参加民间借贷诉讼；

（五）当事人无正当理由拒不到庭参加诉讼，委托代理人对借贷事实陈述不清或者陈述前后矛盾；

（六）当事人双方对借贷事实的发生没有任何争议或者诉辩明显不符合常理；

（七）借款人的配偶或者合伙人、案外人的其他债权人提出有事实依据的异议；

（八）当事人在其他纠纷中存在低价转让财产的情形；

（九）当事人不正当放弃权利；

（十）其他可能存在虚假民间借贷诉讼的情形。

第十九条 经查明属于虚假民间借贷诉讼，原告申请撤诉的，人民法院不予准许，并应当依据民事诉讼法第一百一十二条之规定，判决驳回其请求。

诉讼参与人或者其他人恶意制造、参与虚假诉讼，人民法院应当依据民事诉讼法第一百一十一条、第一百一十二条和第一百一十三条之规定，依法予以罚款、拘留；构成犯罪的，应当移送有管辖权的司法机关追究刑事责任。

单位恶意制造、参与虚假诉讼的，人民法院应当对该单位进行罚款，并可以对其主要负责人或者直接责任人员予以罚款、拘留；构成犯罪的，应当移送有管辖权的司法机关追究刑事责任。

第二十条 他人在借据、收据、欠条等债权凭证或者借款合同上签名或者盖章，但是未表明其保证人身份或者承担保证责任，或者通过其他事实不能推定其为保证人，出借人请求其承担保证责任的，人民法院不予支持。

第二十一条 借贷双方通过网络贷款平台形成借贷关系，网络贷款平台的提供者仅提供媒介服务，当事人请求其承担担保责任的，人民法院不予支持。

网络贷款平台的提供者通过网页、广告或者其他媒介明示或者有其他证据证明其为借贷提供担保，出借人请求网络贷款平台的提供者承担担保责任的，人民法院应予支持。

第二十二条 法人的法定代表人或者非法人组织的负责人以单位名义与出借人签订民间借贷合同，有证据证明所借款项系法定代表人或者负责人个人使用，出借人请求将法定代表人或者负责人列为共同被告或者第三人的，人民法院应予准许。

法人的法定代表人或者非法人组织的负责人以个人名义与出借人订立民间借贷合同，所借款项用于单位生产经营，出借人请求单位与个人共同承担责任的，人民法院应予支持。

第二十三条 当事人以订立买卖合同作为民间借贷合同的担保，借款到期后借款人不能还款，出借人请求履行买卖合同的，人民法院应当按照民间借贷法律关系审理。当事人根据法庭审理情况变更诉讼请求的，人民法院应当准许。

按照民间借贷法律关系审理作出的判决生效后，借款人不履行生效判决确定的金钱债务，出借人可以申请拍卖买卖合同标的物，以偿还债务。就拍卖所得的价款与应偿还借款本息之间的差额，借款人或者出借人有权主张返还或者补偿。

第二十四条 借贷双方没有约定利息，出借人主张支付利息的，人民法院不予支持。

自然人之间借贷对利息约定不明，出借人主张支付利息的，人民法院不予支持。除自然人之间借贷的外，借贷双方对借贷利息约定不明，出借人主张利息的，人民法院应当结合民间借贷合同的内容，并根据当地或者当事人的交易方式、交易习惯、市场报价利率等因素确定利息。

第二十五条 出借人请求借款人按照合同约定利率支付利息的，人民法院应予支持，但是双方约定的利率超过合同成立时一年期贷款市场报价利率四倍的除外。

前款所称“一年期贷款市场报价利率”，是指中国人民银行授权全国银行间同业拆借中心自2019年8月20日起每月发布的一年期贷款市场报价利率。

第二十六条 借据、收据、欠条等债权凭证载明的借款金额，一般认定为本金。预先在本金中扣除利息的，人民法院应当将实际出借的金额认定为本金。

第二十七条 借贷双方对前期借款本息结算后将利息计入后期借款本金并重新出具债权凭证，如果前期利率没有超过合同成立时一年期贷款市场报价利率四倍，重新出具的债权凭证载明的金额可认定为后期借款本金。超过部分的利息，不应认定为后期借款本金。

按前款计算，借款人在借款期间届满后应当支付的本息之和，超过以最初借款本金与以最初借款本金为基数、以合同成立时一年期贷款市场报价利率四倍计算的整个借款期间的利息之和的，人民法院不予支持。

第二十八条 借贷双方对逾期利率有约定的，从其约定，但是以不超过合同成立时一年期贷款市场报价利率四倍为限。

未约定逾期利率或者约定不明的，人民法院可以区分不同情况处理：

（一）既未约定借期内利率，也未约定逾期利率，出借人主张借款人自逾期还款之日起参照当时一年期贷款市场报价利率标准计算的利息承担逾期还款违约责任的，人民法院应予支持；

（二）约定了借期内利率但是未约定逾期利率，出借人主张借款人自逾期还款之日起按照借期内利率支付资金占用期间利息的，人民法院应予支持。

第二十九条 出借人与借款人既约定了逾期利率，又约定了违约金或者其他费用，出借人可以选择主张逾期利息、违约金或者其他费用，也可以一并主张，但是总计超过合同成立时一年期贷款市场报价利率四倍的部分，人民法院不予支持。

第三十条 借款人可以提前偿还借款，但是当事人另有约定的除外。

借款人提前偿还借款并主张按照实际借款期限计算利息的，人民法院应予支持。

第三十一条 本规定施行后，人民法院新受理的一审民间借贷纠纷案件，适用本规定。

2020年8月20日之后新受理的一审民间借贷案件，借贷合同成立于2020年8月20日之前，当事人请求适用当时的司法解释计算自合同成立到2020年8月19日的利息部分的，人民法院应予支持；对于自2020年8月20日到借款返还之日的利息部分，适用起诉时本规定的利率保护标准计算。

本规定施行后，最高人民法院以前作出的相关司法解释与本规定不一致的，以本规定为准。

《最高人民法院关于新民间借贷司法解释适用范围问题的批复》

广东省高级人民法院：

你院《关于新民间借贷司法解释有关法律适用问题的请示》（粤高法〔2020〕108号）收悉。经研究，批复如下：

一、关于适用范围问题。经征求金融监管部门意见，由地方金融监管部门监管的小额贷款公司、融资担保公司、区域性股权市场、典当行、融资租赁公司、商业保理公司、地方资产管理公司等七类地方金融组织，属于经金融监管部门批准设立的金融机构，其因从事相关金融业务引发的纠纷，不适用新民间借贷司法解释。

二、其它两问题已在修订后的司法解释中予以明确，请遵照执行。

三、本批复自2021年1月1日起施行。

《全国法院民商事审判工作会议纪要》

三、关于合同纠纷的审理

（三）关于借款合同

人民法院在审理借款合同纠纷案件过程中，要根据防范化解重大金融风险、金融服务实体经济、降低融资成本的精神，区别对待金融借贷与民间借贷，并适用不同规则与利率标准。要依法否定高利转贷行为、职业放贷行为的效力，充分发挥司法的示范、引导作用，促进金融服务实体经济。要注意到，为深化利率市场化改革，推动降低实体利率水平，自2019年8月20日起，中国人民银行已经授权全国银行间同业拆借中心于每月20日（遇节假日顺延）9时30分公布贷款市场报价利率（LPR），中国人民银行贷款基准利率这一标准已经取消。因此，自此之后人民法院裁判贷款利息的基本标准应改为全国银行间同业拆借中心公布的贷款市场报价利率。应予注意的是，贷款利率标准尽管发生了变化，但存款基准利率并未发生相应变化，相关标准仍可适用。

51.**【变相利息的认定】**金融借款合同纠纷中，借款人认为金融机构以服务费、咨询费、顾问费、管理费等为名变相收取利息，金融机构或者由其指定的人收取的相关费用不合理的，人民法院可以根据提供服务的实际情况确定借款人应否支付或者酌减相关费用。

52.**【高利转贷】**民间借贷中，出借人的资金必须是自有资金。出借人套取金融机构信贷资金又高利转贷给借款人的民间借贷行为，既增加了融资成本，又扰乱了信贷秩序，根据民间借贷司法解释第14条第1项的规定，应当认定此类民间借贷行为无效。人民法院在适用该条规定时，应当注意把握以下几点：一是要审查出借人的资金来源。借款人能够举证证明在签订借款合同时出借人尚欠银行贷款未还的，一般可以推定为出借人套取信贷资金，但出借人能够举反证予以推翻的除外；二是从宽认定“高利”转贷行为的标准，只要出借人通过转贷行为牟利的，就可以认定为是“高利”转贷行为；三是对该条规定的“借款人事先知道或者应当知道的”要件，不宜把握过苛。实践中，只要出借人在签订借款合同时存在尚欠银行贷款未还事实的，一般可以认为满足了该条规定的“借款人事先知道或者应当知道”这一要件。

53.**【职业放贷人】**未依法取得放贷资格的以民间借贷为业的法人，以及以民间借贷为业的非法人组织或者自然人从事的民间借贷行为，应当依法认定无效。同一出借人在一定期间内多次反复从事有偿民间借贷行为的，一般可以认定为是职业放贷人。民间借贷比较活跃的地方的高级人民法院或者经其授权的中级人民法院，可以根据本地区的实际情况制定具体的认定标准。

《最高人民法院、国家发展和改革委员会关于为新时代加快完善社会主义市场经济体制提供司法服务和保障的意见》

13. 促进金融和民间资本为实体经济服务。依法支持能够降低交易成本、实现普惠金融、合法合规的交易模式，为解决中小微企业融资难、融资贵问题提供司法保障。统筹兼顾利率市场化改革与维护正常金融秩序的关系，对于借贷合同中一方主张的利息、复利、罚息、违约金和其他费用总和超出司法保护上限的，不予支持。对于当事人以预扣利息、租金、保证金或加收中介费、服务费等方式变相提高实体经济融资成本、规避民间借贷利率司法保护上限的行为，按照实际形成的借款关系确定各方权利义务。规范、遏制国有企业贷款通道业务，引导其回归实体经济。抓紧修改完善关于审理民间借贷案件适用法律问题的司法解释，大幅度降低民间借贷利率的司法保护上限，坚决否定高利转贷行为、违法放贷行为的效力，维护金融市场秩序，服务实体经济发展。

十七、抵押合同纠纷

（一）最高人民法院公报案例及典型案例

034. 抵押权消失后，抵押人能否要求解除抵押权登记①

王军诉李睿抵押合同纠纷案

裁判摘要

抵押权人在主债权诉讼时效期间未行使抵押权将导致抵押权消灭，而非胜诉权的丧失。抵押权消灭后，抵押人要求解除抵押权登记的，人民法院应当支持。

原告：王军。

被告：李睿。

原告王军因与被告李睿发生抵押合同纠纷，向北京市通州区人民法院提起诉讼。

原告王军诉称：2009年8月12日，王军与被告李睿签订房产抵押合同及借款合同，约定用王军名下的位于北京市通州区A房屋作为抵押，并办理抵押登记。因款项实为案外人兰广清向李睿所借，王军仅是应兰广清要求提供

① 参见《最高人民法院公报》2017年第7期。

房本，所有的款项均由兰广清本人偿还，与王军无关。至于李睿如何与兰广清进行协商，王军并不清楚。王军并未收到李睿给付的借款50万元。因实际借款人为兰广清，且李睿未在主债权诉讼时效期间行使抵押权，故抵押权不予保护。现诉至法院，请求判令：李睿协助王军办理注销通州区A房屋的抵押登记手续。

被告李睿辩称：不同意原告王军的诉讼请求。2009年8月11日，案外人兰广清找到李睿，称王军因之前从姜苏处借款并以自己名下的房屋进行抵押，借款到期后，王军需要借款还债。故王军向李睿借款50万元，双方签订了借款协议，约定借款利息为月息1.5万元，故王军收到李睿给付的借款50万元后，向李睿出具了收条。双方约定用王军名下的位于通州区的A房屋抵押，并办理抵押登记，双方之间成立借款合同关系及抵押合同关系，李睿是抵押权人。借款后，都是兰广清通过银行转账向李睿还款，但李睿也一直通过打电话的方式向王军主张债权。2014年，李睿找不到兰广清后，找到王军催要借款，王军本人表示同意还款。2015年8月3日，王军向李睿偿还借款0.7万元，故涉诉债权未超过诉讼时效。

北京市通州区人民法院一审查明：

2009年8月11日，王军（甲方）与李睿（乙方）签订协议书，约定："一、甲方从乙方处借款人民币伍拾万元，期限自2009年8月11日至2009年9月10日。期满一次性偿还全部借款。二、若借款期限届满甲方未能偿还全部债务，自期满之日起至甲方实际偿还乙方全部债务之日止按日向乙方支付借款额的3‰作为逾期还款的利息。三、为保证乙方的权益，甲方将位于北京市通州区A房屋抵押于乙方处。同时，甲方将该房屋产权证、购房合同、购房发票、房主身份证等证件交乙方保存。四、若借款期限届满甲方未能偿还全部债务。甲方除应当向乙方支付本协议第二条所规定的逾期还款利息，还应当协助乙方处分抵押物。处分所得偿还乙方债务，不足部分由甲方负责偿还。因处分抵押物产生的费用，由甲方承担。……六、本协议一式二份，甲乙双方分执，具有同等法律效力。有效期自甲乙双方签字之日起至甲方偿还乙方全部债务之日止。未尽事宜，双方协商不成，由北京市通州区人民法院管辖。”王军在甲方处签字确认，李睿在乙方处签字确认。同日，从李睿的银行卡号向另一账户转款 49.72 万元。王军向李睿出具收条，写明：“今收到李睿现金人民币伍拾万元整。”2009 年 8 月 12 日，王军和李睿在北京市通州区建设委员会办理了关于涉案房屋的抵押登记手续，2009 年 9 月 2 日，李睿被登记为上述房屋的他项权利人，取得 A 房屋他项权利证书，其上记载房屋所有权人为王军，债权数额为人民币 50 万元。

庭审中，被告李睿陈述 2009 年 8 月兰广清找到自己，称原告王军向姜苏借款 50 万元，用王军自己名下的两套房产进行抵押，现还款期限将至，王军没有能力还款，故想从李睿处借款还债，并同意以王军名下的房产抵押担保。李睿考虑到王军的情况，就同意了王军的要求，当时李睿按王军的要求将 49.72 万元转入了王军指定的账户，并给付王军 0.28 万元现金。转款后在房产管理部门，王军和李睿签订上述协议书，王军向李睿出具收条。因王军所借款项均是用于偿还姜苏的借款，还款后，姜苏同意注销抵押登记。王军和李睿办理了涉案房屋的抵押登记手续，2009 年 9 月 2 日，李睿被登记为上述房屋的他项权利人，取得房屋他项权利证。借款时，王军表示每个月给李睿借款利息，但具体没有说什么时候还款。其后，李睿都是打电话向王军催要借款，王军都表示让其和兰广清联系让兰广清还款。当时约定月利息为 1.5 万元，借款后，都是兰广清向李睿还款，但也不是按期支付。一直到 2014 年 9 月，李睿无法联系到兰广清，就直接找到王军要求王军还款。王军当时同意还款。2015 年 6 月，李睿找到王军协商还款，王军带李睿一同找到李连霞，李连霞同意向李睿还款 20 万元，解除抵押登记。2015 年 8 月 3 日，王军向李睿偿还借款 0.7 万元。

原告王军对被告李睿陈述的借款经过不予认可，其表示李连霞是王军的学生，兰广清是李连霞的朋友。当时李连霞和兰广清一起找到王军，兰广清表示因在台湖建大棚需要向担保公司借款，但因兰广清名下没有大产权的房屋做抵押，想借用王军的房本做抵押。兰广清向姜苏借款并办理抵押登记，其后兰广清因没有钱还姜苏需要再借款，所以就向王军称再从李睿借款，办理房屋抵押手续。当时兰广清和王军说借款与王军没有任何关系，借款无需由王军偿还，仅需要王军提供房本。借款后，李睿一直都没有找过王军。一直到 2015 年 4 月左右，李睿找到王军要兰广清的联系方式，但并没有向王军催要借款。直到 2015 年 9 月份，李睿要求王军偿还借款，王军明确表示此借款与王军无关，不同意还款。自己从未向李睿还款 0. 7 万元。

经法庭询问，被告李睿表示自己与兰广清之间另外存在其他借款事实，兰广清都是通过转账的方式向李睿转款，但兰广清并未向李睿明确表示还款系针对原告王军的借款，所以李睿也无法说清楚兰广清的还款是否针对王军的借款。

另查，北京市通州区 A 房屋的房屋所有权人为原告王军。2009 年 5 月 14 日，王军与案外人姜苏签订抵押合同，王军将上述房屋抵押给姜苏。并于 2009 年 5 月 27 日办理抵押登记手续，共贷款 35 万元整。2009 年 8 月 11 日，王军与姜苏向北京市通州区建设委员会提交解除抵押登记协议，表示 35 万元贷款于 2009 年 8 月 11 日全部还清，要求注销该笔抵押登记手续。当日，北京市通州区建设委员会注销该抵押登记。

上述事实，有协议书、收条、房产证、北京市通州区不动产登记事务中心出具的查询结果、房屋他项权利证、房屋产权登记档案材料、银行交易明细和当事人陈述意见在卷佐证。

北京市通州区人民法院一审认为：

当事人对自己提出的诉讼请求所依据的事实或者反驳对方诉讼请求所依据的事实有责任提供证据加以证明。没有证据或者证据不足以证明当事人的事实主张的，由负有举证责任的当事人承担不利后果。本案中，原告王军与被告李睿签订借款协议书和房产抵押担保合同书，王军向李睿出具收条，系双方当事人的真实意思表示，王军作为借款人应当按照约定偿还借款。借款协议中约定借款的还款期限为 2009 年 9 月 10 日，故李睿请求保护民事权利的诉讼时效期间应为 2009 年 9 月 11 日至 2011 年 9 月 10 日。李睿作为抵押权人应当在主债权的诉讼时效期间内行使抵押权。

庭审中，被告李睿称借款后，都是兰广清通过转账方式向李睿偿还借款，但是由于李睿与兰广清之间另外存在其他借款事实，兰广清在还款时并未明确说明是否是针对原告王军所借款项的还款。现李睿无法提供证据证明兰广清还款时明确作出替王军还款的意思表示，由此产生的不利后果应由李睿自行承担。故李睿陈述的兰广清的还款情况不能作为债权诉讼时效中断的事由。综合双方提供的证据，李睿未提交相关证据证明其在上述期间内向王军主张权利，亦未提交证据证明王军向李睿偿还借款。故上述债权已超过诉讼时效。因李睿作为抵押权人未在主债权诉讼时效期间内行使抵押权，故抵押权已消灭。现王军要求李睿办理解除王军名下的位于通州区 A 房屋的抵押登记手续的诉讼请求，法院予以支持。因王军与李睿签订借款协议书和房产抵押担保合同书，即便是出现借款人与实际用款人不一致的情况，也不影响借款合同的相对性和有效性。故收款的户名是否为王军不影响本案的认定，关于王军称自己并非实际借款人的意见，法院不予采信。李睿辩称自借款后自己一直向王军主张还款。2015 年 8 月 3 日，王军向被告李睿偿还借款 0.7 万元，因李睿未提交相关证据予以证明，故对上述答辩意见，法院不予采信。

综上，北京市通州区人民法院依照《中华人民共和国民法通则》第一百三十五条、《中华人民共和国物权法》第二百零二条、《中华人民共和国民事诉讼法》第六十四条第一款之规定，于 2016 年 6 月 13 日判决如下：

原告王军与被告李睿于本判决生效之日起七日内，办理解除原告王军名下的位于通州区 A 房屋的抵押登记手续。

李睿不服一审判决，向北京市第三中级人民法院提起上诉称：被上诉人王军与李睿之间的抵押借款合同真实存在且王军并没有还清欠款，我不同意解除房屋的抵押，在诉讼时效期间我多次进行催要，王军曾归还了7000元，所以不存在超过诉讼时效的问题。综上，请求二审法院撤销原判，改判驳回王军的诉讼请求。

被上诉人王军答辩称：借款是兰广清借上诉人李睿的钱，我只是担保人，用我的房本来抵押，我没有向李睿借款，还款应当是兰广清还款，而且即使李睿向我主张债权也已经超过了诉讼时效，李睿也并没有证据证明我还过钱，导致诉讼时效中断。综上，请求维持一审法院判决。

北京市第三中级人民法院经二审，确认了一审查明的事实。

北京市第三中级人民法院二审认为：

本案的争议焦点集中在三个方面。其一，被上诉人王军与上诉人李睿之间是否存在借贷法律关系；其二，如借贷法律关系成立，李睿享有的该主债权是否已经超过诉讼时效；其三，如主债权已过诉讼时效，则为担保主债权而设定的抵押权是否消灭，即抵押人王军主张解除抵押登记的请求应否支持。

关于争议焦点一，法院认为被上诉人王军与上诉人李睿之间的借贷法律关系成立。理由阐述如下：第一，2009年8月11日涉及借款内容的协议书显示其签订主体为王军和李睿，同日，王军向李睿出具50万元的收条，其内容亦显示收款方为王军；第二，2009年8月12日，王军以上述借款协议书为基础，用自己的房屋向相关部门申请办理了抵押权登记，将抵押权人明确为上述款项的出借人李睿；第三，出借人李睿于庭审中明确借款人为王军，王军虽称本案涉及的款项非其所借，而只是以房屋作担保为案外人兰广清借用，然王军对此并未提供反证且于法院庭审中又明确表示认可一审法院确定的法律关系，故综合法律关系的表现形式和当事人的自认，应当认定借贷法律关系发生在王军和李睿之间。

关于争议焦点二，在借贷法律关系成立的前提下，法院认为上诉人李睿的债权已经超过诉讼时效，理由阐述如下：首先，依照双方签订的协议书，被上诉人王军应当在2009年9月11日偿还借款，如王军未按时还款，则李睿的债权已自该日起遭受侵害，依照《中华人民共和国民法通则》第一百三十七条的规定，李睿应当在 2011 年 9 月 10 日之前向王军主张债权，否则人民法院则不予保护。其次，李睿自认其并未在 2014 年之前直接找到王军催要借款，并将其理由解释为 2014 年之前通过与王军电话沟通，由案外人兰广清替王军还款，然李睿又表示除了涉诉借款之外，其与兰广清之间尚存在其他债权债务关系，对于兰广清所偿还钱款对应何笔债务李睿也表示并不清楚，且暂搁置兰广清还款的性质不论，对于电话沟通事宜及兰广清是否曾向其还款一节李睿也未提交任何证据佐证。再次，李睿辩称王军曾于 2015 年 8 月向其偿还过 5000 元，对此李睿仅提交了一份录音证据，然在王军否认且录音内容缺乏明确指向的前提下，法院亦难以据此认定诉讼时效存在阻却理由。故综合上述分析，应当认定李睿在诉讼时效届满即 2011 年 9 月 10 日之前并未向王军积极主张债权，且不存在其他阻却诉讼时效计算的理由，故李睿已丧失就上述债权请求法院保护的权利。

关于争议焦点三，在主债权已过诉讼时效的前提下，法院认为上诉人李睿的抵押权已消灭，抵押人王军主张解除抵押登记的请求应予支持。然需特别指出的是，由于该争议焦点的本质涉及对《中华人民共和国物权法》（以下简称《物权法》）第二百零二条的理解，且与当事人的诉求和抗辩直接相关，故法院以法理为基，以规范为据，对于作出如上认定的理由阐释如下：

《物权法》第二百零二条规定，抵押权人应当在主债权诉讼时效期间行使抵押权，未行使的，人民法院不予保护。该条款中“不予保护”含义的明确依赖于对诉讼时效和抵押权性质的分析。

第一，就诉讼时效而言，其以请求权人怠于行使权利持续至法定期间的状态为规制对象，目的在于让罹于时效的请求权人承受不利益，以起到促其及时行使权利之作用，依民法理论通说，其适用范围限于债权请求权。而就抵押权而言，其属于支配权，并非请求权的范围，更非债权请求权的范围，如将抵押权纳入诉讼时效的规制范围，无疑有违民法原理。

第二，就抵押权而言，其目的在于担保债务的履行，以确保抵押权人对抵押物的价值享有优先受偿的权利。为实现上述目的，抵押权对物之本身必将产生权能上的限制，对物的使用和转让均会发生影响。故，若对抵押权人行使抵押权的期限不进行限制，将使抵押财产的归属长期处于不稳定状态，不仅不利于保护当事人的合法权益，亦不利于物之使用和流通效能的发挥。此外，如果允许抵押权人在任何时候均可行使抵押权，则意味着在主债权经过诉讼时效且债务人因此取得抗辩权之后，债权人依然可从抵押人处获得利益，进而将抵押人和债务人之间的追偿和抗辩置于困境，换言之，也意味着抵押人将长期处于一种不利益的状态，其义务也具有不确定性，若如此，对于抵押人来说未免过于苛刻亦有失公允。

第三，从权利分类角度分析，在数项权利并存时，依据权利的相互依赖关系，有主权利与从权利之分，凡可以独立存在、不依赖于其他权利者，为主权利；必须依附于其他权利、不能独立存在的则为从权利。举例而言，在债权与为担保债的履行的抵押权并存时，债权是主权利，抵押权为从权利。在主权利已经丧失国家强制力保护的状态下，抵押物上所负担的抵押权也应消灭方能更好地发挥物的效用，亦符合物权法之担保物权体系的内在逻辑。故《物权法》第二百零二条规定抵押权行使期间的重要目的之一当在于促使抵押权人积极地行使抵押权，迅速了结债权债务关系，维系社会经济秩序的稳定。综合上述分析，应当认定在法律已设定行使期限后，抵押权人仍长期怠于行使权利时，法律对之也无特别加以保护的必要，应使抵押权消灭。具体到本案中，因上诉人李睿在主债权诉讼时效期间并未向被上诉人王军主张行使抵押权，故对李睿的抵押权，人民法院不予保护，该抵押权消灭，王军请求解除抵押登记的请求应予支持。

综上，北京市第三中级人民法院依照《中华人民共和国民事诉讼法》第一百七十条第一款第（一）项之规定，于2016年10月25日判决如下：

驳回上诉，维持原判。

本判决为终审判决。

（二）裁判依据

《中华人民共和国民法典》

第三百九十四条 为担保债务的履行，债务人或者第三人不转移财产的占有，将该财产抵押给债权人的，债务人不履行到期债务或者发生当事人约定的实现抵押权的情形，债权人有权就该财产优先受偿。

前款规定的债务人或者第三人为抵押人，债权人为抵押权人，提供担保的财产为抵押财产。

第三百九十五条 债务人或者第三人有权处分的下列财产可以抵押：

（一）建筑物和其他土地附着物；

（二）建设用地使用权；

（三）海域使用权；

（四）生产设备、原材料、半成品、产品；

（五）正在建造的建筑物、船舶、航空器；

（六）交通运输工具；

（七）法律、行政法规未禁止抵押的其他财产。

抵押人可以将前款所列财产一并抵押。

第三百九十六条 企业、个体工商户、农业生产经营者可以将现有的以及将有的生产设备、原材料、半成品、产品抵押，债务人不履行到期债务或者发生当事人约定的实现抵押权的情形，债权人有权就抵押财产确定时的动产优先受偿。

第三百九十七条 以建筑物抵押的，该建筑物占用范围内的建设用地使用权一并抵押。以建设用地使用权抵押的，该土地上的建筑物一并抵押。

抵押人未依据前款规定一并抵押的，未抵押的财产视为一并抵押。

第三百九十八条 乡镇、村企业的建设用地使用权不得单独抵押。以乡镇、村企业的厂房等建筑物抵押的，其占用范围内的建设用地使用权一并抵押。

第三百九十九条 下列财产不得抵押：

（一）土地所有权；

（二）宅基地、自留地、自留山等集体所有土地的使用权，但是法律规定可以抵押的除外；

（三）学校、幼儿园、医疗机构等为公益目的成立的非营利法人的教育设施、医疗卫生设施和其他公益设施；

（四）所有权、使用权不明或者有争议的财产；

（五）依法被查封、扣押、监管的财产；

（六）法律、行政法规规定不得抵押的其他财产。

第四百条 设立抵押权，当事人应当采用书面形式订立抵押合同。

抵押合同一般包括下列条款：

（一）被担保债权的种类和数额；

（二）债务人履行债务的期限；

（三）抵押财产的名称、数量等情况；

（四）担保的范围。

第四百零一条 抵押权人在债务履行期限届满前，与抵押人约定债务人不履行到期债务时抵押财产归债权人所有的，只能依法就抵押财产优先受偿。

第四百零二条 以本法第三百九十五条第一款第一项至第三项规定的财产或者第五项规定的正在建造的建筑物抵押的，应当办理抵押登记。抵押权自登记时设立。

第四百零三条 以动产抵押的，抵押权自抵押合同生效时设立；未经登记，不得对抗善意第三人。

第四百零四条 以动产抵押的，不得对抗正常经营活动中已经支付合理价款并取得抵押财产的买受人。

第四百零五条 抵押权设立前，抵押财产已经出租并转移占有的，原租赁关系不受该抵押权的影响。

第四百零六条 抵押期间，抵押人可以转让抵押财产。当事人另有约定的，按照其约定。抵押财产转让的，抵押权不受影响。

抵押人转让抵押财产的，应当及时通知抵押权人。抵押权人能够证明抵押财产转让可能损害抵押权的，可以请求抵押人将转让所得的价款向抵押权人提前清偿债务或者提存。转让的价款超过债权数额的部分归抵押人所有，不足部分由债务人清偿。

第四百零七条 抵押权不得与债权分离而单独转让或者作为其他债权的担保。债权转让的，担保该债权的抵押权一并转让，但是法律另有规定或者当事人另有约定的除外。

第四百零八条 抵押人的行为足以使抵押财产价值减少的，抵押权人有权请求抵押人停止其行为；抵押财产价值减少的，抵押权人有权请求恢复抵押财产的价值，或者提供与减少的价值相应的担保。抵押人不恢复抵押财产的价值，也不提供担保的，抵押权人有权请求债务人提前清偿债务。

第四百零九条 抵押权人可以放弃抵押权或者抵押权的顺位。抵押权人与抵押人可以协议变更抵押权顺位以及被担保的债权数额等内容。但是，抵押权的变更未经其他抵押权人书面同意的，不得对其他抵押权人产生不利影响。

债务人以自己的财产设定抵押，抵押权人放弃该抵押权、抵押权顺位或者变更抵押权的，其他担保人在抵押权人丧失优先受偿权益的范围内免除担保责任，但是其他担保人承诺仍然提供担保的除外。

第四百一十条 债务人不履行到期债务或者发生当事人约定的实现抵押权的情形，抵押权人可以与抵押人协议以抵押财产折价或者以拍卖、变卖该抵押财产所得的价款优先受偿。协议损害其他债权人利益的，其他债权人可以请求人民法院撤销该协议。

抵押权人与抵押人未就抵押权实现方式达成协议的，抵押权人可以请求人民法院拍卖、变卖抵押财产。

抵押财产折价或者变卖的，应当参照市场价格。

第四百一十一条 依据本法第三百九十六条规定设定抵押的，抵押财产自下列情形之一发生时确定：

（一）债务履行期限届满，债权未实现；

（二）抵押人被宣告破产或者解散；

（三）当事人约定的实现抵押权的情形；

（四）严重影响债权实现的其他情形。

第四百一十二条 债务人不履行到期债务或者发生当事人约定的实现抵押权的情形，致使抵押财产被人民法院依法扣押的，自扣押之日起，抵押权人有权收取该抵押财产的天然孳息或者法定孳息，但是抵押权人未通知应当清偿法定孳息义务人的除外。

前款规定的孳息应当先充抵收取孳息的费用。

第四百一十三条 抵押财产折价或者拍卖、变卖后，其价款超过债权数额的部分归抵押人所有，不足部分由债务人清偿。

第四百一十四条 同一财产向两个以上债权人抵押的，拍卖、变卖抵押财产所得的价款依照下列规定清偿：

（一）抵押权已经登记的，按照登记的时间先后确定清偿顺序；

（二）抵押权已经登记的先于未登记的受偿；

（三）抵押权未登记的，按照债权比例清偿。

其他可以登记的担保物权，清偿顺序参照适用前款规定。

第四百一十五条 同一财产既设立抵押权又设立质权的，拍卖、变卖该财产所得的价款按照登记、交付的时间先后确定清偿顺序。

第四百一十六条 动产抵押担保的主债权是抵押物的价款，标的物交付后十日内办理抵押登记的，该抵押权人优先于抵押物买受人的其他担保物权人受偿，但是留置权人除外。

第四百一十七条 建设用地使用权抵押后，该土地上新增的建筑物不属于抵押财产。该建设用地使用权实现抵押权时，应当将该土地上新增的建筑物与建设用地使用权一并处分。但是，新增建筑物所得的价款，抵押权人无权优先受偿。

第四百一十八条 以集体所有土地的使用权依法抵押的，实现抵押权后，未经法定程序，不得改变土地所有权的性质和土地用途。

第四百一十九条 抵押权人应当在主债权诉讼时效期间行使抵押权；未行使的，人民法院不予保护。

第四百二十条 为担保债务的履行，债务人或者第三人对一定期间内将要连续发生的债权提供担保财产的，债务人不履行到期债务或者发生当事人约定的实现抵押权的情形，抵押权人有权在最高债权额限度内就该担保财产优先受偿。

最高额抵押权设立前已经存在的债权，经当事人同意，可以转入最高额抵押担保的债权范围。

第四百二十一条 最高额抵押担保的债权确定前，部分债权转让的，最高额抵押权不得转让，但是当事人另有约定的除外。

第四百二十二条 最高额抵押担保的债权确定前，抵押权人与抵押人可以通过协议变更债权确定的期间、债权范围以及最高债权额。但是，变更的内容不得对其他抵押权人产生不利影响。

第四百二十三条 有下列情形之一的，抵押权人的债权确定：

（一）约定的债权确定期间届满；

（二）没有约定债权确定期间或者约定不明确，抵押权人或者抵押人自最高额抵押权设立之日起满二年后请求确定债权；

（三）新的债权不可能发生；

（四）抵押权人知道或者应当知道抵押财产被查封、扣押；

（五）债务人、抵押人被宣告破产或者解散；

（六）法律规定债权确定的其他情形。

第四百二十四条 最高额抵押权除适用本节规定外，适用本章第一节的有关规定。

《中华人民共和国城市房地产管理法》

第四十八条 依法取得的房屋所有权连同该房屋占用范围内的土地使用权，可以设定抵押权。

以出让方式取得的土地使用权，可以设定抵押权。

第四十九条 房地产抵押，应当凭土地使用权证书、房屋所有权证书办理。

第五十条 房地产抵押，抵押人和抵押权人应当签订书面抵押合同。

第五十一条 设定房地产抵押权的土地使用权是以划拨方式取得的，依法拍卖该房地产后，应当从拍卖所得的价款中缴纳相当于应缴纳的土地使用权出让金的款额后，抵押权人方可优先受偿。

第五十二条 房地产抵押合同签订后，土地上新增的房屋不属于抵押财产。需要拍卖该抵押的房地产时，可以依法将土地上新增的房屋与抵押财产一同拍卖，但对拍卖新增房屋所得，抵押权人无权优先受偿。

十八、质押合同纠纷

（一）最高人民法院指导案例

035. 特许经营权的收益可以质押吗[①]

福建海峡银行股份有限公司福州五一支行诉长乐亚新污水处理有限公司、福州市政工程有限公司金融借款合同纠纷案

（最高人民法院审判委员会讨论通过　2015年11月19日发布）

关键词：民事/金融借款合同/收益权质押/出质登记/质权实现

裁判要点

1. 特许经营权的收益权可以质押，并可作为应收账款进行出质登记。

2. 特许经营权的收益权依其性质不宜折价、拍卖或变卖，质权人主张优先受偿权的，人民法院可以判令出质债权的债务人将收益权的应收账款优先支付质权人。

相关法条

《中华人民共和国物权法》第二百零八条、第二百二十三条、第二百二十八条第一款

① 最高人民法院指导案例53号。

基本案情：原告福建海峡银行股份有限公司福州五一支行（以下简称海峡银行五一支行）诉称：原告与被告长乐亚新污水处理有限公司（以下简称长乐亚新公司）签订单位借款合同后向被告贷款3000万元。被告福州市政工程有限公司（以下简称福州市政公司）为上述借款提供连带责任保证。原告海峡银行五一支行、被告长乐亚新公司、福州市政公司、案外人长乐市建设局四方签订了《特许经营权质押担保协议》，福州市政公司以长乐市污水处理项目的特许经营权提供质押担保。因长乐亚新公司未能按期偿还贷款本金和利息，故诉请法院判令：长乐亚新公司偿还原告借款本金和利息；确认《特许经营权质押担保协议》合法有效，拍卖、变卖该协议项下的质物，原告有优先受偿权；将长乐市建设局支付给两被告的污水处理服务费优先用于清偿应偿还原告的所有款项；福州市政公司承担连带清偿责任。

被告长乐亚新公司和福州市政公司辩称：长乐市城区污水处理厂特许经营权，并非法定的可以质押的权利，且该特许经营权并未办理质押登记，故原告诉请拍卖、变卖长乐市城区污水处理厂特许经营权，于法无据。

法院经审理查明：2003年，长乐市建设局为让与方、福州市政公司为受让方、长乐市财政局为见证方，三方签订《长乐市城区污水处理厂特许建设经营合同》，约定：长乐市建设局授予福州市政公司负责投资、建设、运营和维护长乐市城区污水处理厂项目及其附属设施的特许权，并就合同双方权利义务进行了详细约定。2004年10月22日，长乐亚新公司成立。该公司系福州市政公司为履行《长乐市城区污水处理厂特许建设经营合同》而设立的项目公司。

2005年3月24日，福州市商业银行五一支行与长乐亚新公司签订《单位借款合同》，约定：长乐亚新公司向福州市商业银行五一支行借款3000万元；借款用途为长乐市城区污水处理厂BOT项目；借款期限为13年，自2005年3月25日至2018年3月25日；还就利息及逾期罚息的计算方式作了明确约定。福州市政公司为长乐亚新公司的上述借款承担连带责任保证。

同日，福州市商业银行五一支行与长乐亚新公司、福州市政公司、长乐市建设局共同签订《特许经营权质押担保协议》，约定：福州市政公司以《长乐市城区污水处理厂特许建设经营协议》授予的特许经营权为长乐亚新公司向福州市商业银行五一支行的借款提供质押担保，长乐市建设局同意该担保；福州市政公司同意将特许经营权收益优先用于清偿借款合同项下的长乐亚新公司的债务，长乐市建设局和福州市政公司同意将污水处理费优先用于清偿借款合同项下的长乐亚新公司的债务；福州市商业银行五一支行未受清偿的，有权依法通过拍卖等方式实现质押权利等。

上述合同签订后，福州市商业银行五一支行依约向长乐亚新公司发放贷款3000万元。长乐亚新公司于2007年10月21日起未依约按期足额还本付息。

另查明，福州市商业银行五一支行于2007年4月28日名称变更为福州市商业银行股份有限公司五一支行；2009年12月1日其名称再次变更为福建海峡银行股份有限公司五一支行。

裁判结果：福建省福州市中级人民法院于2013年5月16日作出（2012）榕民初字第661号民事判决：一、长乐亚新污水处理有限公司应于本判决生效之日起十日内向福建海峡银行股份有限公司福州五一支行偿还借款本金28714764.43元及利息（暂计至2012年8月21日为2142597.6元，此后利息按《单位借款合同》的约定计至借款本息还清之日止）；二、长乐亚新污水处理有限公司应于本判决生效之日起十日内向福建海峡银行股份有限公司福州五一支行支付律师代理费人民币123640元；三、福建海峡银行股份有限公司福州五一支行于本判决生效之日起有权直接向长乐市建设局收取应由长乐市建设局支付给长乐亚新污水处理有限公司、福州市政工程有限公司的污水处理服务费，并对该污水处理服务费就本判决第一、二项所确定的债务行使优先受偿权；四、福州市政工程有限公司对本判决第一、二项确定的债务承担连带清偿责任；五、驳回福建海峡银行股份有限公司福州五一支行的其他诉讼请求。宣判后，两被告均提起上诉。福建省高级人民法院于 2013 年 9 月 17 日作出福建省高级人民法院（2013）闽民终字第 870 号民事判决，驳回上诉，维持原判。

裁判理由：法院生效裁判认为：被告长乐亚新公司未依约偿还原告借款本金及利息，已构成违约，应向原告偿还借款本金，并支付利息及实现债权的费用。福州市政公司作为连带责任保证人，应对讼争债务承担连带清偿责任。本案争议焦点主要涉及污水处理项目特许经营权质押是否有效以及该质权如何实现问题。

一、关于污水处理项目特许经营权能否出质问题

污水处理项目特许经营权是对污水处理厂进行运营和维护，并获得相应收益的权利。污水处理厂的运营和维护，属于经营者的义务，而其收益权，则属于经营者的权利。由于对污水处理厂的运营和维护，并不属于可转让的财产权利，故讼争的污水处理项目特许经营权质押，实质上系污水处理项目收益权的质押。

关于污水处理项目等特许经营的收益权能否出质问题，应当考虑以下方面：其一，本案讼争污水处理项目《特许经营权质押担保协议》签订于 2005 年，尽管当时法律、行政法规及相关司法解释并未规定污水处理项目收益权可质押，但污水处理项目收益权与公路收益权性质上相类似。《最高人民法院关于适用〈中华人民共和国担保法〉若干问题的解释》第九十七条规定，“以公路桥梁、公路隧道或者公路渡口等不动产收益权出质的，按照担保法第七十五条第（四）项的规定处理”，明确公路收益权属于依法可质押的其他权利，与其类似的污水处理收益权亦应允许出质。其二，国务院办公厅 2001 年 9 月 29 日转发的《国务院西部开发办〈关于西部大开发若干政策措施的实施意见〉》（国办发〔2001〕73 号）中提出，“对具有一定还贷能力的水利开发项目和城市环保项目（如城市污水处理和垃圾处理等），探索逐步开办以项目收益权或收费权为质押发放贷款的业务”，首次明确可试行将污水处理

项目的收益权进行质押。其三，污水处理项目收益权虽系将来金钱债权，但其行使期间及收益金额均可确定，其属于确定的财产权利。其四，在《中华人民共和国物权法》（以下简称《物权法》）颁布实施后，因污水处理项目收益权系基于提供污水处理服务而产生的将来金钱债权，依其性质亦可纳入依法可出质的“应收账款”的范畴。因此，讼争污水处理项目收益权作为特定化的财产权利，可以允许其出质。

二、关于污水处理项目收益权质权的公示问题

对于污水处理项目收益权的质权公示问题，在《物权法》自 2007 年 10 月 1 日起施行后，因收益权已纳入该法第二百二十三条第六项的“应收账款”范畴，故应当在中国人民银行征信中心的应收账款质押登记公示系统进行出质登记，质权才能依法成立。由于本案的质押担保协议签订于 2005 年，在《物权法》施行之前，故不适用《物权法》关于应收账款的统一登记制度。因当时并未有统一的登记公示的规定，故参照当时公路收费权质押登记的规定，由其主管部门进行备案登记，有关利害关系人可通过其主管部门了解该收益权是否存在质押之情况，该权利即具备物权公示的效果。

本案中，长乐市建设局在《特许经营权质押担保协议》上盖章，且协议第七条明确约定“长乐市建设局同意为原告和福州市政公司办理质押登记出质登记手续”，故可认定讼争污水处理项目的主管部门已知晓并认可该权利质押情况，有关利害关系人亦可通过长乐市建设局查询了解讼争污水处理厂的有关权利质押的情况。因此，本案讼争的权利质押已具备公示之要件，质权已设立。

三、关于污水处理项目收益权的质权实现方式问题

我国担保法和物权法均未具体规定权利质权的具体实现方式，仅就质权的实现作出一般性的规定，即质权人在行使质权时，可与出质人协议以质押财产折价，或就拍卖、变卖质押财产所得的价款优先受偿。但污水处理项目收益权属于将来金钱债权，质权人可请求法院判令其直接向出质人的债务人

收取金钱并对该金钱行使优先受偿权，故无需采取折价或拍卖、变卖之方式。况且收益权均附有一定之负担，且其经营主体具有特定性，故依其性质亦不宜拍卖、变卖。因此，原告请求将《特许经营权质押担保协议》项下的质物予以拍卖、变卖并行使优先受偿权，不予支持。

根据协议约定，原告海峡银行五一支行有权直接向长乐市建设局收取污水处理服务费，并对所收取的污水处理服务费行使优先受偿权。由于被告仍应依约对污水处理厂进行正常运营和维护，若无法正常运营，则将影响到长乐市城区污水的处理，亦将影响原告对污水处理费的收取，故原告在向长乐市建设局收取污水处理服务费时，应当合理行使权利，为被告预留经营污水处理厂的必要合理费用。

（二）裁判依据

《中华人民共和国民法典》

第四百二十七条 设立质权，当事人应当采用书面形式订立质押合同。

质押合同一般包括下列条款：

（一）被担保债权的种类和数额；

（二）债务人履行债务的期限；

（三）质押财产的名称、数量等情况；

（四）担保的范围；

（五）质押财产交付的时间、方式。

第四百二十八条 质权人在债务履行期限届满前，与出质人约定债务人不履行到期债务时质押财产归债权人所有的，只能依法就质押财产优先受偿。

第四百二十九条 质权自出质人交付质押财产时设立。

第四百三十条 质权人有权收取质押财产的孳息，但是合同另有约定的除外。

前款规定的孳息应当先充抵收取孳息的费用。

第四百三十一条 质权人在质权存续期间，未经出质人同意，擅自使用、处分质押财产，造成出质人损害的，应当承担赔偿责任。

第四百三十二条 质权人负有妥善保管质押财产的义务；因保管不善致使质押财产毁损、灭失的，应当承担赔偿责任。

质权人的行为可能使质押财产毁损、灭失的，出质人可以请求质权人将质押财产提存，或者请求提前清偿债务并返还质押财产。

第四百三十三条 因不可归责于质权人的事由可能使质押财产毁损或者价值明显减少，足以危害质权人权利的，质权人有权请求出质人提供相应的担保；出质人不提供的，质权人可以拍卖、变卖质押财产，并与出质人协议将拍卖、变卖所得的价款提前清偿债务或者提存。

第四百三十四条 质权人在质权存续期间，未经出质人同意转质，造成质押财产毁损、灭失的，应当承担赔偿责任。

第四百三十五条 质权人可以放弃质权。债务人以自己的财产出质，质权人放弃该质权的，其他担保人在质权人丧失优先受偿权益的范围内免除担保责任，但是其他担保人承诺仍然提供担保的除外。

《最高人民法院关于适用〈中华人民共和国民法典〉有关担保制度的解释》

第一条 因抵押、质押、留置、保证等担保发生的纠纷，适用本解释。所有权保留买卖、融资租赁、保理等涉及担保功能发生的纠纷，适用本解释的有关规定。

第二条 当事人在担保合同中约定担保合同的效力独立于主合同，或者约定担保人对主合同无效的法律后果承担担保责任，该有关担保独立性的约定无效。主合同有效的，有关担保独立性的约定无效不影响担保合同的效力；主合同无效的，人民法院应当认定担保合同无效，但是法律另有规定的除外。

因金融机构开立的独立保函发生的纠纷，适用《最高人民法院关于审理独立保函纠纷案件若干问题的规定》。

第三条 当事人对担保责任的承担约定专门的违约责任，或者约定的担保责任范围超出债务人应当承担的责任范围，担保人主张仅在债务人应当承担的责任范围内承担责任的，人民法院应予支持。

担保人承担的责任超出债务人应当承担的责任范围，担保人向债务人追偿，债务人主张仅在其应当承担的责任范围内承担责任的，人民法院应予支持；担保人请求债权人返还超出部分的，人民法院依法予以支持。

第四条 有下列情形之一，当事人将担保物权登记在他人名下，债务人不履行到期债务或者发生当事人约定的实现担保物权的情形，债权人或者其受托人主张就该财产优先受偿的，人民法院依法予以支持：

（一）为债券持有人提供的担保物权登记在债券受托管理人名下；

（二）为委托贷款人提供的担保物权登记在受托人名下；

（三）担保人知道债权人与他人之间存在委托关系的其他情形。

第五十五条 债权人、出质人与监管人订立三方协议，出质人以通过一定数量、品种等概括描述能够确定范围的货物为债务的履行提供担保，当事人有证据证明监管人系受债权人的委托监管并实际控制该货物的，人民法院应当认定质权于监管人实际控制货物之日起设立。监管人违反约定向出质人或者其他人放货、因保管不善导致货物毁损灭失，债权人请求监管人承担违约责任的，人民法院依法予以支持。

在前款规定情形下，当事人有证据证明监管人系受出质人委托监管该货物，或者虽然受债权人委托但是未实际履行监管职责，导致货物仍由出质人实际控制的，人民法院应当认定质权未设立。债权人可以基于质押合同的约定请求出质人承担违约责任，但是不得超过质权有效设立时出质人应当承担的责任范围。监管人未履行监管职责，债权人请求监管人承担责任的，人民法院依法予以支持。

第五十八条 以汇票出质，当事人以背书记载“质押”字样并在汇票上签章，汇票已经交付质权人的，人民法院应当认定质权自汇票交付质权人时设立。

第五十九条 存货人或者仓单持有人在仓单上以背书记载“质押”字

样，并经保管人签章，仓单已经交付质权人的，人民法院应当认定质权自仓单交付质权人时设立。没有权利凭证的仓单，依法可以办理出质登记的，仓单质权自办理出质登记时设立。

出质人既以仓单出质，又以仓储物设立担保，按照公示的先后确定清偿顺序；难以确定先后的，按照债权比例清偿。

保管人为同一货物签发多份仓单，出质人在多份仓单上设立多个质权，按照公示的先后确定清偿顺序；难以确定先后的，按照债权比例受偿。

存在第二款、第三款规定的情形，债权人举证证明其损失系由出质人与保管人的共同行为所致，请求出质人与保管人承担连带赔偿责任的，人民法院应予支持。

第六十六条 同一应收账款同时存在保理、应收账款质押和债权转让，当事人主张参照民法典第七百六十八条的规定确定优先顺序的，人民法院应予支持。

在有追索权的保理中，保理人以应收账款债权人或者应收账款债务人为被告提起诉讼，人民法院应予受理；保理人一并起诉应收账款债权人和应收账款债务人的，人民法院可以受理。

应收账款债权人向保理人返还保理融资款本息或者回购应收账款债权后，请求应收账款债务人向其履行应收账款债务的，人民法院应予支持。

十九、银行卡纠纷

（一）最高人民法院指导案例

036. 网络盗刷情况下，持卡人能否要求发卡行承担赔偿责任[①]

徐欣诉招商银行股份有限公司上海延西支行银行卡纠纷案

（最高人民法院审判委员会讨论通过 2021年11月9日发布）

关键词：民事/银行卡纠纷/网络盗刷/责任认定

裁判要点

持卡人提供证据证明他人盗用持卡人名义进行网络交易，请求发卡行承担被盗刷账户资金减少的损失赔偿责任，发卡行未提供证据证明持卡人违反信息妥善保管义务，仅以持卡人身份识别信息和交易验证信息相符为由主张不承担赔偿责任的，人民法院不予支持。

相关法条

《中华人民共和国合同法》第一百零七条（注：现行有效的法律为《中华人民共和国民法典》第五百七十七条）

基本案情：徐欣系招商银行股份有限公司上海延西支行（以下简称招行

① 最高人民法院指导案例169号。

延西支行）储户，持有卡号为××××的借记卡一张。

2016年3月2日，徐欣上述借记卡发生三笔转账，金额分别为50000元、50000元及46200元，共计146200元。转入户名均为石某，卡号：××××，转入行：中国农业银行。

2016年5月30日，徐欣父亲徐某至上海市公安局青浦分局经侦支队报警并取得《受案回执》。当日，上海市公安局青浦分局经侦支队向徐欣发送沪公（青）立告字（2016）3923号《立案告知书》，告知信用卡诈骗案决定立案。

2016年4月29日，福建省福清市公安局出具融公（刑侦）捕字（2016）00066号《逮捕证》，载明：经福清市人民检察院批准，兹由我局对涉嫌盗窃罪的谢某1执行逮捕，送福清市看守所羁押。

2016年5月18日，福建省福清市公安局刑侦大队向犯罪嫌疑人谢某1制作《讯问笔录》，载明：……我以9800元人民币向我师傅购买了笔记本电脑、银行黑卡（使用别人身份办理的银行卡）、身份证、优盘等设备用来实施盗刷他人银行卡存款。我师傅卖给我的优盘里有受害人的身份信息、手机号码、银行卡号、取款密码以及银行卡内的存款情况。……用自己人的头像补一张虚假的临时身份证，办理虚假的临时身份证的目的是用于到手机服务商营业厅将我们要盗刷的那个受害者的手机挂失并补新的SIM卡，我们补新SIM卡的目的是掌握受害者预留给银行的手机号，以便于接收转账等操作时银行发送的验证码，只有输入验证码手机银行内的钱才能被转账成功。而且将受害者的银行卡盗刷后，他手上持有的SIM卡接收不到任何信息，我们转他银行账户内的钱不至于被他发现。……2016年3月2日，我师傅告诉我说这次由他负责办理受害人假的临时身份证，并补办受害者关联银行卡的新手机SIM卡。他给了我三个银行账号和密码（经辨认银行交易明细，……一张是招行卡号为××××，户名：徐欣）。

2016年6月，福建省福清市公安局出具《呈请案件侦查终结报告书》，载明：……2016年3月2日，此次作案由谢某1负责转账取款，上家负责提供信息、补卡，此次谢某1盗刷了周某、徐欣、汪某等人银行卡内存款共计400700元……

2016年6月22日，福建省福清市人民检察院向徐欣发送《被害人诉讼权利义务告知书》，载明：犯罪嫌疑人谢某1、谢某2等3人盗窃案一案，已由福清市公安局移送审查起诉……

徐欣向人民法院起诉请求招行延西支行赔偿银行卡盗刷损失及利息。

裁判结果：上海市长宁区人民法院于2017年4月25日作出（2017）沪0105民初1787号民事判决：一、招商银行股份有限公司上海延西支行给付徐欣存款损失146200元；二、招商银行股份有限公司上海延西支行给付原告徐欣自2016年3月3日起至判决生效之日止，以146200元为基数，按照中国人民银行同期存款利率计算的利息损失。招商银行股份有限公司上海延西支行不服一审判决，向上海市第一中级人民法院提起上诉。上海市第一中级人民法院2017年10月31日作出（2017）沪01民终9300号民事判决：驳回上诉，维持原判。

裁判理由：法院生效裁判认为：被上诉人在上诉人处办理了借记卡并将资金存入上诉人处，上诉人与被上诉人之间建立储蓄存款合同关系。《中华人民共和国商业银行法》第六条规定，“商业银行应当保障存款人的合法权益不受任何单位和个人的侵犯”。在储蓄存款合同关系中，上诉人作为商业银行对作为存款人的被上诉人，具有保障账户资金安全的法定义务以及向被上诉人本人或者其授权的人履行的合同义务。为此，上诉人作为借记卡的发卡行及相关技术、设备和操作平台的提供者，应当对交易机具、交易场所加强安全管理，对各项软硬件设施及时更新升级，以最大限度地防范资金交易安全漏洞。尤其是，随着电子银行业务的发展，商业银行作为电子交易系统的开发、设计、维护者，也是从电子交易便利中获得经济利益的一方，应当也更有能力采取更为严格的技术保障措施，以增强防范银行卡违法犯罪行为的能力。本案根据查明的事实，被上诉人涉案账户的资金损失，系因案外人谢某1非法获取被上诉人的身份信息、手机号码、取款密码等账户信息后，通过补办手机SIM卡截获上诉人发送的动态验证码，进而进行转账所致。在存在网络盗刷的情况下，上诉人仍以身份识别信息和交易验证信息通过为由主张案涉交易是持卡人本人或其授权交易，不能成立。而且，根据本案现有证据无法查明案外人谢某1如何获得交易密码等账户信息，上诉人亦未提供相应的证据证明账户信息泄露系因被上诉人没有妥善保管使用银行卡所导致，因此，就被上诉人自身具有过错，应当由上诉人承担举证不能的法律后果。上诉人另主张，手机运营商在涉案事件中存在过错。然，本案被上诉人提起诉讼的请求权基础为储蓄存款合同关系，手机运营商并非合同以及本案的当事人，手机运营商是否存在过错以及上诉人对被上诉人承担赔偿责任后，是否有权向手机运营商追偿，并非本案审理范围。综上，上诉人在储蓄存款合同履行过程中，对上诉人账户资金未尽到安全保障义务，又无证据证明被上诉人存在违约行为可以减轻责任，上诉人对被上诉人的账户资金损失应当承担全部赔偿责任。上诉人的上诉请求，理由不成立，不予支持。

（二）裁判依据

《中华人民共和国商业银行法》

第三条 商业银行可以经营下列部分或者全部业务：

（一）吸收公众存款；

（二）发放短期、中期和长期贷款；

（三）办理国内外结算；

（四）办理票据承兑与贴现；

（五）发行金融债券；

（六）代理发行、代理兑付、承销政府债券；

（七）买卖政府债券、金融债券；

（八）从事同业拆借；

（九）买卖、代理买卖外汇；

（十）从事银行卡业务；

（十一）提供信用证服务及担保；

（十二）代理收付款项及代理保险业务；

（十三）提供保管箱服务；

（十四）经国务院银行业监督管理机构批准的其他业务。

经营范围由商业银行章程规定，报国务院银行业监督管理机构批准。

商业银行经中国人民银行批准，可以经营结汇、售汇业务。

第四条 商业银行以安全性、流动性、效益性为经营原则，实行自主经营，自担风险，自负盈亏，自我约束。

商业银行依法开展业务，不受任何单位和个人的干涉。

商业银行以其全部法人财产独立承担民事责任。

《银行卡业务管理办法》

第五十一条 发卡银行的权利：

（一）发卡银行有权审查申请人的资信状况、索取申请人的个人资料，并有权决定是否向申请人发卡及确定信用卡持卡人的透支额度。

（二）发卡银行对持卡人透支有追偿权。对持卡人不在规定期限内归还透支款项的，发卡银行有权申请法律保护并依法追究持卡人或有关当事人的法律责任。

（三）发卡银行对不遵守其章程规定的持卡人，有权取消其持卡人资格，并可授权有关单位收回其银行卡。

（四）发卡银行对储值卡和IC卡内的电子钱包可不予挂失。

第五十二条 发卡银行的义务：

（一）发卡银行应当向银行卡申请人提供有关银行卡的使用说明资料，包括章程、使用说明及收费标准。现有持卡人亦可索取上述资料。

（二）发卡银行应当设计针对银行卡服务的公平、有效的投诉制度，并公开投诉程序和投诉电话。发卡银行对持卡人关于帐务情况的查询和改正要求应当在30天内给予答复。

（三）发卡银行应当向持卡人提供对帐服务。按月向持卡人提供帐户结单，在下列情况下发卡银行可不向持卡人提供帐户结单：

1. 已向持卡人提供存折或其他交易记录；

2. 自上一份月结单后，没有进行任何交易，帐户没有任何未偿还余额；

3. 已与持卡人另行商定。

（四）发卡银行向持卡人提供的银行卡对帐单应当列出以下内容：

1. 交易金额、帐户余额（贷记卡还应列出到期还款日、最低还款额、可用信用额度）；

2. 交易金额记入有关帐户或自有帐户扣除的日期；

3. 交易日期与类别；

4. 交易记录号码；

5. 作为支付对象的商户名称或代号（异地交易除外）；

6. 查询或报告不符帐务的地址或电话号码。

（五）发卡银行应当向持卡人提供银行卡挂失服务，应当设立24小时挂失服务电话，提供电话和书面两种挂失方式，书面挂失为正式挂失方式。并在章程或有关协议中明确发卡银行与持卡人之间的挂失责任。

（六）发卡银行应当在有关卡的章程或使用说明中向持卡人说明密码的重要性及丢失的责任。

（七）发卡银行对持卡人的资信资料负有保密的责任。

第五十三条 持卡人的权利：

（一）持卡人享有发卡银行对其银行卡所承诺的各项服务的权利，有权监督服务质量并对不符服务质量进行投诉。

（二）申请人、持卡人有权知悉其选用的银行卡的功能、使用方法、收费项目、收费标准、适用利率及有关的计算公式。

（三）持卡人有权在规定时间内向发卡银行索取对帐单，并有权要求对不符帐务内容进行查询或改正。

（四）借记卡的挂失手续办妥后，持卡人不再承担相应卡帐户资金变动的责任，司法机关、仲裁机关另有判决的除外。

（五）持卡人有权索取信用卡领用合约，并应妥善保管。

第五十四条 持卡人的义务：

（一）申请人应当向发卡银行提供真实的申请资料并按照发卡银行规定向其提供符合条件的担保。

（二）持卡人应当遵守发卡银行的章程及《领用合约》的有关条款。

（三）持卡人或保证人通讯地址、职业等发生变化，应当及时书面通知发卡银行。

（四）持卡人不得以和商户发生纠纷为由拒绝支付所欠银行款项。

第五十五条 商业银行发展受理银行卡的商户，应当与商户签订受理合约，受理合约不得包括排他性条款。受理合约中的手续费率标准低于本办法规定标准的不受法律保护。

《最高人民法院关于审理银行卡民事纠纷案件若干问题的规定》

第一条 持卡人与发卡行、非银行支付机构、收单行、特约商户等当事人之间因订立银行卡合同、使用银行卡等产生的民事纠纷，适用本规定。

本规定所称银行卡民事纠纷，包括借记卡纠纷和信用卡纠纷。

第二条 发卡行在与持卡人订立银行卡合同时，对收取利息、复利、费用、违约金等格式条款未履行提示或者说明义务，致使持卡人没有注意或者理解该条款，持卡人主张该条款不成为合同的内容、对其不具有约束力的，人民法院应予支持。

发卡行请求持卡人按照信用卡合同的约定给付透支利息、复利、违约金等，或者给付分期付款手续费、利息、违约金等，持卡人以发卡行主张的总额过高为由请求予以适当减少的，人民法院应当综合考虑国家有关金融监管规定、未还款的数额及期限、当事人过错程度、发卡行的实际损失等因素，根据公平原则和诚信原则予以衡量，并作出裁决。

第三条 具有下列情形之一的，应当认定发卡行对持卡人享有的债权请求权诉讼时效中断：

（一）发卡行按约定在持卡人账户中扣划透支款本息、违约金等；

（二）发卡行以向持卡人预留的电话号码、通讯地址、电子邮箱发送手机短信、书面信件、电子邮件等方式催收债权；

（三）发卡行以持卡人恶意透支存在犯罪嫌疑为由向公安机关报案；

（四）其他可以认定为诉讼时效中断的情形。

第四条 持卡人主张争议交易为伪卡盗刷交易或者网络盗刷交易的，可以提供生效法律文书、银行卡交易时真卡所在地、交易行为地、账户交易明细、交易通知、报警记录、挂失记录等证据材料进行证明。

发卡行、非银行支付机构主张争议交易为持卡人本人交易或者其授权交易的，应当承担举证责任。发卡行、非银行支付机构可以提供交易单据、对账单、监控录像、交易身份识别信息、交易验证信息等证据材料进行证明。

第五条 在持卡人告知发卡行其账户发生非因本人交易或者本人授权交易导致的资金或者透支数额变动后，发卡行未及时向持卡人核实银行卡的持有及使用情况，未及时提供或者保存交易单据、监控录像等证据材料，导致有关证据材料无法取得的，应承担举证不能的法律后果。

第六条 人民法院应当全面审查当事人提交的证据，结合银行卡交易行为地与真卡所在地距离、持卡人是否进行了基础交易、交易时间和报警时间、持卡人用卡习惯、银行卡被盗刷的次数及频率、交易系统、技术和设备是否具有安全性等事实，综合判断是否存在伪卡盗刷交易或者网络盗刷交易。

第七条 发生伪卡盗刷交易或者网络盗刷交易，借记卡持卡人基于借记卡合同法律关系请求发卡行支付被盗刷存款本息并赔偿损失的，人民法院依法予以支持。

发生伪卡盗刷交易或者网络盗刷交易，信用卡持卡人基于信用卡合同法律关系请求发卡行返还扣划的透支款本息、违约金并赔偿损失的，人民法院依法予以支持；发卡行请求信用卡持卡人偿还透支款本息、违约金等的，人民法院不予支持。

前两款情形，持卡人对银行卡、密码、验证码等身份识别信息、交易验证信息未尽妥善保管义务具有过错，发卡行主张持卡人承担相应责任的，人民法院应予支持。

持卡人未及时采取挂失等措施防止损失扩大，发卡行主张持卡人自行承担扩大损失责任的，人民法院应予支持。

第八条 发卡行在与持卡人订立银行卡合同或者在开通网络支付业务功能时，未履行告知持卡人银行卡具有相关网络支付功能义务，持卡人以其未与发卡行就争议网络支付条款达成合意为由请求不承担因使用该功能而导致网络盗刷责任的，人民法院应予支持，但有证据证明持卡人同意使用该网络支付功能的，适用本规定第七条规定。

非银行支付机构新增网络支付业务类型时，未向持卡人履行前款规定义务的，参照前款规定处理。

第九条 发卡行在与持卡人订立银行卡合同或者新增网络支付业务时，未完全告知某一网络支付业务持卡人身份识别方式、交易验证方式、交易规则等足以影响持卡人决定是否使用该功能的内容，致使持卡人没有全面准确理解该功能，持卡人以其未与发卡行就相关网络支付条款达成合意为由请求不承担因使用该功能而导致网络盗刷责任的，人民法院应予支持，但持卡人对于网络盗刷具有过错的，应当承担相应过错责任。发卡行虽然未尽前述义务，但是有证据证明持卡人知道并理解该网络支付功能的，适用本规定第七条规定。

非银行支付机构新增网络支付业务类型时，存在前款未完全履行告知义务情形，参照前款规定处理。

第十条 发卡行或者非银行支付机构向持卡人提供的宣传资料载明其承担网络盗刷先行赔付责任，该允诺具体明确，应认定为合同的内容。持卡人据此请求发卡行或者非银行支付机构承担先行赔付责任的，人民法院应予支持。

因非银行支付机构相关网络支付业务系统、设施和技术不符合安全要求导致网络盗刷，持卡人请求判令该机构承担先行赔付责任的，人民法院应予支持。

第十一条 在收单行与发卡行不是同一银行的情形下，因收单行未尽保障持卡人用卡安全义务或者因特约商户未尽审核持卡人签名真伪、银行卡真伪等审核义务导致发生伪卡盗刷交易，持卡人请求收单行或者特约商户承担赔偿责任的，人民法院应予支持，但持卡人对伪卡盗刷交易具有过错，可以减轻或者免除收单行或者特约商户相应责任。

持卡人请求发卡行承担责任，发卡行申请追加收单行或者特约商户作为第三人参加诉讼的，人民法院可以准许。

发卡行承担责任后，可以依法主张存在过错的收单行或者特约商户承担相应责任。

第十二条 发卡行、非银行支付机构、收单行、特约商户承担责任后，请求盗刷者承担侵权责任的，人民法院应予支持。

第十三条 因同一伪卡盗刷交易或者网络盗刷交易，持卡人向发卡行、非银行支付机构、收单行、特约商户、盗刷者等主体主张权利，所获赔偿数额不应超过其因银行卡被盗刷所致损失总额。

第十四条 持卡人依据其对伪卡盗刷交易或者网络盗刷交易不承担或者不完全承担责任的事实，请求发卡行及时撤销相应不良征信记录的，人民法院应予支持。

第十五条 本规定所称伪卡盗刷交易，是指他人使用伪造的银行卡刷卡进行取现、消费、转账等，导致持卡人账户发生非基于本人意思的资金减少或者透支数额增加的行为。

本规定所称网络盗刷交易，是指他人盗取并使用持卡人银行卡网络交易身份识别信息和交易验证信息进行网络交易，导致持卡人账户发生非因本人意思的资金减少或者透支数额增加的行为。

二十、租赁合同纠纷

（一）最高人民法院指导案例

037. 违反行政规章签订的租赁合同是否一律无效[①]

饶国礼诉某物资供应站等房屋租赁合同纠纷案

（最高人民法院审判委员会讨论通过　2021年11月9日发布）

关键词：民事/房屋租赁合同/合同效力/行政规章/公序良俗/危房

裁判要点

违反行政规章一般不影响合同效力，但违反行政规章签订租赁合同，约定将经鉴定机构鉴定存在严重结构隐患，或将造成重大安全事故的应当尽快拆除的危房出租用于经营酒店，危及不特定公众人身及财产安全，属于损害社会公共利益、违背公序良俗的行为，应当依法认定租赁合同无效，按照合同双方的过错大小确定各自应当承担的法律责任。

相关法条

《中华人民共和国民法总则》第一百五十三条、《中华人民共和国合同法》第五十二条、第五十八条（注：现行有效的法律为《中华人民共和国民

① 最高人民法院指导案例170号。

法典》第一百五十三条、第一百五十七条)

基本案情：南昌市青山湖区晶品假日酒店（以下简称晶品酒店）组织形式为个人经营，经营者系饶国礼，经营范围及方式为宾馆服务。2011年7月27日，晶品酒店通过公开招标的方式中标获得租赁某物资供应站所有的南昌市青山南路1号办公大楼的权利，并向物资供应站出具《承诺书》，承诺中标以后严格按照加固设计单位和江西省建设工程安全质量监督管理局等权威部门出具的加固改造方案，对青山南路1号办公大楼进行科学、安全的加固，并在取得具有法律效力的书面文件后，再使用该大楼。同年8月29日，晶品酒店与物资供应站签订《租赁合同》，约定：物资供应站将南昌市青山南路1号（包含房产证记载的南昌市东湖区青山南路1号和东湖区青山南路3号）办公楼4120平方米建筑出租给晶品酒店，用于经营商务宾馆。租赁期限为十五年，自2011年9月1日起至2026年8月31日止。除约定租金和其他费用标准、支付方式、违约赔偿责任外，还在第五条特别约定：1. 租赁物经有关部门鉴定为危楼，需加固后方能使用。晶品酒店对租赁物的前述问题及瑕疵已充分了解。晶品酒店承诺对租赁物进行加固，确保租赁物达到商业房产使用标准，晶品酒店承担全部费用。2. 加固工程方案的报批、建设、验收（验收部门为江西省建设工程安全质量监督管理局或同等资质的部门）均由晶品酒店负责，物资供应站根据需要提供协助。3. 晶品酒店如未经加固合格即擅自使用租赁物，应承担全部责任。合同签订后，物资供应站依照约定交付了租赁房屋。晶品酒店向物资供应站给付20万元履约保证金，1000万元投标保证金。中标后物资供应站退还了800万元投标保证金。

2011年10月26日，晶品酒店与上海永祥加固技术工程有限公司签订加固改造工程《协议书》，晶品酒店将租赁的房屋以包工包料一次包干（图纸内的全部土建部分）的方式发包给上海永祥加固技术工程有限公司加固改造，改造范围为主要承重柱、墙、梁板结构加固新增墙体全部内粉刷，图纸内的全部内容，图纸、电梯、热泵。开工时间2011年10月26日，竣工时间2012

年1月26日。2012年1月3日，在加固施工过程中，案涉建筑物大部分垮塌。

江西省建设业安全生产监督管理站于2007年6月18日出具《房屋安全鉴定意见》，鉴定结果和建议是：1. 该大楼主要结构受力构件设计与施工均不能满足现行国家设计和施工规范的要求，其强度不能满足上部结构承载力的要求，存在较严重的结构隐患。2. 该大楼未进行抗震设计，没有抗震构造措施，不符合《建筑抗震设计规范》（GB 50011—2001）的要求。遇有地震或其他意外情况发生，将造成重大安全事故。3. 根据《危险房屋鉴定标准》（GB 50292—1999），该大楼按房屋危险性等级划分，属D级危房，应予以拆除。4. 建议：（1）应立即对大楼进行减载，减少结构上的荷载。（2）对有问题的结构构件进行加固处理。（3）目前，应对大楼加强观察，并应采取措施，确保大楼安全过渡至拆除。如发现有异常现象，应立即撤出大楼的全部人员，并向有关部门报告。（4）建议尽快拆除全部结构。

饶国礼向一审法院提出诉请：一、解除其与物资供应站于2011年8月29日签订的《租赁合同》；二、物资供应站返还其保证金220万元；三、物资供应站赔偿其各项经济损失共计281万元；四、本案诉讼费用由物资供应站承担。

物资供应站向一审法院提出反诉诉请：一、判令饶国礼承担侵权责任，赔偿其2463.5万元；二、判令饶国礼承担全部诉讼费用。

再审中，饶国礼将其上述第一项诉讼请求变更为：确认案涉《租赁合同》无效。物资供应站亦将其诉讼请求变更为：饶国礼赔偿物资供应站损失418.7万元。

裁判结果：江西省南昌市中级人民法院于2017年9月1日作出（2013）洪民一初字第2号民事判决：一、解除饶国礼经营的晶品酒店与物资供应站2011年8月29日签订的《租赁合同》；二、物资供应站应返还饶国礼投标保证金200万元；三、饶国礼赔偿物资供应站804.3万元，抵扣本判决第二项物资供应站返还饶国礼的 200 万元保证金后，饶国礼还应于本判决生效后十五日内给付物资供应站 604.3 万元；四、驳回饶国礼其他诉讼请求；五、驳回物资供应站其他诉讼请求。一审判决后，饶国礼提出上诉。江西省高级人民法院于 2018 年 4 月 24 日作出（2018）赣民终 173 号民事判决：一、维持江西省南昌市中级人民法院（2013）洪民一初字第 2 号民事判决第一项、第二项；二、撤销江西省南昌市中级人民法院（2013）洪民一初字第 2 号民事判决第三项、第四项、第五项；三、物资供应站返还饶国礼履约保证金 20 万元；四、饶国礼赔偿物资供应站经济损失 182.4 万元；五、本判决第一项、第三项、第四项确定的金额相互抵扣后，物资供应站应返还饶国礼 375.7 万元，该款项限物资供应站于本判决生效后 10 日内支付；六、驳回饶国礼的其他诉讼请求；七、驳回物资供应站的其他诉讼请求。饶国礼、物资供应站均不服二审判决，向最高人民法院申请再审。最高人民法院于 2018 年 9 月 27 日作出（2018）最高法民申 4268 号民事裁定，裁定提审本案。2019 年 12 月 19 日，最高人民法院作出（2019）最高法民再 97 号民事判决：一、撤销江西省高级人民法院（2018）赣民终 173 号民事判决、江西省南昌市中级人民法院（2013）洪民一初字第 2 号民事判决；二、确认饶国礼经营的晶品酒店与物资供应站签订的《租赁合同》无效；三、物资供应站自本判决发生法律效力之日起 10 日内向饶国礼返还保证金 220 万元；四、驳回饶国礼的其他诉讼请求；五、驳回物资供应站的诉讼请求。

裁判理由：最高人民法院认为：根据江西省建设业安全生产监督管理站于 2007 年 6 月 18 日出具的《房屋安全鉴定意见》，案涉《租赁合同》签订前，该合同项下的房屋存在以下安全隐患：一是主要结构受力构件设计与施工均不能满足现行国家设计和施工规范的要求，其强度不能满足上部结构承载力的要求，存在较严重的结构隐患；二是该房屋未进行抗震设计，没有抗震构造措施，不符合《建筑抗震设计规范》国家标准，遇有地震或其他意外情况发生，将造成重大安全事故。《房屋安全鉴定意见》同时就此前当地发生的地震对案涉房屋的结构造成了一定破坏、应引起业主及其上级部门足够重视等提出了警示。在上述认定基础上，江西省建设业安全生产监督管理站对案涉房屋的鉴定结果和建议是，案涉租赁房屋属于应尽快拆除全部结构的D级危房。据此，经有权鉴定机构鉴定，案涉房屋已被确定属于存在严重结构隐患、或将造成重大安全事故的应当尽快拆除的D级危房。根据中华人民共和国住房和城乡建设部《危险房屋鉴定标准》(2016年12月1日实施)第6.1条规定，房屋危险性鉴定属D级危房的，系指承重结构已不能满足安全使用要求，房屋整体处于危险状态，构成整幢危房。尽管《危险房屋鉴定标准》第7.0.5条规定，对评定为局部危房或整幢危房的房屋可按下列方式进行处理：1. 观察使用；2. 处理使用；3. 停止使用；4. 整体拆除；5. 按相关规定处理。但本案中，有权鉴定机构已经明确案涉房屋应予拆除，并建议尽快拆除该危房的全部结构。因此，案涉危房并不具有可在加固后继续使用的情形。《商品房屋租赁管理办法》第六条规定，不符合安全、防灾等工程建设强制性标准的房屋不得出租。《商品房屋租赁管理办法》虽在效力等级上属部门规章，但是，该办法第六条规定体现的是对社会公共安全的保护以及对公序良俗的维护。结合本案事实，在案涉房屋已被确定属于存在严重结构隐患、或将造成重大安全事故、应当尽快拆除的D级危房的情形下，双方当事人仍签订《租赁合同》，约定将该房屋出租用于经营可能危及不特定公众人身及财产安全的商务酒店，明显损害了社会公共利益、违背了公序良俗。从维护公共安全及确立正确的社会价值导向的角度出发，对本案情形下合同效力的认定应从严把握，司法不应支持、鼓励这种为追求经济利益而忽视公共安全的有违社会公共利益和公序良俗的行为。故依照《中华人民共和国民法总则》第一百五十三条第二款关于违背公序良俗的民事法律行为无效的规定，以及《中华人民共和国合同法》第五十二条第四项关于损害社会公共利益的合同无效的规定，确认《租赁合同》无效。关于案涉房屋倒塌后物资供应站支付给他人的补偿费用问题，因物资供应站应对《租赁合同》的无效承担主要责任，根据《中华人民共和国合同法》第五十八条“合同无效后，双方都有过错的，应当各自承担相应的责任”的规定，上述费用应由物资供应站自行承担。因饶国礼对于《租赁合同》无效亦有过错，故对饶国礼的损失依照《中华人民共和国合同法》第五十八条的规定，亦应由其自行承担。饶国礼向物资供应站支付的220万元保证金，因《租赁合同》系无效合同，物资供应站基于该合同取得的该款项依法应当退还给饶国礼。

（二）最高人民法院公报案例及典型案例

038. 出租人提供的房屋有害气体超标的，承租人有权要求解除合同并退还租金等费用①

江某某诉南京宏阳房产经纪有限公司房屋租赁合同纠纷案

裁判摘要

出租人向承租人提供租赁物，应符合租赁用途。经营房屋租赁业务的出租人，应对室内空气质量进行检测、治理，使之符合国家有关环保标准。出租人如提供有害气体超标的租赁房屋，侵害了承租人的生命健康安全，致承租人的租赁目的无法实现，承租人要求解除合同并退还租金等费用的，人民法院应予支持。

原告：江某某。

被告：南京宏阳房产经纪有限公司，住所地：江苏省南京市江宁区东山街道府前东路。

① 参见《最高人民法院公报》2022年第11期。

法定代表人：陈俊宏，该公司总经理。

原告江某某因与被告南京宏阳房产经纪有限公司（以下简称宏阳公司）发生房屋租赁合同纠纷，向江苏省南京市江宁区人民法院提起诉讼。

原告江某某诉称：2021年3月，原告在被告宏阳公司处租赁了位于南京市江宁区×幢×室房屋，并签订《房屋租赁合同》。合同约定，租金每月1100元，押一付三。签约当日原告入住案涉房屋，后感到全身不适，其怀孕的妻子亦生病。原告即与被告协商换房或退租事宜，但被告一直不愿处理，无奈之下于同年6月自费找到检测机构对房屋的室内空气质量进行检测。检测报告显示，室内空气中的甲醛值、总挥发性有机物值均超标。考虑到妻子有孕在身，不愿再住在该房屋内，但多次与被告协商退房无果。为了保护自身权益诉至法院，请求判令：1. 解除原、被告之间的《房屋租赁合同》；2. 判令被告立即退还其交纳的各项费用合计6556元（具体明细为：2021年3月28日交纳的租金3300元、物业管理费1056元、押金1100元、2021年5月16日交纳的租金1100元）；3. 被告承担诉讼费用。

被告宏阳公司辩称：原告江某某未按约定的时间交纳租金，构成违约。被告在原告起诉后自行对室内有害气体进行了检测，结果未超标，故不同意原告的诉讼请求。

江苏省南京市江宁区人民法院一审查明：

被告宏阳公司从事房地产经纪、住房租赁等业务。2021年3月21日，宏阳公司（甲方）与原告江某某（乙方）签订《房屋租赁合同》一份，约定甲方将位于南京市江宁区×幢×室房屋出租给乙方使用，租期自2021年3月22日起至2022年7月15日止；租金每月1100元，押一付三，首期租金3300元于2021年3月22日支付，第二期租金3300元于同年5月15日支付，以此类推；甲方收取乙方保证金1100元，公共区域保洁、维修、宽带、物业管理费1056元。合同还约定了其他内容。合同签订后，被告将房屋交给原告使用，原告支付租金3300元、物业管理费1056元、押金1100元，合计5456元，被告于 2021 年 3 月 28 日出具收据一份。2021 年 5 月 16 日，原告又支付租金 1100 元。

2021 年 4 月，原告江某某妻子（已怀孕）出现身体不适，至江苏省人民医院、东部战区总医院等医疗机构检查，诊断为慢性肾小球肾炎。原告认为与室内甲醛超标有关，自行购买甲醛检测试纸检测，结果超标，故与被告宏阳公司业务员联系要求退租。双方协商中，被告工作人员于 2021 年 6 月 1 日联系原告催缴第二期剩余租金，原告要求被告配合其找具有相应资质的机构进行甲醛检测，其工作人员回复“你租个房子还什么甲醛，有这条件你自己买房子住去呗”“我这还第一次听说租房还有甲醛检测的”“你爱住就住，不住晚上搬走，我下面找不在乎这些什么甲醛、乙醛的租客”。与被告协商未果后，原告自行委托江苏智然检测有限公司（以下简称智然公司）对案涉房屋内的空气质量进行检测。2021 年 6 月 2 日，智然公司上门采样。2021 年 6 月 7 日，智然公司出具（2021）苏智监（室环）字第（202106090）号检测报告，结果为甲醛检测值 0.213 毫克/立方米，苯检测值 0.035 毫克/立方米，甲苯检测值 0.062 毫克/立方米，二甲苯检测值 0.085 毫克/立方米，总挥发性有机物 TVOC 检测值 0.863 毫克/立方米，甲醛、总挥发性有机物 TVOC 不合格。原告取得上述检测报告后，搬出租赁房屋并告知被告且将房门钥匙邮寄交还被告。

另查明，根据国家质量监督检验检疫总局、卫生部、国家环境保护总局联合发布的《室内空气质量标准》（GB/T18883-2002），室内空气中的甲醛含量应小于等于 0.10 毫克/立方米，总挥发性有机物 TVOC 含量应小于等于 0.60 毫克/立方米。智然公司具有中国计量认证（CMA）证书（编号 17××× 0167），具备相应环境与环保检测资质。

再查明，2021 年 6 月 29 日，原告江某某就本案纠纷向法院提起诉讼，法院委托相关特邀调解组织进行了诉前调解，起诉状副本、证据等材料由特邀调解组织于 2021 年 7 月 3 日送达被告宏阳公司。

审理中，被告宏阳公司陈述，案涉房屋于2017年即已装修，虽装修完成时并未检测，但其在原告江某某起诉后进行了检测，室内空气质量是合格的，并提交一份由智然公司出具的检测报告〔（2021）苏智监（室环）字第（202111452）号〕，采样时间为2021年11月18日，结果中甲醛检测值0.090毫克/立方米、总挥发性有机物TVOC检测值0.424毫克/立方米，均符合国家标准。于2021年11月26日至智然公司就两份检测报告结果不一致问题进行调查。智然公司法定代表人陈述，两次检测所用的仪器、检测方法及标准均相同，但甲醛和总挥发性有机物TVOC的挥发量与温度、湿度、密闭时间等环境因素有较大关系，两份报告间隔近半年，有害物质也会随时间挥发减少；从报告本身数值看，即便在冬天（挥发性会随温度降低），甲醛数值也接近国家标准上限。

江苏省南京市江宁区人民法院一审认为：

出租人的核心义务是向承租人提供符合租赁用途，具有使用、收益价值的租赁物。出租人提供有害气体超标的租赁房屋，侵害了承租人以安全健康为内容的人格权，致承租人的租赁目的无法实现，故相关房屋不应用于出租，已出租房屋亦无权收取租金，承租人有权要求解除合同并退还全部款项。

本案中，被告宏阳公司作为经营房屋租赁业务的企业，应主动对室内空气质量进行检测、治理，使之符合国家有关环保标准。在被告既未主动进行室内空气质量检测，又拒绝配合承租人进行空气质量检测的情况下，原告江某某有权自行委托有资质的检测机构进行检测，被告无权以原告单方检测为由拒绝承认检测结果。根据原告提交的检测报告，被告出租的房屋中甲醛、总挥发性有机物TVOC严重超标，可能致使用人受到严重健康损害。虽无确定的证据可以证明原告妻子的疾病由上述有害气体引起，但也不能排除与有害气体超标导致的免疫力减退等因素有关。被告虽也提供同一机构的检测报告证明室内空气质量符合标准，但其检测时间在原告入住之后较久，根据气体的挥发性质，相应有害气体检测值可能随时间、温度或通风、治理等情况逐渐减少，不能据此证明原告居住期间的空气质量合格。且从第二份报告检测值看，即便在间隔近半年、有害气体挥发性较弱的冬天，甲醛数值也接近国家标准上限，亦佐证了第一份报告结论的正确性。

综上，本案《房屋租赁合同》应予解除。原告江某某要求解约的主张通过法院特邀调解组织送达起诉状副本于2021年7月3日到达被告宏阳公司，故房屋租赁合同于当日解除。合同解除后，被告应退还原告支付的全部款项6556元。

据此，江苏省南京市江宁区人民法院依照《中华人民共和国民法典》第三条、第五百六十三条第一款第四项、第五百六十五条第二款、第五百六十六条第一款和第二款、第七百零八条，《中华人民共和国民事诉讼法》第六十四条第一款之规定，于2021年12月7日判决如下：

一、原告江某某与被告南京宏阳房产经纪有限公司之间的《房屋租赁合同》于2021年7月3日解除；

二、被告南京宏阳房产经纪有限公司于本判决发生法律效力之日起10日内返还原告江某某租金4400元、物业费1056元、押金1100元，合计6556元。

案件受理费294元，减半收取计147元，由被告南京宏阳房产经纪有限公司负担。

宏阳公司不服一审判决，向江苏省南京市中级人民法院提起上诉。因宏阳公司经合法传唤，无正当理由未到庭参加诉讼，江苏省南京市中级人民法院于2022年2月17日裁定如下：

本案按上诉人南京宏阳房产经纪有限公司撤回上诉处理。一审判决自本裁定书送达之日起发生法律效力。

本裁定为终审裁定。

（三）裁判依据

《中华人民共和国民法典》

第七百零三条 租赁合同是出租人将租赁物交付承租人使用、收益，承租人支付租金的合同。

第七百零四条 租赁合同的内容一般包括租赁物的名称、数量、用途、租赁期限、租金及其支付期限和方式、租赁物维修等条款。

第七百零五条 租赁期限不得超过二十年。超过二十年的，超过部分无效。

租赁期限届满，当事人可以续订租赁合同；但是，约定的租赁期限自续订之日起不得超过二十年。

第七百零六条 当事人未依照法律、行政法规规定办理租赁合同登记备案手续的，不影响合同的效力。

第七百零七条 租赁期限六个月以上的，应当采用书面形式。当事人未采用书面形式，无法确定租赁期限的，视为不定期租赁。

第七百零八条 出租人应当按照约定将租赁物交付承租人，并在租赁期限内保持租赁物符合约定的用途。

第七百零九条 承租人应当按照约定的方法使用租赁物。对租赁物的使用方法没有约定或者约定不明确，依据本法第五百一十条的规定仍不能确定的，应当根据租赁物的性质使用。

第七百一十条 承租人按照约定的方法或者根据租赁物的性质使用租赁物，致使租赁物受到损耗的，不承担赔偿责任。

第七百一十一条 承租人未按照约定的方法或者未根据租赁物的性质使用租赁物，致使租赁物受到损失的，出租人可以解除合同并请求赔偿损失。

第七百一十二条 出租人应当履行租赁物的维修义务，但是当事人另有约定的除外。

第七百一十三条 承租人在租赁物需要维修时可以请求出租人在合理期限内维修。出租人未履行维修义务的，承租人可以自行维修，维修费用由出租人负担。因维修租赁物影响承租人使用的，应当相应减少租金或者延长租期。

因承租人的过错致使租赁物需要维修的，出租人不承担前款规定的维修义务。

第七百一十四条 承租人应当妥善保管租赁物，因保管不善造成租赁物毁损、灭失的，应当承担赔偿责任。

第七百一十五条 承租人经出租人同意，可以对租赁物进行改善或者增设他物。

承租人未经出租人同意，对租赁物进行改善或者增设他物的，出租人可以请求承租人恢复原状或者赔偿损失。

第七百一十六条 承租人经出租人同意，可以将租赁物转租给第三人。承租人转租的，承租人与出租人之间的租赁合同继续有效；第三人造成租赁物损失的，承租人应当赔偿损失。

承租人未经出租人同意转租的，出租人可以解除合同。

第七百一十七条 承租人经出租人同意将租赁物转租给第三人，转租期限超过承租人剩余租赁期限的，超过部分的约定对出租人不具有法律约束力，但是出租人与承租人另有约定的除外。

第七百一十八条 出租人知道或者应当知道承租人转租，但是在六个月内未提出异议的，视为出租人同意转租。

第七百一十九条 承租人拖欠租金的，次承租人可以代承租人支付其欠付的租金和违约金，但是转租合同对出租人不具有法律约束力的除外。

次承租人代为支付的租金和违约金，可以充抵次承租人应当向承租人支付的租金；超出其应付的租金数额的，可以向承租人追偿。

第七百二十条 在租赁期限内因占有、使用租赁物获得的收益，归承租人所有，但是当事人另有约定的除外。

第七百二十一条 承租人应当按照约定的期限支付租金。对支付租金的期限没有约定或者约定不明确，依据本法第五百一十条的规定仍不能确定，租赁期限不满一年的，应当在租赁期限届满时支付；租赁期限一年以上的，应当在每届满一年时支付，剩余期限不满一年的，应当在租赁期限届满时支付。

第七百二十二条 承租人无正当理由未支付或者迟延支付租金的，出租人可以请求承租人在合理期限内支付；承租人逾期不支付的，出租人可以解除合同。

第七百二十三条 因第三人主张权利，致使承租人不能对租赁物使用、收益的，承租人可以请求减少租金或者不支付租金。

第三人主张权利的，承租人应当及时通知出租人。

第七百二十四条 有下列情形之一，非因承租人原因致使租赁物无法使用的，承租人可以解除合同：

（一）租赁物被司法机关或者行政机关依法查封、扣押；

（二）租赁物权属有争议；

（三）租赁物具有违反法律、行政法规关于使用条件的强制性规定情形。

第七百二十五条 租赁物在承租人按照租赁合同占有期限内发生所有权变动的，不影响租赁合同的效力。

第七百二十六条 出租人出卖租赁房屋的，应当在出卖之前的合理期限内通知承租人，承租人享有以同等条件优先购买的权利；但是，房屋按份共有人行使优先购买权或者出租人将房屋出卖给近亲属的除外。

出租人履行通知义务后，承租人在十五日内未明确表示购买的，视为承租人放弃优先购买权。

第七百二十七条 出租人委托拍卖人拍卖租赁房屋的，应当在拍卖五日前通知承租人。承租人未参加拍卖的，视为放弃优先购买权。

第七百二十八条 出租人未通知承租人或者有其他妨害承租人行使优先购买权情形的，承租人可以请求出租人承担赔偿责任。但是，出租人与第三人订立的房屋买卖合同的效力不受影响。

第七百二十九条 因不可归责于承租人的事由，致使租赁物部分或者全部毁损、灭失的，承租人可以请求减少租金或者不支付租金；因租赁物部分或者全部毁损、灭失，致使不能实现合同目的的，承租人可以解除合同。

第七百三十条 当事人对租赁期限没有约定或者约定不明确，依据本法第五百一十条的规定仍不能确定的，视为不定期租赁；当事人可以随时解除合同，但是应当在合理期限之前通知对方。

第七百三十一条 租赁物危及承租人的安全或者健康的，即使承租人订立合同时明知该租赁物质量不合格，承租人仍然可以随时解除合同。

第七百三十二条 承租人在房屋租赁期限内死亡的，与其生前共同居住的人或者共同经营人可以按照原租赁合同租赁该房屋。

第七百三十三条 租赁期限届满，承租人应当返还租赁物。返还的租赁物应当符合按照约定或者根据租赁物的性质使用后的状态。

第七百三十四条 租赁期限届满，承租人继续使用租赁物，出租人没有提出异议的，原租赁合同继续有效，但是租赁期限为不定期。

租赁期限届满，房屋承租人享有以同等条件优先承租的权利。

《中华人民共和国房地产管理法》

第五十三条 房屋租赁，是指房屋所有权人作为出租人将其房屋出租给承租人使用，由承租人向出租人支付租金的行为。

第五十四条 房屋租赁，出租人和承租人应当签订书面租赁合同，约定租赁期限、租赁用途、租赁价格、修缮责任等条款，以及双方的其他权利和义务，并向房产管理部门登记备案。

第五十五条 住宅用房的租赁，应当执行国家和房屋所在城市人民政府规定的租赁政策。租用房屋从事生产、经营活动的，由租赁双方协商议定租金和其他租赁条款。

第五十六条 以营利为目的，房屋所有权人将以划拨方式取得使用权的国有土地上建成的房屋出租的，应当将租金中所含土地收益上缴国家。具体办法由国务院规定。

《最高人民法院关于审理城镇房屋租赁合同纠纷案件具体应用法律若干问题的解释》

第一条 本解释所称城镇房屋，是指城市、镇规划区内的房屋。

乡、村庄规划区内的房屋租赁合同纠纷案件，可以参照本解释处理。但法律另有规定的，适用其规定。

当事人依照国家福利政策租赁公有住房、廉租住房、经济适用住房产生的纠纷案件，不适用本解释。

第二条 出租人就未取得建设工程规划许可证或者未按照建设工程规划许可证的规定建设的房屋，与承租人订立的租赁合同无效。但在一审法庭辩论终结前取得建设工程规划许可证或者经主管部门批准建设的，人民法院应当认定有效。

第三条 出租人就未经批准或者未按照批准内容建设的临时建筑，与承租人订立的租赁合同无效。但在一审法庭辩论终结前经主管部门批准建设的，人民法院应当认定有效。

租赁期限超过临时建筑的使用期限，超过部分无效。但在一审法庭辩论终结前经主管部门批准延长使用期限的，人民法院应当认定延长使用期限内的租赁期间有效。

第四条 房屋租赁合同无效，当事人请求参照合同约定的租金标准支付房屋占有使用费的，人民法院一般应予支持。

当事人请求赔偿因合同无效受到的损失，人民法院依照民法典第一百五十七条和本解释第七条、第十一条、第十二条的规定处理。

第五条 出租人就同一房屋订立数份租赁合同，在合同均有效的情况下，承租人均主张履行合同的，人民法院按照下列顺序确定履行合同的承租人：

（一）已经合法占有租赁房屋的；

（二）已经办理登记备案手续的；

（三）合同成立在先的。

不能取得租赁房屋的承租人请求解除合同、赔偿损失的，依照民法典的有关规定处理。

第六条 承租人擅自变动房屋建筑主体和承重结构或者扩建，在出租人要求的合理期限内仍不予恢复原状，出租人请求解除合同并要求赔偿损失的，人民法院依照民法典第七百一十一条的规定处理。

第七条 承租人经出租人同意装饰装修，租赁合同无效时，未形成附合的装饰装修物，出租人同意利用的，可折价归出租人所有；不同意利用的，可由承租人拆除。因拆除造成房屋毁损的，承租人应当恢复原状。

已形成附合的装饰装修物，出租人同意利用的，可折价归出租人所有；不同意利用的，由双方各自按照导致合同无效的过错分担现值损失。

第八条 承租人经出租人同意装饰装修，租赁期间届满或者合同解除时，除当事人另有约定外，未形成附合的装饰装修物，可由承租人拆除。因拆除造成房屋毁损的，承租人应当恢复原状。

第九条 承租人经出租人同意装饰装修，合同解除时，双方对已形成附合的装饰装修物的处理没有约定的，人民法院按照下列情形分别处理：

（一）因出租人违约导致合同解除，承租人请求出租人赔偿剩余租赁期内装饰装修残值损失的，应予支持；

（二）因承租人违约导致合同解除，承租人请求出租人赔偿剩余租赁期内装饰装修残值损失的，不予支持。但出租人同意利用的，应在利用价值范围内予以适当补偿；

（三）因双方违约导致合同解除，剩余租赁期内的装饰装修残值损失，由双方根据各自的过错承担相应的责任；

（四）因不可归责于双方的事由导致合同解除的，剩余租赁期内的装饰装修残值损失，由双方按照公平原则分担。法律另有规定的，适用其规定。

第十条 承租人经出租人同意装饰装修，租赁期间届满时，承租人请求出租人补偿附合装饰装修费用的，不予支持。但当事人另有约定的除外。

第十一条 承租人未经出租人同意装饰装修或者扩建发生的费用，由承租人负担。出租人请求承租人恢复原状或者赔偿损失的，人民法院应予支持。

第十二条 承租人经出租人同意扩建，但双方对扩建费用的处理没有约定的，人民法院按照下列情形分别处理：

（一）办理合法建设手续的，扩建造价费用由出租人负担；

（二）未办理合法建设手续的，扩建造价费用由双方按照过错分担。

第十三条 房屋租赁合同无效、履行期限届满或者解除，出租人请求负有腾房义务的次承租人支付逾期腾房占有使用费的，人民法院应予支持。

第十四条 租赁房屋在承租人按照租赁合同占有期限内发生所有权变动，承租人请求房屋受让人继续履行原租赁合同的，人民法院应予支持。但租赁房屋具有下列情形或者当事人另有约定的除外：

（一）房屋在出租前已设立抵押权，因抵押权人实现抵押权发生所有权变动的；

（二）房屋在出租前已被人民法院依法查封的。

第十五条 出租人与抵押权人协议折价、变卖租赁房屋偿还债务，应当在合理期限内通知承租人。承租人请求以同等条件优先购买房屋的，人民法院应予支持。

第十六条 本解释施行前已经终审，本解释施行后当事人申请再审或者按照审判监督程序决定再审的案件，不适用本解释。

二十一、承揽合同纠纷

（一）最高人民法院公报案例及典型案例

039. 承揽人能否仅以定作人已陆续支付设备款主张其已经履行交付合格定作物的义务[①]

吉林冶金设备厂诉烟台冶金研究所加工承揽合同纠纷案

裁判摘要

一、协议经双方当事人协商签订后，一方当事人在盖章时对部分条款作了修改，另一方当事人对此没有提出书面异议的，应认定同意修改后的协议。

二、加工承揽合同约定，承揽人应对制造、安装的设备调试合格后交付定作人的，虽然承揽人进行了多次调试，但双方没有办理设备验收手续，也没有其他证据证明已将设备调试合格，不能仅以定作人已陆续支付设备款的行为主张定作设备已调试合格。

① 参见《最高人民法院公报》2004年第6期。

中华人民共和国最高人民法院

民事判决书

（2002）民二提字第16号

申请再审人（一审被告、二审上诉人）：烟台冶金新材料研究所。住所地山东省烟台市经济技术开发区牡丹江路1号。

法定代表人：郝广政，该所所长。

委托代理人：翟莹，该所职工。

委托代理人：赵启民，该所办公室主任。

被申请人（一审原告、二审被上诉人）：吉林冶金机电设备制造厂。住所地吉林省吉林市龙潭区新山路25-2号。

法定代表人：计蓬，该厂厂长。

委托代理人：刘品祥，北京市世纪律师事务所律师。

委托代理人：王忠国，吉林冶金机电设备制造厂法律顾问。

烟台冶金新材料研究所（以下简称烟台冶金所）与吉林冶金机电设备制造厂（以下简称吉林设备厂）加工承揽合同纠纷一案，吉林省高级人民法院于1998年6月25日作出（1998）吉经再字第26号民事判决，已经发生法律效力。烟台冶金所不服该判决，向本院申请再审。本院于2002年3月19日作出（2002）民二监字第84号民事裁定，决定对本案进行提审，并依法组成合议庭审理了本案，现已审理终结。

经本院再审查明：1987年11月4日和1988年2月1日，烟台冶金所与吉林设备厂先后签订了预氧化炉和沥清碳纤维碳化炉制造合同。预氧化炉制造合同约定：烟台冶金所提供制造图纸三套，负责生产厂房供电、供水、供氧等公共设施的配套，提供设备调试大纲并参加局部调试。吉林设备厂负责预氧化炉的加工、制造，负责解决预氧化炉加工制造中的技术问题，参加预氧化炉的调试。1988年9月底完成全套预氧化炉的制造。总加工制造费为35

万元，合同生效后两周内，烟台冶金所支付给吉林设备厂 11 万元，设备到后，支付给吉林设备厂总制造费的 50%，设备在烟台冶金所安装调试合格后一次付清剩余加工费。沥清碳纤维碳化炉制造合同约定：烟台冶金所提供制造图纸三套，负责生产厂房供电、供水、供氮等公共设施的配套，提供设备调试大纲并参加局部调试。吉林设备厂负责沥清碳纤维碳化炉的加工、制造，负责解决加工制造中的技术问题和成套设备的现场安装调试等。1988 年 11 月底全套碳化炉装置从吉林发出。总加工制造费为 42 万元，结算办法为合同生效后两周内，烟台冶金所支付给吉林设备厂 126000 元，设备到后，支付给吉林设备厂总制造费的 50%，设备在烟台冶金所安装调试合格后一次付清剩余加工费。两份合同签订后，烟台冶金所向吉林设备厂支付了 236000 元加工费。

因原材料涨价等因素，1988 年 12 月 2 日，双方经协商签订了《关于烟台冶金新材料研究所委托吉林冶金机电设备制造厂加工制造预氧化炉和碳化炉合同的补充协议》，约定将预氧化炉由原造价 35 万元上调到 65 万元，沥清碳纤维碳化炉由原造价 42 万元上调到 122 万元；补充协议生效后两周内，烟台冶金所将新增造价 110 万元的 50%即 55 万元预付给吉林设备厂，其余款项待设备在安装调试合格后一次付清。两台设备的交货期推迟到 1989 年 3 月底和 5 月底；如设备拖期交货，烟台冶金所将在未付款额中按每拖延一天 2000 元，扣除设备拖延费。该补充协议烟台冶金所签字盖章后，在由吉林设备厂带回吉林签字盖章时，吉林设备厂将补充协议第二条中“其余款项待设备在安装调试合格后一次付清”的内容变更为“设备到货后，付全部货款的 90%，安装调试合格后全部付清”，将交货期限变更为 1989 年 4 月底和 6 月底，将第三条第三款变更为如设备拖期交货发运，烟台冶金所在未付款额中按拖延一天 500 元，扣除设备拖延费，并将补充协议签字盖章后寄给烟台冶金所。烟台冶金所收到修改后的补充协议后，没有提出书面异议。

在吉林设备厂制造加工过程中，因部分外加工件不能及时到位等原因，影响了设备的总装，故双方不能按合同约定的时间进行设备交接。1989 年 5 月 5 日、10 月 10 日，1990 年 2 月 26 日，双方对设备延期交货和付款问题进行了协商，烟台冶金所认可氧化炉交货期推迟至 1989 年 6 月末，碳化炉交货期最终确定在 1990 年 4 月底。吉林设备厂最终交付设备的时间为氧化炉 1989 年 8 月 5 日，碳化炉是 1990 年 6 月 20 日。1991 年 7 月 10 日，双方签订了一份《氧化炉和碳化炉调试及付款协议》，该协议约定调试中如发现质量问题，由吉林设备厂负责处理，已进行单机调试后，遗留问题待下阶段处理。由于制造质量产生的问题，吉林设备厂负责解决；由于设计和工艺不合理造成的问题，吉林设备厂协助解决，不承担责任。吉林设备厂参加预氧化炉、碳化炉投料试车工作。还约定在烟台冶金所支付 2 万元后，由吉林设备厂派人完成调试。余款在当年资金松动时，优先考虑支付，力争年底结清。该协议第六条约定：本协议与原合同、补充协议具有同等法律效力，若有抵触，以本协议为准。在烟台冶金所支付了 2 万元，该厂又派人对设备进行调试，但是，没有办理验收手续。预氧化炉和碳化炉也未试产。烟台冶金所陆续给付吉林设备厂部分加工款，仍欠加工款 525835.56 元。1992 年 11 月 11 日，烟台冶金所以（92）烟冶财字第 7 号函向吉林设备厂表示，承认尚欠设备款 53 万余元。1994 年 3 月 31 日，烟台冶金所与吉林设备厂对往来帐进行核对时称："由于目前我所资金紧张，尾款不能付出，待资金松动时，我所再付设备款"。当吉林设备厂索要余款时，烟台冶金所以吉林设备厂逾期交货、设备质量不合格为由拒付，双方发生纠纷，诉诸法院。

本院再审期间，组织双方当事人到设备安装现场进行查看，烟台冶金所提出预氧化炉存在的问题是：设备密封达不到设计标准，炉内底板断裂，氧化炉滚动网带跑偏。碳化炉存在的问题是：差压变速器的型号不符合设计标准等。吉林设备厂对上述事实在本院质证时予以否认，认为不排除设备被人为破坏，并提出对设备进行鉴定的要求。

吉林市中级人民法院审理认为，吉林设备厂与烟台冶金所签订的加工承揽合同和 1991 年 7 月 10 日调试付款协议有效，烟台冶金所未按约付款属违约行为。判决：烟台冶金所给付吉林设备厂加工设备款 525835. 56 元；逾期付款滞纳金 249246. 05 元，案件受理费 12760. 82 元由烟台冶金所承担。

烟台冶金所不服一审判决，向吉林省高级人民法院提出上诉，吉林省高级人民法院经二审审理认为原审认定事实清楚，适用法律妥当，判决：驳回上诉，维持原判。二审案件受理费 12760. 82 元由烟台冶金所承担。

烟台冶金所不服吉林省高级人民法院终审判决，向本院申请再审，本院转由吉林省高级人民法院审查。吉林省高级人民法院对本案进行了再审，再审认为，原一、二审认定事实没有错误。因双方合作良好，故设备调试后没有办理验收手续。原审没有认定《关于烟台冶金新材料研究所委托吉林冶金机电设备制造厂加工制造预氧化炉和碳化炉合同的补充协议》，是因为该协议在盖章过程中，吉林设备厂进行了单方修改，不是双方当事人的真实意思表示，因此无效；但在调整设备价格上无争议，应予尊重这一客观事实。对逾期交货未予认定不妥，依照《中华人民共和国民事诉讼法》第一百五十三条第一款第二项的规定，该院判决：一、维持（1997）吉经终字第 102 号民事判决；二、吉林设备厂给付烟台冶金所逾期付货违约金 28785 元。

烟台冶金所不服上述再审判决，向本院提出申请再审称：原审认定事实不清，加工承揽合同签订后，吉林设备厂又与烟台冶金所签订了补充协议，将设备加工款增加了 122 万元，吉林设备厂不仅逾期交货，且交付的设备没有调试合格。烟台冶金所在给付设备款的同时，多次催促吉林设备厂来调试，当吉林设备厂几次派人来要款，均被申请人拒绝，并申明必须尽快派人来调试设备，合格后再付款。至于财务部门出具的材料，仅仅是财务对帐单，不能证明设备已调试合格。原审把最后一次调试设备的时间定在 1991 年 6 月，而把 1991 年 8 月至 11 月共同调试这一事实回避了，这次调试形成了由烟台冶金所和吉林设备厂、设计单位三方认可的阶段调试总结，总结中对设备存在的问题以及如何解决这些问题均有明确规定，调试中尚未解决的问题由吉林设备厂负责解决，但是，吉林设备厂再未派人进行调试。再审认为“双方合作良好，没有办理验收手续”与事实不符，烟台冶金所不会答应以合格产品的价格换回不合格的设备。要求本院依法改判。吉林设备厂答辩认为原审认定事实清楚，适用法律正确，吉林设备厂已将设备调试合格，亦不存在逾期交货问题。其不能付款的真正原因是资金紧张。烟台冶金所提交的预氧化炉、碳化炉调试阶段总结是虚假证据且已丧失寻求法律保护的权利，要求维持原审判决。

本院再审认为：烟台冶金所与吉林设备厂签订的预氧化炉和沥清碳纤维碳化炉加工承揽合同以及 1991 年 7 月 10 日签订的预氧化炉、碳化炉调试及付款协议，是双方当事人的真实意思表示，合同内容不违反法律规定，原审认定有效是正确的。1988 年 12 月 2 日，双方经协商签订的补充协议，吉林设备厂在盖章过程中将部分条款作了修改后，寄回了烟台冶金所，烟台冶金所接受了修改后的补充协议，没有提出书面异议，因此亦应认定该补充协议有效。再审判决作出的该协议在盖章过程中，吉林设备厂进行了单方修改，不是双方当事人的真实意思表示，因此无效，但在调整设备价格上无争议，应予支持的认定，将补充协议分成两部分，前半部分认定有效，后半部分认定无效，属认定事实不当，应予纠正。

烟台冶金所提出吉林设备厂调试的设备不合格，双方至今没有办理验收手续，并以阶段调试总结作为证据，因该总结没有吉林设备厂签字盖章，也无其他证据证明吉林设备厂收到阶段调试总结，因此，不能作为证据使用。按照合同约定，负责两台设备的安装调试是吉林设备厂的义务，从本院到设备现场勘验的情况看，预氧化炉密封能否达到设计标准、滚动网带跑偏问题，因设备存放时间过长，已无法确认。但预氧化炉炉底钢板出现裂缝、碳化炉差压变速器没有按照设计图纸型号安装问题是客观存在的，这种质量问题并不涉及设计是否合理，因为设计是否合理、设备制造完毕后是否具有生产价值不是吉林设备厂的义务。吉林设备厂的义务就是按照合同约定对设备进行制造、安装，调试合格后交付给烟台冶金所。虽然吉林设备厂对设备进行了多次调试，但是，双方没有办理设备验收手续，也没有其他证据证明其已将设备调试合格。吉林设备厂仅以烟台冶金所陆续支付设备款的行为，来证明设备已调试合格的理由缺乏证明力，因为向定作人交付合格的定作物是承揽人的义务，向承揽人按时付款是定作人的义务，两者享有的权利不同，承担的义务也不同。由于吉林设备厂无法提供设备调试合格的证据，因此，应认定吉林设备厂向烟台冶金所交付的设备不合格。两台设备因放置时间过长，已失去重新鉴定的条件，故吉林设备厂关于重新鉴定的请求，本院不予支持。再审判决以双方合作良好，没有办理验收手续为由认定吉林设备厂交付了合格设备，属于适用法律不当，应予纠正。

1988年12月2日，经过变更后的《关于烟台冶金新材料研究所委托吉林冶金机电设备制造厂加工制造预氧化炉和碳化炉合同的补充协议》约定，设备到货后，付全部货款的90%，安装调试合格后全部付清。吉林设备厂交付设备的时间为氧化炉1989年8月5日，碳化炉是1990年6月20日。1991年7月10日，双方签订了一份《氧化炉和碳化炉调试及付款协议》，再次变更了付款方式，吉林设备厂对烟台冶金所延迟付款未提出异议，因此，烟台冶金所延迟付款的行为可以不予追究。烟台冶金所对于设备调试存在的问题，仅以电话形式联系，没有书面提出异议，亦有过错，其承认尚欠部分设备加工款，因此，对这部分延期付款的行为应承担相应的民事责任。

吉林设备厂交付的预氧化炉逾期交货35天，碳化炉逾期交货60天，按照补充协议约定逾期交货一天，扣除设备费500元，双方应按照合同约定履行。原审判处吉林设备厂给付烟台冶金所逾期交货违约金28785元没有事实依据，应予纠正。

《中华人民共和国经济合同法》第二十九条规定，由于当事人一方的过错，造成经济合同不能履行或者不能完全履行，由有过错的一方承担违约责任；如属双方的过错，根据实际情况，由双方分别承担各自应负的违约责任。

第三十五条承揽方的责任规定，未按合同规定的质量、数量完成定作方交付的工作，应无偿进行修理、补足数量酌减报酬，如果工作成果有重大缺陷，还应承担赔偿责任。定作方的责任规定：超过合同规定期限付款，偿付逾期的违约金。《加工承揽合同条例》第十三条规定：承揽方应当依据合同的规定，按定作方要求的技术条件完成工作，未经定作方同意，不得擅自变更，承揽方应当对所承揽的全部工作质量负责。第二十一条承揽方的违约责任第一款规定，未按合同规定的质量交付定作物或完成工作，定作方同意利用的，应当按质论价；不同意利用的，应当负责修整或调换，并承担逾期交付的责任；经修整或调换后，仍不符合合同规定的，定作方有权拒收，由此造成的损失由承揽方赔偿。第五款规定，不能交付定作物或完成工作的，应当偿付不能交付定作物或不能完成工作部分价款总值10—30%或酬金总额20—60%的违约金。第二十二条定作方的违约责任第五款规定：超过合同规定的日期付款，应当比照中国人民银行有关延期付款的规定向承揽方偿付违约金，以酬金计算的，每逾期一天，按酬金总额的千分之一偿付违约金。

据此，本院依照上述法律和《中华人民共和国民事诉讼法》第一百五十三条第一款第（三）项、第一百八十四条第一款的规定，判决如下：

一、撤销吉林省高级人民法院（1998）吉经再字第26号、（1997）吉经终字第102号民事判决和吉林省吉林市中级人民法院（1996）吉经初字第80号民事判决；

二、吉林冶金机电设备制造厂加工的预氧化炉和沥清碳纤维碳化炉，由烟台冶金新材料研究所自行处理；

三、吉林冶金机电设备制造厂向烟台冶金新材料研究所偿付不能交付合格设备的违约金673200元；

四、吉林冶金机电设备制造厂偿付烟台冶金新材料研究所逾期交货设备款47500元；

五、烟台冶金新材料研究所向吉林冶金机电设备制造厂支付设备欠款

525835.56元；

六、烟台冶金新材料研究所向吉林冶金机电设备制造厂支付逾期付款违约金323388.87元；

七、驳回双方其他诉讼请求。

上述款项自收到本判决之日起十日内支付，逾期支付按照《中华人民共和国民事诉讼法》第二百三十二条的规定办理。

一、二审案件受理费各12760.82元，共计25521.64元，由吉林冶金机电设备制造厂承担15312.98元，烟台冶金新材料研究所承担10208.66元。

本判决为终审判决。

（二）裁判依据

《中华人民共和国民法典》

第七百七十条　承揽合同是承揽人按照定作人的要求完成工作，交付工作成果，定作人支付报酬的合同。

承揽包括加工、定作、修理、复制、测试、检验等工作。

第七百七十一条　承揽合同的内容一般包括承揽的标的、数量、质量、报酬，承揽方式，材料的提供，履行期限，验收标准和方法等条款。

第七百七十二条　承揽人应当以自己的设备、技术和劳力，完成主要工作，但是当事人另有约定的除外。

承揽人将其承揽的主要工作交由第三人完成的，应当就该第三人完成的工作成果向定作人负责；未经定作人同意的，定作人也可以解除合同。

第七百七十三条　承揽人可以将其承揽的辅助工作交由第三人完成。承揽人将其承揽的辅助工作交由第三人完成的，应当就该第三人完成的工作成果向定作人负责。

第七百七十四条　承揽人提供材料的，应当按照约定选用材料，并接受定作人检验。

第七百七十五条 定作人提供材料的，应当按照约定提供材料。承揽人对定作人提供的材料应当及时检验，发现不符合约定时，应当及时通知定作人更换、补齐或者采取其他补救措施。

承揽人不得擅自更换定作人提供的材料，不得更换不需要修理的零部件。

第七百七十六条 承揽人发现定作人提供的图纸或者技术要求不合理的，应当及时通知定作人。因定作人怠于答复等原因造成承揽人损失的，应当赔偿损失。

第七百七十七条 定作人中途变更承揽工作的要求，造成承揽人损失的，应当赔偿损失。

第七百七十八条 承揽工作需要定作人协助的，定作人有协助的义务。定作人不履行协助义务致使承揽工作不能完成的，承揽人可以催告定作人在合理期限内履行义务，并可以顺延履行期限；定作人逾期不履行的，承揽人可以解除合同。

第七百七十九条 承揽人在工作期间，应当接受定作人必要的监督检验。定作人不得因监督检验妨碍承揽人的正常工作。

第七百八十条 承揽人完成工作的，应当向定作人交付工作成果，并提交必要的技术资料和有关质量证明。定作人应当验收该工作成果。

第七百八十一条 承揽人交付的工作成果不符合质量要求的，定作人可以合理选择请求承揽人承担修理、重作、减少报酬、赔偿损失等违约责任。

第七百八十二条 定作人应当按照约定的期限支付报酬。对支付报酬的期限没有约定或者约定不明确，依据本法第五百一十条的规定仍不能确定的，定作人应当在承揽人交付工作成果时支付；工作成果部分交付的，定作人应当相应支付。

第七百八十三条 定作人未向承揽人支付报酬或者材料费等价款的，承揽人对完成的工作成果享有留置权或者有权拒绝交付，但是当事人另有约定的除外。

第七百八十四条 承揽人应当妥善保管定作人提供的材料以及完成的工作成果，因保管不善造成毁损、灭失的，应当承担赔偿责任。

第七百八十五条 承揽人应当按照定作人的要求保守秘密，未经定作人许可，不得留存复制品或者技术资料。

第七百八十六条 共同承揽人对定作人承担连带责任，但是当事人另有约定的除外。

第七百八十七条 定作人在承揽人完成工作前可以随时解除合同，造成承揽人损失的，应当赔偿损失。

二十二、建设工程合同纠纷

（一）最高人民法院指导案例

040. 建设工程价款优先受偿权的效力优先于设立在建设工程上的抵押权和发包人其他债权人所享有的普通债权①

中天建设集团有限公司诉河南恒和置业有限公司
建设工程施工合同纠纷案

（最高人民法院审判委员会讨论通过 2021年11月9日发布）

关键词：民事/建设工程施工合同/优先受偿权/除斥期间

裁判要点

执行法院依其他债权人的申请，对发包人的建设工程强制执行，承包人向执行法院主张其享有建设工程价款优先受偿权且未超过除斥期间的，视为承包人依法行使了建设工程价款优先受偿权。发包人以承包人起诉时行使建设工程价款优先受偿权超过除斥期间为由进行抗辩的，人民法院不予支持。

① 最高人民法院指导案例171号。

相关法条

《中华人民共和国合同法》第二百八十六条（注：现行有效的法律为《中华人民共和国民法典》第八百零七条）

基本案情：2012 年 9 月 17 日，河南恒和置业有限公司与中天建设集团有限公司签订一份《恒和国际商务会展中心工程建设工程施工合同》约定，由中天建设集团有限公司对案涉工程进行施工。2013 年 6 月 25 日，河南恒和置业有限公司向中天建设集团有限公司发出《中标通知书》，通知中天建设集团有限公司中标位于洛阳市洛龙区开元大道的恒和国际商务会展中心工程。2013 年 6 月 26 日，河南恒和置业有限公司和中天建设集团有限公司签订《建设工程施工合同》，合同中双方对工期、工程价款、违约责任等有关工程事项进行了约定。合同签订后，中天建设集团有限公司进场施工。施工期间，因河南恒和置业有限公司拖欠工程款，2013 年 11 月 12 日、11 月 26 日、2014 年 12 月 23 日中天建设集团有限公司多次向河南恒和置业有限公司送达联系函，请求河南恒和置业有限公司立即支付拖欠的工程款，按合同约定支付违约金并承担相应损失。2014 年 4 月、5 月，河南恒和置业有限公司与德汇工程管理（北京）有限公司签订《建设工程造价咨询合同》，委托德汇工程管理（北京）有限公司对案涉工程进行结算审核。2014 年 11 月 3 日，德汇工程管理（北京）有限公司出具《恒和国际商务会展中心结算审核报告》。河南恒和置业有限公司、中天建设集团有限公司和德汇工程管理（北京）有限公司分别在审核报告中的审核汇总表上加盖公章并签字确认。2014 年 11 月 24 日，中天建设集团有限公司收到通知，河南省焦作市中级人民法院依据河南恒和置业有限公司其他债权人的申请将对案涉工程进行拍卖。2014 年 12 月 1 日，中天建设集团有限公司第九建设公司向河南省焦作市中级人民法院提交《关于恒和国际商务会展中心在建工程拍卖联系函》中载明，中天建设集团有限公司系恒和国际商务会展中心在建工程承包方，自项目开工，中天建设集团有限公司已完成产值 2.87 亿元工程，中天建设集团有限公司请求依法确认优先受偿权并参与整个拍卖过程。中天建设集团有限公司和河南恒和置业有限公司均认可案涉工程于2015年2月5日停工。

2018年1月31日，河南省高级人民法院立案受理中天建设集团有限公司对河南恒和置业有限公司的起诉。中天建设集团有限公司请求解除双方签订的《建设工程施工合同》并请求确认河南恒和置业有限公司欠付中天建设集团有限公司工程价款及优先受偿权。

裁判结果：河南省高级人民法院于2018年10月30日作出（2018）豫民初3号民事判决：一、河南恒和置业有限公司与中天建设集团有限公司于2012年9月17日、2013年6月26日签订的两份《建设工程施工合同》无效；二、确认河南恒和置业有限公司欠付中天建设集团有限公司工程款288428047.89元及相应利息（以288428047.89元为基数，自2015年3月1日起至2018年4月10日止，按照中国人民银行公布的同期贷款利率计付）；三、中天建设集团有限公司在工程价款288428047.89元范围内，对其施工的恒和国际商务会展中心工程折价或者拍卖的价款享有行使优先受偿权的权利；四、驳回中天建设集团有限公司的其他诉讼请求。宣判后，河南恒和置业有限公司提起上诉，最高人民法院于2019年6月21日作出（2019）最高法民终255号民事判决：驳回上诉，维持原判。

裁判理由：最高人民法院认为：《最高人民法院关于审理建设工程施工合同纠纷案件适用法律问题的解释（二）》第二十二条规定："承包人行使建设工程价款优先受偿权的期限为六个月，自发包人应当给付建设工程价款之日起算。"根据《最高人民法院关于建设工程价款优先受偿权问题的批复》第一条规定，建设工程价款优先受偿权的效力优先于设立在建设工程上的抵押权和发包人其他债权人所享有的普通债权。人民法院依据发包人的其他债权人或抵押权人申请对建设工程采取强制执行行为，会对承包人的建设工程价款优先受偿权产生影响。此时，如承包人向执行法院主张其对建设工程享有建设工程价款优先受偿权的，属于行使建设工程价款优先受偿权的合法方式。河南恒和置业有限公司和中天建设集团有限公司共同委托的造价机构德汇工程管理（北京）有限公司于2014年11月3日对案涉工程价款出具《审核报告》。2014年11月24日，中天建设集团有限公司收到通知，河南省焦作市中级人民法院依据河南恒和置业有限公司其他债权人的申请将对案涉工程进行拍卖。2014年12月1日，中天建设集团有限公司第九建设公司向河南省焦作市中级人民法院提交《关于恒和国际商务会展中心在建工程拍卖联系函》，请求依法确认对案涉建设工程的优先受偿权。2015年2月5日，中天建设集团有限公司对案涉工程停止施工。2015年8月4日，中天建设集团有限公司向河南恒和置业有限公司发送《关于主张恒和国际商务会展中心工程价款优先受偿权的工作联系单》，要求对案涉工程价款享有优先受偿权。2016年5月5日，中天建设集团有限公司第九建设公司又向河南省洛阳市中级人民法院提交《优先受偿权参与分配申请书》，依法确认并保障其对案涉建设工程价款享有的优先受偿权。因此，河南恒和置业有限公司关于中天建设集团有限公司未在6个月除斥期间内以诉讼方式主张优先受偿权，其优先受偿权主张不应得到支持的上诉理由不能成立。

（二）最高人民法院公报案例及典型案例

041. 建设工程中基坑工程承包人投入的建筑材料和劳动力已物化到建筑物中，与建筑物不可分割时，基坑施工合同的承包人能否享有优先受偿权[①]

四川中成煤炭建设（集团）有限责任公司与成都泓昌嘉泰房地产有限公司建设工程施工合同纠纷案

裁判要旨

建设工程中基坑工程承包人投入的建筑材料和劳动力已物化到建筑物中，与建筑物不可分割，基坑施工合同的承包人应享有优先受偿权。

对于同一建设工程，可能存在多个承包人，如承包人完成的工程属于建设工程，且共同完成的建设工程宜于折价、拍卖的，则应依法保障承包人的优先受偿权。根据建筑行业管理规范和办法，深基坑工程施工包括支护结构施工、地下水和地表水控制、土石方开挖等内容，故基坑支护、降水、土石方挖运工程施工合同的承包人，要求在未受偿工程款范围内享有优先受偿权的，人民法院应予支持。

最高人民法院民事判决书

（2021）最高法民再 188 号

再审申请人（一审原告、二审上诉人）：四川中成煤炭建设（集团）有

① 参见《最高人民法院公报》2023 年第 3 期。

限责任公司，住所地四川省成都市青羊区青华路38号。

法定代表人：柯军，该公司董事长。

委托诉讼代理人：杜丽娟，四川时代经纬律师事务所律师。

委托诉讼代理人：马瑜苹，北京市高通（成都）律师事务所律师。

被申请人（一审被告、二审被上诉人）：成都泓昌嘉泰房地产有限公司，住所地四川省成都市高新区芳草街76号。

诉讼代表人：雷君，该公司负责人。

委托诉讼代理人：王欢，该公司工作人员。

再审申请人四川中成煤炭建设（集团）有限责任公司（以下简称中成煤建公司）因与被申请人成都泓昌嘉泰房地产有限公司（以下简称鸿昌嘉泰公司）建设工程施工合同纠纷一案，不服四川省高级人民法院（2020）川民终1582号民事判决，向本院申请再审。本院于2021年6月19日作出（2021）最高法民申3675号民事裁定，提审本案。本院依法组成合议庭，公开开庭审理了本案。再审申请人中成煤建公司的委托诉讼代理人杜丽娟、马瑜苹以及被申请人鸿昌嘉泰公司的诉讼代表人雷君、委托诉讼代理人王欢到庭参加诉讼。本案现已审理终结。

中成煤建公司申请再审称，一、案涉基坑工程是海峡友谊大厦施工中不可分离的组成部分，其劳动成果已经物化到建筑物本身，而非对土地的改造增值。中成煤建公司完成的深基坑挖掘、土石方挖运、支护等地下施工部分系根据对应建筑物地下室空间构造、高层建筑地基牢度、建筑物使用年限等参数所施工，已融合到整个建筑物中，是建筑物不可分离的组成部分。从施工技术规范上讲，基坑施工是建筑物施工不可缺少的施工环节。中成煤建公司的施工是配合建筑物的地下室与地上部分而进行的专门的、有针对性的建设施工，若变更建筑物的功用、地下室设计、建造高度、地基强度，则该基坑工程并不能适用。从价值附加上讲，案涉基坑施工的劳动成果已物化到建筑物本身，而非针对依附土地的改造增值。此外，根据双方合同明确约定，取水资源费属于建设工程成本和应付工程款范畴，应纳入优先受偿权范围。二、二审法院关于“中成煤建公司施工的相关工程是对土地现状进行的改变，尚未形成单独的建筑物或构筑物，不能进行拍卖和变更，故对其诉请的工程价款优先受偿权不予支持”的认定系适用法律错误。《最高人民法院关于审理建设工程施工合同纠纷案件适用法律问题的解释（二）》第十七条规定中的“就工程折价或者拍卖”中的“工程”指的是案涉工程融入的单体建筑，而并不局限于请求权人已完成的工程部分。该文义解释可以从《最高人民法院关于审理建设工程施工合同纠纷案件适用法律问题的解释（二）》第十八条关于装修装饰工程价款享有优先受偿权的规定中得到印证。即便优先受偿权的价值范围限于施工部分的价值，但执行拍卖时应指向承包人施工的单体建筑而非仅就案涉施工部分进行拍卖、折价。三、从立法目的来看，建设工程价款优先权是为保障农民工的权益，案涉基坑施工绝大部分成本费用皆为民工工资。综上，请求：1. 撤销二审判决第一项中的后半部分，即“维持四川省成都市中级人民法院作出的（2020）川01民初340号民事判决第三项”；2. 改判中成煤建公司针对工程款15398977.71元就位于四川省成都市高新区金融总部商务区8号地块的案涉海峡友谊大厦建筑物折价或者拍卖后的价款享有优先受偿权；3. 本案一、二审案件受理费、鉴定费由泓昌嘉泰公司承担。

鸿昌嘉泰公司辩称，一、中成煤建公司承包工程范围为基坑支护、降水、土石方挖运，不属于主体工程范围，是对土地现状的改变，没有形成单独的建筑物或构筑物，不具备单独拍卖、变卖的条件。因此，中成煤建公司不应享有建设工程价款优先受偿权。二、即使认定中成煤建公司享有优先受偿权，其主张的范围亦超过了法律规定的范围。现有在建工程地下四层以及地上四层大多并非中成煤建公司修建，其主张优先受偿权的范围不应涵盖整个在建工程，应仅限于其施工部分。三、中成煤建公司主张享有优先受偿权的价款包含取水资源费，该费用属于行政管理费用，不属于工程价款的范围，应予以排除。

中成煤建公司向四川省成都市中级人民法院（以下简称一审法院）起诉请求： 1. 判令解除中成煤建公司与泓昌嘉泰公司签署的《海峡友谊大厦（暂定名）项目基坑支护、降水、土石方挖运工程设计、施工合同》（以下简称《设计、施工合同》）及其《补充协议》《补充协议（二）》；2. 判令泓昌嘉泰公司向中成煤建公司支付应付未付的工程款、违约金共计38546286.70元，违约金暂计算至2019年4月30日，实际应计算至泓昌嘉泰公司付清款项之日止，降水台班费暂计算至2019年4月30日，后续发生的费用中成煤建公司保留另行主张的权利；3. 判令中成煤建公司享有案涉建筑工程折价或拍卖后的优先受偿权。

一审法院认定事实： 2010年10月27日，泓昌嘉泰公司作为建设方（甲方），与承包方中成煤建公司（乙方）签署了《设计、施工合同》，泓昌嘉泰公司将位于成都市南部新区金融总部商务区8号地块项目名称为海峡友谊大厦（暂定名）范围内全部的基坑支护、降水、土石方挖运工程的设计、施工交由中成煤建公司完成。合同约定的包干价为1900万元，包设计、包质量、包工期、包安全文明施工，乙方不得再以任何理由要求变更。《设计、施工合同》还对工程款支付、竣工结算、工程总工期、违约责任等进行了约定，其中对工程款支付约定如下，基坑支护工程、降水工程（不含降水维持期）、土石方挖运工程，各工程按期完成，经甲方、监理方、总包方及相关职能部门验收合格，并书面确认后，开始办理结算。

2013年4月18日，泓昌嘉泰公司与中成煤建公司签订《海峡友谊大厦（暂定名）项目基坑支护、降水、土石方挖运工程补充协议》（以下简称《补充协议》），泓昌嘉泰公司将原合同项目基坑支护工程的补充部分，即项目基坑护壁加固施工的补充部分委托中成煤建公司施工。《补充协议》约定，工程协议包干总价为378万元；完成所有基坑护壁加固工作内容后，经甲方、监理方、总包方及职能部门验收合格，并书面确认后，甲方确认在收到乙方提供的甲方认可的正式发票后，十个工作日内甲方支付乙方此协议所有工程余款。

2013年7月18日，泓昌嘉泰公司作为甲方，与乙方中成煤建公司就项目现有的土石方挖运、补贴、原合同调整等事宜经协商达成了协议，签订《海峡友谊大厦（暂定名）项目基坑支护、降水、土石方挖运工程补充协议（二）》（以下简称《补充协议（二）》），《补充协议（二）》包括工程款结算及支付、工期约定、工程施工的配合等条款，约定，所有土石方挖运、回填等工作按期完成（含加固反压部分），经甲方、监理方、总包方及相关职能部门验收合格并书面确认后，开始办理结算；工程施工中，乙方应无条件配合甲方、监理方及总包单位，不得以任何理由、任何方式阻碍总包方施工等。

《设计、施工合同》签订后，中成煤建公司组织人员对工程进行了施工。泓昌嘉泰公司陈述主体工程发包给成都建工集团有限公司施工，该主体工程于2015年11月停工，至今未复工。成都建工集团有限公司与鸿昌嘉泰公司正因建设工程合同纠纷进行诉讼。

一审审理过程中，中成煤建公司提出造价鉴定申请，人民法院委托四川蜀威工程项目管理咨询有限公司（以下简称蜀威咨询公司）对案涉的《设计、施工合同》《补充协议》《补充协议（二）》约定的工程内容完成进度及造价等进行了鉴定。蜀威咨询公司于2019年9月30日出具川蜀威（2019）造鉴第4号《造价鉴定报告》，鉴定结果为：1.《设计、施工合同》、《补充协议》及《补充协议（二）》中包干价部分鉴定金额为26146002.97元；2.上述协议包干部分以外的内容鉴定金额为6152974.74元；其中，取水资源费为2282688.38元。

2019年3月19日和9月27日，中成煤建公司分别向蜀威咨询公司转款100万元、167926.05元。蜀威咨询公司于2019年9月27日向中成煤建公司开具了金额合计为1167926.05元的11张增值税普通发票。

泓昌嘉泰公司主张其向中成煤建公司（含张宿国）共支付工程款1790万元，并提供了相应的转账凭证及收据。质证时，中成煤建公司对2011年1月28日和9月6日泓昌嘉泰公司支付的两笔共计100万元款项性质提出异议，主张该款项为退还的履行保证金。对于其他1690万元付款无异议。经审查，泓昌嘉泰公司提供的2011年1月27日的《收据》载明的内容为“收到泓昌嘉泰公司海峡友谊大厦保证金600000元”，经手人为张宿国，并加盖中成煤建公司财务专用章，泓昌嘉泰公司于2011年1月28日通过成都银行向中成煤建公司转款600000元。2011年9月1日的《收据》载明的内容为“收到泓昌嘉泰公司退海峡友谊大厦（暂定名）基坑护壁工程履约保证金400000元”，经手人为辜某某，并加盖中成煤建公司财务专用章，泓昌嘉泰公司于2011年9月6日通过中国建设银行股份有限公司成都第一支行向中成煤建公司转款400000元，《现金交款单》载明的款项来源为保证金。泓昌嘉泰公司于2011年11月24日向中成煤建公司转账支付300万元，2012年1月11日转账支付200万元，2012年1月12日转账支付974786.28元、1025213.72元工程款，2012年12月6日转账支付50万元，2012年12月26日转账付款200万元，2013年2月6日转账支付100万元，2013年8月15日转账支付100万元，2013年10月28日转账付款100万元，2014年1月20日转账支付200万元，2014年5月19日转账付款100万元，2015年2月16日向张宿国转账支付两笔50万元，2015年8月14日向张宿国转账付款40万元。张宿国于2015年2月15日和2015年8月14日分别向泓昌嘉泰公司出具借条两张，分别借款100万元和40万元，用于发人工工资。

本案中成煤建公司已经完成的工程造价为32298977.71元（26146002.97元+6152974.74元）。鸿昌嘉泰公司向中成煤建公司支付的工程款为1690万元，尚应向中成煤建公司支付工程款15398977.71元。双方未进行结算。

一审法院于2019年9月17日以（2018）川01民初3286号案件受理成都建工集团有限公司与泓昌嘉泰公司建设工程施工合同纠纷一案。

综上，依照《中华人民共和国合同法》第九十四条第四项、第九十七条、第二百八十六条之规定，一审法院于2020年7月20日作出（2020）川01民初340号民事判决：一、解除中成煤建公司与泓昌嘉泰公司于2010年10月27日签订的《海峡友谊大厦（暂定名）项目基坑支护、降水、土石方挖运工程设计、施工合同》、2013年4月18日签订的《海峡友谊大厦（暂定名）项目基坑支护、降水、土石方挖运工程补充协议》和2013年7月18日签订的《海峡友谊大厦（暂定名）项目基坑支护、降水、土石方挖运工程补充协议（二）》；二、泓昌嘉泰公司于判决生效之日起十五日内，向中成煤建公司支付工程款15398977.71元；三、驳回中成煤建公司的其他诉讼请求。如果未按本判决指定的期间履行给付金钱义务，应当依照《中华人民共和国民事诉讼法》第二百五十三条之规定，加倍支付迟延履行期间的债务利息。案件受理费232181元，由中成煤建公司负担139426.28元，由泓昌嘉泰公司负担92754.72元。鉴定费1167926.05元，由中成煤建公司负担583963.02元，由泓昌嘉泰公司负担583963.03元。该鉴定费已由中成煤建公司支付，在履行判决义务时由泓昌嘉泰公司一并向中成煤建公司支付。

中成煤建公司不服一审判决，上诉请求：1. 请求撤销一审判决；2. 请求依法改判泓昌嘉泰公司承担违约金（以未付工程款9246002.97元为基数，按照日0.05%利率，从2014年9月18日计算至工程款付清之日止，暂计算至2020年8月4日，违约金金额为9930207.22元）；3. 请求依法改判中成煤建公司对泓昌嘉泰公司开发建设的海峡友谊大厦项目的拍卖或折价价款中就工程款15398977.71元享有优先受偿权；4. 一审、二审诉讼费用由泓昌嘉泰公司负担。

二审法院确认一审法院查明的事实。另查明，2020年11月11日，四川省成都市中级人民法院作出（2020）川01破18号民事裁定，裁定受理四川九泓昌进出口贸易有限公司对泓昌嘉泰公司破产清算一案，并指定北京炜衡（成都）律师事务所、亚太（集团）会计师事务所四川分所担任破产管理人。

二审法院认为，一、泓昌嘉泰公司是否应当承担逾期付款的违约责任。根据案涉《设计、施工合同》《补充协议》《补充协议（二）》的约定，主要工程款的支付需同时符合“完工、验收合格并书面确认、结算完成”。根据一审法院查明的事实，中成煤建公司目前仍然没有完工，并且一直没有进行结算，故一审法院通过鉴定予以确定案涉工程造价。由于中成煤建公司与泓昌嘉泰公司并没有进行结算，中成煤建公司也没有提供证据证明在2014年9月18日时泓昌嘉泰公司拖欠中成煤建公司9246002.97元工程进度款的事实，故中成煤建公司要求泓昌嘉泰公司承担逾期付款违约责任的诉请不能成立，一审法院不予支持并无不当。二、中成煤建公司是否应就案涉项目拍卖、折价款就其施工内容范围的15398977.71元工程款享有优先受偿权。根据《中华人民共和国合同法》第二百八十六条规定，承包人享有的建设工程价款优先受偿权只及于完成的建筑物、构筑物本身，并不及于所依附的土地使用权。本案中，中成煤建公司施工的相关工程实质是对拟修建的建筑物所依附的土地现状进行的改变，尚未形成单独的建筑物或者构筑物，不能进行拍卖和变卖。故对中成煤建公司诉请的工程价款优先受偿权不予支持。因二审中发生泓昌嘉泰公司进入破产程序的新事实，本案债权债务清偿须由破产程序集中处理，本案仅对债权人向泓昌嘉泰公司主张的债权进行确认。

综上，依照《中华人民共和国企业破产法》第十六条、第四十六条、《中华人民共和国民事诉讼法》第一百七十条第一款第二项规定，二审法院于2020年12月31日作出（2020）川民终1582号民事判决：一、维持四川省成都市中级人民法院（2020）川01民初340号民事判决第一项、第三项；二、变更四川省成都市中级人民法院（2020）川01民初340号民事判决第二项为“确认截至2020年11月11日，四川中成煤炭建设（集团）有限责任公司对成都泓昌嘉泰房地产有限公司享有15398977.71元工程款债权”。本判决生效后中成煤建公司应当依照《中华人民共和国企业破产法》规定的程序申报上述债权并行使权利。一审案件受理费、鉴定费按一审判决方式执行，二审案件受理费168445.92元，由中成煤建公司负担。

在再审程序中，中成煤建公司向本院提交了以下证据：

第一组证据为分包合同信息，包括：1.《设计、施工合同》；2.《补充协议》；3.《补充协议（二）》。拟以上述合同的相关条款内容证明案涉深基坑工程是与主体建筑物施工密不可分的一部分，案涉深基坑工程成果物化到整个建筑物。

第二组证据为行业标准规范和相关规定，包括：4.《建筑深基坑工程施工安全技术规范（JGJ 311—2013）》；5.《建筑变形检测规范（JGJ 8—2016）》；6.《建筑边坡工程技术规范（GB 50330—2013）》；7.《岩土锚杆与喷射混凝土支护工程技术规范（GB 50086—2015）》；8.《四川省建筑地基基础检测技术规程（DBJ 51/T014—2013）》；9.《四川省建筑边坡工程施工质量验收规范（DBJ 51/T044—2015）》；10.《成都地区基坑工程安全技术规范（DB 51/T5072—2011）》；11. 中国建筑工业出版社出版的《基坑工程手册》第二版节选；12. 中国建筑工业出版社出版的《地基基础实用设计施工手册》；13.《危险性较大的分部分项工程安全管理规定》；14.《住房城乡建设部办公厅关于实施〈危险性较大的分部分项工程安全管理规定〉有关问题的通知》；15.《成都市建设委员会关于印发〈成都市建筑工程深基坑施工管理办法〉的通知》。拟以上述规范和规定的相关内容证明，基坑工程为建筑物地基工程的一部分，与建筑主体工程密切结合，深基坑工程原则上实行建筑工程施工总承包管理，建设单位确需对深度超过五米的基坑工程实行单独发包的，应办理建筑工程（深基坑）施工许可证，以保障施工难度大、危险性高的深基坑工程的质量和安全。

第三组证据为涉及案涉深基坑工程概况的相关文件、照片等资料，包括：16. 海峡友谊大厦深基坑施工过程照片和开挖放线图；17.《海峡友谊大厦基坑土方、护壁、降水施工组织设计》；18.《海峡友谊大厦基坑土方、护壁、降水方案设计》《海峡友谊大厦（暂定名）基坑护壁加固方案》；19.《领悦中心（立项名：海峡友谊大厦）项目（考虑精装修）施工图预算汇报》；20.《深基坑工程施工组织设计方案咨询意见书》《深基坑工程咨询意见书》；21.案涉基坑工程的《建筑工程施工许可证》；22.中成煤建公司与泓昌嘉泰公司就基坑土石方工程形成的公函、海峡友谊大厦（暂定名）工作联系函、工作联系单；23.《基坑支护交验表》《（工程验收计价）现场情况确认流程表》；24.《海峡友谊大厦项目监理例会（第六期）会议纪要》；25.《关于延长管井降水时间的工作联系函》；26.《关于取水许可证延期的联系函》；27.《建筑工地降水协议》。拟以上述证据证明案涉深基坑工程属于整个海峡友谊大厦土建施工不可或缺的一部分，受到整个建筑物设计方案影响，而非简单的土地平整与挖掘。

第四组证据为案涉海峡友谊大厦工程现状材料，包括：28.海峡友谊大厦现状视频、《公证书》、一审证据目录及照片2张，拟证明在海峡友谊大厦施工过程中中成煤建公司与总包方配合作业，深基坑作业中的支护、降水贯穿于整个建设工程，至今还在进行。

第五组证据为关联案件判决，即：29.四川省成都市中级人民法院（2018）川01民初3286号民事判决书，拟证明该判决确认案涉海峡友谊大厦的总包方就包含降水费在内的工程价款享有优先受偿权，中成煤建公司与总包方配合，也应享有优先受偿权。

第六组证据为参考案例信息，包括：30.最高人民法院（2017）最高法民终410号民事判决书；31.海南省高级人民法院（2017）琼民终336号民事判决书；32.最高人民法院（2018）最高法民申2301号民事裁定书。

在再审开庭审理时，中成煤建公司申请的证人中冶成都勘察研究总院公司总工程师李耀家、中国建筑西南勘察设计研究院有限公司总经理助理王新出庭作证。该两位证人陈述，深基坑工程属于建筑工程，建筑物分为地表建筑和地下建筑，深基坑工程是地下室施工不可分割的部分；海峡友谊大厦的深基坑工程只能用于本项目。

鸿昌嘉泰公司质证认为，对第一组证据真实性和合法性无异议，对关联性有异议；对第二组证据的真实性无异议，但该组证据不是对案件事实的证明，由人民法院决定是否采纳；对第三组证据中的证据16所述的施工工艺真实性没有异议，但对其中数据的真实性无法核实。对证据17的真实性有异议，认可证据21、27的真实性。对于证据18-20的真实性，请人民法院依法确认。对于证据22-26，经核实有过证据22-26所体现的函件和会议，但破产管理人未接管相关原件，无法确认该复印件是否与原件一致；对第四组证据的真实性、合法性无异议；对第五组证据的关联性不予认可；对第六组证据的真实性、合法性予以认可，但并非本案证据。

本院认为，虽然鸿昌嘉泰公司对于证据16-20、22-26的真实性无法确认，但未提供反驳证据，而且上述证据与其他证据能够互相印证或者载有编制单位可供核实，本院认可中成煤建公司提供证据的真实性，对于相关证据的内容以及能否证明中成煤建公司的主张将在本院认为部分阐述。

鸿昌嘉泰公司未提交证据。

本院再审审理查明：2010年11月5日，成都高新技术产业开发区规划建设局就中成煤建公司施工的土石方挖运、基坑支护、降水工程颁发了《建筑工程施工许可证》。根据证据17、18，案涉深基坑的深度由原先设计的17米变更为19.1米。根据证据19，案涉海峡友谊大厦项目施工图预算为15.186亿元，其中土方、基坑支护、降水为鸿昌嘉泰公司直接分包，其预算为2600万元，包含在总预算之内。

中成煤建公司、鸿昌嘉泰公司均认可，成都建工集团有限公司也应当对案涉海峡友谊大厦项目工程建筑物享有工程价款优先受偿权。

本院对一、二审法院查明的其他事实，予以确认。此外，中成煤建公司提供证据拟证明深基坑工程与地上建筑物的关系等事实，本院将结合相关证据在本院认为部分进行阐述。

本院再审认为，本案的争议焦点为，中成煤建公司施工的基坑支护、降水、土石方挖运工程是否属于建设工程，中成煤建公司针对未支付工程价款15398977.71元是否就案涉海峡友谊大厦工程折价或者拍卖的价款享有优先受偿权。

《中华人民共和国合同法》第二百八十六条规定，“发包人未按照约定支付价款的，承包人可以催告发包人在合理期限内支付价款。发包人逾期不支付的，除按照建设工程的性质不宜折价、拍卖的以外，承包人可以与发包人协议将该工程折价，也可以申请人民法院将该工程依法拍卖。建设工程的价款就该工程折价或者拍卖的价款优先受偿”。《最高人民法院关于审理建设工程施工合同纠纷案件适用法律问题的解释（二）》第十七条规定，“与发包人订立建设工程施工合同的承包人，根据合同法第二百八十六条规定请求其承建工程的价款就工程折价或者拍卖的价款优先受偿的，人民法院应予支持”。第十八条规定，“装饰装修工程的承包人，请求装饰装修工程价款就该装饰装修工程折价或者拍卖的价款优先受偿的，人民法院应予支持，但装饰装修工程的发包人不是该建筑物的所有权人的除外”。第二十一条第一款规定，“承包人建设工程价款优先受偿的范围依照国务院有关行政主管部门关于建设工程价款范围的规定确定”。从上述规定可知，《中华人民共和国合同法》第二百八十六条规定的享有优先受偿权的承包人所完成的工程并不局限于单独的建筑物或构筑物，如装饰装修工程的承包人也享有优先受偿权。对于同一建设工程，由于工程技术内容不同、需要多方投资等原因，存在多个承包人是常见现象；只要承包人完成的工程属于建设工程，且共同完成的建设工程宜于折价、拍卖的，就应当依法保障承包人的优先受偿权。

本案中，根据中成煤建公司提供的证据4-15等行业标准规范和相关规定，《建筑深基坑工程施工安全技术规范（JGJ 311—2013）》是由住房和城乡建设部根据《关于印发〈2011年工程建设标准规范制订、修订计划〉的通知》的要求编制，规范的主要内容即深基坑工程施工包括支护结构施工、地下水和地表水控制、土石方开挖等，深基坑工程施工技术规范应符合建设工程有关管理规定；对建筑地基进行的检测，包含了对基坑（边坡）工程即支护结构施工的检测；包括建筑总平面图、各层建筑和结构平面图等主体结构的设计资料是基坑支护结构设计必不可少的依据；各种建筑都需要有一个坚固的基础，其造价要占到一幢房屋建筑的1/5，甚至1/3；开挖深度超过五米（含五米）的基坑的土方开挖、支护、降水工程即深基坑工程，属于房屋建筑施工中超过一定规模的危险性较大的分部分项工程。根据《成都市建筑工程深基坑施工管理办法》第五条规定，深基坑工程原则上实行建筑工程施工总承包管理，建设单位确需对深度超过五米的基坑工程实行单独发包的，应办理建筑工程（深基坑）施工许可证。本案中，案涉海峡友谊大厦的基坑深度达19.1米，鸿昌嘉泰公司将案涉项目的基坑支护、降水、土石方挖运工程发包给中成煤建公司施工，中成煤建公司就其施工工程办理了《建筑工程施工许可证》。成都建工集团有限公司是案涉海峡友谊大厦的总包方，对工程主体进行施工。根据中成煤建公司与鸿昌嘉泰公司签订的《设计、施工合同》《补充协议》《补充协议（二）》的相关约定，中成煤建公司施工的基坑等工程的方案设计图应当通过鸿昌嘉泰公司和专组的审查，并接受其检测；中成煤建公司必须服从甲方、监理方、总包方的管理，其施工的基坑支护、降水、土石方挖运工程按期完工并经甲方、监理方、总包方及相关职能部门验收合格、书面确认后办理结算。根据证据19，案涉项目施工图预算15.186亿元，包含了中成煤建公司承包工程的预算2600万元。根据证据23-25，中成煤建公司向总包方交付基坑护壁工程后，仍参与案涉项目监理例会，会议要求中成煤建公司纳入总包方管理范围，继续做好降水井排水工作；为满足施工需要和确保建筑物安全，在回填之前需继续保持基坑周围管井降水。上述事实能够证明，中成煤建公司施工的基坑支护、降水、土石方挖运工程，从设计到具体施工，均与总包方密切联系，与主体工程的施工严密配合，交叉进行，属于案涉海峡友谊大厦项目建设工程不可缺少的内容。在整个施工过程中，中成煤建公司投入的建筑材料和劳动力已经物化到案涉海峡友谊大厦项目整个建筑物之中，与建筑物不可分割。中成煤建公司作为与发包方鸿昌嘉泰公司订立建设工程施工合同的承包人，在未受偿工程款 15398977.71 元范围内有权就案涉海峡友谊大厦工程折价或者拍卖的价款优先受偿。一、二审法院认定中成煤建公司施工内容实质是对拟修建建筑物所依附的土地现状进行的改变，尚未形成单独的建筑物或构筑物，客观上不具备行使建设工程价款优先受偿权的条件，系认定事实和适用法律错误，本院予以纠正。

本案中，中成煤建公司的工程价款中包含了取水资源费 2282688.38 元。《最高人民法院关于建设工程价款优先受偿权问题的批复》第三条规定，“建筑工程价款包括承包人为建设工程应当支付的工作人员报酬、材料款等实际支出的费用，不包括承包人因发包人违约所造成的损失”。原建设部印发的《建设工程施工发包与承包价格管理暂行规定》第五条规定，工程价格由成本（直接成本、间接成本）、利润（酬金）和税金构成。本案中，根据中成煤建公司提交的《取水许可证》《取水许可证变更申请表》等证据，结合一审法院查明的中成煤建公司一直为案涉工程降水的事实，取水资源费应系中成煤建公司为建设工程应当支付的实际费用，属于建设工程价款直接成本的一部分。根据《最高人民法院关于审理建设工程施工合同纠纷案件适用法律问题的解释（二）》第二十一条和《建设工程施工发包与承包价格管理暂行规定》第五条规定，取水资源费作为建设工程价款，应当属于优先受偿的范围。鸿昌嘉泰公司关于取水资源费不应纳入优先受偿范围的主张，本院不予支持。

双方当事人均认可，案涉工程承包方为成都建工集团有限公司和中成煤建公司；成都建工集团有限公司诉鸿昌嘉泰公司建设工程施工合同纠纷一案目前在二审审理过程中；案涉海峡友谊大厦已经停工，目前处于已经完成地下四层以及地上四层封顶、五层开始初步施工的状态。因此，中成煤建公司不是就案涉海峡友谊大厦折价或者拍卖的价款享有优先受偿权的唯一施工人。

综上所述，中成煤建公司的再审请求成立，本院予以支持。依照《中华人民共和国民事诉讼法》第二百零七条第一款、第一百七十条第一款第二项规定，判决如下：

一、撤销四川省高级人民法院（2020）川民终1582号民事判决和四川省成都市中级人民法院（2020）川01民初340号民事判决；

二、解除四川中成煤炭建设（集团）有限责任公司与成都泓昌嘉泰房地产有限公司于2010年10月27日签订的《海峡友谊大厦（暂定名）项目基坑支护、降水、土石方挖运工程设计、施工合同》、2013年4月18日签订的《海峡友谊大厦（暂定名）项目基坑支护、降水、土石方挖运工程补充协议》和2013年7月18日签订的《海峡友谊大厦（暂定名）项目基坑支护、降水、土石方挖运工程补充协议（二）》；

三、确认截至2020年11月11日四川中成煤炭建设（集团）有限责任公司对成都泓昌嘉泰房地产有限公司享有15398977.71元工程款债权，并且在上述工程款范围内就案涉海峡友谊大厦工程折价或者拍卖的价款享有优先受偿权；

四、驳回四川中成煤炭建设（集团）有限责任公司的其他诉讼请求。

本判决生效后四川中成煤炭建设（集团）有限责任公司应当依照《中华人民共和国企业破产法》规定的程序申报上述债权并行使权利。

一审案件受理费232181元，由四川中成煤炭建设（集团）有限责任公司负担139426.28元，由成都泓昌嘉泰房地产有限公司负担92754.72元。鉴定费1167926.05元，由四川中成煤炭建设（集团）有限责任公司负担583963.02元，由成都泓昌嘉泰房地产有限公司负担583963.03元。二审案件受理费168445.92元，由四川中成煤炭建设（集团）有限责任公司负担66038.56元，成都泓昌嘉泰房地产有限公司负担102407.36元。

本判决为终审判决。

042. 承包人出具虚假的工程款收款证明的，不享有建设工程价款优先受偿权①

江苏南通二建集团有限公司与上海农村商业银行股份有限公司浦东分行等建设工程施工合同纠纷案

裁判摘要

承包人出具虚假的工程款收款证明，就其未获清偿的工程款债权主张享有建设工程价款优先受偿权的，人民法院不予支持。

最高人民法院民事裁定书

（2021）最高法民申3629号

再审申请人（一审原告、二审上诉人）：江苏南通二建集团有限公司，住所地江苏省启东市人民中路683号。

法定代表人：杨晓东，该公司董事长。

委托诉讼代理人：张兵，高朋（上海）律师事务所律师。

委托诉讼代理人：陈浩，北京金诚同达（上海）律师事务所律师。

被申请人（一审第三人、二审上诉人）：上海农村商业银行股份有限公司浦东分行，住所地中国（上海）自由贸易试验区世纪大道1500号。

负责人：杨园君，该分行行长。

委托诉讼代理人：林雨晗，北京市惠诚律师事务所上海分所律师。

委托诉讼代理人：王涛，北京市惠诚律师事务所上海分所律师。

① 参见《最高人民法院公报》2022年第9期。

被申请人（一审被告、二审被上诉人）：上海佳程房地产开发有限公司，住所地上海市闵行区苏召路1628号1幢A019室。

法定代表人：田文陶，该公司董事长。

一审被告、二审被上诉人：上海佳程企业发展有限公司，住所地上海市静安区共和新路3201号1209室。

法定代表人：田文陶，该公司董事长。

一审被告、二审被上诉人：上海栩宽企业发展有限公司，住所地上海市静安区共和新路3201号1210室。

法定代表人：田文陶，该公司总裁。

委托诉讼代理人：张大奇。

一审被告、二审被上诉人：上海五牛素福投资中心（有限合伙），住所地上海市金山区漕泾镇亭卫公路3688号5幢二层256室。

执行事务合伙人：上海五牛资产管理有限公司（委派代表：韩啸）。

委托诉讼代理人：吴阮超，上海市金茂律师事务所律师。

委托诉讼代理人：顾清雯，上海市金茂律师事务所律师。

一审被告、二审被上诉人：五牛股权投资基金管理有限公司，住所地上海市奉贤区光明路555号2幢312室。

法定代表人：韩啸，该公司执行董事。

委托诉讼代理人：吴阮超，上海市金茂律师事务所律师。

委托诉讼代理人：顾清雯，上海市金茂律师事务所律师。

一审被告、二审被上诉人：深圳五牛股权投资基金管理有限公司，住所地广东省深圳市前海深港合作区前湾一路1号A栋201室。

法定代表人：韩啸，该公司执行董事、总经理。

委托诉讼代理人：吴阮超，上海市金茂律师事务所律师。

委托诉讼代理人：顾清雯，上海市金茂律师事务所律师。

再审申请人江苏南通二建集团有限公司（以下简称南通二建）因与被申

请人上海农村商业银行股份有限公司浦东分行（以下简称上海农商行浦东分行）、上海佳程房地产开发有限公司（以下简称佳程房产公司）及一审被告、二审被上诉人上海佳程企业发展有限公司、上海栩宽企业发展有限公司、上海五牛素福投资中心（有限合伙）、五牛股权投资基金管理有限公司、深圳五牛股权投资基金管理有限公司建设工程施工合同纠纷一案，不服上海市高级人民法院（2020）沪民终433号民事判决，向本院申请再审。本院依法组成合议庭进行了审查，现已审查终结。

南通二建申请再审称：本案符合《中华人民共和国民事诉讼法》第二百条第一项、第三项、第六项规定的情形，应予再审。主要事实与理由：（一）原审判决认定事实的主要证据是伪造的。南通二建申请再审新提交的启东市公安局立案告知单、鉴定意见通知书、立案决定书、苏州同济司法鉴定所司法鉴定意见书，可以证明案涉《建设工程施工合同补充协议》及2016年3月31日、2016年5月10日、2016年5月23日的《施工方已收到资金确认函》中南通二建的公章均系伪造，南通二建对佳程房产公司向上海农商行浦东分行申请贷款并不知情，也没有配合佳程房产公司转移贷款资金。南通二建将收到的115692901元款项返还给佳程房产公司是履约行为，不存在过错。（二）上海农商行浦东分行存在过错，并非善意第三人。南通二建申请再审新提交的上海市监察委员会公告、上海市不动产登记信息、《上海银行人民币单位委托贷款借款合同》《上海市建设工程施工合同》证明上海农商行浦东分行存在配合佳程房产公司挪用贷款以归还高息过桥资金的行为，其未注意审核佳程房产公司伪造的《总承包工程施工合同》，也未按规定将贷款直接发放至南通二建账户。（三）上海农商行浦东分行对案涉工程不享有抵押权。1. 上海农商行浦东分行仅办理了案涉工程抵押预告登记，未办理抵押登记，抵押权未设立。2. 即便上海农商行浦东分行办理了在建工程抵押登记，南通二建申请再审新提交的混凝土抗压强度检测报告、钢材焊接力学性能检测报告、工程变更签证联系单、挖土令、建设工程开工报告等证据也可以证明上海农商行浦东分行对抵押合同签订以后新施工的两幢塔楼、主体工程不享有抵押权。（四）上海农商行浦东分行系无独立请求权的第三人，没有上诉的权利。（五）建设工程价款优先受偿权是一项法定权利，如与抵押权存在冲突，则应结合案件事实认定优先顺序，不应直接剥夺南通二建享有的该项权利。

上海农商行浦东分行提交意见称：（一）南通二建共出具11份资金确认函，各函件内容连续，仅凭其提交的鉴定报告不足以推翻南通二建在原审中关于部分资金确认函系其出具的自认及原审法院对该部分事实的认定。（二）上海农商行浦东分行不存在过错，其既对工程进度进行了审核，又要求南通二建出具了《施工方已收到资金确认函》以保障其抵押权实现。相反，南通二建在收到款项后私自转还给佳程房产公司，并且刻意隐瞒实际工程合同及付款情况，主观上存在明显恶意。（三）上海市第一中级人民法院（2018）沪01民初784号生效判决已经确认上海农商行浦东分行依法享有案涉工程抵押权。（四）上海农商行浦东分行作为案涉工程抵押权人，在本案中属于有利害关系的第三人，依法享有上诉权利。（五）南通二建主张的建设工程价款优先受偿权不得对抗上海农商行浦东分行的抵押权。

本院经审查认为：（一）关于南通二建就案涉工程应否享有建设工程价款优先受偿权的问题。建设工程价款优先受偿权是建设工程承包人享有的一项法定优先权，但承包人不得滥用该项权利，且在特定情形下，因承包人自身存在过错行为，其还可能丧失建设工程价款优先受偿权。本案南通二建就案涉工程应否享有建设工程价款优先受偿权，应结合南通二建所实施行为的主观过错、后果、是否损害他人合法权益、是否影响建筑工人利益等因素综合予以认定。第一，从主观过错来看，南通二建在原审中自认其曾向上海农商行浦东分行出具了落款时间分别为2016年3月31日、5月10日、5月23日、8月22日、8月30日的5份《施工方已收到资金确认函》，确认收到工程款261466700元。南通二建作为长期专业从事工程建设的市场主体，应对上海农商行浦东分行要求其出具收到资金确认函的目的以及其出具收到资金确认函所产生的法律后果具有相应的认知。在此情况下，南通二建仍向上海农商行浦东分行出具与实际收到工程款金额不符的《施工方已收到资金确认函》，并将其实际收到的145432901元工程款中的115692901元返还给了佳程房产公司，配合佳程房产公司套取上海农商行浦东分行贷款。南通二建的行为在主观上存在重大过错，其应对此承担相应的法律责任。第二，从行为后果来看，南通二建在原审中自认由其出具的5份资金确认函载明其已收到佳程房产公司支付的工程款合计261466700元，超过原审法院认定的南通二建施工工程的总价款157704663.49元。发包人欠付工程款是承包人享有建设工程价款优先受偿权的前提和基础，南通二建在收到资金确认函中确认收到的工程款已超出其实际应得的工程款，其因为自身的过错行为丧失了主张建设工程价款优先受偿权的事实基础，其不应再享有该项优先权。第三，从是否损害他人权益的角度来看，虽然南通二建出具5份收到资金确认函的对象为上海农商行浦东分行，但该行为导致佳程房产公司从上海农商行浦东分行获取的本应用于支付工程款的贷款被挪作他用，而具有优先受偿权的工程款未获清偿，必然会影响佳程房产公司其他债权人的债权受偿，故南通二建出具收到资金确认函的行为，不仅损害了上海农商行浦东分行的合法权益，而且损害了佳程房产公司其他债权人的合法权益，其对佳程房产公司享有的工程款债权不应再优先于上海农商行浦东分行对佳程房产公司享有的贷款债权，以及其他债权人对佳程房产公司享有的债权。第四，南通二建并未提供证据证明其就案涉工程不享有建设工程价款优先受偿权会损害建筑工人利益。综上，二审判决认定南通二建就案涉工程因其自身过错行为不享有建设工程价款优先受偿权，并无不当。南通二建申请再审新提交的启东市公安局立案告知单、鉴定意见通知书、立案决定书、苏州同济司法鉴定所司法鉴定意见书，不足以推翻其在原审中关于上述5份收到资金确认函由其出具的自认，亦不能证明原审认定的《施工方已收到资金确认函》均系伪造；其申请再审新提交的上海市监察委员会公告、上海市不动产登记信息、《上海银行人民币单位委托贷款借款合同》《上海市建设工程施工合同》，不足以证明上海农商行浦东分行存在主观恶意、未尽到合理审查义务的情形。南通二建所提交的上述证据材料均不属于《中华人民共和国民事诉讼法》第二百条第一项规定的足以推翻原判决的新的证据。

（二）关于上海农商行浦东分行是否享有案涉工程抵押权的问题。上海农商行浦东分行与佳程房产公司就案涉工程签订了借款合同和抵押合同，并办理了案涉工程抵押预告登记，且上海农商行浦东分行享有案涉工程抵押权已经上海市第一中级人民法院（2018）沪01民初784号民事生效判决确认，原审法院认定上海农商行浦东分行享有案涉工程抵押权，并无不妥。南通二建关于上海农商行浦东分行不享有案涉工程抵押权的主张不成立。南通二建申请再审新提交的混凝土抗压强度检测报告、钢材焊接力学性能检测报告、工程变更签证联系单、挖土令、建设工程开工报告不足以推翻原判决的上述认定，不属于《中华人民共和国民事诉讼法》第二百条第一项规定的新的证据。

（三）关于上海农商行浦东分行在本案中是否享有上诉权的问题。南通二建关于其对案涉工程折价或者拍卖的价款优先受偿的诉讼请求与上海农商行浦东分行实现案涉工程抵押权的优先顺位直接相关，本案的处理结果与上海农商行浦东分行具有法律上的利害关系，上海农商行浦东分行在一审时以第三人身份参加本案诉讼符合《中华人民共和国民事诉讼法》第五十六条的规定。一审判决判定南通二建对案涉工程折价、拍卖的价款享有优先受偿权，已实质性地影响到上海农商行浦东分行享有的案涉工程抵押权的行使和实现，上海农商行浦东分行因一审判决结果实际上承担了相应的法律后果。在此情况下，二审法院认定上海农商行浦东分行享有上诉权，并无不当。南通二建关于上海农商行浦东分行无权提起本案上诉的主张，本院亦不予支持。

综上，南通二建提出的再审事由不能成立，其再审申请不符合《中华人民共和国民事诉讼法》第二百条第一项、第三项、第六项规定的情形。依照《中华人民共和国民事诉讼法》第二百零四条第一款、《最高人民法院关于适用〈中华人民共和国民事诉讼法〉的解释》第三百九十五条第二款规定，裁定如下：

驳回江苏南通二建集团有限公司的再审申请。

043. 当事人双方已经按照结算协议结算完工程价款的情形下，国家审计机关作出的审计报告是否会影响结算协议的效力[①]

重庆建工集团股份有限公司与中铁十九局集团有限公司建设工程合同纠纷案

裁判摘要

一、根据审计法的规定，国家审计机关对工程建设单位进行审计是一种行政监督行为，审计人与被审计人之间因国家审计发生的法律关系与本案当事人之间的民事法律关系性质不同。因此，在民事合同中，当事人对接受行政审计作为确定民事法律关系依据的约定，应当具体明确，而不能通过解释推定的方式，认为合同签订时，当事人已经同意接受国家机关的审计行为对民事法律关系的介入。

二、在双方当事人已经通过结算协议确认了工程结算价款并已基本履行完毕的情况下，国家审计机关作出的审计报告，不影响双方结算协议的效力。

① 参见《最高人民法院公报》2014 年第 4 期。

最高人民法院民事判决书

（2012）民提字第205号

申请再审人（一审被告、反诉原告、二审上诉人）：中铁十九局集团有限公司，住所地北京市北京经济技术开发区荣华南路19号1号楼。

法定代表人：葛永利，该公司董事长。

委托代理人：邓群，北京市东元律师事务所律师。

委托代理人：张思琦。

被申请人（一审原告、反诉被告、二审被上诉人）：重庆建工集团股份有限公司，住所地重庆市经开区北区金开大道1596号。

法定代表人：杨镜璞，该公司董事长。

委托代理人：张兆鑫，北京市东易律师事务所律师。

委托代理人：孙靖，北京市汉卓律师事务所律师。

申请再审人中铁十九局集团有限公司（以下简称中铁十九局）与被申请人重庆建工集团股份有限公司（以下简称重庆建工集团）建设工程合同纠纷一案，重庆市高级人民法院于2012年3月19日作出（2012）渝高法民终字第00006号民事判决。中铁十九局不服，向本院申请再审。本院于2012年8月27日作出（2012）民申字第830号民事裁定，提审本案。本院依法组成合议庭，于2013年1月15日开庭进行了审理。中铁十九局的委托代理人邓群、张思琦，重庆建工集团的委托代理人张兆鑫、孙靖到庭参加诉讼。本案现已审理终结。

重庆市第一中级人民法院（以下简称重庆一中院）一审查明：2003年8月22日，重庆金凯实业股份有限公司（以下简称金凯公司）作为重庆市北部新区经开园金山大道西延段建设项目业主单位和监管单位，与重庆建工集团签订《金山大道西延段道路工程建设工程施工合同》，将金山大道西延段道路工程发包给重庆建工集团承包。在《金山大道西延段道路工程工程造价计价原则》中，双方对未定价的材料、立交桥专用材料、路灯未计价材料价格的确定方式约定为“金凯公司、经开区监审局审定后纳入工程结算”。中铁十九局经金凯公司确认为岚峰隧道工程分包商，并于2003年11月17日与重庆建工集团签订《单项工程项目承包合同》（以下简称分包合同），主要约定，重庆建工集团将金山大道西延段岚峰隧道工程分包给中铁十九局，合同价暂定80000000元（最终结算价按照业主审计为准）；第6条资金管理6.2约定：工程竣工经综合验收合格，结算经审计部门审核确定后，扣除工程保修金，剩余工程尾款的支付，双方另行签订补充协议明确；合同对工程内容、承包结算等内容进行了具体约定。之后，中铁十九局按照合同约定施工。

2003年12月，金凯公司改制，重庆市北部新区经开园金山大道西延段项目业主变更为重庆市经开区土地储备整治中心，即现重庆市北部新区土地储备整治中心（以下简称土储中心）。2005年，金山大道更名为金渝大道。

2005年9月8日，金山大道西延段道路工程竣工，同年12月通过验收并于2006年2月6日取得《重庆市建设工程竣工验收备案登记证》（建竣备字［2006］024号）。之后，出于为该路段工程岚峰隧道、花沟隧道部分竣工结算提供价值依据的目的，重庆市经开区监察审计局（以下简称经开区监审局）委托重庆西恒招标代理公司（以下简称西恒公司）对上述工程进行竣工结算审核。2006年8月10日，西恒公司出具《基本建设工程结算审核报告》（以下简称审核报告），载明岚峰隧道造价为114281365.38元（包含岚峰隧道内人行道面层费用28569.53元，非本案诉争工程范围）。以该审核报告为基础，重庆建工集团与中铁十九局于2007年12月5日对中铁十九局分包的工程进行结算，确认中铁十九局图纸范围内结算金额为114252795.85元，扣除各项费用后，分包结算金额为102393794元（税金等费用由财务部门按规定收取）。至一审起诉前，重庆建工集团累计已向中铁十九局支付涉案工程的工程款98120156.63元。

2008年10月9日至11月21日，重庆市审计局以土储中心为被审计单位，对金渝大道（原金山大道）道路工程竣工决算进行审计，并出具渝审报［2008］142号审计报告，审定土储中心应核减该工程竣工结算价款15481440.93元，其中本案所涉的岚峰隧道工程在送审金额114252795.85元的基础上审减8168328.52元。同年12月24日，重庆市审计局以《关于北部新区经开园金渝大道道路工程竣工决算的审计决定》（渝审决［2008］111号），责令土储中心核减该工程结算价款15481440.93元，调整有关账目，并要求土储中心在2009年3月20日前执行完毕。

2009年2月9日，土储中心向重庆建工集团发出《关于执行重庆市审计局对金渝大道（原金山大道）工程竣工决算审计决定的函》（渝新土储函［2009］5号），要求其按照重庆市审计局复议结果，将审减金额在3月1日前退还土储中心。重庆建工集团已经扣还了部分款项。

2010年9月1日，**重庆建工集团向重庆一中院起诉称，**根据重庆市审计局对金山大道西延段项目的审计，对中铁十九局完成工程的价款审减8168328.52元，扣除双方约定的费用，实际分包结算金额应为94878931.76元（含重庆建工集团应退的管理费）。重庆建工集团在上述审计前已累计向中铁十九局支付工程款98120156.63元，多支付了工程款3241224.87元，故请求：1. 中铁十九局立即返还重庆建工集团多支付的工程款3241224.87元；2. 本案诉讼费用由中铁十九局承担。

中铁十九局辩称兼反诉称，经开区监审局是本案工程的适格审计主体。案涉工程竣工后，按分包合同之约定由经开区监审局出于为案涉工程提供竣工结算依据的目的，委托西恒公司进行造价审计，西恒公司出具的审核报告得到了项目建设方、重庆建工集团及中铁十九局三方的认可，符合分包合同关于“最终结算价按业主审计为准”的约定。重庆建工集团与中铁十九局基于西恒公司的报告达成了分包结算协议，该协议依法成立，合法有效，对双方具有法律约束力。双方已按照该协议基本履行完毕。重庆市审计局的审计属二次审计，并非分包合同中双方当事人约定的范围，不能否认西恒公司审核报告的效力，亦未得到中铁十九局的认可，其审计报告及其审计结论对本案双方当事人不具有约束力，更不影响分包结算协议的效力。依据合同的相对性，重庆建工集团与业主方依据重庆市审计局的审计报告和审计决定，协商变更或调整总包合同的结算工程价款，对依据分包合同结算收取工程价款的分包人中铁十九局不具约束力。重庆建工集团尚欠中铁十九局工程款4273637.37元未支付，故请求驳回重庆建工集团的全部诉讼请求，并反诉请求：1. 重庆建工集团立即向中铁十九局支付拖欠的工程款4273637.37元；2. 重庆建工集团向中铁十九局支付拖欠工程款的资金占用损失，按同期银行贷款利率，从2009年6月6日起算计付至付清之日止；3. 由重庆建工集团承担本案的全部诉讼费用。

重庆建工集团对反诉答辩称，双方约定以最终的审计结果作为结算依据，2007年12月5日双方签订的结算协议不能作为本案工程的最终结算依据。西恒公司不是双方约定的审计单位，其作出的审计报告也不是双方约定的最终审计报告，故西恒公司出具的报告不能作为双方结算的审计依据，请求驳回中铁十九局的反诉请求。

重庆一中院一审认为，重庆建工集团自建设单位金凯公司处承包金山大道西延段道路工程后，在取得金凯公司同意的情况下将其中的岚峰隧道工程分包给中铁十九局承建，不违反法律及行政法规的强制性规定，合法有效，双方当事人签订的分包合同对双方均具有法律约束力，双方均应按约定履行。本案争议的焦点主要是案涉工程结算依据的认定，即西恒公司是否是符合双方合同约定的审计单位以及案涉工程结算应按照双方2007年12月5日确认的金额还是按照重庆市审计局审计报告的审定金额进行。根据审计法以及《重庆市国家建设项目审计办法》的相关规定，案涉工程为重庆市市级重点建设项目，应当由重庆市审计局对其竣工决算进行审计。经开区监审局作为经开区的内部审计机构，并非国家审计机关，无权代表国家行使审计监督的权力。本案双方当事人在分包合同中对合同价款的约定，并未明确该审计是指被审计单位的内部审计还是国家审计机关的审计，不能推断双方当事人之间约定的审计就是指内部审计。本案中，西恒公司受经开区监审局的委托作出的审核报告系以该公司名义出具，即使经开区监审局认可该审核结果，也不能据此认定该审核报告具有内部审计结论和决定的性质。经开区监审局既非法律规定对案涉工程具有审计管辖权的国家审计机关，西恒公司出具的审核报告亦非审计结果，中铁十九局主张经开区监审局是本案适格审计主体，西恒公司是符合双方合同约定的审计单位，理由不成立。因案涉工程的审计管辖权属重庆市审计局，故该局对案涉工程竣工决算审计是依法行使国家审计监督权的行为，不存在重复审计，其作出的审计决定具有一定的强制性，被审计单位及有关协助执行部门或单位应当主动自觉予以执行或协助执行。虽然审计是国家对建设单位的一种行政监督，其本身并不影响民事主体之间的合同效力，但是本案双方当事人“最终结算价按业主审计为准”的约定，实际上就是将有审计权限的审计机关对业主单位的审计结果作为双方结算的最终依据。结合土储中心要求重庆建工集团按照重庆市审计局的复议结果退还审减金额的事实，证明业主最终认可并执行的是重庆市审计局审计报告审定的金额。根据本案中双方当事人的合同约定，以及我国对政府投资和以政府投资为主的建设项目预算管理的相关规定，结合案涉工程的具体情况，经开区监审局委托西恒公司做出的审核报告仅是对案涉工程的结算提供阶段性的依据，而本案双方当事人根据该审核报告确认涉案工程总价为102393794元，重庆建工集团亦按照上述结算支付部分款项等行为，仅是诉争工程结算过程中的阶段性行为，不能以此对抗本案双方当事人之间关于工程结算的合同约定以及审计监督的相关法律法规。因此，中铁十九局诉请重庆建工集团按照双方2007年12月5日进行的结算支付尚欠工程款并支付利息的请求，理由不成立，该院不予支持。重庆建工集团诉请中铁十九局返还多支付的工程款，于法有据，该院予以支持。

重庆一中院根据《中华人民共和国民法通则》第四条、第九十二条之规定，判决：一、中铁十九局于判决生效后十日内返还重庆建工集团多支付的工程款3130595元；二、驳回重庆建工集团的其他诉讼请求；三、驳回中铁十九局的反诉请求。案件本诉受理费32729.80元，由重庆建工集团负担1117.80元，由中铁十九局负担31612元；反诉受理费20495元，由中铁十九局负担。

中铁十九局不服一审判决，向重庆市高级人民法院（以下简称重庆高院）提起上诉称，分包合同只约定了以业主对分包工程“审计”作为最终结算的前提条件，对审计的经办单位、具体的实施方式、出具审计结论的形式并未作任何限制。该条款应理解为只要是经业主认可的审计结果，就足以作为工程结算的依据。经开区监审局委托西恒公司对工程结算进行审核后，工程业主土储中心在审核报告上签字盖章，说明土储中心对监审局委托西恒公司进行审计和审核报告本身均予以认可。审核报告符合合同约定的“业主审计”，合同约定的结算条件成就，双方于2007年12月5日签订结算协议是分包工程的最终结算行为。重庆市审计局对土储中心的审计是依职权发起的行政行为，是对土储中心进行的事后监督，该行政法律关系的相对人是土储中心，不能因此否认本案双方当事人之间民事法律关系中履约行为的合法性和正当性。重庆建工集团同意向土储中心返还审减金额，是重庆建工集团在已履约行为之外与土储中心达成的新的合意，但重庆建工集团与中铁十九局之间未有过依据重庆市审计局的审计结果修改结算的合意。中铁十九局对重庆市审计局的审计报告，没有任何提出异议的机会，如果该审计结果直接对中铁十九局生效，将形成行政权力对合法民事权利的不当侵害。因此重庆市审计局的审计报告和其对土储中心减低工程款的要求，并不当然对中铁十九局发生法律效力。故请求1. 撤销一审判决；2. 依法改判驳回重庆建工集团的全部诉讼请求，支持中铁十九局的全部反诉请求。

重庆建工集团答辩称，虽然双方当事人不是重庆市审计局审计的相对人，但对业主的最终审计结果作为结算依据，是双方在合同中明确约定的。因此，业主最终认定重庆市审计局的审计结果作为双方结算依据，不违反双方的约定。业主虽然在审核报告上签字，但该审核报告不是最终认定结果，不符合双方合同约定的结算条件，不能作为结算依据。本案所涉工程是政府投资的重点工程，业主不能作为审计主体，只能是被审计的对象。合同约定的审计部门本身就是一个法律概念，指的就是审计局，其他任何机关不能代替。一审判决认定事实清楚，适用法律正确，请求驳回上诉，维持原判。

重庆高院二审查明的案件事实与一审查明的案件事实一致。

重庆高院二审认为，本案争议焦点为：案涉工程应当采用经开区监审局委托西恒公司所作的审核报告还是重庆市审计局所作的审计报告作为结算依据。中铁十九局与重庆建工集团签订的分包合同既是双方当事人真实意思表示，同时所涉承包事项也得到业主同意，且不违反法律、行政法规的强制性规定，故一审判决关于分包合同有效的认定正确。双方当事人在合同中约定“最终结算价按照业主审计为准”，“审计”一词本身有其特定的含义，能否进行扩张解释，应当结合案涉工程的实际情况，以及双方当事人作此约定的真实目的进行分析。案涉工程系政府投资的重点工程，应当受到国家的审计监督，即工程业主的财务收支须受此审计监督的约束，且该种审计监督并不当然以业主或当事人的意志为转移。对此，本案双方当事人是明知的。双方当事人在合同中约定以独立于双方之外的第三方审计作为结算依据，充分表明其知晓该种审计是严格的、重要的，并将影响双方以及业主最终结算结果的行为。基于此，对合同中约定的“审计”应当限缩解释为法定审计，而非广义的审核。从审计的主体资格上讲，案涉工程的业主并非审计部门或审计机关，不具备审计主体资格，不能成为审计主体，亦不能完成审计行为，本案中的审核报告、审计报告的出具方或委托方均非业主。因此，合同并未将审计主体限定为业主，案涉工程的审计主体应当遵循审计的法定主体。根据审计法和《重庆市国家建设项目审计办法》的规定，案涉工程作为重庆市市级重点建设项目，法定审计主体是重庆市审计局。经开区监审局作为经开区内部审计机构，并非法定国家审计机关，不能代表国家对案涉工程行使审计监督职能。因此，重庆市审计局才是符合合同约定的审计主体，其出具的审计结果才是符合双方当事人合同约定的结算依据。而且，即使按照中铁十九局提出的“业主审计”是指“业主同意的审计”来理解，业主最终同意和认可的审计仍然是重庆市审计局的审计结论。审核报告仅是施工过程中阶段性的审核意见，而非最终的审计结果，由于此时工程审计尚未完成，双方当事人根据审核报告所作的结算，只是双方结算过程中的一个阶段性行为，而非最终结算，双方最终结算仍有待于符合合同约定的审计结果形成后决定。但双方在结算中就其他费用的计算方式所达成的合意是有效的，对双方仍具有约束力。故一审法院按照重庆市审计局的审计结果以及双方无争议的其他费用计算方式计算出双方的最终结算价，并无不当。审计作为国家的一种行政监督，在当事人没有约定以审计结果作为结算依据的情况下，通常不会直接对当事人的结算产生法律后果。但在双方当事人约定以审计结果作为结算依据的情况下，由于双方当事人自愿选择以审计结果约束双方之间的结算，虽然从形式上表现为行政权力对民事法律关系的干涉，但这正是当事人意思自治的体现。本案双方当事人在合同中明确约定以审计作为结算依据，对可能出现的后果，当事人是知道或应当知道的，也是必须接受的。因此，中铁十九局的上诉请求，缺乏事实和法律依据。

重庆高院依照《中华人民共和国民事诉讼法》第一百五十三条第一款第（一）项的规定，判决：驳回上诉，维持原判。二审案件受理费 77800 元，由中铁十九局负担。

中铁十九局对二审判决不服，向本院申请再审称，中铁十九局与重庆建工集团签订的结算协议是双方当事人真实意思表示，内容不违反国家法律，为合法有效。根据合同法及相关司法解释的规定，国家审计不能否定当事人之间已经签订的结算协议。一、二审均未判决撤销结算协议或认定结算协议无效，重庆建工集团也未提出要求撤销结算协议或确认结算协议无效的诉讼请求。因此，以重庆市审计局的审计报告否定结算协议效力，缺乏事实和法律依据。结算协议在法律上的效力与分包合同相同，一、二审判决以对分包合同约定的理解来否定结算协议没有法律依据。一、二审判决将西恒公司的社会审计混淆为经开区监审局的内部审计，属于基本概念错误，以经开区监审局违反审计管辖原则、内部审计无效等理由变相认定结算协议无效的做法，是违反合同法规定的当事人自愿原则的。国家审计不能否定社会审计的效力，本案双方当事人没有约定国家审计，社会审计也不属于内部审计，不存在所谓审计管辖权的问题。故请求：1. 撤销重庆高院（2012）渝高法民终字第00006号民事判决和重庆一中院（2010）渝一中法民初字第425号民事判决；2. 驳回重庆建工集团的全部诉讼请求；3. 改判重庆建工集团向中铁十九局支付拖欠工程款4273637.37元并按中国人民银行同期贷款利率支付自2009年6月6日起至实际给付之日止的利息。

重庆建工集团再审答辩称，西恒公司作出的审核报告，不属于社会审计报告，该公司不具备社会审计主体资格，该报告仅是阶段性审核意见，经开区监审局是经开区的内部部门，不具有审计主体资格，该审核报告仅是一个内部审核，不能代替最终的竣工结算审计。重庆市审计局作出的审计报告是双方的竣工结算依据，因诉争项目是重庆市确定的重点建设项目，属于法定审计范围，应当受到国家审计监督。双方在分包合同中约定了最终结算价按照业主审计为准，即明确约定了审计作为最终的结算依据，按照最高院电话答复的意见，应属于当事人约定了以国家审计作为结算依据的情形。重庆市审计局的审计报告，对案涉工程的业主、重庆建工集团和中铁十九局均具有约束力。本案在执行过程中，双方已经达成执行和解，中铁十九局已经基本履行完毕给付义务。本案一、二审判决认定事实清楚，适用法律正确，中铁十九局的再审请求，没有事实和法律依据，应予驳回。

本院再审查明，2012年5月29日，重庆建工集团与中铁十九局签订执行还款协议，中铁十九局已实际支付重庆建工集团300万元。本院再审查明的其他案件事实与二审查明的事实一致。

本院认为，重庆建工集团与中铁十九局签订的分包合同，取得了项目建设单位金凯公司的同意，不违反法律及行政法规的强制性规定，合法有效，该合同对双方均具有法律约束力，双方均应按约定履行。

本案的争议焦点为：如何确定重庆建工集团与中铁十九局之间结算工程款的依据。

关于重庆建工集团主张案涉工程属于法定审计范围，因此必须按照国家审计机关的审计结果进行结算的问题。本院认为，根据审计法的规定及其立法宗旨，法律规定审计机关对政府投资和以政府投资为主的建设项目的预算执行情况和决算进行审计监督，目的在于维护国家财政经济秩序，提高财政资金使用效益，防止建设项目中出现违规行为。重庆建工集团与中铁十九局之间关于案涉工程款的结算，属于平等民事主体之间的民事法律关系。因此，本案诉争工程款的结算，与法律规定的国家审计的主体、范围、效力等，属于不同性质的法律关系问题，即无论案涉工程是否依法须经国家审计机关审计，均不能认为，国家审计机关的审计结论，可以成为确定本案双方当事人之间结算的当然依据，故对重庆建工集团的上述主张，本院不予采信，对案涉工程的结算依据问题，应当按照双方当事人的约定与履行等情况确定。

关于分包合同是否约定了案涉工程应以国家审计机关的审计结论作为结算依据的问题。本院认为，分包合同中对合同最终结算价约定按照业主审计为准，系因该合同属于分包合同，其工程量与工程款的最终确定，需依赖合同之外的第三人即业主的最终确认。因此，对该约定的理解，应解释为工程最终结算价须通过专业的审查途径或方式，确定结算工程款的真实合理性，该结果须经业主认可，而不应解释为须在业主接受国家审计机关审计后，依据审计结果进行结算。根据审计法的规定，国家审计机关的审计系对工程建设单位的一种行政监督行为，审计人与被审计人之间因国家审计发生的法律关系与本案当事人之间的民事法律关系性质不同。因此，在民事合同中，当事人对接受行政审计作为确定民事法律关系依据的约定，应当具体明确，而不能通过解释推定的方式，认为合同签订时，当事人已经同意接受国家机关的审计行为对民事法律关系的介入。因此，重庆建工集团所持分包合同约定了以国家审计机关的审计结论作为结算依据的主张，缺乏事实和法律依据，本院不予采信。

从上述分包合同的约定及双方当事人的合同履行情况看，案涉工程于2005年9月8日竣工，同年12月通过验收并于2006年2月6日取得《重庆市建设工程竣工验收备案登记证》。之后，出于为该路段工程岚峰隧道、花沟隧道部分竣工结算提供价值依据的目的，重庆市经开区监审局委托西恒公司对上述工程进行竣工结算审核。2006年8月10日，西恒公司出具审核报告，载明案涉工程范围的工程造价为114252796元。2007年12月5日，重庆建工集团与中铁十九局对分包工程进行结算，确认中铁十九局图纸范围内结算金额为114252795.85元。虽然在本案一、二审期间，双方当事人对西恒公司出具的审核报告是否属于分包合同约定的“业主审计”存在争议，但在该审核报告上，业主、承包人和分包人均签字盖章表示了对审核结果的认可。之后，重庆建工集团与中铁十九局签订结算协议，其确定的结算数额也与上述审核报告审定的数额一致。本院认为，以上事实能够形成完整的证据链，证明2007年12月5日双方当事人签订的结算协议，属于分包合同约定的旨在确定最终结算价格的补充协议。本案一审起诉前，重庆建工集团累计已向中铁十九局支付涉案工程的工程款98120156.63元，数额已经到达结算协议约定结算数额的96%。结算协议的实际履行情况，也佐证了其系双方当事人的真实意思表示。重庆建工集团虽主张结算协议仅是双方就案涉工程款结算的阶段性行为，但未提供相应证据证明，且分包合同未约定需对工程结算进行阶段性审核和阶段性结算，结算协议本身亦未体现其仅是对案涉工程的阶段性结算。因此，对重庆建工集团的上述主张，本院不予采信。结算协议属于合法有效的合同，对双方当事人具有法律拘束力。

结合结算协议的签订和实际履行情况，本院认为，虽然本案审理中，双方当事人对西恒公司出具的审核报告是否就是双方在分包合同中约定的业主审计存在争议，但该审核报告已经得到了案涉工程业主和本案双方当事人的认可，重庆建工集团与中铁十九局又在审核报告的基础上签订了结算协议并已实际履行。因此，即使西恒公司的审核报告与双方当事人签订分包合同时约定的业主审计存在差异，但根据《中华人民共和国合同法》第七十七条第一款的规定，双方当事人签订结算协议并实际履行的行为，亦可视为对分包合同约定的原结算方式的变更，该变更对双方当事人具有法律拘束力。在双方当事人已经通过结算协议确认了工程结算价款并已基本履行完毕的情况下，国家审计机关做出的审计报告，不影响双方结算协议的效力。现重庆建工集团提出不按结算协议的约定履行，但未举出相应证据证明该协议存在效力瑕疵，故本院对其主张不予支持；中铁十九局依据上述结算协议要求重庆建工集团支付欠付工程款，具有事实和法律依据，本院予以支持。

关于中铁十九局主张的利息问题，本院认为，双方在分包合同及结算协议中均未对工程款的给付时间、利息标准及计付时间等作出明确约定。因此，应当按照法律规定确定工程款利息是否应当支付以及按照何种标准支付。按照《最高人民法院关于审理建设工程施工合同纠纷案件适用法律问题的解释》第十七条、第十八条的规定，重庆建工集团应当按照中国人民银行发布的同期同类贷款利率，向中铁十九局支付自案涉工程实际交付之日起的利息；本案一、二审均未查明案涉工程的实际交付日期，再审中，经询问双方当事人，均不能提供案涉工程实际交付时间的证明，故对利息的起算时间，本院参照上述司法解释规定，酌定为中铁十九局提出反诉之日。

此外，关于重庆建工集团提出双方已于2012年5月29日签订了执行还款协议书，中铁十九局已实际支付300万元，根据司法解释的规定，应当终结本案再审审查的问题。本院认为，《最高人民法院关于适用〈中华人民共和国民事诉讼法〉审判监督程序若干问题的解释》第二十五条规定，有下列情形之一的，人民法院可以裁定终结审查，其中第（三）项规定，当事人达成执行和解协议且已履行完毕的，但当事人在执行和解协议中声明不放弃申请再审权利的除外。上述司法解释的适用条件为当事人达成执行和解协议且已履行完毕，本案中铁十九局虽与重庆建工集团达成了执行和解协议，但尚未履行完毕，且该条司法解释是针对再审审查阶段的规定，本案再审审查阶段已经结束，案件已经进入再审审理阶段，故不应适用上述司法解释规定，对重庆建工集团的上述答辩意见，本院不予采信。

另，关于本案案件受理费的计算问题。根据《诉讼费用交纳办法》第十八条之规定，被告提起反诉，人民法院决定合并审理的，应当减半交纳案件受理费。本案二审案件受理费的计算有误，本院对此予以纠正。

综上，本院认为，中铁十九局的申请再审请求具有事实和法律依据，一审、二审判决将重庆市审计局的审计报告确定为重庆建工集团与中铁十九局案涉工程的结算依据不妥，应予纠正。本院根据《中华人民共和国民事诉讼法》第二百零七条第一款、第一百七十条第一款第（二）项之规定，判决如下：

一、撤销重庆市高级人民法院（2012）渝高法民终字第00006号民事判决；

二、撤销重庆市第一中级人民法院（2010）渝一中法民初字第425号民事判决；

三、重庆建工集团股份有限公司于本判决生效后十日内向中铁十九局集团有限公司支付工程款4273637.37元，并按照中国人民银行同期同类贷款利率支付上述工程款自2010年10月28日起至实际付款之日止的利息。

如果未按本判决指定的期间履行给付金钱义务，应当依照《中华人民共和国民事诉讼法》第二百五十三条之规定，加倍支付迟延履行期间的债务利息。

一审案件受理费32729.80元、一审反诉案件受理费20495元，由重庆建工集团股份有限公司负担；二审案件受理费 53224. 80 元，由重庆建工集团股份有限公司负担。

本判决为终审判决。

（三）裁判依据

《中华人民共和国民法典》

第七百八十八条 建设工程合同是承包人进行工程建设，发包人支付价款的合同。

建设工程合同包括工程勘察、设计、施工合同。

第七百八十九条 建设工程合同应当采用书面形式。

第七百九十条 建设工程的招标投标活动，应当依照有关法律的规定公开、公平、公正进行。

第七百九十一条 发包人可以与总承包人订立建设工程合同，也可以分别与勘察人、设计人、施工人订立勘察、设计、施工承包合同。发包人不得将应当由一个承包人完成的建设工程支解成若干部分发包给数个承包人。

总承包人或者勘察、设计、施工承包人经发包人同意，可以将自己承包的部分工作交由第三人完成。第三人就其完成的工作成果与总承包人或者勘察、设计、施工承包人向发包人承担连带责任。承包人不得将其承包的全部建设工程转包给第三人或者将其承包的全部建设工程支解以后以分包的名义分别转包给第三人。

禁止承包人将工程分包给不具备相应资质条件的单位。禁止分包单位将其承包的工程再分包。建设工程主体结构的施工必须由承包人自行完成。

第七百九十二条 国家重大建设工程合同，应当按照国家规定的程序和国家批准的投资计划、可行性研究报告等文件订立。

第七百九十三条 建设工程施工合同无效，但是建设工程经验收合格的，可以参照合同关于工程价款的约定折价补偿承包人。

建设工程施工合同无效，且建设工程经验收不合格的，按照以下情形处理：

（一）修复后的建设工程经验收合格的，发包人可以请求承包人承担修复费用；

（二）修复后的建设工程经验收不合格的，承包人无权请求参照合同关于工程价款的约定折价补偿。

发包人对因建设工程不合格造成的损失有过错的，应当承担相应的责任。

第七百九十四条 勘察、设计合同的内容一般包括提交有关基础资料和概预算等文件的期限、质量要求、费用以及其他协作条件等条款。

第七百九十五条 施工合同的内容一般包括工程范围、建设工期、中间交工工程的开工和竣工时间、工程质量、工程造价、技术资料交付时间、材料和设备供应责任、拨款和结算、竣工验收、质量保修范围和质量保证期、相互协作等条款。

第七百九十六条 建设工程实行监理的，发包人应当与监理人采用书面形式订立委托监理合同。发包人与监理人的权利和义务以及法律责任，应当依照本编委托合同以及其他有关法律、行政法规的规定。

第七百九十七条 发包人在不妨碍承包人正常作业的情况下，可以随时对作业进度、质量进行检查。

第七百九十八条 隐蔽工程在隐蔽以前，承包人应当通知发包人检查。发包人没有及时检查的，承包人可以顺延工程日期，并有权请求赔偿停工、窝工等损失。

第七百九十九条 建设工程竣工后，发包人应当根据施工图纸及说明书、国家颁发的施工验收规范和质量检验标准及时进行验收。验收合格的，发包人应当按照约定支付价款，并接收该建设工程。

建设工程竣工经验收合格后，方可交付使用；未经验收或者验收不合格的，不得交付使用。

第八百条 勘察、设计的质量不符合要求或者未按照期限提交勘察、设计文件拖延工期，造成发包人损失的，勘察人、设计人应当继续完善勘察、设计，减收或者免收勘察、设计费并赔偿损失。

第八百零一条 因施工人的原因致使建设工程质量不符合约定的，发包人有权请求施工人在合理期限内无偿修理或者返工、改建。经过修理或者返工、改建后，造成逾期交付的，施工人应当承担违约责任。

第八百零二条 因承包人的原因致使建设工程在合理使用期限内造成人身损害和财产损失的，承包人应当承担赔偿责任。

第八百零三条 发包人未按照约定的时间和要求提供原材料、设备、场地、资金、技术资料的，承包人可以顺延工程日期，并有权请求赔偿停工、窝工等损失。

第八百零四条 因发包人的原因致使工程中途停建、缓建的，发包人应当采取措施弥补或者减少损失，赔偿承包人因此造成的停工、窝工、倒运、机械设备调迁、材料和构件积压等损失和实际费用。

第八百零五条 因发包人变更计划，提供的资料不准确，或者未按照期限提供必需的勘察、设计工作条件而造成勘察、设计的返工、停工或者修改设计，发包人应当按照勘察人、设计人实际消耗的工作量增付费用。

第八百零六条 承包人将建设工程转包、违法分包的，发包人可以解除合同。

发包人提供的主要建筑材料、建筑构配件和设备不符合强制性标准或者不履行协助义务，致使承包人无法施工，经催告后在合理期限内仍未履行相应义务的，承包人可以解除合同。

合同解除后，已经完成的建设工程质量合格的，发包人应当按照约定支付相应的工程价款；已经完成的建设工程质量不合格的，参照本法第七百九十三条的规定处理。

第八百零七条 发包人未按照约定支付价款的，承包人可以催告发包人在合理期限内支付价款。发包人逾期不支付的，除根据建设工程的性质不宜折价、拍卖外，承包人可以与发包人协议将该工程折价，也可以请求人民法院将该工程依法拍卖。建设工程的价款就该工程折价或者拍卖的价款优先受偿。

第八百零八条 本章没有规定的，适用承揽合同的有关规定。

《中华人民共和国铁路法》

第三十三条 铁路发展规划应当依据国民经济和社会发展以及国防建设的需要制定，并与其他方式的交通运输发展规划相协调。

第三十四条 地方铁路、专用铁路、铁路专用线的建设计划必须符合全国铁路发展规划，并征得国务院铁路主管部门或者国务院铁路主管部门授权的机构的同意。

第三十五条 在城市规划区范围内，铁路的线路、车站、枢纽以及其他有关设施的规划，应当纳入所在城市的总体规划。

铁路建设用地规划，应当纳入土地利用总体规划。为远期扩建、新建铁路需要的土地，由县级以上人民政府在土地利用总体规划中安排。

第三十六条 铁路建设用地，依照有关法律、行政法规的规定办理。

有关地方人民政府应当支持铁路建设，协助铁路运输企业做好铁路建设征收土地工作和拆迁安置工作。

第三十七条 已经取得使用权的铁路建设用地，应当依照批准的用途使用，不得擅自改作他用；其他单位或者个人不得侵占。

侵占铁路建设用地的，由县级以上地方人民政府土地管理部门责令停止侵占、赔偿损失。

《中华人民共和国建筑法》

第十五条 建筑工程的发包单位与承包单位应当依法订立书面合同，明确双方的权利和义务。

发包单位和承包单位应当全面履行合同约定的义务。不按照合同约定履行义务的，依法承担违约责任。

第十八条 建筑工程造价应当按照国家有关规定，由发包单位与承包单位在合同中约定。公开招标发包的，其造价的约定，须遵守招标投标法律的规定。

发包单位应当按照合同的约定，及时拨付工程款项。

第二十条 建筑工程实行公开招标的，发包单位应当依照法定程序和方式，发布招标公告，提供载有招标工程的主要技术要求、主要的合同条款、评标的标准和方法以及开标、评标、定标的程序等内容的招标文件。

开标应当在招标文件规定的时间、地点公开进行。开标后应当按照招标文件规定的评标标准和程序对标书进行评价、比较，在具备相应资质条件的投标者中，择优选定中标者。

第二十五条 按照合同约定，建筑材料、建筑构配件和设备由工程承包单位采购的，发包单位不得指定承包单位购入用于工程的建筑材料、建筑构配件和设备或者指定生产厂、供应商。

第二十七条 大型建筑工程或者结构复杂的建筑工程，可以由两个以上的承包单位联合共同承包。共同承包的各方对承包合同的履行承担连带责任。

两个以上不同资质等级的单位实行联合共同承包的，应当按照资质等级低的单位的业务许可范围承揽工程。

第二十八条 禁止承包单位将其承包的全部建筑工程转包给他人，禁止承包单位将其承包的全部建筑工程肢解以后以分包的名义分别转包给他人。

第二十九条 建筑工程总承包单位可以将承包工程中的部分工程发包给具有相应资质条件的分包单位；但是，除总承包合同中约定的分包外，必须经建设单位认可。施工总承包的，建筑工程主体结构的施工必须由总承包单位自行完成。

建筑工程总承包单位按照总承包合同的约定对建设单位负责；分包单位按照分包合同的约定对总承包单位负责。总承包单位和分包单位就分包工程对建设单位承担连带责任。

禁止总承包单位将工程分包给不具备相应资质条件的单位。禁止分包单位将其承包的工程再分包。

《最高人民法院关于审理建设工程施工合同纠纷案件适用法律问题的解释（一）》

为正确审理建设工程施工合同纠纷案件，依法保护当事人合法权益，维护建筑市场秩序，促进建筑市场健康发展，根据《中华人民共和国民法典》《中华人民共和国建筑法》《中华人民共和国招标投标法》《中华人民共和国民事诉讼法》等相关法律规定，结合审判实践，制定本解释。

第一条 建设工程施工合同具有下列情形之一的，应当依据民法典第一百五十三条第一款的规定，认定无效：

（一）承包人未取得建筑业企业资质或者超越资质等级的；

（二）没有资质的实际施工人借用有资质的建筑施工企业名义的；

（三）建设工程必须进行招标而未招标或者中标无效的。

承包人因转包、违法分包建设工程与他人签订的建设工程施工合同，应当依据民法典第一百五十三条第一款及第七百九十一条第二款、第三款的规定，认定无效。

第二条 招标人和中标人另行签订的建设工程施工合同约定的工程范围、建设工期、工程质量、工程价款等实质性内容，与中标合同不一致，一方当事人请求按照中标合同确定权利义务的，人民法院应予支持。

招标人和中标人在中标合同之外就明显高于市场价格购买承建房产、无偿建设住房配套设施、让利、向建设单位捐赠财物等另行签订合同，变相降低工程价款，一方当事人以该合同背离中标合同实质性内容为由请求确认无效的，人民法院应予支持。

第三条 当事人以发包人未取得建设工程规划许可证等规划审批手续为由，请求确认建设工程施工合同无效的，人民法院应予支持，但发包人在起诉前取得建设工程规划许可证等规划审批手续的除外。

发包人能够办理审批手续而未办理，并以未办理审批手续为由请求确认建设工程施工合同无效的，人民法院不予支持。

第四条 承包人超越资质等级许可的业务范围签订建设工程施工合同，在建设工程竣工前取得相应资质等级，当事人请求按照无效合同处理的，人民法院不予支持。

第五条 具有劳务作业法定资质的承包人与总承包人、分包人签订的劳务分包合同，当事人请求确认无效的，人民法院依法不予支持。

第六条 建设工程施工合同无效，一方当事人请求对方赔偿损失的，应当就对方过错、损失大小、过错与损失之间的因果关系承担举证责任。

损失大小无法确定，一方当事人请求参照合同约定的质量标准、建设工期、工程价款支付时间等内容确定损失大小的，人民法院可以结合双方过错程度、过错与损失之间的因果关系等因素作出裁判。

第七条 缺乏资质的单位或者个人借用有资质的建筑施工企业名义签订建设工程施工合同，发包人请求出借方与借用方对建设工程质量不合格等因出借资质造成的损失承担连带赔偿责任的，人民法院应予支持。

第八条 当事人对建设工程开工日期有争议的，人民法院应当分别按照以下情形予以认定：

（一）开工日期为发包人或者监理人发出的开工通知载明的开工日期；开工通知发出后，尚不具备开工条件的，以开工条件具备的时间为开工日期；因承包人原因导致开工时间推迟的，以开工通知载明的时间为开工日期。

（二）承包人经发包人同意已经实际进场施工的，以实际进场施工时间为开工日期。

（三）发包人或者监理人未发出开工通知，亦无相关证据证明实际开工日期的，应当综合考虑开工报告、合同、施工许可证、竣工验收报告或者竣工验收备案表等载明的时间，并结合是否具备开工条件的事实，认定开工日期。

第九条 当事人对建设工程实际竣工日期有争议的，人民法院应当分别按照以下情形予以认定：

（一）建设工程经竣工验收合格的，以竣工验收合格之日为竣工日期；

（二）承包人已经提交竣工验收报告，发包人拖延验收的，以承包人提交验收报告之日为竣工日期；

（三）建设工程未经竣工验收，发包人擅自使用的，以转移占有建设工程之日为竣工日期。

第十条 当事人约定顺延工期应当经发包人或者监理人签证等方式确认，承包人虽未取得工期顺延的确认，但能够证明在合同约定的期限内向发包人或者监理人申请过工期顺延且顺延事由符合合同约定，承包人以此为由主张工期顺延的，人民法院应予支持。

当事人约定承包人未在约定期限内提出工期顺延申请视为工期不顺延的，按照约定处理，但发包人在约定期限后同意工期顺延或者承包人提出合理抗辩的除外。

第十一条 建设工程竣工前，当事人对工程质量发生争议，工程质量经鉴定合格的，鉴定期间为顺延工期期间。

第十二条 因承包人的原因造成建设工程质量不符合约定，承包人拒绝修理、返工或者改建，发包人请求减少支付工程价款的，人民法院应予支持。

第十三条 发包人具有下列情形之一，造成建设工程质量缺陷，应当承担过错责任：

（一）提供的设计有缺陷；

（二）提供或者指定购买的建筑材料、建筑构配件、设备不符合强制性标准；

（三）直接指定分包人分包专业工程。

承包人有过错的，也应当承担相应的过错责任。

第十四条 建设工程未经竣工验收，发包人擅自使用后，又以使用部分质量不符合约定为由主张权利的，人民法院不予支持；但是承包人应当在建设工程的合理使用寿命内对地基基础工程和主体结构质量承担民事责任。

第十五条 因建设工程质量发生争议的，发包人可以以总承包人、分包人和实际施工人为共同被告提起诉讼。

第十六条 发包人在承包人提起的建设工程施工合同纠纷案件中，以建设工程质量不符合合同约定或者法律规定为由，就承包人支付违约金或者赔偿修理、返工、改建的合理费用等损失提出反诉的，人民法院可以合并审理。

第十七条 有下列情形之一，承包人请求发包人返还工程质量保证金的，人民法院应予支持：

（一）当事人约定的工程质量保证金返还期限届满；

（二）当事人未约定工程质量保证金返还期限的，自建设工程通过竣工验收之日起满二年；

（三）因发包人原因建设工程未按约定期限进行竣工验收的，自承包人提交工程竣工验收报告九十日后当事人约定的工程质量保证金返还期限届满；当事人未约定工程质量保证金返还期限的，自承包人提交工程竣工验收报告九十日后起满二年。

发包人返还工程质量保证金后，不影响承包人根据合同约定或者法律规定履行工程保修义务。

第十八条 因保修人未及时履行保修义务，导致建筑物毁损或者造成人身损害、财产损失的，保修人应当承担赔偿责任。

保修人与建筑物所有人或者发包人对建筑物毁损均有过错的，各自承担相应的责任。

第十九条 当事人对建设工程的计价标准或者计价方法有约定的，按照约定结算工程价款。

因设计变更导致建设工程的工程量或者质量标准发生变化，当事人对该部分工程价款不能协商一致的，可以参照签订建设工程施工合同时当地建设行政主管部门发布的计价方法或者计价标准结算工程价款。

建设工程施工合同有效，但建设工程经竣工验收不合格的，依照民法典第五百七十七条规定处理。

第二十条 当事人对工程量有争议的，按照施工过程中形成的签证等书面文件确认。承包人能够证明发包人同意其施工，但未能提供签证文件证明工程量发生的，可以按照当事人提供的其他证据确认实际发生的工程量。

第二十一条 当事人约定，发包人收到竣工结算文件后，在约定期限内不予答复，视为认可竣工结算文件的，按照约定处理。承包人请求按照竣工结算文件结算工程价款的，人民法院应予支持。

第二十二条 当事人签订的建设工程施工合同与招标文件、投标文件、中标通知书载明的工程范围、建设工期、工程质量、工程价款不一致，一方当事人请求将招标文件、投标文件、中标通知书作为结算工程价款的依据的，人民法院应予支持。

第二十三条 发包人将依法不属于必须招标的建设工程进行招标后，与承包人另行订立的建设工程施工合同背离中标合同的实质性内容，当事人请求以中标合同作为结算建设工程价款依据的，人民法院应予支持，但发包人与承包人因客观情况发生了在招标投标时难以预见的变化而另行订立建设工程施工合同的除外。

第二十四条 当事人就同一建设工程订立的数份建设工程施工合同均无效，但建设工程质量合格，一方当事人请求参照实际履行的合同关于工程价款的约定折价补偿承包人的，人民法院应予支持。

实际履行的合同难以确定，当事人请求参照最后签订的合同关于工程价款的约定折价补偿承包人的，人民法院应予支持。

第二十五条 当事人对垫资和垫资利息有约定，承包人请求按照约定返还垫资及其利息的，人民法院应予支持，但是约定的利息计算标准高于垫资时的同类贷款利率或者同期贷款市场报价利率的部分除外。

当事人对垫资没有约定的，按照工程欠款处理。

当事人对垫资利息没有约定，承包人请求支付利息的，人民法院不予支持。

第二十六条 当事人对欠付工程价款利息计付标准有约定的，按照约定处理。没有约定的，按照同期同类贷款利率或者同期贷款市场报价利率计息。

第二十七条 利息从应付工程价款之日开始计付。当事人对付款时间没有约定或者约定不明的，下列时间视为应付款时间：

（一）建设工程已实际交付的，为交付之日；

（二）建设工程没有交付的，为提交竣工结算文件之日；

（三）建设工程未交付，工程价款也未结算的，为当事人起诉之日。

第二十八条 当事人约定按照固定价结算工程价款，一方当事人请求对建设工程造价进行鉴定的，人民法院不予支持。

第二十九条 当事人在诉讼前已经对建设工程价款结算达成协议，诉讼中一方当事人申请对工程造价进行鉴定的，人民法院不予准许。

第三十条 当事人在诉讼前共同委托有关机构、人员对建设工程造价出具咨询意见，诉讼中一方当事人不认可该咨询意见申请鉴定的，人民法院应予准许，但双方当事人明确表示受该咨询意见约束的除外。

第三十一条 当事人对部分案件事实有争议的，仅对有争议的事实进行鉴定，但争议事实范围不能确定，或者双方当事人请求对全部事实鉴定的除外。

第三十二条 当事人对工程造价、质量、修复费用等专门性问题有争议，人民法院认为需要鉴定的，应当向负有举证责任的当事人释明。当事人经释明未申请鉴定，虽申请鉴定但未支付鉴定费用或者拒不提供相关材料的，应当承担举证不能的法律后果。

一审诉讼中负有举证责任的当事人未申请鉴定，虽申请鉴定但未支付鉴定费用或者拒不提供相关材料，二审诉讼中申请鉴定，人民法院认为确有必要的，应当依照民事诉讼法第一百七十条第一款第三项的规定处理。

第三十三条 人民法院准许当事人的鉴定申请后，应当根据当事人申请及查明案件事实的需要，确定委托鉴定的事项、范围、鉴定期限等，并组织当事人对争议的鉴定材料进行质证。

第三十四条 人民法院应当组织当事人对鉴定意见进行质证。鉴定人将当事人有争议且未经质证的材料作为鉴定依据的，人民法院应当组织当事人就该部分材料进行质证。经质证认为不能作为鉴定依据的，根据该材料作出的鉴定意见不得作为认定案件事实的依据。

第三十五条 与发包人订立建设工程施工合同的承包人，依据民法典第八百零七条的规定请求其承建工程的价款就工程折价或者拍卖的价款优先受偿的，人民法院应予支持。

第三十六条 承包人根据民法典第八百零七条规定享有的建设工程价款优先受偿权优于抵押权和其他债权。

第三十七条 装饰装修工程具备折价或者拍卖条件，装饰装修工程的承包人请求工程价款就该装饰装修工程折价或者拍卖的价款优先受偿的，人民法院应予支持。

第三十八条 建设工程质量合格，承包人请求其承建工程的价款就工程折价或者拍卖的价款优先受偿的，人民法院应予支持。

第三十九条 未竣工的建设工程质量合格，承包人请求其承建工程的价款就其承建工程部分折价或者拍卖的价款优先受偿的，人民法院应予支持。

第四十条 承包人建设工程价款优先受偿的范围依照国务院有关行政主管部门关于建设工程价款范围的规定确定。

承包人就逾期支付建设工程价款的利息、违约金、损害赔偿金等主张优先受偿的，人民法院不予支持。

第四十一条 承包人应当在合理期限内行使建设工程价款优先受偿权，但最长不得超过十八个月，自发包人应当给付建设工程价款之日起算。

第四十二条 发包人与承包人约定放弃或者限制建设工程价款优先受偿权，损害建筑工人利益，发包人根据该约定主张承包人不享有建设工程价款优先受偿权的，人民法院不予支持。

第四十三条 实际施工人以转包人、违法分包人为被告起诉的，人民法院应当依法受理。

实际施工人以发包人为被告主张权利的，人民法院应当追加转包人或者违法分包人为本案第三人，在查明发包人欠付转包人或者违法分包人建设工程价款的数额后，判决发包人在欠付建设工程价款范围内对实际施工人承担责任。

第四十四条 实际施工人依据民法典第五百三十五条规定，以转包人或者违法分包人怠于向发包人行使到期债权或者与该债权有关的从权利，影响其到期债权实现，提起代位权诉讼的，人民法院应予支持。

第四十五条 本解释自 2021 年 1 月 1 日起施行。

二十三、运输合同纠纷

（一）最高人民法院指导案例

044. 托运人要求变更运输合同的，不得影响运输合同目的的实现或严重影响承运人的正常营运[①]

浙江隆达不锈钢有限公司诉 A. P. 穆勒-马士基
有限公司海上货物运输合同纠纷案

（最高人民法院审判委员会讨论通过　2019 年 2 月 25 日发布）

关键词：民事/海上货物运输合同/合同变更/改港/退运/抗辩权

裁判要点

在海上货物运输合同中，依据《中华人民共和国合同法》第三百零八条的规定，承运人将货物交付收货人之前，托运人享有要求变更运输合同的权利，但双方当事人仍要遵循《中华人民共和国合同法》第五条规定的公平原则确定各方的权利和义务。托运人行使此项权利时，承运人也可相应行使一定的抗辩权。如果变更海上货物运输合同难以实现或者将严重影响承运人正常营运，承运人可以拒绝托运人改港或者退运的请求，但应当及时通知托运人不能变更的原因。

① 最高人民法院指导案例 108 号。

相关法条

《中华人民共和国合同法》第三百零八条

《中华人民共和国海商法》第八十六条

基本案情：2014年6月，浙江隆达不锈钢有限公司（以下简称隆达公司）由中国宁波港出口一批不锈钢无缝产品至斯里兰卡科伦坡港，货物报关价值为366918.97美元。隆达公司通过货代向A.P.穆勒-马士基有限公司（以下简称马士基公司）订舱，涉案货物于同年6月28日装载于4个集装箱内装船出运，出运时隆达公司要求做电放处理。2014年7月9日，隆达公司通过货代向马士基公司发邮件称，发现货物运错目的地要求改港或者退运。马士基公司于同日回复，因货物距抵达目的港不足2天，无法安排改港，如需退运则需与目的港确认后回复。次日，隆达公司的货代询问货物退运是否可以原船带回，马士基公司于当日回复"原船退回不具有操作性，货物在目的港卸货后，需要由现在的收货人在目的港清关后，再向当地海关申请退运。海关批准后，才可以安排退运事宜"。2014年7月10日，隆达公司又提出"这个货要安排退运，就是因为清关清不了，所以才退回宁波的，有其他办法吗"。此后，马士基公司再未回复邮件。

涉案货物于2014年7月12日左右到达目的港。马士基公司应隆达公司的要求于2015年1月29日向其签发了编号603386880的全套正本提单。根据提单记载，托运人为隆达公司，收货人及通知方均为VENUS STEEL PVT LTD，起运港中国宁波，卸货港科伦坡。2015年5月19日，隆达公司向马士基公司发邮件表示已按马士基公司要求申请退运。马士基公司随后告知隆达公司涉案货物已被拍卖。

裁判结果：宁波海事法院于2016年3月4日作出（2015）甬海法商初字第534号民事判决，认为隆达公司因未采取自行提货等有效措施导致涉案货物被海关拍卖，相应货损风险应由该公司承担，故驳回隆达公司的诉讼请求。一审判决后，隆达公司提出上诉。浙江省高级人民法院于2016年9月29日作出（2016）浙民终222号民事判决：撤销一审判决；马士基公司于判决送达之日起十日内赔偿隆达公司货物损失183459.49美元及利息。二审法院认为依据《中华人民共和国合同法》第三百零八条，隆达公司在马士基公司交付货物前享有请求改港或退运的权利。在隆达公司提出退运要求后，马士基公司既未明确拒绝安排退运，也未通知隆达公司自行处理，对涉案货损应承担相应的赔偿责任，酌定责任比例为50%。马士基公司不服二审判决，向最高人民法院申请再审。最高人民法院于2017年12月29日作出（2017）最高法民再412号民事判决：撤销二审判决；维持一审判决。

裁判理由：最高人民法院认为，《中华人民共和国合同法》与《中华人民共和国海商法》有关调整海上运输关系、船舶关系的规定属于普通法与特别法的关系。根据海商法第八十九条的规定，船舶在装货港开航前，托运人可以要求解除合同。本案中，隆达公司在涉案货物海上运输途中请求承运人进行退运或者改港，因海商法未就航程中托运人要求变更运输合同的权利进行规定，故本案可适用《中华人民共和国合同法》第三百零八条关于托运人要求变更运输合同权利的规定。基于特别法优先适用于普通法的法律适用基本原则，《中华人民共和国合同法》第三百零八条规定的是一般运输合同，该条规定在适用于海上货物运输合同的情况下，应该受到海商法基本价值取向及强制性规定的限制。托运人依据《中华人民共和国合同法》第三百零八条主张变更运输合同的权利不得致使海上货物运输合同中各方当事人利益显失公平，也不得使承运人违反对其他托运人承担的安排合理航线等义务，或剥夺承运人关于履行海上货物运输合同变更事项的相应抗辩权。

《中华人民共和国合同法》总则规定的基本原则是合同法立法的准则，是适用于合同法全部领域的准则，也是合同法具体制度及规范的依据。依据《中华人民共和国合同法》第三百零八条的规定，在承运人将货物交付收货人之前，托运人享有要求变更运输合同的权利，但双方当事人仍要遵循《中华人民共和国合同法》第五条规定的公平原则确定各方的权利和义务。海上货物运输具有运输量大、航程预先拟定、航线相对固定等特殊性，托运人要求改港或者退运的请求有时不仅不易操作，还会妨碍承运人的正常营运或者给其他货物的托运人或收货人带来较大损害。在此情况下，如果要求承运人无条件服从托运人变更运输合同的请求，显失公平。因此，在海上货物运输合同下，托运人并非可以无限制地行使请求变更的权利，承运人也并非在任何情况下都应无条件服从托运人请求变更的指示。为合理平衡海上货物运输合同中各方当事人利益之平衡，在托运人行使要求变更权利的同时，承运人也相应地享有一定的抗辩权利。如果变更运输合同难以实现或者将严重影响承运人正常营运，承运人可以拒绝托运人改港或者退运的要求，但应当及时通知托运人不能执行的原因。如果承运人关于不能执行原因等抗辩成立，承运人未按照托运人退运或改港的指示执行则并无不当。

涉案货物采用的是国际班轮运输，载货船舶除运载隆达公司托运的 4 个集装箱外，还运载了其他货主托运的众多货物。涉案货物于 2014 年 6 月 28 日装船出运，于 2014 年 7 月 12 日左右到达目的港。隆达公司于 2014 年 7 月 9 日才要求马士基公司退运或者改港。马士基公司在航程已过大半，距离到达目的港只有两三天的时间，以航程等原因无法安排改港、原船退回不具有操作性为抗辩事由，符合案件事实情况，该抗辩事由成立，马士基公司未安排退运或者改港并无不当。

马士基公司将涉案货物运至目的港后，因无人提货，将货物卸载至目的港码头符合《中华人民共和国海商法》第八十六条的规定。马士基公司于 2014 年 7 月 9 日通过邮件回复隆达公司距抵达目的港不足 2 日。隆达公司已了解货物到港的大体时间并明知涉案货物在目的港无人提货，但在长达 8 个月的时间里未采取措施处理涉案货物致其被海关拍卖。隆达公司虽主张马士基公司未尽到谨慎管货义务，但并未举证证明马士基公司存在管货不当的事实。隆达公司的该项主张缺乏依据。依据《中华人民共和国海商法》第八十六条的规定，马士基公司卸货后所产生的费用和风险应由收货人承担，马士基公司作为承运人无需承担相应的风险。

045. 海上货物运输保险合同中的"一切险"包括被保险货物在运输途中由于外来原因所致的全部或部分损失[①]

海南丰海粮油工业有限公司诉中国人民财产保险股份有限公司海南省分公司海上货物运输保险合同纠纷案

（最高人民法院审判委员会讨论通过　2015 年 4 月 15 日发布）

关键词：民事/海事/海上货物运输保险合同/一切险/外来原因

裁判要点

海上货物运输保险合同中的"一切险"，除包括平安险和水渍险的各项责任外，还包括被保险货物在运输途中由于外来原因所致的全部或部分损失。在被保险人不存在故意或者过失的情况下，由于相关保险合同中除外责任条款所列明情形之外的其他原因，造成被保险货物损失的，可以认定属于导致被保险货物损失的"外来原因"，保险人应当承担运输途中由该外来原因所致的一切损失。

相关法条

《中华人民共和国保险法》第三十条

基本案情：1995 年 11 月 28 日，海南丰海粮油工业有限公司（以下简称丰海公司）在中国人民财产保险股份有限公司海南省分公司（以下简称海南人保）投保了由印度尼西亚籍"哈卡"轮（HAGAAG）所运载的自印度尼西亚杜迈港至中国洋浦港的 4999.85 吨桶装棕榈油，投保险别为一切险，货价

① 最高人民法院指导案例 52 号。

为3574892.75美元，保险金额为3951258美元，保险费为18966美元。投保后，丰海公司依约向海南人保支付了保险费，海南人保向丰海公司发出了起运通知，签发了海洋货物运输保险单，并将海洋货物运输保险条款附于保单之后。根据保险条款规定，一切险的承保范围除包括平安险和水渍险的各项责任外，海南人保还"负责被保险货物在运输途中由于外来原因所致的全部或部分损失"。该条款还规定了5项除外责任。上述投保货物是由丰海公司以CNF价格向新加坡丰益私人有限公司（以下简称丰益公司）购买的。根据买卖合同约定，发货人丰益公司与船东代理梁国际代理有限公司（以下简称梁国际）签订一份租约。该租约约定由"哈卡"轮将丰海公司投保的货物5000吨棕榈油运至中国洋浦港，将另1000吨棕榈油运往香港。

1995年11月29日，"哈卡"轮的期租船人、该批货物的实际承运人印度尼西亚PT. SAMUDERA INDRA公司（以下简称PSI公司）签发了编号为DM/YPU/1490/95的已装船提单。该提单载明船舶为"哈卡"轮，装货港为印度尼西亚杜迈港，卸货港为中国洋浦港，货物唛头为BATCH NO. 80211/95，装货数量为4999.85吨，清洁、运费已付。据查，发货人丰益公司将运费支付给梁国际，梁国际已将运费支付给PSI公司。1995年12月14日，丰海公司向其开证银行付款赎单，取得了上述投保货物的全套（3份）正本提单。1995年11月23日至29日，"哈卡"轮在杜迈港装载31623桶、净重5999.82吨四海牌棕榈油起航后，由于"哈卡"轮船东印度尼西亚PT. PERUSAHAAN PELAYARAN BAHTERA BINTANG SELATAN公司（以下简称BBS公司）与该轮的期租船人PSI公司之间因船舶租金发生纠纷，"哈卡"轮中止了提单约定的航程并对外封锁了该轮的动态情况。

为避免投保货物的损失，丰益公司、丰海公司、海南人保多次派代表参加"哈卡"轮船东与期租船人之间的协商，但由于船东以未收到租金为由不肯透露"哈卡"轮行踪，多方会谈未果。此后，丰益公司、丰海公司通过多种渠道交涉并多方查找"哈卡"轮行踪，海南人保亦通过其驻外机构协助查找“哈卡”轮。直至1996年4月，“哈卡”轮走私至中国汕尾被我海警查获。根据广州市人民检察院穗检刑免字（1996）64号《免予起诉决定书》的认定，1996年1月至3月，“哈卡”轮船长埃里斯·伦巴克根据BBS公司指令，指挥船员将其中11325桶、2100多吨棕榈油转载到属同一船公司的“依瓦那”和“萨拉哈”货船上运走销售，又让船员将船名“哈卡”轮涂改为“伊莉莎2”号（ELIZA Ⅱ）。1996年4月，更改为“伊莉莎2”号的货船载剩余货物20298桶棕榈油走私至中国汕尾，4月16日被我海警查获。上述20298桶棕榈油已被广东省检察机关作为走私货物没收上缴国库。1996年6月6日丰海公司向海南人保递交索赔报告书，8月20日丰海公司再次向海南人保提出书面索赔申请，海南人保明确表示拒赔。丰海公司遂诉至海口海事法院。

丰海公司是海南丰源贸易发展有限公司和新加坡海源国际有限公司于1995年8月14日开办的中外合资经营企业。该公司成立后，就与海南人保建立了业务关系。1995年10月1日至同年11月28日（本案保险单签发前）就发生了4笔进口棕榈油保险业务，其中3笔投保的险别为一切险，另1笔为“一切险附加战争险”。该4笔保险均发生索赔，其中有因为一切险范围内的货物短少、破漏发生的赔付。

裁判结果：海口海事法院于1996年12月25日作出（1996）海商初字第096号民事判决：一、海南人保应赔偿丰海公司保险价值损失3593858.75美元；二、驳回丰海公司的其他诉讼请求。宣判后，海南人保提出上诉。海南省高级人民法院于1997年10月27日作出（1997）琼经终字第44号民事判决：撤销一审判决，驳回丰海公司的诉讼请求。丰海公司向最高人民法院申请再审。最高人民法院于2003年8月11日以（2003）民四监字第35号民事裁定，决定对本案进行提审，并于2004年7月13日作出（2003）民四提字第5号民事判决：一、撤销海南省高级人民法院（1997）琼经终字第44号民事判决；二、维持海口海事法院（1996）海商初字第096号民事判决。

裁判理由：最高人民法院认为：本案为国际海上货物运输保险合同纠纷，被保险人、保险货物的目的港等均在中华人民共和国境内，原审以中华人民共和国法律作为解决本案纠纷的准据法正确，双方当事人亦无异议。

丰海公司与海南人保之间订立的保险合同合法有效，双方的权利义务应受保险单及所附保险条款的约束。本案保险标的已经发生实际全损，对此发货人丰益公司没有过错，亦无证据证明被保险人丰海公司存在故意或过失。保险标的的损失是由于“哈卡”轮船东 BBS 公司与期租船人之间的租金纠纷，将船载货物运走销售和走私行为造成的。本案争议的焦点在于如何理解涉案保险条款中一切险的责任范围。

二审审理中，海南省高级人民法院认为，根据保险单所附的保险条款和保险行业惯例，一切险的责任范围包括平安险、水渍险和普通附加险（偷窃提货不着险、淡水雨淋险、短量险、沾污险、渗漏险、碰损破碎险、串味险、受潮受热险、钩损险、包装破损险和锈损险），中国人民银行《关于〈海洋运输货物“一切险”条款解释的请示〉的复函》亦作了相同的明确规定。可见，丰海公司投保货物的损失不属于一切险的责任范围。此外，鉴于海南人保与丰海公司有长期的保险业务关系，在本案纠纷发生前，双方曾多次签订保险合同，并且海南人保还作过一切险范围内的赔付，所以丰海公司对本案保险合同的主要内容、免责条款及一切险的责任范围应该是清楚的，故认定一审判决适用法律错误。

根据涉案“海洋运输货物保险条款”的规定，一切险除了包括平安险、水渍险的各项责任外，还负责被保险货物在运输过程中由于各种外来原因所造成的损失。同时保险条款中还明确列明了五种除外责任，即：①被保险人的故意行为或过失所造成的损失；②属于发货人责任所引起的损失；③在保险责任开始前，被保险货物已存在的品质不良或数量短差所造成的损失；④被保险货物的自然损耗、本质缺陷、特性以及市价跌落、运输迟延所引起的损失；⑤本公司海洋运输货物战争险条款和货物运输罢工险条款规定的责任范围和除外责任。从上述保险条款的规定看，海洋运输货物保险条款中的一切险条款具有如下特点：

1. 一切险并非列明风险，而是非列明风险。在海洋运输货物保险条款中，平安险、水渍险为列明的风险，而一切险则为平安险、水渍险再加上未列明的运输途中由于外来原因造成的保险标的的损失。

2. 保险标的的损失必须是外来原因造成的。被保险人在向保险人要求保险赔偿时，必须证明保险标的的损失是因为运输途中外来原因引起的。外来原因可以是自然原因，亦可以是人为的意外事故。但是一切险承保的风险具有不确定性，要求是不能确定的、意外的、无法列举的承保风险。对于那些预期的、确定的、正常的危险，则不属于外来原因的责任范围。

3. 外来原因应当限于运输途中发生的，排除了运输发生以前和运输结束后发生的事故。只要被保险人证明损失并非因其自身原因，而是由于运输途中的意外事故造成的，保险人就应当承担保险赔偿责任。

根据保险法的规定，保险合同中规定有关于保险人责任免除条款的，保险人在订立合同时应当向投保人明确说明，未明确说明的，该条款仍然不能产生效力。据此，保险条款中列明的除外责任虽然不在保险人赔偿之列，但是应当以签订保险合同时，保险人已将除外责任条款明确告知被保险人为前提。否则，该除外责任条款不能约束被保险人。

关于中国人民银行的复函意见。在保监委成立之前，中国人民银行系保险行业的行政主管机关。1997 年 5 月 1 日，中国人民银行致中国人民保险公司《关于〈海洋运输货物保险“一切险”条款解释的请示〉的复函》中，认为一切险承保的范围是平安险、水渍险及被保险货物在运输途中由于外来原因所致的全部或部分损失。并且进一步提出：外来原因仅指偷窃、提货不着、淡水雨淋等。1998 年 11 月 27 日，中国人民银行在对《中保财产保险有限公司关于海洋运输货物保险条款解释》的复函中，再次明确一切险的责任范围包括平安险、水渍险及被保险货物在运输途中由于外来原因所致的全部或部分损失。其中外来原因所致的全部或部分损失是指 11 种一般附加险。鉴于中国人民银行的上述复函不是法律法规，亦不属于行政规章。根据《中华人民共和国立法法》的规定，国务院各部、委员会、中国人民银行、国家审计署以及具有行政管理职能的直属机构，可以根据法律和国务院的行政法规、决定、命令，在本部门的权限范围内，制定规章；部门规章规定的事项应当属于执行法律或者国务院的行政法规、决定、命令的事项。因此，保险条款亦不在职能部门有权制定的规章范围之内，故中国人民银行对保险条款的解释不能作为约束被保险人的依据。另外，中国人民银行关于一切险的复函属于对保险合同条款的解释。而对于平等主体之间签订的保险合同，依法只有人民法院和仲裁机构才有权作出约束当事人的解释。为此，上述复函不能约束被保险人。要使该复函所做解释成为约束被保险人的合同条款，只能是将其作为保险合同的内容附在保险单中。之所以产生中国人民保险公司向主管机关请示一切险的责任范围，主管机关对此作出答复，恰恰说明对于一切险的理解存在争议。而依据《中华人民共和国保险法》第三十条的规定，对于保险合同的条款，保险人与投保人、被保险人或者受益人有争议时，人民法院或者仲裁机关应当作有利于被保险人和受益人的解释。作为行业主管机关作出对本行业有利的解释，不能适用于非本行业的合同当事人。

综上，应认定本案保险事故属一切险的责任范围。二审法院认为丰海公司投保货物的损失不属一切险的责任范围错误，应予纠正。丰海公司的再审申请理由依据充分，应予支持。

046. 旅客购买注明“不得退票，不得转签”的打折机票是否预示着按时抵达目的地的权利被剥夺①

阿卜杜勒·瓦希德诉中国东方航空股份有限公司航空旅客运输合同纠纷案

（最高人民法院审判委员会讨论通过 2015年4月15日发布）

关键词：民事/航空旅客运输合同/航班延误/告知义务/赔偿责任

裁判要点

1. 对航空旅客运输实际承运人提起的诉讼，可以选择对实际承运人或缔约承运人提起诉讼，也可以同时对实际承运人和缔约承运人提起诉讼。被诉承运人申请追加另一方承运人参加诉讼的，法院可以根据案件的实际情况决定是否准许。

2. 当不可抗力造成航班延误，致使航空公司不能将换乘其他航班的旅客按时运抵目的地时，航空公司有义务及时向换乘的旅客明确告知到达目的地后是否提供转签服务，以及在不能提供转签服务时旅客如何办理旅行手续。航空公司未履行该项义务，给换乘旅客造成损失的，应当承担赔偿责任。

3. 航空公司在打折机票上注明“不得退票，不得转签”，只是限制购买打折机票的旅客由于自身原因而不得退票和转签，不能据此剥夺旅客在支付票款后享有的乘坐航班按时抵达目的地的权利。

① 最高人民法院指导案例51号。

相关法条

《中华人民共和国民法通则》第一百四十二条

《经1955年海牙议定书修订的1929年华沙统一国际航空运输一些规则的公约》第十九条、第二十条、第二十四条第一款

《统一非立约承运人所作国际航空运输的某些规则以补充华沙公约的公约》第七条

基本案情：2004年12月29日，ABDUL WAHEED（阿卜杜勒·瓦希德，以下简称阿卜杜勒）购买了一张由香港国泰航空公司（以下简称国泰航空公司）作为出票人的机票。机票列明的航程安排为：2004年12月31日上午11点，上海起飞至香港，同日16点香港起飞至卡拉奇；2005年1月31日卡拉奇起飞至香港，同年2月1日香港起飞至上海。其中，上海与香港间的航程由中国东方航空股份有限公司（以下简称东方航空公司）实际承运，香港与卡拉奇间的航程由国泰航空公司实际承运。机票背面条款注明，该合同应遵守华沙公约所指定的有关责任的规则和限制。该机票为打折票，机票上注明“不得退票、不得转签”。

2004年12月30日下午15时起上海浦东机场下中雪，导致机场于该日22点至23点被迫关闭1小时，该日104个航班延误。31日，因飞机除冰、补班调配等原因，导致该日航班取消43架次、延误142架次，飞机出港正常率只有24.1%。东方航空公司的MU703航班也因为天气原因延误了3小时22分钟，导致阿卜杜勒及其家属到达香港机场后未能赶上国泰航空公司飞卡拉奇的衔接航班。东方航空公司工作人员告知阿卜杜勒只有两种处理方案：其一是阿卜杜勒等人在机场里等候3天，然后搭乘国泰航空公司的下一航班，3天费用自理；其二是阿卜杜勒等人出资，另行购买其他航空公司的机票至卡拉奇，费用为25000港元。阿卜杜勒当即表示无法接受该两种方案，其妻子杜琳打电话给东方航空公司，但该公司称有关工作人员已下班。杜琳对东方航空公司的处理无法接受，且因携带婴儿而焦虑、激动。最终由香港机场工

作人员交涉，阿卜杜勒及家属共支付17000港元，购买了阿联酋航空公司的机票及行李票，搭乘该公司航班绕道迪拜，到达卡拉奇。为此，阿卜杜勒支出机票款4721港元、行李票款759港元，共计5480港元。

阿卜杜勒认为，东方航空公司的航班延误，又拒绝重新安排航程，给自己造成了经济损失，遂提出诉讼，要求判令东方航空公司赔偿机票款和行李票款，并定期对外公布航班的正常率、旅客投诉率。

东方航空公司辩称，航班延误的原因系天气条件恶劣，属不可抗力；其已将此事通知了阿卜杜勒，阿卜杜勒亦明知将错过香港的衔接航班，其无权要求东方航空公司改变航程。阿卜杜勒称，其明知会错过衔接航班仍选择登上飞往香港的航班，系因为东方航空公司对其承诺会予以妥善解决。

裁判结果：上海市浦东新区人民法院于2005年12月21日作出（2005）浦民一（民）初字第12164号民事判决：一、中国东方航空股份有限公司应在判决生效之日起十日内赔偿阿卜杜勒损失共计人民币5863.60元；二、驳回阿卜杜勒的其他诉讼请求。宣判后，中国东方航空股份有限公司提出上诉。上海市第一中级人民法院于2006年2月24日作出（2006）沪一中民一（民）终字第609号民事判决：驳回上诉，维持原判。

裁判理由：法院生效裁判认为：原告阿卜杜勒是巴基斯坦国公民，其购买的机票，出发地为我国上海，目的地为巴基斯坦卡拉奇。《中华人民共和国民法通则》第一百四十二条第一款规定："涉外民事关系的法律适用，依照本章的规定确定。"第二款规定："中华人民共和国缔结或者参加的国际条约同中华人民共和国的民事法律有不同规定的，适用国际条约的规定，但中华人民共和国声明保留的条款除外。"我国和巴基斯坦都是《经1955年海牙议定书修订的1929年华沙统一国际航空运输一些规则的公约》（以下简称《1955年在海牙修改的华沙公约》）和1961年《统一非立约承运人所作国际航空运输的某些规则以补充华沙公约的公约》（以下简称《瓜达拉哈拉公约》）的缔约国，故这两个国际公约对本案适用。《1955年在海牙修改的华沙公约》第二十八条第一款规定："有关赔偿的诉讼，应该按原告的意愿，在一个缔约国的领土内，向承运人住所地或其总管理处所在地或签订契约的机构所在地法院提出，或向目的地法院提出。"第三十二条规定："运输合同的任何条款和在损失发生以前的任何特别协议，如果运输合同各方借以违背本公约的规则，无论是选择所适用的法律或变更管辖权的规定，都不生效力。"据此，在阿卜杜勒持机票起诉的情形下，中华人民共和国上海市浦东新区人民法院有权对这起国际航空旅客运输合同纠纷进行管辖。

《瓜达拉哈拉公约》第一条第二款规定："'缔约承运人'指与旅客或托运人，或与旅客或托运人的代理人订立一项适用华沙公约的运输合同的当事人。"第三款规定："'实际承运人'指缔约承运人以外，根据缔约承运人的授权办理第二款所指的全部或部分运输的人，但对该部分运输此人并非华沙公约所指的连续承运人。在没有相反的证据时，上述授权被推定成立。"第七条规定："对实际承运人所办运输的责任诉讼，可以由原告选择，对实际承运人或缔约承运人提起，或者同时或分别向他们提起。如果只对其中的一个承运人提起诉讼，则该承运人应有权要求另一承运人参加诉讼。这种参加诉讼的效力以及所适用的程序，根据受理案件的法院的法律决定。"阿卜杜勒所持机票，是由国泰航空公司出票，故国际航空旅客运输合同关系是在阿卜杜勒与国泰航空公司之间设立，国泰航空公司是缔约承运人。东方航空公司与阿卜杜勒之间不存在直接的国际航空旅客运输合同关系，也不是连续承运人，只是推定其根据国泰航空公司的授权，完成该机票确定的上海至香港间运输任务的实际承运人。阿卜杜勒有权选择国泰航空公司或东方航空公司或两者同时为被告提起诉讼；在阿卜杜勒只选择东方航空公司为被告提起的诉讼中，东方航空公司虽然有权要求国泰航空公司参加诉讼，但由于阿卜杜勒追究的航班延误责任发生在东方航空公司承运的上海至香港段航程中，与国泰航空公司无关，根据本案案情，衡量诉讼成本，无需追加国泰航空公司为本案的当事人共同参加诉讼。故东方航空公司虽然有权申请国泰航空公司参加诉讼，但这种申请能否被允许，应由受理案件的法院决定。一审法院认为国泰航空公司与阿卜杜勒要追究的航班延误责任无关，根据本案旅客维权的便捷性、担责可能性、诉讼的成本等情况，决定不追加香港国泰航空公司为本案的当事人，并无不当。

《1955 年在海牙修改的华沙公约》第十九条规定："承运人对旅客、行李或货物在航空运输过程中因延误而造成的损失应负责任。"第二十条第一款规定："承运人如果证明自己和他的代理人为了避免损失的发生，已经采取一切必要的措施，或不可能采取这种措施时，就不负责任。"2004 年 12 月 31 日的 MU703 航班由于天气原因发生延误，对这种不可抗力造成的延误，东方航空公司不可能采取措施来避免发生，故其对延误本身无需承担责任。但还需证明其已经采取了一切必要的措施来避免延误给旅客造成的损失发生，否则即应对旅客因延误而遭受的损失承担责任。阿卜杜勒在浦东机场时由于预见到 MU703 航班的延误会使其错过国泰航空公司的衔接航班，曾多次向东方航空公司工作人员询问怎么办。东方航空公司应当知道国泰航空公司从香港飞往卡拉奇的衔接航班三天才有一次，更明知阿卜杜勒一行携带着婴儿，不便在中转机场长时间等候，有义务向阿卜杜勒一行提醒中转时可能发生的不利情形，劝告阿卜杜勒一行改日乘机。但东方航空公司没有这样做，却让阿卜杜勒填写《续航情况登记表》，并告知会帮助解决，使阿卜杜勒对该公司产生合理信赖，从而放心登机飞赴香港。鉴于阿卜杜勒一行是得到东方航空公司的帮助承诺后来到香港，但是东方航空公司不考虑阿卜杜勒一行携带婴儿要尽快飞往卡拉奇的合理需要，向阿卜杜勒告知了要么等待三天乘坐下一航班且三天中相关费用自理，要么自费购买其他航空公司机票的"帮助解决"方案。根据查明的事实，东方航空公司始终未能提供阿卜杜勒的妻子杜琳在登机前填写的《续航情况登记表》，无法证明阿卜杜勒系在明知飞往香港后会发生对己不利的情况仍选择登机，故法院认定"东方航空公司没有为避免损失采取了必要的措施"是正确的。东方航空公司没有采取一切必要的措施来避免因航班延误给旅客造成的损失发生，不应免责。阿卜杜勒迫于无奈自费购买其他航空公司的机票，对阿卜杜勒购票支出的5480港元损失，东方航空公司应承担赔偿责任。

在延误的航班到达香港机场后，东方航空公司拒绝为阿卜杜勒签转机票，其主张阿卜杜勒的机票系打折票，已经注明了“不得退票，不得转签”，其无须另行提醒和告知。法院认为，即使是航空公司在打折机票上注明“不得退票，不得转签”，只是限制购买打折机票的旅客由于自身原因而不得退票和转签；旅客购买了打折机票，航空公司可以相应地取消一些服务，但是旅客支付了足额票款，航空公司就要为旅客提供完整的运输服务，并不能剥夺旅客在支付了票款后享有的乘坐航班按时抵达目的地的权利。本案中的航班延误并非由阿卜杜勒自身的原因造成。阿卜杜勒乘坐延误的航班到达香港机场后肯定需要重新签转机票，东方航空公司既未能在始发机场告知阿卜杜勒在航班延误时机票仍不能签转的理由，在中转机场亦拒绝为其办理签转手续。因此，东方航空公司未能提供证据证明损失的产生系阿卜杜勒自身原因所致，也未能证明其为了避免损失扩大采取了必要的方式和妥善的补救措施，故判令东方航空公司承担赔偿责任。

（二）裁判依据

《中华人民共和国民法典》

第八百一十条 从事公共运输的承运人不得拒绝旅客、托运人通常、合理的运输要求。

第八百一十一条 承运人应当在约定期限或者合理期限内将旅客、货物安全运输到约定地点。

第八百一十二条 承运人应当按照约定的或者通常的运输路线将旅客、货物运输到约定地点。

第八百一十三条 旅客、托运人或者收货人应当支付票款或者运输费用。

承运人未按照约定路线或者通常路线运输增加票款或者运输费用的，旅客、托运人或者收货人可以拒绝支付增加部分的票款或者运输费用。

第八百一十四条 客运合同自承运人向旅客出具客票时成立，但是当事人另有约定或者另有交易习惯的除外。

第八百一十五条 旅客应当按照有效客票记载的时间、班次和座位号乘坐。旅客无票乘坐、超程乘坐、越级乘坐或者持不符合减价条件的优惠客票乘坐的，应当补交票款，承运人可以按照规定加收票款；旅客不支付票款的，承运人可以拒绝运输。

实名制客运合同的旅客丢失客票的，可以请求承运人挂失补办，承运人不得再次收取票款和其他不合理费用。

第八百一十六条 旅客因自己的原因不能按照客票记载的时间乘坐的，应当在约定的期限内办理退票或者变更手续；逾期办理的，承运人可以不退票款，并不再承担运输义务。

第八百一十七条 旅客随身携带行李应当符合约定的限量和品类要求；超过限量或者违反品类要求携带行李的，应当办理托运手续。

第八百一十八条 旅客不得随身携带或者在行李中夹带易燃、易爆、有毒、有腐蚀性、有放射性以及可能危及运输工具上人身和财产安全的危险物品或者违禁物品。

旅客违反前款规定的，承运人可以将危险物品或者违禁物品卸下、销毁或者送交有关部门。旅客坚持携带或者夹带危险物品或者违禁物品的，承运人应当拒绝运输。

第八百一十九条 承运人应当严格履行安全运输义务，及时告知旅客安全运输应当注意的事项。旅客对承运人为安全运输所作的合理安排应当积极协助和配合。

第八百二十条 承运人应当按照有效客票记载的时间、班次和座位号运输旅客。承运人迟延运输或者有其他不能正常运输情形的，应当及时告知和提醒旅客，采取必要的安置措施，并根据旅客的要求安排改乘其他班次或者退票；由此造成旅客损失的，承运人应当承担赔偿责任，但是不可归责于承运人的除外。

第八百二十一条 承运人擅自降低服务标准的，应当根据旅客的请求退票或者减收票款；提高服务标准的，不得加收票款。

第八百二十二条 承运人在运输过程中，应当尽力救助患有急病、分娩、遇险的旅客。

第八百二十三条 承运人应当对运输过程中旅客的伤亡承担赔偿责任；但是，伤亡是旅客自身健康原因造成的或者承运人证明伤亡是旅客故意、重大过失造成的除外。

前款规定适用于按照规定免票、持优待票或者经承运人许可搭乘的无票旅客。

第八百二十四条 在运输过程中旅客随身携带物品毁损、灭失，承运人有过错的，应当承担赔偿责任。

旅客托运的行李毁损、灭失的，适用货物运输的有关规定。

第八百二十五条 托运人办理货物运输，应当向承运人准确表明收货人的姓名、名称或者凭指示的收货人，货物的名称、性质、重量、数量，收货地点等有关货物运输的必要情况。

因托运人申报不实或者遗漏重要情况，造成承运人损失的，托运人应当承担赔偿责任。

第八百二十六条 货物运输需要办理审批、检验等手续的，托运人应当将办理完有关手续的文件提交承运人。

第八百二十七条 托运人应当按照约定的方式包装货物。对包装方式没有约定或者约定不明确的，适用本法第六百一十九条的规定。

托运人违反前款规定的，承运人可以拒绝运输。

第八百二十八条 托运人托运易燃、易爆、有毒、有腐蚀性、有放射性等危险物品的，应当按照国家有关危险物品运输的规定对危险物品妥善包装，做出危险物品标志和标签，并将有关危险物品的名称、性质和防范措施的书面材料提交承运人。

托运人违反前款规定的，承运人可以拒绝运输，也可以采取相应措施以避免损失的发生，因此产生的费用由托运人负担。

第八百二十九条 在承运人将货物交付收货人之前，托运人可以要求承运人中止运输、返还货物、变更到达地或者将货物交给其他收货人，但是应当赔偿承运人因此受到的损失。

第八百三十条 货物运输到达后，承运人知道收货人的，应当及时通知收货人，收货人应当及时提货。收货人逾期提货的，应当向承运人支付保管费等费用。

第八百三十一条 收货人提货时应当按照约定的期限检验货物。对检验货物的期限没有约定或者约定不明确，依据本法第五百一十条的规定仍不能确定的，应当在合理期限内检验货物。收货人在约定的期限或者合理期限内对货物的数量、毁损等未提出异议的，视为承运人已经按照运输单证的记载交付的初步证据。

第八百三十二条 承运人对运输过程中货物的毁损、灭失承担赔偿责任。但是，承运人证明货物的毁损、灭失是因不可抗力、货物本身的自然性质或者合理损耗以及托运人、收货人的过错造成的，不承担赔偿责任。

第八百三十三条 货物的毁损、灭失的赔偿额，当事人有约定的，按照其约定；没有约定或者约定不明确，依据本法第五百一十条的规定仍不能确定的，按照交付或者应当交付时货物到达地的市场价格计算。法律、行政法规对赔偿额的计算方法和赔偿限额另有规定的，依照其规定。

第八百三十四条 两个以上承运人以同一运输方式联运的，与托运人订立合同的承运人应当对全程运输承担责任；损失发生在某一运输区段的，与托运人订立合同的承运人和该区段的承运人承担连带责任。

第八百三十五条 货物在运输过程中因不可抗力灭失，未收取运费的，承运人不得请求支付运费；已经收取运费的，托运人可以请求返还。法律另有规定的，依照其规定。

第八百三十六条 托运人或者收货人不支付运费、保管费或者其他费用的，承运人对相应的运输货物享有留置权，但是当事人另有约定的除外。

第八百三十七条 收货人不明或者收货人无正当理由拒绝受领货物的，

承运人依法可以提存货物。

第八百三十八条 多式联运经营人负责履行或者组织履行多式联运合同，对全程运输享有承运人的权利，承担承运人的义务。

第八百三十九条 多式联运经营人可以与参加多式联运的各区段承运人就多式联运合同的各区段运输约定相互之间的责任；但是，该约定不影响多式联运经营人对全程运输承担的义务。

第八百四十条 多式联运经营人收到托运人交付的货物时，应当签发多式联运单据。按照托运人的要求，多式联运单据可以是可转让单据，也可以是不可转让单据。

第八百四十一条 因托运人托运货物时的过错造成多式联运经营人损失的，即使托运人已经转让多式联运单据，托运人仍然应当承担赔偿责任。

第八百四十二条 货物的毁损、灭失发生于多式联运的某一运输区段的，多式联运经营人的赔偿责任和责任限额，适用调整该区段运输方式的有关法律规定；货物毁损、灭失发生的运输区段不能确定的，依照本章规定承担赔偿责任。

《中华人民共和国铁路法》

第十一条 铁路运输合同是明确铁路运输企业与旅客、托运人之间权利义务关系的协议。

旅客车票、行李票、包裹票和货物运单是合同或者合同的组成部分。

第十二条 铁路运输企业应当保证旅客按车票载明的日期、车次乘车，并到达目的站。因铁路运输企业的责任造成旅客不能按车票载明的日期、车次乘车的，铁路运输企业应当按照旅客的要求，退还全部票款或者安排改乘到达相同目的站的其他列车。

第十三条 铁路运输企业应当采取有效措施做好旅客运输服务工作，做到文明礼貌、热情周到，保持车站和车厢内的清洁卫生，提供饮用开水，做好列车上的饮食供应工作。

铁路运输企业应当采取措施，防止对铁路沿线环境的污染。

第十四条 旅客乘车应当持有效车票。对无票乘车或者持失效车票乘车的，应当补收票款，并按照规定加收票款；拒不交付的，铁路运输企业可以责令下车。

《中华人民共和国民用航空法》

第一百零七条 本法所称国内航空运输，是指根据当事人订立的航空运输合同，运输的出发地点、约定的经停地点和目的地点均在中华人民共和国境内的运输。

本法所称国际航空运输，是指根据当事人订立的航空运输合同，无论运输有无间断或者有无转运，运输的出发地点、目的地点或者约定的经停地点之一不在中华人民共和国境内的运输。

第一百零八条 航空运输合同各方认为几个连续的航空运输承运人办理的运输是一项单一业务活动的，无论其形式是以一个合同订立或者数个合同订立，应当视为一项不可分割的运输。

二十四、中介合同纠纷

（一）最高人民法院指导案例

047. 房屋买卖过程中，买方绕过中介跟卖方签约构成违约吗[①]

上海中原物业顾问有限公司诉陶德华居间合同纠纷案

（最高人民法院审判委员会讨论通过　2011年12月20日发布）

关键词：民事/居间合同/二手房买卖/违约

裁判要点

房屋买卖居间合同中关于禁止买方利用中介公司提供的房源信息却绕开该中介公司与卖方签订房屋买卖合同的约定合法有效。但是，当卖方将同一房屋通过多个中介公司挂牌出售时，买方通过其他公众可以获知的正当途径获得相同房源信息的，买方有权选择报价低、服务好的中介公司促成房屋买卖合同成立，其行为并没有利用先前与之签约中介公司的房源信息，故不构成违约。

相关法条

《中华人民共和国合同法》第四百二十四条

① 最高人民法院指导案例1号。

基本案情：原告上海中原物业顾问有限公司（以下简称中原公司）诉称：被告陶德华利用中原公司提供的上海市虹口区株洲路某号房屋销售信息，故意跳过中介，私自与卖方直接签订购房合同，违反了《房地产求购确认书》的约定，属于恶意“跳单”行为，请求法院判令陶德华按约支付中原公司违约金1.65万元。

被告陶德华辩称：涉案房屋原产权人李某某委托多家中介公司出售房屋，中原公司并非独家掌握该房源信息，也非独家代理销售。陶德华并没有利用中原公司提供的信息，不存在“跳单”违约行为。

法院经审理查明：2008年下半年，原产权人李某某到多家房屋中介公司挂牌销售涉案房屋。2008年10月22日，上海某房地产经纪有限公司带陶德华看了该房屋；11月23日，上海某房地产顾问有限公司（以下简称某房地产顾问公司）带陶德华之妻曹某某看了该房屋；11月27日，中原公司带陶德华看了该房屋，并于同日与陶德华签订了《房地产求购确认书》。该确认书第2.4条约定，陶德华在验看过该房地产后六个月内，陶德华或其委托人、代理人、代表人、承办人等与陶德华有关联的人，利用中原公司提供的信息、机会等条件但未通过中原公司而与第三方达成买卖交易的，陶德华应按照与出卖方就该房地产买卖达成的实际成交价的1%，向中原公司支付违约金。当时中原公司对该房屋报价165万元，而某房地产顾问公司报价145万元，并积极与卖方协商价格。11月30日，在某房地产顾问公司居间下，陶德华与卖方签订了房屋买卖合同，成交价138万元。后买卖双方办理了过户手续，陶德华向某房地产顾问公司支付佣金1.38万元。

裁判结果：上海市虹口区人民法院于2009年6月23日作出（2009）虹民三（民）初字第912号民事判决：被告陶德华应于判决生效之日起十日内向原告中原公司支付违约金1.38万元。宣判后，陶德华提出上诉。上海市第二中级人民法院于2009年9月4日作出（2009）沪二中民二（民）终字第1508号民事判决：一、撤销上海市虹口区人民法院（2009）虹民三（民）初字第 912 号民事判决；二、中原公司要求陶德华支付违约金 1.65 万元的诉讼请求，不予支持。

裁判理由：法院生效裁判认为：中原公司与陶德华签订的《房地产求购确认书》属于居间合同性质，其中第 2.4 条的约定，属于房屋买卖居间合同中常有的禁止“跳单”格式条款，其本意是为防止买方利用中介公司提供的房源信息却“跳”过中介公司购买房屋，从而使中介公司无法得到应得的佣金，该约定并不存在免除一方责任、加重对方责任、排除对方主要权利的情形，应认定有效。根据该条约定，衡量买方是否“跳单”违约的关键，是看买方是否利用了该中介公司提供的房源信息、机会等条件。如果买方并未利用该中介公司提供的信息、机会等条件，而是通过其他公众可以获知的正当途径获得同一房源信息，则买方有权选择报价低、服务好的中介公司促成房屋买卖合同成立，而不构成“跳单”违约。本案中，原产权人通过多家中介公司挂牌出售同一房屋，陶德华及其家人分别通过不同的中介公司了解到同一房源信息，并通过其他中介公司促成了房屋买卖合同成立。因此，陶德华并没有利用中原公司的信息、机会，故不构成违约，对中原公司的诉讼请求不予支持。

（二）裁判依据

《中华人民共和国民法典》

第九百六十一条　中介合同是中介人向委托人报告订立合同的机会或者提供订立合同的媒介服务，委托人支付报酬的合同。

第九百六十二条　中介人应当就有关订立合同的事项向委托人如实报告。

中介人故意隐瞒与订立合同有关的重要事实或者提供虚假情况，损害委托人利益的，不得请求支付报酬并应当承担赔偿责任。

第九百六十三条　中介人促成合同成立的，委托人应当按照约定支付报酬。对中介人的报酬没有约定或者约定不明确，依据本法第五百一十条的规定仍不能确定的，根据中介人的劳务合理确定。因中介人提供订立合同的媒介服务而促成合同成立的，由该合同的当事人平均负担中介人的报酬。

中介人促成合同成立的，中介活动的费用，由中介人负担。

第九百六十四条 中介人未促成合同成立的，不得请求支付报酬；但是，可以按照约定请求委托人支付从事中介活动支出的必要费用。

第九百六十五条 委托人在接受中介人的服务后，利用中介人提供的交易机会或者媒介服务，绕开中介人直接订立合同的，应当向中介人支付报酬。

第九百六十六条 本章没有规定的，参照适用委托合同的有关规定。

《中华人民共和国城市房地产管理法》

第五十七条 房地产中介服务机构包括房地产咨询机构、房地产价格评估机构、房地产经纪机构等。

第五十八条 房地产中介服务机构应当具备下列条件：

（一）有自己的名称和组织机构；

（二）有固定的服务场所；

（三）有必要的财产和经费；

（四）有足够数量的专业人员；

（五）法律、行政法规规定的其他条件。

设立房地产中介服务机构，应当向工商行政管理部门申请设立登记，领取营业执照后，方可开业。

第五十九条 国家实行房地产价格评估人员资格认证制度。

《最高人民法院关于审理期货纠纷案件若干问题的规定》

第十条 公民、法人受期货公司或者客户的委托，作为居间人为其提供订约的机会或者订立期货经纪合同的中介服务的，期货公司或者客户应当按照约定向居间人支付报酬。居间人应当独立承担基于居间经纪关系所产生的民事责任。

二十五、服务合同纠纷

（一）最高人民法院指导案例

048. 电信服务企业在订立合同时未向消费者告知某项服务设定了有效期限限制，合同履行过程中能否以已过期为由停止服务[①]

刘超捷诉中国移动通信集团江苏有限公司
徐州分公司电信服务合同纠纷案

（最高人民法院审判委员会讨论通过　2016年6月30日发布）

关键词：民事/电信服务合同/告知义务/有效期限/违约

裁判要点

1. 经营者在格式合同中未明确规定对某项商品或服务的限制条件，且未能证明在订立合同时已将该限制条件明确告知消费者并获得消费者同意的，该限制条件对消费者不产生效力。

2. 电信服务企业在订立合同时未向消费者告知某项服务设定了有效期限限制，在合同履行中又以该项服务超过有效期限为由限制或停止对消费者服务的，构成违约，应当承担违约责任。

① 最高人民法院指导案例64号。

相关法条

《中华人民共和国合同法》第三十九条

基本案情：2009年11月24日，原告刘超捷在被告中国移动通信集团江苏有限公司徐州分公司（以下简称移动徐州分公司）营业厅申请办理“神州行标准卡”，手机号码为1590520××××，付费方式为预付费。原告当场预付话费50元，并参与移动徐州分公司充50元送50元的活动。在业务受理单所附《中国移动通信客户入网服务协议》中，双方对各自的权利和义务进行了约定，其中第四项特殊情况的承担中的第1条为：在下列情况下，乙方有权暂停或限制甲方的移动通信服务，由此给甲方造成的损失，乙方不承担责任：(1) 甲方银行账户被查封、冻结或余额不足等非乙方原因造成的结算时扣划不成功的；(2) 甲方预付费使用完毕而未及时补交款项（包括预付费账户余额不足以扣划下一笔预付费用）的。

2010年7月5日，原告在中国移动官方网站网上营业厅通过银联卡网上充值50元。2010年11月7日，原告在使用该手机号码时发现该手机号码已被停机，原告到被告的营业厅查询，得知被告于2010年10月23日因话费有效期到期而暂停移动通信服务，此时账户余额为11.70元。原告认为被告单方终止服务构成合同违约，遂诉至法院。

裁判结果：徐州市泉山区人民法院于2011年6月16日作出（2011）泉商初字第240号民事判决：被告中国移动通信集团江苏有限公司徐州分公司于本判决生效之日起十日内取消对原告刘超捷的手机号码为1590520××××的话费有效期的限制，恢复该号码的移动通信服务。一审宣判后，被告提出上诉，二审期间申请撤回上诉，一审判决已发生法律效力。

裁判理由：法院生效裁判认为：电信用户的知情权是电信用户在接受电信服务时的一项基本权利，用户在办理电信业务时，电信业务的经营者必须向其明确说明该电信业务的内容，包括业务功能、费用收取办法及交费时间、障碍申告等。如果用户在不知悉该电信业务的真实情况下进行消费，就会剥夺用户对电信业务的选择权，达不到真正追求的电信消费目的。

依据《中华人民共和国合同法》第三十九条的规定，采用格式条款订立合同的，提供格式条款的一方应当遵循公平原则确定当事人之间的权利和义务，并采取合理的方式提请对方注意免除或者限制其责任的条款，按照对方的要求，对该条款予以说明。电信业务的经营者作为提供电信服务合同格式条款的一方，应当遵循公平原则确定与电信用户的权利义务内容，权利义务的内容必须符合维护电信用户和电信业务经营者的合法权益、促进电信业的健康发展的立法目的，并有效告知对方注意免除或者限制其责任的条款并向其释明。业务受理单、入网服务协议是电信服务合同的主要内容，确定了原被告双方的权利义务内容，入网服务协议第四项约定有权暂停或限制移动通信服务的情形，第五项约定有权解除协议、收回号码、终止提供服务的情形，均没有因有效期到期而中止、解除、终止合同的约定。而话费有效期限制直接影响到原告手机号码的正常使用，一旦有效期到期，将导致停机、号码被收回的后果，因此被告对此负有明确如实告知的义务，且在订立电信服务合同之前就应如实告知原告。如果在订立合同之前未告知，即使在缴费阶段告知，亦剥夺了当事人的选择权，有违公平和诚实信用原则。被告主张“通过单联发票、宣传册和短信的方式向原告告知了有效期”，但未能提供有效的证据予以证明。综上，本案被告既未在电信服务合同中约定有效期内容，亦未提供有效证据证实已将有效期限制明确告知原告，被告暂停服务、收回号码的行为构成违约，应当承担继续履行等违约责任，故对原告主张“取消被告对原告的话费有效期的限制，继续履行合同”的诉讼请求依法予以支持。

（二）最高人民法院公报案例及典型案例

049. 服务提供者在合同格式条款中约定如消费者放弃接受服务，未消费的预付服务费不予退还，是否有效①

孙宝静诉上海一定得美容有限公司服务合同纠纷案

裁判摘要

一、在消费者预先支付全部费用、经营者分期分次提供商品或服务的预付式消费模式中，如果经营者提供的格式条款载明“若消费者单方终止消费，则经营者对已经收费但尚未提供商品或服务部分的价款不予退还”的，该类格式条款违反我国合同法、消费者权益保护法的相关规定，应属无效。

二、在预付式消费中，如果消费者单方终止消费，经营者并无违约或过错行为的，应结合消费者过错程度、经营者已经提供的商品或服务量占约定总量的比例、约定的计价方式等因素综合确定消费者的违约责任。

原告：孙宝静。

被告：上海一定得美容有限公司。住所地：上海市淮海中路。

法定代表人：林宝仪，该公司总经理。

原告孙宝静因与被告上海一定得美容有限公司（以下简称一定得公司）发生服务合同纠纷，向上海市黄浦区人民法院提起诉讼。

原告孙宝静诉称：2010年7月，原告与被告一定得公司签订了修身堂健

① 参见《最高人民法院公报》2014年第11期。

康纤体服务协议一份，服务期限自2010年7月18日起至2011年1月18日。嗣后原告向被告预付了服务费人民币100000元。原告在被告处进行了几次纤体服务后，非但体重未减轻，且多次感到身体不适，为此原告与被告进行多次交涉未果，原告在纠纷发生后亦未再去被告处进行消费，现因原告已对被告服务失去信心，且双方服务协议约定的服务期限业已过期，被告收取原告服务费后未提供有效服务，理应退还服务费用。原告故起诉，要求判令：1. 解除原、被告之间于2010年7月18日签订的服务协议；2. 被告返还原告人民币90000元。

原告孙宝静为证明其主张，向法院提供了：1. 服务协议；2. 发票及银联签购单；3. 健康饮食体态分析表、身体护理记录。

被告一定得公司辩称：原、被告双方所签订服务协议已经到期，不可能再解除。原告在服务期限内自动放弃接受服务，故按双方合同约定及相关法律规定不存在解除合同并退款的理由，故不同意原告的诉讼请求。

被告一定得公司为证明其主张，向法院提供了：1. 申明书；2. 服务疗程记录；3. 修身堂客用价目表。

上海市黄浦区人民法院一审查明：

2010年7月18日，原告孙宝静与被告一定得公司签订了服务协议，协议约定：本协议的期限自2010年7月18日起至2011年1月18日止。原告选择被告提供的价值人民币100000元的尊贵疗程，所有项目疗程单价按85折从卡内扣。如原告未按计划及进程表接受被告提供的服务的，经被告善意提醒，仍未能有改善的，且超过本协议约定的服务期限的，则视为原告放弃提供的服务。原告保证遵照被告制定的方案，适时参加各类项目及正确使用相关产品，如因原告自身原因不能按被告制定的方案切实履行，则原告不能要求退还任何已支付予被告的费用；原告保证在一定得公司的合理安排下，参加协议约定的各类项目，如因自身原因连续三个月不能参加相关项目，则被告有权终止服务，原告保证不得向被告要求退赔任何费用；根据各人情况的不同，被告提供的服务期限一般为3-12个月，原告保证努力遵守被告制定的方案及进程，以配合被告服务的实施。原告任何懈怠的态度或违反方案及进程的行为，经被告善意提醒而未有改善的，被告有权终止对原告的服务，原告并不得要求被告退赔任何费用。被告为确保双方协议完整履行，特向原告发布声明书，上写郑重声明：为促使阁下达到理想的疗体效果，阁下必须：（1）遵从我司的顾问指示；（2）配合营养师的指导及配合进食时间；（3）配合纤体部之安排并参与所有纤体疗程。如因阁下的个人原因，不能配合我司上述之安排而导致纤体疗程失败或进度缓慢，我司一概不负任何责任，也不会因此而退还余款或保留按照协议追究违约责任的权利。原告在该声明书上签字予以确认。

2010年7月18日及20日，原告孙宝静分两次向被告一定得公司支付了人民币100000元的服务费。原告于2010年7月19日至同年7月31日在被告处多次接受相应的瘦身疗程服务，后原告因体重未能减轻，停止在被告处接受瘦身疗程。后原告与被告交涉未果，在协议期满后，原告向法院提起本案诉讼。

上海市黄浦区人民法院一审认为：

因原、被告双方签订的服务协议明确约定本协议的期限自2010年7月18日起至2011年1月18日止，现该协议已经期满失效，无需再予解除。鉴于原、被告双方签订的服务协议，是双方的真实意思表示，对双方均具有法律约束力，当事人应当按照约定履行自己的义务，不得擅自变更或者解除合同。原告于2010年7月19日至同年7月31日在被告处实际只接受了不到一个月的服务，而能否达到瘦身效果需要原、被告双方配合，也有个时间过程，其中饮食、疗程、运动等诸因素均可对瘦身效果产生影响。原告以不到一个月的疗程效果不理想而对被告疗效丧失信心为由，不愿再继续接受被告服务，法院难以认可。且原告放弃继续接受被告服务的行为本身亦违反了双方服务协议中原告所作的承诺："原告保证遵照被告制定的方案，适时参加各类项目及正确使用相关产品，如因原告自身原因不能按被告制定的方案切实履行，则原告不能要求退还任何已支付予被告的费用。”被告亦在声明书中明确告知了原告如因其个人原因，不配合疗程服务的相应后果，故原告作为违约方要求退还服务费缺乏事实和法律依据，法院难以支持。

综上，上海市黄浦区人民法院依照《中华人民共和国合同法》第八条、第四十六条之规定，于2012年2月9日作出判决：

驳回原告孙宝静的诉讼请求。

孙宝静不服一审判决，向上海市第二中级人民法院提起上诉称：一定得公司在与孙宝静签订的服务协议中约定合同期满不退还任何费用，该约定系格式条款，减轻了一定得公司的责任，该条款应属无效。同时，附期限的服务合同在到期后应对一定得公司已提供的服务款项进行结算，多收的预付款应向孙宝静退还。一审法院的判决不正确，要求二审法院撤销原判，改判支持孙宝静在一审提起的全部诉讼请求。

被上诉人一定得公司辩称：一定得公司与孙宝静约定的服务期限已经届满，孙宝静在服务期限内自动放弃接受服务，其再主张要求撤销服务协议并退款没有法律依据。一审法院的判决是正确的，要求二审法院予以维持。

上海市第二中级人民法院经二审，确认了一审查明的事实。

二审审理中，上诉人孙宝静与被上诉人一定得公司还确认：1. 孙宝静与一定得公司签订的服务协议约定孙宝静向一定得公司预付100000元，该100000元为预付款，由孙宝静在一定得公司按所受服务的公开标价的85折进行抵扣使用。2. 孙宝静在与一定得公司签订服务协议后共由一定得公司提供了24次服务，其中包括营养师咨询服务2次，每次标价1200元；Slim1纤体服务13次，每次标价1200元；Pilates纤体服务4次，每次标价1200元；爆脂服务5次，每次标价1800元。孙宝静另明确表示，对其已在一定得公司接受的上述24次服务按公开标价计算的服务费用31800元愿意在其已支付的100000元中予以扣除。

上海市第二中级人民法院二审认为：

上诉人孙宝静上诉要求解除其与被上诉人一定得公司于2010年7月18日签订的服务协议，因孙宝静与一定得公司签订的服务协议约定了终止期限，孙宝静向原审法院提起本案诉讼时已过服务协议约定的终止期限，故本案系争的服务协议已经失效，再主张解除该服务协议已无必要。虽然孙宝静与一定得公司之间签订的服务协议已经失效，但对该服务协议在有效期内有否完全履行、协议双方在服务协议的履行过程中是否存有违约行为而需承担违约责任等，孙宝静仍有权提起诉讼。

上诉人孙宝静在被上诉人一定得公司接受服务不足一个月即不愿继续接受对方服务，但因达到瘦身的服务效果需要孙宝静的配合，并且需要一定的时间过程，一定得公司针对孙宝静的情况已制订了服务项目并积极地提供服务，而孙宝静不能证明对方有违约行为或有过错，却单方面放弃服务，导致服务协议未能继续履行，对此孙宝静构成违约，应承担相应的违约责任。孙宝静与一定得公司均确认服务协议中约定的服务费用100000元为预付款，孙宝静由此可享受服务项目85折优惠，现因孙宝静在只接受了小部分服务的情形下即放弃履约，故其对已接受的服务项目不能享受优惠折扣，其在一定得公司已接受的服务项目相对应的原价价款应从其预付的100000元中予以扣除。孙宝静、一定得公司对孙宝静已接受的服务项目及相对应的原价价款为31800元均予以认可，故法院确认孙宝静在一定得公司已接受的服务项目相对应的总价款为31800元，该款在100000元预付款中予以扣除。

根据法律规定，经营者不得以格式合同、通知、声明、店堂告示等方式作出对消费者不公平、不合理的规定，格式合同、通知、声明、店堂告示等包含有上述内容的，该内容无效。在上诉人孙宝静签订的服务协议及声明书中虽写明孙宝静放弃或不按照被上诉人一定得公司的安排接受服务，则不退回任何费用，但这些“余款不退”的约定系由一定得公司预先打印拟定的格式化条款，而且综观服务协议及声明书的内容，服务协议、声明书仅对孙宝静的权利进行了约束，而丝毫没有诸如是否需达到服务效果、一定得公司在无法达到服务效果时是否应承担责任、一定得公司在不能提供相应服务时应承担何种责任等对一定得公司的权利进行相应约束的约定。而作为消费者的孙宝静一旦预付了服务期内的所有费用，即使对服务效果不满意也无法放弃接受服务。显然，提供格式条款的一定得公司并未遵循公平的原则来确定其与孙宝静之间的权利和义务，服务协议及声明书中关于孙宝静放弃服务不退回任何费用的约定明显加重了孙宝静的责任，排除了孙宝静的权利，这些约定条款应属无效。

上诉人孙宝静在本案中虽应承担单方停止履约的违约责任，但该违约责任不能按照服务协议中有关“单方放弃服务余款不退”的格式条款来追究，而应由法院综合考量服务协议的履行程度、被上诉人一定得公司提供服务的情况、孙宝静单方放弃服务的过错程度等因素，依照公平原则和诚实信用原则予以确定，法院据此酌定孙宝静需向一定得公司支付 20000 元的违约金。在孙宝静向一定得公司支付的 100000 元预付款中扣除服务费用 31800 元、违约金 20000 元后，一定得公司还需返还孙宝静 48200 元。

综上，一审法院对本案的处理不妥当，依法应予以纠正。上海市第二中级人民法院依照《中华人民共和国民事诉讼法》第一百五十三条、《中华人民共和国合同法》第四十条、《中华人民共和国消费者权益保护法》第二十四条之规定，于 2012 年 6 月 15 日判决：

一、撤销上海市黄浦区人民法院（2012）黄浦民一（民）初字第 95 号民事判决；

二、上海一定得美容有限公司应于本判决生效之日起十日内一次性返还孙宝静人民币 48200 元；

三、对孙宝静的其余诉讼请求不予支持。

本判决为终审判决。

（三）裁判依据

《中华人民共和国民法典》

第九百三十七条 物业服务合同是物业服务人在物业服务区域内，为业主提供建筑物及其附属设施的维修养护、环境卫生和相关秩序的管理维护等物业服务，业主支付物业费的合同。

物业服务人包括物业服务企业和其他管理人。

第九百三十八条 物业服务合同的内容一般包括服务事项、服务质量、服务费用的标准和收取办法、维修资金的使用、服务用房的管理和使用、服务期限、服务交接等条款。

物业服务人公开作出的有利于业主的服务承诺，为物业服务合同的组成部分。

物业服务合同应当采用书面形式。

第九百四十九条 物业服务合同终止的，原物业服务人应当在约定期限或者合理期限内退出物业服务区域，将物业服务用房、相关设施、物业服务所必需的相关资料等交还给业主委员会、决定自行管理的业主或者其指定的人，配合新物业服务人做好交接工作，并如实告知物业的使用和管理状况。

原物业服务人违反前款规定的，不得请求业主支付物业服务合同终止后的物业费；造成业主损失的，应当赔偿损失。

第九百五十条 物业服务合同终止后，在业主或者业主大会选聘的新物业服务人或者决定自行管理的业主接管之前，原物业服务人应当继续处理物业服务事项，并可以请求业主支付该期间的物业费。

《中华人民共和国邮政法》

第四十六条 邮政企业对平常邮件的损失不承担赔偿责任。但是，邮政企业因故意或者重大过失造成平常邮件损失的除外。

第四十七条 邮政企业对给据邮件的损失依照下列规定赔偿：

（一）保价的给据邮件丢失或者全部损毁的，按照保价额赔偿；部分损毁或者内件短少的，按照保价额与邮件全部价值的比例对邮件的实际损失予以赔偿。

（二）未保价的给据邮件丢失、损毁或者内件短少的，按照实际损失赔偿，但最高赔偿额不超过所收取资费的三倍；挂号信件丢失、损毁的，按照所收取资费的三倍予以赔偿。

邮政企业应当在营业场所的告示中和提供给用户的给据邮件单据上，以足以引起用户注意的方式载明前款规定。

邮政企业因故意或者重大过失造成给据邮件损失，或者未履行前款规定义务的，无权援用本条第一款的规定限制赔偿责任。

第四十八条 因下列原因之一造成的给据邮件损失，邮政企业不承担赔偿责任：

（一）不可抗力，但因不可抗力造成的保价的给据邮件的损失除外；

（二）所寄物品本身的自然性质或者合理损耗；

（三）寄件人、收件人的过错。

《中华人民共和国律师法》

第五十四条 律师违法执业或者因过错给当事人造成损失的，由其所在的律师事务所承担赔偿责任。律师事务所赔偿后，可以向有故意或者重大过失行为的律师追偿。

《中华人民共和国旅游法》

第二条 在中华人民共和国境内的和在中华人民共和国境内组织到境外的游览、度假、休闲等形式的旅游活动以及为旅游活动提供相关服务的经营活动，适用本法。

第五十七条 旅行社组织和安排旅游活动，应当与旅游者订立合同。

第五十九条 旅行社应当在旅游行程开始前向旅游者提供旅游行程单。旅游行程单是包价旅游合同的组成部分。

第六十条 旅行社委托其他旅行社代理销售包价旅游产品并与旅游者订

立包价旅游合同的，应当在包价旅游合同中载明委托社和代理社的基本信息。

旅行社依照本法规定将包价旅游合同中的接待业务委托给地接社履行的，应当在包价旅游合同中载明地接社的基本信息。

安排导游为旅游者提供服务的，应当在包价旅游合同中载明导游服务费用。

《物业管理条例》

第三十五条　物业服务企业应当按照物业服务合同的约定，提供相应的服务。

物业服务企业未能履行物业服务合同的约定，导致业主人身、财产安全受到损害的，应当依法承担相应的法律责任。

第三十八条　物业服务合同终止时，物业服务企业应当将物业管理用房和本条例第二十九条第一款规定的资料交还给业主委员会。

物业服务合同终止时，业主大会选聘了新的物业服务企业的，物业服务企业之间应当做好交接工作。

《快递暂行条例》

第二十一条　经营快递业务的企业在寄件人填写快递运单前，应当提醒其阅读快递服务合同条款、遵守禁止寄递和限制寄递物品的有关规定，告知相关保价规则和保险服务项目。

寄件人交寄贵重物品的，应当事先声明；经营快递业务的企业可以要求寄件人对贵重物品予以保价。

第二十二条　寄件人交寄快件，应当如实提供以下事项：

（一）寄件人姓名、地址、联系电话；

（二）收件人姓名（名称）、地址、联系电话；

（三）寄递物品的名称、性质、数量。

除信件和已签订安全协议用户交寄的快件外，经营快递业务的企业收寄快件，应当对寄件人身份进行查验，并登记身份信息，但不得在快递运单上记录除姓名（名称）、地址、联系电话以外的用户身份信息。寄件人拒绝提供身份信息或者提供身份信息不实的，经营快递业务的企业不得收寄。

第二十四条 经营快递业务的企业应当规范操作，防止造成快件损毁。

法律法规对食品、药品等特定物品的运输有特殊规定的，寄件人、经营快递业务的企业应当遵守相关规定。

第二十五条 经营快递业务的企业应当将快件投递到约定的收件地址、收件人或者收件人指定的代收人，并告知收件人或者代收人当面验收。收件人或者代收人有权当面验收。

《娱乐场所管理条例》

第十四条 娱乐场所及其从业人员不得实施下列行为，不得为进入娱乐场所的人员实施下列行为提供条件：

（一）贩卖、提供毒品，或者组织、强迫、教唆、引诱、欺骗、容留他人吸食、注射毒品；

（二）组织、强迫、引诱、容留、介绍他人卖淫、嫖娼；

（三）制作、贩卖、传播淫秽物品；

（四）提供或者从事以营利为目的的陪侍；

（五）赌博；

（六）从事邪教、迷信活动；

（七）其他违法犯罪行为。

娱乐场所的从业人员不得吸食、注射毒品，不得卖淫、嫖娼；娱乐场所及其从业人员不得为进入娱乐场所的人员实施上述行为提供条件。

第十八条 娱乐场所使用的音像制品或者电子游戏应当是依法出版、生产或者进口的产品。

歌舞娱乐场所播放的曲目和屏幕画面以及游艺娱乐场所的电子游戏机内的游戏项目，不得含有本条例第十三条禁止的内容；歌舞娱乐场所使用的歌曲点播系统不得与境外的曲库联接。

《最高人民法院关于审理物业服务纠纷案件适用法律若干问题的解释》

为正确审理物业服务纠纷案件，依法保护当事人的合法权益，根据《中华人民共和国民法典》等法律规定，结合民事审判实践，制定本解释。

第一条 业主违反物业服务合同或者法律、法规、管理规约，实施妨碍物业服务与管理的行为，物业服务人请求业主承担停止侵害、排除妨碍、恢复原状等相应民事责任的，人民法院应予支持。

第二条 物业服务人违反物业服务合同约定或者法律、法规、部门规章规定，擅自扩大收费范围、提高收费标准或者重复收费，业主以违规收费为由提出抗辩的，人民法院应予支持。

业主请求物业服务人退还其已经收取的违规费用的，人民法院应予支持。

第三条 物业服务合同的权利义务终止后，业主请求物业服务人退还已经预收，但尚未提供物业服务期间的物业费的，人民法院应予支持。

第四条 因物业的承租人、借用人或者其他物业使用人实施违反物业服务合同，以及法律、法规或者管理规约的行为引起的物业服务纠纷，人民法院可以参照关于业主的规定处理。

第五条 本解释自2009年10月1日起施行。

本解释施行前已经终审，本解释施行后当事人申请再审或者按照审判监督程序决定再审的案件，不适用本解释。

二十六、劳务合同纠纷

（一）最高人民法院公报案例及典型案例

050. 外籍货船在我国海域与他船发生碰撞事故并造成他船严重受损并污染了附近海域，在维修期间未支付船员工资的，货轮被拍卖后，是否应优先支付船员的工资[①]

基本案情："密思姆"轮是密思姆航运公司所有的散货轮，注册地在荷属安德列斯威廉斯塔德港。2012年6月，该轮在我国沿海海域航行途中不慎与他轮发生碰撞，事故造成他轮严重受损，同时因碰撞发生溢油事故，对附近海域造成污染。事故发生后，"密思姆"轮被送往崇明码头维修。自此，11名在船的乌克兰籍船员工资一直未予发放，之后6名船员自掏腰包先行回国，其余5名船员仍滞留在船，负责看守船舶。2013年7月，"密思姆"轮在船的5名乌克兰船员因船东长期拖欠其工资向上海海事法院提出扣押船舶的海事请求保全申请，并就船员劳务合同纠纷对船东密思姆航运公司提起诉讼。

上海海事法院及时受理该案，立案、审判、执行等部门各司其职、密切协作，通过三项措施妥善处理涉"密斯姆"轮系列纠纷案件。一是团结协作，做好船员的诉讼指导工作。由立案、审判和执行法官一同登轮实施扣押。考

① 《涉"密思姆"轮船员劳务合同纠纷系列案》，载中国法院网，https：//www. chinacourt. org/article/detail/2014/03/id/1233882. shtml，最后访问日期：2023年6月30日。

虑到外籍船员对中国司法制度不甚了解，且从船舶停泊的锚地往来法院也相当不便，各部门法官利用登轮扣船的契机按各自职责分工对船员们分别进行了扣船和诉讼风险的提示、立案阶段、诉讼阶段和执行阶段的指导，耐心细致地回答了船员们有关证据材料的收集、诉讼文件送达等方面的问题，引导船员依法主张权利，为相关案件的高效审理做好准备。二是统筹兼顾，做好立审执程序间的协调衔接工作。考虑到“密思姆”轮的涉诉情况，船员工资很有可能要通过船舶拍卖获得清偿。为保障船员“密思姆”轮在船舶拍卖后的及时顺利移交，立案、审判、执行等部门积极会商，并就已离船外籍船员权利主张、在船外籍船员遣返费用的垫付、外籍船员在扣押期间离船后的船舶交接等可能出现的问题提出了相应的应对方案。同时互通信息、共同协作、同步推进，并向当事人做好释明工作，有效维护各方权益，争取最佳处理效果。三是船舶拍卖，保障船员工资优先受偿。依据当事人申请，执行局依法对“密思姆”轮进行公开拍卖。受航运市场低迷的影响，近年来船舶拍卖工作难度增大，执行法官数次登轮召开现场会议、关心船员生活及船舶安全，督促拍卖公司加大宣传力度，把牢检验、评估、安全监管等各个环节，确保船检及评估报告客观反映船舶实际情况和价值，顺利推进司法拍卖程序，“密思姆”轮最终以3990万元的价格被德国一家航运公司竞得。2013年12月底，该院作出支持11名船员诉请的判决，执行局迅速着手船员工资的发放工作，从船舶拍卖价款中优先拨出人民币163万元作为11名乌克兰籍船员的劳动报酬。

裁判结果：上海海事法院通过拍卖，最终“密思姆”轮以人民币3990万元被德国一家航运公司竞得。拍卖成功后，法官首先考虑对船员的劳务报酬进行优先清偿。2013年12月18日，上海海事法院判决包括先期回国的6名船员在内的11名乌克兰籍船员，从拍卖款中获得共计人民币163万元劳动报酬。

典型意义

该案为典型的涉外船员劳务合同纠纷，上海海事法院遵循国际惯例，依法行使司法权，不仅平等保护了国外当事人合法权益，还通过人文关怀，让外籍船员感受了中国司法的温暖。该案公正高效的执结受到乌克兰驻上海领事馆的肯定和感谢，树立了上海国际航运中心对外的良好形象。

上海建立自贸试验区是党中央、国务院统筹国内国际两个大局，顺应全球经贸发展趋势，更加积极主动对外开放的重大举措，是一项重大的国家战略，也是上海加快推进"四个中心"建设和加快实现"创新驱动、转型发展"的重大机遇。自贸试验区建设进程中必然产生新的海事司法保障需求，上海海事法院将以"法治化、市场化、国际化"的服务保障理念来面对的机遇与挑战。即运用法治思维、法治方法在法治的轨道内妥善解决相关涉诉纠纷，加强司法公开，统一法律适用，规范裁量行为，为区内贸易活动开展提供稳定的司法预期，着力在构建法治化的营商环境方面发挥海事司法应有作用，通过依法裁判促进发挥市场在航运领域资源配置中的决定性作用。坚持依法平等保护中外各方当事人的诉讼权利和合法权益，遵循国际惯例、通行做法和交易准则，彰显自贸试验区对外良好的国际形象。

（二）裁判依据

《中华人民共和国民法典》

第一千一百七十九条 侵害他人造成人身损害的，应当赔偿医疗费、护理费、交通费、营养费、住院伙食补助费等为治疗和康复支出的合理费用，以及因误工减少的收入。造成残疾的，还应当赔偿辅助器具费和残疾赔偿金；造成死亡的，还应当赔偿丧葬费和死亡赔偿金。

第一千一百九十二条 个人之间形成劳务关系，提供劳务一方因劳务造成他人损害的，由接受劳务一方承担侵权责任。接受劳务一方承担侵权责任后，可以向有故意或者重大过失的提供劳务一方追偿。提供劳务一方因劳务受到损害的，根据双方各自的过错承担相应的责任。

提供劳务期间，因第三人的行为造成提供劳务一方损害的，提供劳务一方有权请求第三人承担侵权责任，也有权请求接受劳务一方给予补偿。接受劳务一方补偿后，可以向第三人追偿。

二十七、不当得利纠纷

（一）最高人民法院公报案例及典型案例

051. 能否依据刑事判决认定赃款的数额确定不当得利纠纷中的损失范围[①]

孙卫与南通百川面粉有限公司不当得利纠纷案

裁判摘要

刑事判决认定的赃款数额并非等同于作案造成损失的范围，不能简单依据刑事判决认定赃款的数额确定损失范围。刑事案件与民事案件的证明标准不同，不应以刑事案件的高标准取代民事证明标准。

原告：孙卫，女，34岁，住江苏省海安县。

被告：南通百川面粉有限公司，住所地：海安县海安镇河滨西路。

原告孙卫因与被告南通百川面粉有限公司（以下简称百川公司）发生不当得利纠纷，向江苏省海安县人民法院提起诉讼。

原告孙卫诉称：其原系百川公司仓库保管员。2011年，百川公司发现其与杨建军、张荣根的职务侵占行为后，经过协商同意以40万元内部解决，不

① 参见《最高人民法院公报》2015年第7期。

追究刑事责任。口头协议达成后，孙卫委托他人向百川公司账户打入400463.92元，但仍被举报追究刑事责任。2013年，法院刑事判决书认定，孙卫共侵占单位财物10万元。故而，孙卫多退的300463.92元，应为百川公司的不当得利。请求法院判令被告百川公司返还不当得利300463.92元及利息54000元，并承担本案诉讼费用。

被告百川公司辩称：原告孙卫等人侵占我公司财产所造成的损失，经审计核算达721881元。被公司发现侵占行为后，孙卫等人与公司协商，要求不追究刑事责任，口头达成退赔400463.92元的协议，该款并非孙卫一人所退。海安县人民法院对孙卫等人职务侵占案进行刑事庭审时，孙卫承认对审计报告没有意见，而审计报告中孙卫等人侵占的财产超出其退赔款。刑事判决书认定赃款10万元，并非孙卫等人侵占公司财产的全部，孙卫通过民事程序要求公司退款缺乏依据。请求法院判决驳回孙卫的诉讼请求。

江苏省海安县人民法院审理查明：

2004年，原告孙卫开始担任百川公司仓库保管员。2011年，被告百川公司发现孙卫与核算员杨建军、生产车间班长张荣根等人有共同侵占单位面粉及麸皮嫌疑，但单位找孙卫谈话时其拒绝承认。百川公司遂委托江苏中正同仁会计事务所有限公司，对百川公司2008年5月至2010年12月库存产成品保管情况及与之相关的企业内控、财务管理等情况实施了专项审计工作。2011年3月26日，中正同仁所出具了同仁专审2011第239号《南通百川面粉有限公司产成品保管情况专项审计报告》。孙卫承担审计费20000元。审计结果出来后，孙卫、杨建军、张荣根等人承认了非法侵占公司财产的事实，要求公司不追究刑事责任，口头协商达成退赔协议，由孙卫等人向百川公司退赔400463.92元。孙卫通过其亲戚邵俊兰，于2011年4月10日、2011年4月26日分二次共向百川公司账户打款400463.92元，该款中包括杨建军、张荣根二人所退款10万元。

2011年10月21日，南通市公安局接群众举报孙卫、杨建军、张荣根三人涉嫌职务侵占后，移交海安县公安局进行刑事立案侦查。2013年12月16日，海安县人民法院作出（2013）安刑二初字第0195号刑事判决书，认定孙卫、杨建军、张荣根构成职务侵占罪，三人均被判处缓刑。三人未上诉。刑事判决书查明：孙卫于2007年1月至2009年10月，在担任百川公司仓库保管员期间，利用登记百川公司生产的面粉及麸皮出入库数量等工作的职务之便，将积余的面粉及麸皮私自以市场价让他人代为销售，得款人民币2万元，占为己有。孙卫、杨建军、张荣根于2009年10月至2010年10月，在清点面粉及麸皮入库数量的过程中，采取少计入库数量的手段，将多出的面粉及麸皮，由孙卫负责以市场价让他人代为销售，得款人民币8万元。孙卫、杨建军、张荣根按4∶4∶2的比例分掉赃款人民币8万元。案发后，孙卫、杨建军、张荣根赔偿被害单位的全部经济损失。

刑事判决书查明的事实与海安公安局海公（经）诉字［2013］393号起诉意见书、海安县人民检察院海检诉刑诉［2013］453号起诉书、海安县人民检察院海检诉量建［2013］453号量刑建议书认定的事实基本一致，将孙卫、杨建军、张荣根三人侵占直接所得赃款从10万余元，逐步固定为10万元，并明确三人积极退赔被害单位全部经济损失。

2011年12月3日，海安县公安局经侦大队对孙卫讯问时，孙卫自我陈述：2007年时，我开始把我保管的面粉拿出去卖的，主要是把面粉卖给李凤英，她在百川公司厂门口有个门面做面粉、挂面生意。2010年10月10日，公司要我把仓库每天的库存数交给公司，我拿不出来。10月20日左右，我把仓库的账交给公司后，我就从仓库保管员岗位停职下来，也停了我的工资，同时公司开始查我的账。公司董事长唐长根和支书黄兆龙两个人先找我谈的，当时我没有承认卖了仓库里的货。审计报告出来后，公司又找我，我承认卖了仓库里的货，我也写检查交了公司，承认卖了公司十多万元的货。到了这个地步，我也不好再出面找公司，我就请了我丈夫的姐姐邵俊兰替我处理的，邵俊兰在市农行工作。邵俊兰问我具体弄了多少钱，我实在想不起来准确数目，只讲有10多万元。邵俊兰帮我作的主，13万多元。我找了杨建军和张荣根商议退钱的事，杨建军退了2万元给我，张荣根总共退了8万元。邵俊兰替我还到公司账户上的，连同利息共计135463.92元。邵俊兰替我把钱退了后，公司又多次打电话找我，讲根据审计报告少掉货物近100余万元，公司要我至少退赔40万元。后来也是邵俊兰替我出面到公司处理的，承认退赔四十万元，要求公司不要报案。

另查明，同仁专审2011第239号《南通百川面粉有限公司产成品保管情况专项审计报告》载明，中正同仁所对百川公司2008年5月至2010年12月期间的库房保管情况进行了检查，检查中发现下列问题：根据孙卫提供的收付存月报表和存货清查明细表发现：（1）百川公司2009年5月20日的收付存月报表和存货清查明细表显示实际盘点数面粉比账面数少141825公斤，麸皮比账面数少3880公斤；（2）百川公司2010年11月20日的收付存月报表和存货清查明细表显示实际盘点数面粉比账面数少126775公斤，麸皮比账面数少60120公斤。就此问题审计人员询问了百川公司当时的仓库保管员孙卫，孙卫未给予合理解释。对于该审计报告，2013年12月12日，海安县人民法院就孙卫等人职务侵占案刑事庭审时，孙卫在对唐长根证言进行质证中曾表示："审计的人都是唐长根从南京请的朋友，审计的结果认为厂里的损失就是我侵占的，我不认同。"但在其后质证审计报告本身时，孙卫明确回答没有异议。

审计报告参审人员刘鸣到庭作证称，上述审计情况已考虑合理损耗，将数据直接相加可作为百川公司2008年5月至2010年11月20日的损失。双方诉讼代理人从南通粮食网共同查询获悉，2008年5月至2010年11月20日之间海安面粉特一粉的最低出厂价为2680元/吨，该查询结果与海丰米业海安有限公司、泰兴苏中制粉有限公司出具的证明一致。孙卫未对价格问题举出相反证据，亦未在法庭规定期限内提出鉴定申请。庭审中，孙卫承认其侵占的面粉为特一粉以上。

二次庭审时，孙卫将诉讼请求调整为 248463.92 元及利息 54000 元，其计算方式为总退赔额 400463.92 元-杨建军张荣根退款额 100000 元-刑事判决书确定的孙卫赃款额 52000 元＝248463.92 元。

江苏省海安县人民法院一审认为：当事人对自己提出的主张，有责任提供证据加以证明，除法律有特别规定外。否则，应承担不利后果。本案原告孙卫以不当得利提起民事诉讼，应就其单独和共同侵占被告百川公司造成的财产损失低于口头协议赔偿额 400463.92 元举证证明。从本案现有证据分析，孙卫所举证据并未达到证明标准，其理由如下：

第一，口头协议赔偿额 400463.92 元是双方当事人协商一致的产物，并不违反法律规定。2011 年 12 月 3 日，海安县公安局经侦大队对孙卫讯问时，孙卫本人交代“邵俊兰替我出面到公司处理的，承认退赔四十万元”，该交代与本案庭审中双方当事人的诉、辩称相吻合。因而，口头协议赔偿额 400463.92 元是双方当事人合法自愿达成的，并无胁迫、欺诈等非法情形。至于是否报案问题，由于职务侵占罪系公诉案件，受害人无权决定法律应否和如何处理，不应成为认定协议效力的依据。

第二，审计报告经双方当事人认可，应作为本案证据认定损失范围。孙卫在上述讯问中交代，其系在审计报告出来后承认侵占犯罪事实的，且在刑事案件庭审中其对审计报告本身直接质证时并未提出异议，而本案庭审中其则认可承担审计费 20000 元。故而，尽管审计报告系百川公司单方委托，但在法律并未完全禁止单方委托鉴定报告作为证据使用情况下，孙卫作为对方当事人在刑事庭审中最终接受了报告，应认定报告可作为损失计算的依据。孙卫要求对审计报告重新鉴定，但未提供足以反驳审计报告的证据，法院对其申请不予准许。

第三，刑事判决认定的赃款数额并非等同于作案造成损失的范围，不能简单依据刑事判决认定赃款的数额确定损失范围。通常情况下，犯罪行为给受害人造成直接和间接损失的范围要大于作案人所直接获得的赃款。在处理刑事案件造成的民事损失赔偿纠纷时，赔偿所立足的依据是受害人的损失，而不是作案人所直接获得的赃款。孙卫诉讼中的主张，实质上是将刑事判决认定其所获赃款数额与受害人损失范围未加区分、混为一谈，不符合基本法律精神。

第四，刑事案件与民事案件的证明标准不同，不应以刑事案件的高标准取代民事证明标准。处理法律问题，应以现代法律思维和方式进行。随着时代的快速发展，民事证明标准已从刑事证明标准中脱离出来，建立了自己独立的体系，人们不应将刑事证明思维完全带入民事证明之中。刑事案件强调犯罪事实清楚，证据确凿充分，民事案件采行高度盖然性规则，可在一定证据基础上，根据日常生活经验综合判断“推定”。相对而言，民事证明标准一般要低于刑事证明标准。刑事案件认定孙卫侵占赃款时，从十几万元、十万余元逐渐压缩固定为十万元，体现了刑事案件严格的证据标准。本案中，双方当事人陈述、刑事案件中孙卫的供述、审计报告、证人证言等基本统一，按照高度盖然性标准，相关事实足以证明。即便不将麸皮损失计入，仅按照案发阶段面粉最低出厂价计算，孙卫担任仓库保管员期间不能合理解释的损失仅面粉一项即达 71 万余元［（141825 公斤+126775 公斤）÷1000×2680 元/吨］，远高于口头协议赔偿额 400463. 92 元。

综上，本案原告孙卫所举证据不足以证明其单独和共同侵占被告百川公司造成的财产损失低于 400463. 92 元，其主张被告百川公司存在不当得利缺乏法律和事实依据，法院不予采纳。据此，江苏省海安县人民法院依照《中华人民共和国民事诉讼法》第六十四条，《最高人民法院关于民事诉讼证据的若干规定》第二条、第二十八条之规定，于 2014 年 7 月 15 日作出判决：

驳回原告孙卫的诉讼请求。

一审判决后，原被告双方均未提起上诉，判决已经发生法律效力。

（二）地方法院典型案例

052. 履行道德义务进行的给付构成不当得利除外情形[①]

基本案情：原告刘某发现洪某在2016年至2017年2月、2017年9月至2020年1月期间，分别向被告张某转账8400元、10500元，遂诉至法院，要求张某返还不当得利18900元。法院经审理查明，洪某甲系洪某与张某的婚生子（1999年8月4日生），离婚协议中约定其由父亲洪某负责抚养，母亲张某不承担抚养费。洪某于2013年与刘某结婚，后于2020年7月意外死亡。洪某再婚后，洪某甲自初二起一直与张某共同生活。洪某甲2016年在江西某艺术学校就读，张某为其支付学杂费32980元；2018年9月起就读于某大学音乐与舞蹈学专业，学费为每年13000元。因洪某甲长期报班参与艺术特长的学习培训，张某于2016年2月至2020年10月通过银行转账、微信转账、关联亲情卡等方式支付洪某甲学费及生活费30827.57元，并于2018年7月为其购买一架20800元海伦钢琴。

裁判结果：靖安县人民法院经审理认为，2017年8月4日前，洪某甲随母亲张某生活，但在洪某甲成年之前，父亲洪某仍应承担抚养义务。其在此期间转给张某的8400元系履行抚养义务，且远低于张某支付的32980元学杂费，未超出抚养费范畴，不构成不当得利。2017年9月后，洪某甲虽年满18周岁，但一直在校读书，无生活来源。按照一般社会观念，父母基于亲情和道德义务，可以给予成年子女支持和帮助，承担其读书期间的学费及生活费。

---

① 《江西高院发布2022年度全省法院贯彻实施民法典十大典型案例》（2023年2月7日发布），六、适用《民法典》第九百八十五条认定为履行道德义务进行的给付构成不当得利除外情形之案例——刘某等诉张某不当得利纠纷案，载江西法院网，http：//jxgy. jxfy. gov. cn/article/detail/2023/02/id/7131118. shtml，最后访问日期：2023年6月30日。

从洪某2017年9月至2020年向张某的转账时间来看，大部分发生于开学前夕。从转账金额来看，其仅承担洪某甲少部分学习、生活费用，远低于张某支付的费用及洪某甲当年的生活费、学费、钢琴费。依据《中华人民共和国民法典》第九百八十五条之规定，该款项的给付属于不当得利的除外情形，系为履行道德义务进行的给付，不构成不当得利。遂判决：刘某要求张某返还18900元的诉请，不符合法律规定，驳回其诉讼请求。宣判后，原、被告均未提出上诉，判决已发生法律效力，并已执行完毕。

典型意义

《中华人民共和国民法典》第九百八十五条规定了不当得利的三种法定除外事由，其中就包括“为履行道德义务进行的给付”。法安天下，德润民心。《中华人民共和国民法典》对“道德义务”的引入，调和了法律与道德的关系，亦是对公序良俗的确认和遵循，有利于实现情理法的相互融合。父母与子女之间的关系，不因父母离婚而消除。本案中，洪某作为父亲，在儿子洪某甲成年后，转钱给前妻张某，用于儿子的学费及生活费。办案法院综合考虑一般的社会观念、当事人之间的特定关系、实际受益人、给付标的物的价值等因素，认为属于“为履行道德义务进行的给付”，不属于不当得利，不得主张返还。该案的审理，对于人民法院践行社会主义核心价值观，依法准确认定“为履行道德义务进行的给付”，妥善处理离异父母与婚生子女之间的财产关系，维护亲情关系，促进社会和谐，具有示范作用。

（三）裁判依据

《中华人民共和国民法典》

第一百二十二条 因他人没有法律根据，取得不当利益，受损失的人有权请求其返还不当利益。

第九百八十五条 得利人没有法律根据取得不当利益的，受损失的人可以请求得利人返还取得的利益，但是有下列情形之一的除外：

（一）为履行道德义务进行的给付；

（二）债务到期之前的清偿；

（三）明知无给付义务而进行的债务清偿。

第九百八十六条 得利人不知道且不应当知道取得的利益没有法律根据，取得的利益已经不存在的，不承担返还该利益的义务。

第九百八十七条 得利人知道或者应当知道取得的利益没有法律根据的，受损失的人可以请求得利人返还其取得的利益并依法赔偿损失。

第九百八十八条 得利人已经将取得的利益无偿转让给第三人的，受损失的人可以请求第三人在相应范围内承担返还义务。

《中华人民共和国涉外民事关系法律适用法》

第四十七条 不当得利、无因管理，适用当事人协议选择适用的法律。当事人没有选择的，适用当事人共同经常居所地法律；没有共同经常居所地的，适用不当得利、无因管理发生地法律。

《最高人民法院关于审理民事案件适用诉讼时效制度若干问题的规定》

第六条 返还不当得利请求权的诉讼时效期间，从当事人一方知道或者应当知道不当得利事实及对方当事人之日起计算。